金融经济论丛
金雪军文集

第二卷 对外经济与区域金融

金雪军 编著

ZHEJIANG UNIVERSITY PRESS
浙江大学出版社

·杭州·

卷首语

本卷收集的是一部分对外经济与区域金融研究的论文。

对外经济与区域金融是两个不同的领域,但都有一个共同的特点,即开放的视野,即对外开放和对内开放。或者说,对外经济是基于全球化视野探讨一国经济的发展问题,而区域金融则是站在全国性的维度探讨某一区域金融发展的问题。基于开放视野的特点,我把这两方面的研究论文放在同一卷内。

比较起来,相对于区域金融的研究,自己对于对外经济问题的探讨,时间要更早些。1982年1月,我在南开大学经济学本科毕业以后,即考取了南开大学经济学硕士研究生,师从著名经济学家魏埙教授。1980年国家学位条例颁布,1981年开始实施,算起来,我们也是国家学位法规实施后即考试招收的一批研究生。当时先生招收研究生的专业方向是"资本论与当代资本主义研究",因此,我们无论是阅读文献还是学术研讨,大多与当代资本主义经济问题相关。读研期间,除了更系统深入地学习研读了《资本论》外,还研读了有关宏观经济学、微观经济学和西方经济流派的理论,记得当时萨缪尔森《经济学》新版英文版刚出来,杨敬年教授就是把它作为我们专业英语课的教材,从专业研究方向学习研究的要求,我们接触的相关专业知识也多是世界经济与国际经济方面,可以说,在南开大学攻读研究生的这几年,为自己研究对外经济问题打下了基础。同时,南开大学是研究当代资本主义与世界经济、国际经济的重镇。记得当时高校经济学类专业学习政治经济学,教材有北方高校联合编写的北方本和南方高校联合编写的南方本两种,其中北方本的社会主义部分由南开大学谷书堂教授主编,资本主义部分就由魏埙教授主编。当时的南开大学集中了一大批国内在当代资本主义经济和世界经济、国际经济研究领域的著名专家,如研究跨国公司的滕维藻教授和陈荫枋教授、研究美国经济的陶继侃教授、研究欧洲经济的易梦虹教授、研究澳洲经济的孟宪扬教授、研究日本经济的薛敬孝教授、研究大洋洲经济的陈国庆教授等等。记得当时南开大学经济研究所和经济系的当代资本主义经济和世界经济研究方向的师生还有一个学术研讨机制,研讨世界经济与中国简称"南世中"。在 1984 年莫干山全国中青年学术会议上,南开大学的几位年青学者参加的也是对外开放组。在读研究生期间,魏埙教授推荐我进入了由熊性美教授、薛敬孝教授主持的国家社会科学规划"六五"重点研究项目"国家垄断资本主义下的经济周期研究"研究团队,并承担利率与经济周期的关系的研究,这对于我在对外经济领域的研究是很好的起步。

我是 1984 年从南开大学研究生毕业后到浙江大学社会科学系任教,当时的浙江大学还没有经济学类,刚从"马列教研室"增加了"社会科学系"的牌子不久,里面有政治经济学教研室,直到三年后社会科学系又分为经济学系、哲学社会学系和马列教研室。90 年代初,经济系又和浙大管理系合在一起成立了工商管理学院,二年后,经济系又离开工商管理学院,和浙大外语系一起成立了对外经贸学院,对外经贸学院设经济与金融系、外贸商检系和外语系,一段时间后外语系又离开,对外经贸学院又成立了国际经济法系。在对外经贸学院的框架中,所有专业均和对外经济贸易相关,包括国际金融专业、国际贸易专业、商检专业、国际经济法专业。作为当时分管全院教研活动的副院长,自然也需要关注整个外经贸领域的发展。1997 年,我去新加坡国立大学做高访学者,研修方向也是国际金融与金融市场。当时院系研究生学科点的建设也如此,在 1984年获批政治经济学硕士点后,90 年代初就申报获批工业外贸硕士点。1998 年在争取到政治经济学和企业管理博士点后不久,即申报获批国际贸易博士点。系院与学科的发展背景也形成了我的研究特点,在以金融为主要研究领域的同时,对外经济也成为自己研究的领域。我的博士生导师的任职特点也反映了这一点,在浙大政治经济学博士点还没正式开始招生前,我先在管理工程下招博士生,后又获批企业管理、政治经济学、国际贸易、金融学的博士生导师资格,还带头申报获批了另外两个教育部授权学校自设博士点,即金融经济理论和互联网金融,前者放在理论经济学,后者放在应用经济学,直到近几年自己才停招了国际贸易的博士生。不过,尽管我先后在经济与管理 7 个博士点带博士生,但金融研究始终是主线,这大概也一定程度上可以反映金融和各个方面都有密切关系。2014 年自己也入选了中国校友网中国最牛研究生导师榜,这也鼓励自己要更加努力做好教学科研工作。教学相长,共同研究,我的文集也在一定程度反映了这一点。

　　20世纪80年代初期的浙江充满着沿海区域改革开放的活力,区域经济发展与对外开放在浙江改革开放的实践中成为非常突出的要求,身处这样的时代背景,也推动着自己把对外经济与区域金融成为研究的重要方面,记得1984年回浙江后,申请的第一个浙江省哲学社会科学"七五"规划课题就是"浙江经济运行中的利率研究",由此开始了我的区域金融领域的研究。

　　我在对外经济与区域金融方面的研究大致可分为以下几个方面,一是汇率与国际投资的研究。在申报企业管理和国际贸易博士点中,我分别是作为"投融资管理"和"国际金融与投资"研究方向的负责人。之所以把汇率作为主要研究对象之一,除了它在国际金融与投资中的重要性外,也和我研究金融问题是从利率开始有关,如果说利率是货币的对内价格,那么汇率就是货币的对外价格。在汇率研究上,我作为首席专家承担了"人民币汇率形成机制改革研究"的国家社会科学重大招标项目,这也是浙江大学和浙江省承担的第一个金融学领域的国家社会科学重大项目;指导的博士论文被国务院学位办和教育部评定为全国百篇优秀博士论文,题目也是人民币汇率的价值确定与波动问题,这也是浙大和浙江省经济学类第一篇全国百优博士论文,汇率问题的研究还获得了商务部的优秀成果奖。二是区域金融与区域经济的关系研究。分别从金融地理学、制度经济学与演化经济学多维度研究了区域金融成长特点与差异性,并以长三角为例探讨了地区金融的差别与合作。也算是在全国最早指导博士生用金融地理学的视野研究区域金融问题。三是对外贸易的其他重大问题研究。80年代末结合世界经济长波研究我国对外经贸发展,提出"先调后扩,调扩结合,突出重点,立足改革"的外贸战略;在中国社会科学院相关专家组织编写的关于经济热点的系列研究丛书时,我也把自己当时对外向型经济问题的思考《世纪之梦》独著出版;1992年和1993年分别出版了较早关于加入关贸总协定与中国经济贸易的专著和对台经济贸易的专著,指导博士生在全国较早进行了劳工标准与国际贸易关系问题的研究;也出版了关于外国风险投资进入影响和技术标准技术壁垒与国际竞争力的专著。

　　在本卷出版之际,我要感谢在我从事对外经济领域的学习研究中给予指导与帮助的魏埙教授、杨敬年教授、熊性美教授、高峰教授、薛敬孝教授、陶继侃教授、易梦虹教授、孟宪扬教授等教授。感谢新加坡国立大学王启安教授。还要感谢研究工作的合作者。

目　录

CONTENTS

利息率在战后经济周期中的作用[①]

财政政策和货币政策是国家干预经济的重要手段。在货币政策中,对利息率的调节又占有十分重要的地位。因此,正确认识国家调节下的利息率运动在经济周期中的作用,对于认识现代资本主义经济的运动规律和发展趋势具有重要的理论意义和现实意义。本文试图以美国为例作一较为系统的分析。

战后美国经济的发展可以分为三个不同的阶段:(1)1945年至1947年,是战后经济恢复时期,属非正常时期;(2)1948年至60年代末70年代初,是经济较稳定增长的时期;(3)70年代初—80年代,是经济重新呈现剧烈波动的时期。在此我们着重分析利息率在短期(1948年至60年代末70年代初)和长期(1945年至80年代)经济周期中的作用。

一、利息率在1948年至60年代末70年代初经济周期中的特殊作用

我们将通过探讨国家调节下的利息率运动,对投资、利润、货币、价格、工资等方面的影响,来考察它对资本主义生产和消费之间矛盾的作用,来看国家调节下的利息率运动在战后经济周期中的特殊作用。

第一,国家调节下的利息率运动对企业及企业投资的影响。

在危机阶段,国家实行的放松信贷、降低利息率的政策究竟有没有作用,是说明国家垄断资本主义条件下的利息率在经济周期中有没有作用的争论焦点之一。有人认为,在危机阶段低利息率对经济不起作用,因为这时不存在资本

---

① 本文作者金雪军,最初发表在《南开学报》1987年第3期。

家对信贷资本的较大需求。他们没有认识到,此时职能资本家所需要的借贷资本不是用于生产和经营,而是用作支付手段去偿还债务。所以,虽然不存在对生产资本的大量需求,但却存在着对作为货币使用的借贷资本的相当大的需求,而这种需求能否得到满足直接影响到资本家企业的生存。

企业破产情况如何是资本主义生产和消费之间的矛盾的反映。企业破产,工人被解雇,消费和生产之间的矛盾更加尖锐。在自由竞争和一般垄断资本主义阶段,危机期间"利息率在危机期间达到最高水平"①。而在国家垄断资本主义条件下,国家在危机期间实行降低利息率的政策,使资本家能够较容易地得到借贷资本以满足支付的需要,这在一定程度上可以减少企业破产。

在经济高涨阶段,为防止经济恶性膨胀而实行的紧缩信贷、提高利息率的政策有没有作用,也是关于利息率在经济周期中有没有特殊作用的争论焦点之一。有人认为,在高涨阶段,利润率较高,因此,即使利息率较高,资本家仍愿投资从事生产经营。一般说这是对的,但有两个问题:首先,和战前相比较,战前在经济高涨阶段的前期,利息率较低,它有利于资本家顺利取得货币资本用于扩大生产规模;战后,因国家实行高利率政策,使利息率一直保持上升的势头。这除了为抑制通货膨胀以外,还可以抑制企业利用借入资本进行扩大再生产。其次,高利息率政策对一部分利润率较低的中小企业有更大的影响。它使这些企业把一部分资本、利润转向借贷资本市场,从而减少了生产资本,影响了生产规模。同时,有不少企业因利息率提高、信贷紧缩,以致不能偿还债务而破产。而二次大战后,危机阶段企业破产率较战前轻,与经济高涨阶段相比,也呈现稳定变动的状态。从美国每一万个企业中的破产企业数量来看,战前二十年(1919—1938年),最多为154家(1932年),最少为37家(1919年),超过100家的有十二年;战后二十年(1948—1967年),最多为64家(1961年),最少为20家(1948年),超过60家的只有两年②。

第二,国家调节下的利息率运动对利润的影响。

在国家垄断资本主义条件下,利息率和利润率的关系发生了重大变化。

在自由竞争和一般垄断资本主义阶段,利润率、利息率在资本主义再生产过程中随经济周期的变动而自发地波动。在高涨阶段,利润率上升,利息率下降,两者的结合促进了生产规模的扩大;在危机阶段,利润率下降,利息率升高,两者的结合加剧了危机。我们把这种利息率和利润率自发波动的状况称为反

---

① 《马克思恩格斯全集》第 25 卷,人民出版社 1974 年版,第 404 页。
② [美]《美国历史统计,从殖民时代到 1970 年》,华盛顿特区,1975 年版,第 912 页。

向运动,它加剧了再生产的动荡。

在国家垄断资本主义条件下,国家经常使利息率处于被调节的地位,而利润率虽然有被调节和控制的一面,但仍主要通过市场竞争而自发地波动。当经济高涨时,国家为防止经济和信贷的恶性膨胀,采取了提高利息率的政策,使高利息率和高利润率相结合,而高利息率从中起到抑制投资和生产扩大的作用。在危机阶段,国家采取降低利息率的政策,使低利息率和低利润率相结合,而低利息率从中起到有助于资本家取得借贷资本用于支付以维持生存的作用。我们把利息率和利润率这种运动称为同向运动,它在一定程度上熨平了经济的剧烈波动。

第三,国家调节下的利息率运动对货币流通量的影响。

认识利息率对货币流通量的影响,是理解利息率对经济周期运动的影响的重要一环。

在自由竞争和一般垄断资本主义阶段,在金本位制还存在的条件下,纸币流通量要以商品流通所需要的金量为基础,利息率对于货币流通量没有直接的影响。利息率是通过影响投资,影响生产,影响商品流通,进而影响货币流通量的。

然而,在国家垄断资本主义条件下,特别是从 20 世纪 50 年代以来,利息率对货币流通量产生了重大的、多方面的影响。这可以从以下几种情况来说明:(1)国家采取措施增加或减少货币供给量,以影响利息率,进而影响生产的发展。例如,当利息率上升时,国家通过扩大货币供给量的方法来降低利息率,刺激投资和生产;当利息率较低时,国家通过缩减货币供给量的方法来提高利息率,以防止信贷和生产的盲目扩张。(2)利息率的变化首先影响储蓄量,进而影响货币流通量。例如,当利息率上升时,储蓄增加,货币供给量相对减少;当利息率下降时,储蓄减少,货币供给量相对增加。(3)有时利息率和货币供给量是相互促进的。例如,货币供给量增加造成通货膨胀,通货膨胀加剧促使利息率上升;而为了阻止利息率上升,又往往会增加货币供给量。

国家调节下的利息率运动对货币量的影响对战后经济周期的变化起了重要作用。

周期性的货币信用危机是由周期性的生产过剩危机引起和决定的,反过来它又往往是周期性生产过剩危机的前奏,并且加剧生产过剩危机。二次大战前的经济危机常常就是这样的。战后,国家在危机阶段为降低利息率就增发货币,使资本家能较容易地取得信贷,从而有助于防止传统的货币信用危机的产生，减轻了经济危机的程度。在经济高涨阶段，为提高利息率，国家减少货币供给，较高的利息率通过储蓄的增加，进一步减少了货币流通量，从而抑制商品价格的上升，进而抑制生产的扩大。

第四，国家调节下的利息率运动对价格的影响。

价格既是经济周期波动的一个标志，又是影响经济周期波动的机制之一。由于商品的价格是由商品的价值、货币的价值和商品的供求等因素决定的，利息率水平能不能影响商品的价格，也要看它能不能影响这些因素。

在自由竞争资本主义阶段，利息率既不能决定商品的价值，也不能决定货币的价值。因为在金本位制条件下，作为货币的黄金的价值是由生产黄金的社会必要劳动决定的。关于利息率是否能直接影响货币流通量，这在前面已论述过了。实际上，与其说利息率的变化引起价格的变化，不如说在一定价格机制作用下的产业资本运动引起利息率的变化。

在国家垄断资本主义条件下，利息率运动可以影响甚至在一定程度上决定价格水平的高低。这首先是因为利息率和货币流通量之间的关系发生了变化。其次是因为利息率和商品的价格决定发生了不可分割的关系。战后，垄断资本家大量发行债券，以债券来代替股票，把利息越来越多地加到生产费用中。垄断资本家根据一定的目标利润率制定垄断价格。利息率高，为保持目标利润率，资本家必然提高垄断价格。利息率对价格水平的影响还因为战后消费结构的变化，即已经由消费信贷占社会总消费比重较小的非提前消费型结构转化为消费信贷占社会总消费比重较大的提前消费型结构。对于消费信贷来说，现有的利息率是现金价格和赊购价格在到期付款时出现的差额的尺度。

国家调节下的利息率运动对价格的影响对战后经济周期的变化起了不可忽视的作用。第二次世界大战前，一般的情况是：在危机期间，价格猛烈下跌，由于价格下降，加速了企业的破产；在高涨阶段，价格上升，由于价格上升，促使企业增加投资，扩大生产。而战后，在危机期间，垄断资本家为了保持较高的垄断利润率，宁肯缩小生产，也不降低价格；同时，这时的利息率较低，低利息率能够刺激用分期付款的办法对耐用消费品的购买，从而保持了价格的稳定。这一切，和货币流通量的扩大相适应，能够在一定程度上减轻生产下降的程度，缓和生产和消费之间的矛盾。反之，在高涨阶段，利息率的提高虽然使垄断资本家提高商品的价格，但并不能增加垄断利润，反而抑制了消费，包括耐用消费品的消费。这一切，和社会上货币流通量的减少相适应，起到了抑制一般价格水平上升的作用，使商品销售减少，库存增加，从而在一定程度上减缓了生产的发展速度。

第五,国家调节下的利息率运动对工资的影响。

工资决定劳动群众的支付能力,它的变化和经济周期的变化有密切关系。利息率和工资没有直接关系,但它可以间接影响工资水平。在国家垄断资本主义条件下,它还可以在更大范围内影响收入水平。

利息率间接影响工资水平,是指利息率通过影响企业投资,进而影响就业状况,从而影响工资水平。在这方面,国家垄断资本主义与自由竞争和一般垄断资本主义是有差别的,一则在于利息率从多方面影响企业和企业投资;再则在于利息率在高涨阶段一直保持着较高的水平,使企业和企业投资受到抑制,从而使工人就业的扩大和工资的提高受到抑制。而在危机阶段,利息率的降低使企业的破产率相对减小,因而使工人失业的扩大和工资的下降受到限制。从1948 年到1970 年,美国失业率的最高点为 6.8%(1958 年),最低点为 2.9%(1953 年),两者相差 3.9%。而在两次大战期间,失业率最高点为 24.9%(1933 年),最低点为 1.8%(1926 年),两者相差 23.1%。这两个时期相比,后者比前者扩大近 6 倍[①]。战后失业率变动的相对平稳使得职工工资的变动也较战前平稳得多。

不仅如此,在国家垄断资本主义条件下,利息率还在更大范围内影响到实际收入水平。首先,利息作为商品的生产成本,使商品的价格随利息的变化而变化。当存在大量失业时,货币工资不会增加,从而使实际工资减少。其次,在提前消费型结构中,越来越多的耐用消费品成为必需的生活资料,它们又采取延期支付的形式,因而,利息的多少又直接影响到职工实际收入的高低。

正因为利息率和工资之间具有如此密切的关系,所以,国家调节下的利息率运动也就可以通过对工资的影响而进一步地影响经济周期,在一定程度上减轻经济波动的程度。在危机期间,国家降低利息率,一方面,抑制了失业率的上升、工资率的下降;另一方面,扩大了耐用消费品的消费,抑制了劳动力价值和价格的背离和实际收入的下降。这有助于缓和生产和消费之间的矛盾。在高涨阶段,国家提高利息率,一方面,抑制了就业的增加和工资率的提高,另一方面,限制了耐用消费品的消费,加剧了劳动力价值和价格的背离,减少了实际收入,这又反作用于生产领域,抑制了生产的扩大。

---

① [美]《美国历史统计,从殖民时代到 1970 年》,华盛顿特区,1975 年版,第 135 页。

第六,国家调节下的利息率运动对有价证券的影响。

股票、公司债券作为资本家吸收社会资金的一个渠道,其价格的升降既可引起资金流向的变化,又能引起货币和借贷资本的相互转化。

股票和公司债券价格的变动,主要是利息率和利润率共同作用的结果。在自由竞争和一般垄断资本主义阶段,在经济危机时期,利息率猛升、利润率下降,使股票、公司债券的价格猛跌,加剧了资本家的破产;在经济高涨阶段,利息率较低,利润率上升,股票、公司债券的价格也上升,进一步提高了资本家发展生产的积极性。

在国家垄断资本主义阶段,由于政府发行了大量债券,又由于国家能动地利用调节利息率来影响经济,因此,有价证券对利息率的依赖进一步加大。战后,利息率的波动相对平稳,股票、债券价格的波动也相对平稳。以蒲耳氏普通股票(工业股票)的价格指数为例,1918—1945年,其年环比增长指数的变动,最慢为51(1932年),最快为145(1936年),两者相差94,而1948—1970年,最慢为85(1970年),最快为140(1955年),两者相差才55①。

股票、债券价格的相对平稳有助于缓和经济周期的波动。在高涨阶段,国家提高利息率,高利息率和高利润率的同向运动使股票和公司债券的价格上升减慢。同时,货币供给量的减少也使社会对股票和公司债券的需求相对缩小,这就使资本家在银行贷款收缩的情况下,又遇到从社会上吸收资金的困难。这就抑制了投资和生产的扩大。在危机阶段,国家降低利息率,低利息率和低利润率的同向运动又使股票和债券价格的下跌减慢,而货币供给量的增多又使社会对股票和公司债券的需求相对扩大,这就使资本家在银行信贷放松的情况下,又能较容易地从社会吸收资金。这就有助于资本家维持企业生存,减轻危机的程度。

通过以上分析,我们可以得出如下结论:(1)国家调节下的利息率运动对1948年至60年代末70年代初经济周期的变化是起了特殊作用的。国家利用调节利息率来缓和资本主义生产和消费之间的矛盾,从而缓和经济危机,把周期性经济危机转化成较轻微的中间性危机,或者推迟周期性经济危机的到来。(2)国家调节下的利息率运动之所以能起这种特殊作用,是因为它不但对利润率变动规律产生了新的影响,而且,对许多经济机制如货币量、价格、工资等产生了不同于战前的重要影响。(3)国家调节下的利息率运动所起的特殊作用,

---

① 计算根据:[美]《美国历史统计,从殖民时代到1970年》,华盛顿特区,1975年版,第1004页。

是同战后经济条件的变化分不开的,这些条件不但在客观上扩大了利息率的作用,而且,使利息率运动直接和社会消费发生密切的联系,因而,利息率从以前间接影响经济周期的变动逐步变成了具有部分直接作用的经济机制。

二、利息率在 70 年代以来经济周期中的特殊作用

国家调节下的利息率运动在战后虽有能稳定经济周期波动的一面,但它不能解决资本主义的基本矛盾,也不能改变利润率变动规律。因而,用调节利息率来"反周期"有其不可克服的局限性。

在战后,利息率运动和利润率运动从战前的反向运动转变成同向运动,在一定程度上有助于熨平经济的波动。但是,利润率运动的自发性又限制了利息率对经济周期起稳定作用的程度。在危机阶段,利润率持续下降,这时较低的利息率虽能使资本家易于得到货币和信贷,从而减轻破产程度,但它不能促使资本家增加投资。在高涨阶段,利润率趋向上升,这时的高利息率虽能抑制部分中小资本家投资,推迟部分投资项目,但它不能使资本家普遍地、大量地减少投资。

国家调节下的利息率运动在对经济周期的波动起缓和作用的同时,由于利息率运动受资本主义再生产运动的制约,因此,又存在着起相反作用的因素。主要有:

第一,国家通过对利息率的调节在高涨阶段抑制资本家的一部分投资,在危机阶段减轻企业的破产程度。但是,危机、萧条阶段后的低利息率首先有利于大资本家,他们最有条件借款实行固定资本的更新和投资;而高涨阶段的高利息率首先不利于中小资本家。同时,低利息率首先使大量中小借贷资本家受损,而高利息率又首先有利于大金融资本家。所以,国家调节下的利息率运动在促进生产较稳定增长的同时也扩大了金融资本的力量,促使资本进一步集中。

第二,国家通过对利息率的调节,减轻了传统的货币危机对生产过剩危机的压力,但加剧了通货膨胀。为了降低利息率,国家大量增发货币、放松信贷,使在生产和流通规模缩小的情况下货币数量大量增加;而提高利息率、紧缩信贷,也只能减缓货币供给量增长的速度,因而也只是抑制通货膨胀的程度而已。当通货膨胀成为经常现象后,利息率运动又出现了新的特点,即名义利息率和实际利息率不一致起来。从生产的角度看,真正直接起作用的是实际利息率,

因为通货膨胀正表现在资本家所生产的商品的价格上涨上。因此，资本家从经营的角度，总是把利润率和实际利息率加以比较的。另一方面，出现在资本主义金融市场上的是名义利息率，名义利息率和通货膨胀相互影响，垄断资本家又把按名义利息率计算的利息列入生产费用，计入产品成本，造成商品价格的上涨，直接影响了社会特别是劳动群众的消费能力。通货膨胀越严重，名义利息率和实际利息率越高，越加剧社会生产和消费之间的矛盾。

第三，国家对利息率的调节虽在一定程度上能减轻价格波动的程度，从而减轻经济波动的程度，但它也助长了价格的持续上涨。利息作为生产成本加入商品价格，加上利息率运动对货币流通量的影响，使垄断资本家为保持其垄断利润，必然普遍地提高价格。而物价的持续上涨，一方面会削弱消费者的购买力，另一方面又促使垄断资本家为追求高利润而竭力增加投资、扩大生产，从而使生产同消费的矛盾进一步加剧，同时也使商品的价值和价格的背离更加扩大。

第四，战后，由于非生产领域特别是消费领域日益成为信贷活动的场所，利息率运动的范围得以扩大，利息率可以从多方面影响经济周期，缓和经济周期的波动。但这也进一步加强了社会再生产过程对借贷资本的依赖性，使金融资本的力量进一步得到加强，这是一方面；另一方面，由于许多耐用消费品成为生活必需品并采取延期支付的方式销售，使消费者的利息支出越来越大。美国消费者(个人)支出的利息，1929 年才 15 亿美元，1950 年为 24 亿美元，1970 年上升到 168 亿美元①。这样，在生产扩大的同时，使剩余价值的生产和实现之间的矛盾更加尖锐。

第五，国家调节下的利息率运动在一定程度上有助于熨平有价证券价格的大起大落，但是，由于这种影响是和政府债券的大量发行和买卖联系在一起的，因而存在着许多严重的问题。首先，公债和利息具有循环加速性，即发行公债要支付利息，而支付利息又要发行公债，因此促使公债进一步增加。而政府债券比起股票同生产和再生产更为疏远，严重的债务使经济基础更加薄弱。这是因为，一方面，公债使社会上的生产资本缩减，即使原可投资于生产的资本转化为政府的财政支出；另一方面，为支付债息，国家往往增加税收，从而使劳动者收入更加减少，而公债的购买者又以大垄断资本家居多，这就进一步加剧了劳动群众和大垄断资本家之间的矛盾。其次，政府债券的大量发行，使有价证券

---

① ［美］《美国历史统计，从殖民时代到 1970 年》，华盛顿特区，1975 年版，第 242 页。

的结构也发生了重大变化,股票所占的比重下降,政府债券所占的比重上升。一般说来,债券价格的变动程度要小于股票价格的变动程度。从 1946 年到 1981 年,债券价格的变动速度一般都是在年环比增长指数 90～100 之间,而股票价格变动速度的指数都在 70～140 之间。债券价格的相对稳定、政府债券的大量发行①,使更多的投资者为安全起见,把资金投向债券市场,特别是购买有保障的政府债券。从而使很大一部分借贷资本离开生产领域流向非生产领域,使虚拟资本和现实资本进一步脱节。

总之,国家利用调节利息率来反周期,不仅不能解决根本矛盾,反而当政府调节利息率反周期的种种条件发生变化的时候,会更加加剧资本主义的基本矛盾以及由它决定的社会生产和社会消费之间的矛盾,从而使得经济周期的波动加剧,经济危机加速和加深。

三、利息率影响战后经济周期的条件及其变化

为什么国家调节下的利息率运动在 70 年代以前和以后的经济周期中其影响各异?我认为是和一系列条件的变化分不开的。

首先,利息率的变动对投资和生产影响的大小,要看投资和生产对利息率的变动是否作出反应,反应有多大,这就是利息率变动的投资和生产弹性。在其他条件不变的情况下,当机器、设备等生产能力大量闲置时,利息率的变动对投资和生产的影响就小;反之,则较大。从 1970 年到 1983 年的 14 年中,美国制造业的生产能力利用率不断下降。1973 年是最高点,为 87.6%,超过 85% 以上的只有 2 年,在 80% 以下的有 7 年,1982 年为最低点,只有 69.8%。而 1970 年以前的 20 年中,最高点为 91.1%(1966 年),超过 85% 的有 11 年,在 80% 以下的只有 2 年,最低点为 75.2%(1958 年)。以年平均数来看,1950 年到 1969 年这 20 年中,生产能力的利用率平均为 84.35%,而 1970 年到 1982 年的 13 年中,生产能力的利用率平均只有 80.3%。②

由于 70 年代以后投资和生产对利息率变动的反应减弱了,所以,国家调节下的利息率运动对缓和经济周期波动的作用也必然减弱了。

第二,战后,利息率能对经济周期起稳定作用,是由国家的干预、调节实现

---

① 参见[美]《美国历史统计,从殖民时代到 1970 年》,华盛顿特区,1975 年版,第 1004 页。《美国统计摘要》1980 年,第 546 页;1982—1983 年,第 518 页。

② [美]《总统经济报告》,1983 年,第 213 页。

的，而这又和政府的收支多少有很大关系。一般说来，政府的收支情况较好，国家对利息率的调节作用也较大；反之，则较小。这是因为政府的收支情况和公债发行、货币供给密切相关，而通货膨胀的状况又直接制约着国家能不能和能在多大程度上通过改变货币供给量来调节利息率，从而干预经济。70年代以来，美国联邦政府的财政赤字大幅度增加，加剧了通货膨胀。1979年以来，美国政府为抑制通货膨胀，把控制货币供给量作为货币政策的基本内容，同时在金融市场上又和私人资本家争夺借贷资本，致使利息率运动的能动性大大减弱。

第三，要使政府利用利息率干预经济取得较好的效果，还必须有一个合理、稳定的利息率结构。各种利息率的差异越大，政府利用调节利息率干预经济的环节就越多，影响就越小。利息率结构越合理，资金分配也就越合理，利息率也就越能发挥稳定经济周期波动的作用。70年代以后利息率的结构呈现不合理局面。以长、短期利息率为例，一般说来，长期利息率要高于短期利息率。由于短期资金和长期资金之间具有流动性，因此，短期利息率和长期利息率之间的比例越稳定，则长期利息率的影响就越稳定，对整个资本主义再生产过程的稳定作用也就越大(因为长期利息率的高低对固定资本等较长期的投资具有更重要的意义)；反之，则越小。从1948年到60年代末，短期利息率一般都低于长期利息率，两者之间有一个较稳定的比例；从70年代初开始，短期利息率越来越和长期利息率趋向一致，有时甚至高于长期利息率[①]，这种状况就不利于资金的合理分配，不利于较长期的资本投资。

第四，利息率和国际收支具有密切的关系。利息率的变化既能促使汇价变动，从而促使商品价格变动，影响该国商品在国际市场上的竞争能力，同时也促使资金在国际流动。但这两种影响又是互相矛盾的。如低利息率既能促使商品出口增加(商品比价向下变动)，同时也能促使资金外流；高利息率的结果正相反。由于利息率对国际收支具有双重影响，而且利息率对国际收支和国内经济具有不同的影响，因此，一国的国际收支现状对政府利用调节利息率进行"反周期"具有重要作用。一国的国际收支状况越好，政府就越能在较大范围内利用利息率机制；反之则小。从60年代末以来，美国的国际收支发生了严重的逆差，使国家调节利息率干预经济的作用受到很大的限制。

第五，利息率对消费影响的大小也必须建立在消费对利息率的变动是否作出反应和反应有多大的基础上，这就是利息率变动的消费弹性。在其他条件不

---

① 参见［美］《总统经济报告》，1983年，第240页。《美国历史统计，从殖民时代到1970年》，华盛顿特区，第1004页。

变的情况下,耐用消费品支出在整个消费者支出中所占的比重越大,利息率对消费的影响就越大,反之则越小。这是因为越来越多的耐用消费品采取延期支付的形式,而耐用消费品又不同于非耐用品,它可以被推迟购买、更新,因此,它对利息率变动的反应十分敏感。战后从 50 年代到 80 年代,耐用消费品支出在个人消费支出中所占的比重并无明显增大,大约一直在 13％～16％之间①。因此,利息率对稳定经济周期波动的作用也受到一定限制。

第六,从 60 年代到 70 年代,特别是 70 年代以来,国际资金市场发展十分迅速;同时,工业资本和银行资本的结合进一步加强。在这种情况下,当国内实行紧缩信贷的政策时,银行和工商企业就会想从国外资金市场上取得资金供给,这当然也会妨碍国家利用利息率来调节经济。

我们看到,从战后到 60 年代末 70 年代初,上述条件几乎都有利于国家通过调节利息率来反周期,而到 70 年代后,除耐用消费品支出在整个个人消费支出中所占的比重没有较大变化外,其他条件的变化都逐渐不利于国家通过调节利息率缓和经济周期的波动,而且促使它走向反面。

至此,我们已较全面地考察了国家调节下的利息率运动在战后经济周期中的特殊作用,可以作一小结如下:(1)国家调节下的利息率运动在影响经济周期的作用过程中除本身受一系列条件的限制外,还存在着两种相互冲击的力量。它在经济周期中的作用如何就是这两种力量综合、对比的结果。(2)国家调节下的利息率运动,从时间上看,在短期,对稳定经济周期波动的作用较大;在长期,这方面的作用逐渐减小,具有一种递减性。从结果上看,在短期,由于缓和、分散了资本主义生产和消费之间的矛盾,因此,在一定程度上缓和了经济周期的波动;在长期,由于在新的条件下,以新的形式加剧、集中了资本主义生产和消费之间的矛盾,因而,它加剧了经济周期的波动,其作用又具有一种递增性。(3)国家调节下的利息率运动是能动性和被动性的统一,其运动本身和发挥作用的条件最终都是由资本主义经济周期的运动决定的。因此,从本质上说,都是由资本主义基本矛盾决定的。

---

① 计算根据:［美］《基本经济统计手册》,1983 年 1 月号,第 227 页。

世界经济长波和我国外贸发展战略[①]

摘　要　外贸发展战略要立足于我国外贸的实际状况和国际经济环境的变化。对西方经济长波问题的分析有助于正确把握国际经济变动态势。我国发展对外贸易,必须解决出口结构、进口结构、产品价格、管理权限、汇率制度、利率体系、投资环境、市场结构、有关体制等问题,相应进行九项调整,实现九个转变。宜采取"调扩结合、突出重点、立足改革"的外贸发展战略。从现在到90年代中期,重点在调整,在调整中求扩大。从90年代中后期开始,重点在扩大,在扩大中再调整。

改革开放是党的十三大所提出的在社会主义初级阶段建设有中国特色的社会主义的基本路线的主要内容之一。党的十三大明确把发展对外经济关系作为实现我国经济发展战略的重要措施。

对外贸易是对外开放的基础和基本内容,它在很大程度上决定了对外经济关系发展的程度和范围。对外贸易的前景如何? 我们应该采取怎样的对外贸易发展战略? 经济学界进行过热烈的讨论,从讨论的情况看,大都是从未来十年内的角度出发的。我认为,要认识我国对外贸易发展前景,科学制定我国对外经济贸易发展战略,仅仅停留在这一视野是不够的,还需要联系世界经济发展的长期态势。本文试图结合世界经济的长波运动对此进行初步探讨。

一、对外贸易和国际经济环境

对外贸易,既意味着本国经济资源面向国际市场,也意味着从国外市场取

---

①　本文作者金雪军,最初发表在《浙江大学学报(社会科学版)》1988年第1期。

得经济资源。然而,这两方面对国际经济环境的要求正好不同。输出商品以国际经济处于繁荣阶段为好,因为此时国际市场需求旺盛;输入商品以国际经济处于萧条阶段为好,因为此时国际市场商品过剩。

进口的增加必须依赖于出口的增加。因为无论是进口商品还是引进技术都必须建立在有相应支付能力的基础上,即国际收支状况较好,外汇储备充足。而要达到这一点,就必须扩大出口。因此,如果说从短期看,国际经济环境是否有利于一国对外贸易,要看这个国家的经济实力和具体要求。如果已有较充足的黄金和外汇储备,则可利用国际经济的萧条,进口引进自己所需的资源以增强经济实力和出口产品的竞争能力。如果并不具备充足的黄金和外汇储备,它就不能这样做。那么,从较长时期看,几乎所有国家都必须通过扩大出口的方法来增加进口,因为它们都不可能拥有无限的黄金和外汇储备。

苏联在第二次世界大战以前,利用资本主义国家的危机,扩大从国外引进先进技术和设备,增强了本国经济实力和军事实力。这是后来被称为对外开放的"苏联模式"。我国对外经济贸易能否按此模式进行?从长期看,由于外汇储备的限制,无法按此模式进行显而易见。从短期看,由于我国现在所面临的国际经济环境和当时苏联有很大的差别,因此,也不能够简单套用。首先,30年代大危机期间,世界市场上商品价格猛跌,但70年代以来,商品价格在危机期间仍然较高;其次,苏联当时有较充足的黄金和外汇储备,而我们尚未有此条件。

从我国的情况来看,要进一步扩大对外贸易,关键是要有充足的外汇储备,或者反过来说,对外贸易必须考虑外汇平衡问题。如果大量使用结存外汇进口、引进,使国家外汇储备量急剧下降,不但阻碍对外贸易进一步扩大,而且会给整个经济带来严重影响。所以,无论从短期还是长期看,出口创汇都是我国扩大对外贸易的主要条件。既然国际经济形势良好有利于出口创汇,那么,一般说来,这种环境有利于对外贸易的扩大。

二、国际经济环境和经济长波运动

在和我国发生经济贸易关系的国家中,西方主要资本主义国家占有很大比重。考察我国对外贸易的国际经济环境,必须从长期和短期两方面考察西方资本主义国家经济的运动。

尽管至今为止,对世界经济长波运动的原因众说纷纭,然而,从资本主义经济发展的长期动态看,确实存在着大约以50年为周期(其中约25年为上升阶段，约 25 年为下降阶段）的长波运动。第二次世界大战后处于第四个长波时期，其中 1973 年为上升阶段和下降阶段的分界线。

一般说来，在长波的上升阶段，反映经济增长的指标年平均值较高，经济繁荣年多于萧条年。即使处于萧条年，其经济下降程度一般也要小于长周期下降阶段萧条年经济下降程度。在长波的下降阶段，情况则反之。

长波不但不排斥经济的一般周期波动，而且，长波和一个国家对外经济贸易的关系仍然取决于经济是处于繁荣还是萧条时期的。也就是说，长波表现的一国对外贸易的国际经济环境是通过长周期中萧条与繁荣的时间与程度体现出来的。同时，长波可以说明对外贸易国际经济环境的变动态势。

70 年代以来，在经过五六十年代经济发展的所谓"黄金时期"后，资本主义经济重新进入剧烈动荡的时期，经济增长速度逐步下降。80 年代初期爆发的经济危机是战后最严重的一次，危机本身出现了许多新的特征。如危机中利息率一反常态，居高不下；危机从过去的"V"形发展过程（即下降到上升）转变成为"W"形发展过程（即下降—上升—再下降—再上升）。尽管从 1982 年 11 月以来，由于周期性危机运动规律的作用、新技术革命的发展、国家垄断资本主义政策进行新的调整变化等原因，西方国家开始走上经济回升道路，但举步维艰，几经反复。从 1982 年底到 1984 年下半年，就出现了两次高潮和两次低潮。作为西方经济火车头的美国财政赤字和贸易赤字高达 1000 亿～2000 亿美元，双赤字所导致的美元贬值、汇率动荡破坏了国际货币体系的稳定，削弱了经济增长。尽管西方许多国家在 1987 年底采取降低利率的措施，但不过是杯水车薪。只要美国财政赤字居高不下，这些问题就无法得到根本解决。在国际经济领域，贸易保护主义抬头，生产能力普遍过剩，金融资金流动失控，重要货币汇价变动剧烈，投机之风盛行，黄金价格反复攀升，国际经济严重失衡，第三世界债务问题恶化。据统计，西方国家商品和劳务产量年增长率，60 年代为 5%，70 年代为 3.5%，80 年代已降为 2.5%。世界贸易额增长幅度，60 年代平均为 8.5%，70 年代为 5.0%，80 年代是 2.6%。1987 年，世界性的股票风潮和美元暴跌，既是西方资本主义国家经济面临衰退的信号，又进一步加剧了它的动荡。

全面考察现阶段世界经济变动，就可发现它对我国外贸经济的具体影响是复杂的。这种复杂性在于：不利因素与有利因素相互交织。

世界经济的动荡，一方面使许多国家消费需求增长减缓，初级产品价格回落，不利于发展中国家出口贸易的扩大。另一方面，随着世界经济动荡，世界经济的格局将出现新的调整，各国在世界市场的份额也将重新组合。西方发达国家致力于发展高技术产业,亚洲"四小龙"产业结构也逐步升级,它们的劳动力价格随着消费水平提高也在提高。这对劳动力费用低但素质较好的我国来说,无异提供了一个用低成本优势参与国际竞争并取得成功的机遇。

在世界经济动荡中,一方面,由于汇率动荡严重,增加了对汇率升降判断的难度,而对其判断失误直接影响到外汇储备总额和进出口贸易的收益。另一方面,美元汇价下跌,日元、马克、新台币、韩币等货币升值。这对我国产品向西欧和日本的出口,对与韩国等国家和我国台湾地区在世界市场上竞争是有利的。

由于世界经济动荡,西方国家投资需求不振,生产能力普遍过剩,据统计,美国钢铁工业的设备利用率近年只有 55%。这种状况一方面不利于向这些国家出口产品,另一方面也使这些国家过剩资金增加。由于拉美和非洲国家存在严重债务危机,而韩国等国家和我国台湾地区由于货币升值、生产成本上升,吸引外资能力受到限制。这当然有利于我们吸引、利用这些资金。

可见,西方经济动荡加剧,既给了我们一个喘息的时机,也给了我们必须立即行动的压力。对我们这个出口总额仅占国民生产总值 10% 左右的基本内向型的国家来说,要发展对外贸易、发展外向型经济,既需要充分利用有利的机会,又要避免不利的因素。不但要考虑短期效益,更要着眼于长期的社会经济效果,而这又依赖于国内自身条件的改善。

三、经济长波运动和对外贸易发展战略

如何发展对外贸易,可以有两种选择。一是着眼于近期外贸的扩大。按此选择,以增加出口商品基地、出口商品企业和出口商品数量为重点。二是着眼于长期外贸的扩大。按此选择,以提高出口商品的竞争能力,增强外贸的实力和后劲,发挥外贸上的后发性优势,提高外贸的经济效益为重点。

两种选择,后者为优。通过对世界经济长波的分析,特别是对我国对外开放和对外贸易状况的考察,不难得出这一结论。

从我国目前的情况看,要发展对外经济贸易,实现经济的外向型转变,必须着重解决九个问题。

第一,调整出口结构,实现出口产品结构的合理化。我国出口产品结构是不够合理的,突出表现在初级产品比重太高,机电产品比重太低。长期来后者不到 10%,而在国际贸易中,机电产品贸易比重已到 40%。[1]初级产品出口困难重重。首先,西方各国保护主义上升,严格限制发展中国家产品的进口。其

次,从出口产品品种到市场,我国和一些发展中国家基本相同,存在激烈的竞争。再次,80年代后,西方国家对原料商品需求大大减少,市场价格暴跌,从1981年至1985年,非石油初级产品价格已下跌25%,1986年石油市场价格下降了近50%。[2]尽管1987年上半年初级产品价格曾有所回升,但自10月份股市暴跌后又下降。因此,对初级产品出口要有所控制,提高中高档商品出口比重。

第二,调整进口结构,实现进口产品结构的高档化。我国进口产品结构也是不够合理的。我国最迫切需要的是先进技术和关键设备,然而,生活资料不但现在在进口商品总额中占有很大的比重,而且有上升的趋势。一些高档消费品引进规模过大,潜伏着市场饱和的危险。在进口的生产资料中,原材料又占有较高比重。新技术、成套设备和机电产品占的比重较低,50年代为51%,60年代为20%,70年代为22%,1981年为26.2%。[2]而且还存在不少重复进口的现象。当然,世界范围的技术转让方面的保护主义给我们引进先进技术设备带来了不利的影响。

第三,调整产品价格,实现产品价格的国际化。长期以来,我们采取内外有别,分别作价的方法,割断了国内市场和国际市场的联系,使出口生产企业缺乏来自国外竞争的压力和动力,影响了他们根据国际市场的需要和我们的优势改进出口商品的品种和质量以提高竞争能力。它既使国家对外贸的一些正常调节措施不能奏效,又容易扭曲国际价值和价格的变动关系,背离国际价值规律的要求。由于和国内市场相比,国际市场供求变化更大,这种定价方法比国内市场上价格管理体制上的弊病更为严重。因此,发展对外贸易,让企业在国际竞争中大显身手,就必须从国际市场着眼管理、调节产品价格。

第四,调整管理权限,实现宏观控制下企业经营的自主化。长期以来,我们实行由总公司(经贸部实际上是外贸专业总公司的“总公司”)统一经营的进出口商品收购调拨制。按指定性计划出口的商品为数达70%,企业无权根据世界市场行情作出灵敏的决策。同时,财务上国家统负盈亏,由财政对亏损进行补贴,形成了外贸企业忽视经济核算、经济效益低下的局面。这种企业无法适应瞬息万变、竞争激烈、斗争尖锐的国际市场的局面是可想而知的。因此,必须充分尊重外贸企业作为相对独立的商品生产者的地位,实行工贸结合,放开经营、自负盈亏和进出口代理制,让企业直接参与国际市场竞争。当然,完全由企业自主经营,容易产生争资源、争客户、争市场,对内抬价收购,对外削价竞销,肥水外流的混乱现象,所以,必须由国家进行宏观控制。事实上,在当今世界;对外贸易的国家干预不断加强,离开国家政府作用的发挥,外贸的发展也是不可能的。

第五,调整汇率制度,实现汇率的国际市场化。从国际市场的角度看,西方大多数国家从 1973 年以来都实行了管理浮动利率制度。汇率主要是随外汇市场供求变化而经常波动,只是当汇率容易出现较大幅度急剧波动时,政府和中央银行才进行某种干预。尽管我国从 1973 年以来也实行了浮动汇率制度,然而,我国和国际市场上普遍实行的浮动汇率制度有很大差别。它突出表现在汇率变动不经常;汇率变动不是随供求变化而自动变动,而是由国家规定变动的。由于汇率变动对进出口贸易有一定时滞,特别是在我国信息反馈机制不灵敏的情况下,汇率的国家规定变动往往容易事倍功半,甚至产生负效应。同时,结算货币单一,盯住美元。在美元大幅度贬值之际,人民币对美元也一再大幅度贬值(1985 年 10 月和 1986 年 7 月人民币汇率两次下调),使外贸企业不积极争取更好的成交价格,只要完成任务,就可得到人民币贬值的好处。这种制度难以准确反映国际市场商品价格变动情况,不利于外贸企业合理选择币种结算,也不利于及时调整外汇储备结构和外贸经济效益的提高。

第六、调整利率体系,实现利率的浮动化。利率的变化能促使汇价变动,从而促使进出口商品价格变动。利率和汇率变动关系可有以下几种情况:(1)利率和汇率。利率和汇率都完全由资金和外汇市场上供求状况决定,政府不进行干预,它往往伴随着较大幅度的剧烈波动。(2)固定汇率和固定利率。它不能反映资金和外汇市场供求状况,影响外贸的发展。(3)固定利率和浮动汇率。尽管此时,汇率能随外汇市场供求关系变化而变化,但是,在利率固定的情况下,汇率变动往往不能适应外贸发展的实际需要。例如,尽管为了对外贸易,需要降低汇价,但由于利率较高,就无法促使商品比价向下变动。又如我国,利率水平较低,有些企业出口商品后,本可用即期外汇的交易却要用远期结汇,以获取利差。这种做法使资金为外商所占用。(4)浮动利率和浮动汇率。这种体系既能反映市场供求状况,实现商品市场和外汇市场的平衡,又不至于引起剧烈波动。尤其是国家可以根据经济发展和外贸发展的需要灵活调整。如果说前三种制度分别为 30 年代以前资本主义国家、70 年代以前我国、70 年代以后我国所实行,那么,在当今世界大多数国家都实行第四种较有利的制度的情况下,我们如果不改革,就无法在国际市场竞争中站住脚。

第七,调整投资环境,实现投资环境的优化。出口能力的增强和进口是分不开的,然而,无论是进口先进技术设备,还是吸收国外贷款;无论是扩大来料加工，还是利用国外直接投资，都存在着一个资源投入的环境问题。投资环境包括软件和硬件两个方面。软件主要指：法律制度、管理方法、工作效率、人才结构等。硬件主要指：基础设施状况、资金物质配套能力等。较好的投资环境有利于国外资源的投入，保持对外贸易的良性循环。这一问题在引进国外资源时，我国同亚太地区和其他地区许多国家存在激烈竞争的情况下尤为突出。从我国实际情况看，要实现投资环境的普遍优化，必须解决体制、观念、资金、物质等不少问题。

第八，调整市场结构，实现市场的多样化开放化。市场大小和结构直接影响着商品货币活动。从我国发展对外贸易的情况看，在西方国家贸易保护主义抬头、各国经济发展不平衡的情况下，将某种商品集中于某国市场是极为不利的，必须多方位地开拓国际市场。同时，应该参与多种市场，如劳务市场、技术市场、资金市场等等。综观当今世界，几乎没有一个国家对外经济的迅速发展是局限在一个或少数几个市场上的，这是多渠道平衡国际收支，增强国际市场竞争能力，提高外贸经济效益的必经之路。这是一方面。另一方面，国际交往要求双向交往而不是单向交往，市场开放也同样。即国际市场向国内市场开放，而国内市场客观上也要向国际市场开放。从较短时期看，由于我国企业竞争能力尚弱，不宜大规模开放国内市场，但从对外贸易扩大，从外向型经济发展的要求来说，必然要求国内市场的开放。这里就存在着一个矛盾，即为扩大市场需走向国际市场，但在开放同时客观上又会引起国内市场被一部分进口商品所占领。从长期来说，解决这一问题，单纯靠保护主义是不行的，只有靠提高企业在市场上的竞争能力，积极发展替代进口产品的生产，加快国产化的进程。

第九，调整和外贸有关的其他管理体制，实现外贸管理体制改革的配套化。对外贸易的发展，从根本上说，要依靠经济体制改革的加快和深化。不但要实现外贸管理体制自身内部各因素改革的配套，而且要实现外贸和其他部门改革的配套。这是因为，作为国民经济一部分的对外贸易，和国民经济其他部门有密切的关系。外贸体制的改革、对外贸易的发展有赖于其他部门的改革和发展，特别是金融、价格、财政、流通、工资、企业和计划体制的改革。

总之，为了发展对外贸易，发展外向型经济，需要解决上述九个问题，进行九项调整，实现九个转变。这些问题非一朝一夕就能解决。在尚未解决的情况下，追求过多的出口和进口数量、过快的增长速度是不利的。它只会"欲速则不达"，导致缺乏对外经济贸易发展的后劲，丧失后发性利益实现的机会，扩大与国际平均水平的差距，甚至出现出口数量增多，收入反而下降的现象。如果联系国际经济环境变动态势,这种不利将更明显。

从国际经济环境的变动态势和我国对外贸易发展的实际情况看,我认为,在一个较长的时期内,宜采取"调扩结合、突出重点、立足改革"的外贸发展战略。

具体说来,分两步走。第一步,从现在开始到 90 年代中期,在提高经济效益前提下争取对外贸易扩大的同时,特别注意利用国际经济发展速度的放慢和国际经济结构的调整,加快和深化经济体制和外贸体制改革,进行九项调整,实现九个转变,创造并巩固扩大对外贸易的一系列条件。在对外开放上,让沿海地区率先发展,并抓紧学习别国的经验教训,以便赶超。在对外贸易扩大和调整的关系上,重点在调整,在调整中求扩大。

第二步,从 90 年代中后期开始,世界经济逐步进入长波的上升阶段。此时,正是我国经过第一阶段的调整和改革,具备了产品、技术、资金、管理等诸方面的有利条件,整个国家包括内地经济有了较强的竞争实力,可以利用国际经济发展速度的加快,扩大对外贸易,充分发挥对外贸易上的后发性优势。在对外贸易扩大和调整的关系上,重点在扩大,在扩大中再调整。

世界经济的发展呈现不同的阶段,我国的对外贸易也应各有重点,这既能充分利用国际经济环境,又能把我国对外贸易的发展建立在一个客观条件所允许、后劲充足的基础上,从而达到少走弯路,很好取得长效的目的。

需要指出的是,我们是从哪一方面占主要地位的角度来论述的,并不排斥在实际发展过程中,根据具体情况及时进行相应的调整。

注释:

[1] 熊性美,金岩石. 略论当前的国际经济环境和天津市对外开放[J]. 南开经济研究,1985(1):21-27.

[2] 刘国光. 中国经济发展战略问题研究[M]. 上海:上海人民出版社,1984:539-540.

入关对我国有关机电产品的影响及对策①

从总体看，入关对我国机电产品具有双重影响。

一方面，加入关贸总协定后，我国机电产品的出口可以利用更加开放的国际市场，为我国机电产品出口的扩大取得稳定的市场保证。我国机电产品在出口时遭受反倾销指控的机会将减少。例如，欧共体委员会1992年6月1日发表了一份反倾销反补贴报告，公布了欧共体从1987年到1991年对33个国家和地区向欧共体市场出口的169种产品进行的反倾销立案调查，其中日本21种，中国20种，韩国17种，土耳其15种，南斯拉夫12种。报告还公布了1991年在进行反倾销反补贴调查中征收临时反倾销税的19种产品中，中国占6种，日本占5种。在这些反倾销、反补贴的产品中，机电产品占了相当大的比重。这对我国机电产品进入这些国家的市场极为不利。欧共体的反倾销措施是欧共体限制进口时的一种最常用、最强硬、也最有效的贸易保护手段。它的特点是：立案容易、调查复杂、裁决不公、效果明显，而且总是打着"公平竞争"的幌子。实际上由于我国尚未加入关贸总协定，对我国反倾销、反补贴带有一定的歧视性。进入关贸总协定无疑有助于改变这一状况。

目前正处于世界经济结构调整时期，劳动密集型、资本密集型和一些技术密集型产业向发展中国家转移，国外资金将大量涌入，它将增强我国产品的竞争力，使我国越来越多的机电产品获得比较优势，将使中国成为世界重要机电产品生产基地。

另一方面，进入关贸总协定对机电产品出口也会带来一定的冲击。因为我国目前机电工业仍与发达国家有比较大的差距，一旦加入关贸总协定，发达国

① 本文作者陈志成、金雪军，最初发表在《浙江大学学报（社会科学版）》1993年第1期。

家将要求我国降低关税,开放市场,对我国来讲,大量国外先进且价廉的机电产品将进入我国国内市场,对我国机电产品将产生一些不利影响。

具体看,入关对不同的机电产品具有不同的影响,下面我们进行分类型对比分析。

1. 对我国尚未成熟的有关机电产品的影响

过去我国对一些重要的机电产品是通过高额进口关税和一些贸易障碍来限制进口以保护民族机电工业的,如将来有可能成为我国支柱产业的汽车及其关键配件、飞机、电子计算机、部分家电产品生产线等产品,我国是限制进口的。一旦降低关税,放开国内市场,这些产品的进口将大幅度增加,这些幼稚工业受到的冲击短期内将不可避免,进一步影响这些产品今后的出口扩大。如汽车工业,进入关贸总协定对其将产生双重影响。

一方面,中国对进口轿车的关税高达200%,关贸总协定要求降低这些关税。尽管我国汽车工业发展进步很快,但与发达国家相比,技术上、价格上还有很大差距,我国汽车生产规模不大,布局分散,汽车生产成本普遍高于国外汽车生产成本。在大量廉价优质国外汽车涌进国内市场的情况下,如不采取相应对策,我国许多汽车厂商在与国外汽车的竞争中,将处境艰难,国内许多市场将成为国外汽车的天下。

如果在短期内出现这种情况,还将进一步影响到我国汽车零部件的出口。

另一方面,目前我国汽车行业出口主要还是一些客车和中低档的汽车零部件。出口规模不大,我国对汽车零件的税率也不高,所以对我国汽车产品的出口不利影响不大,相反,可以避免国外对我国部分汽车零部件征收反倾销税。因此,对我国汽车出口也有有利的一面。

面对进入关贸总协定对我国汽车工业带来的挑战,我们必须及早准备,制定相应对策。

(1)一方面通过关贸总协定有关保护条款进行保护,即利用总协定的例外条款和对发展中国家的一些优惠待遇对我国汽车工业进行一定时间的保护,为我国汽车工业的调整争取一定的时间。另一方面将通过制定有关产业政策,进行重点扶植,迅速缩短我国汽车工业与世界先进水平的差距。

(2)要采取措施加快民族汽车工业的发展,积极参加世界汽车工业的竞争,在竞争中提高我国汽车工业的水平,搞好汽车工业产业结构的调整,依靠科技进步,按照"联合、高起点、大批量、专业化、优质量"的方针,走联合发展的道路,发挥群体效力,做到优势互补,避免重复建设。

（3）汽车工业要在总体规划的情况下，积极引进海外技术与资金，如生产小轿车和零件的技术及资金，测试汽车的机械以及生产进口汽车零件的设备。

（4）利用目前我国已有的销售服务网，做好售后服务工作。

又如计算机产业，进入关贸总协定后，计算机产业将既受益又受冲击，后者是主要的。一方面，计算机产品是国际配套的高技术、高附加值的产业，是发达国家争先进入我国市场的一个领域。进入关贸总协定后，必须降低关税，取消进口调节税，直至取消进口许可证和行政审批手续，这意味着我国长期来用以自我保护的手段将削弱，一直处于政府保护之下的幼稚计算机工业面对的将是技术、质量和价格的竞争。由于在计算机产品"性能价格比"上，我们与发达国家产品相差悬殊，计算机产业的发展水平，同发达国家相比，差距很大。因此，不但面临"挡不住"的问题，还有一个"出不去"的问题。

另一方面，为降低成本，国外企业纷纷把硬件制造部分转移到亚太地区，这给我们发展计算机的基础工业带来了机遇。因此，我们可以进口所需要的系统和设备，生产能够满足国内外需要的计算机零部件及配套产品。生产符合国际市场需求并能形成规模的产品以换取高技术产品的进口。同时，在经济发达国家，软件已成为一门独立的增长速度最快的高附加值的高技术支柱产业。近 10 年来，世界软件市场每年以 20％～30％ 的速度递增。进入关贸总协定后，国内计算机硬件制造业将面临新的困难，而被世界公认有发展潜力的中国软件产业力量倒是一个大显身手的机会。1991 年，深圳 150 家软件企业已出口创汇 1000 多万美元。

面对这种状况，我国计算机行业的企业必须及早准备，认真研究，树立市场观念，开放式的国际化观念，专业化、大行业的观念，以软带硬的观念等。调整结构，向国际标准靠拢，在参与国际竞争中发展企业。从我国情况来看，采用国际标准，生产计算机产品，也是能行得通的。例如，利用别人加工或配套生产的部件生产自己的系统产品，或为别人的整机产品作部件加工或配套生产是国际惯例，也是国际上几家有名气的计算机厂商生产世界一流产品的方式，而我国在 1991 年计算机出口达 4.8 亿美元，出口的大多是外部设备和初级产品。

2. 对我国已成熟的有关机电产品的影响

我国目前发展较为成熟的机电产品有：黑白和彩色电视机、家用冰箱、家用洗衣机、家用空调、小家电产品等。有些产品的生产能力已经大量过剩，对外出口已经具备了一定的规模。下面以电冰箱等为例进行分析。

据统计，电冰箱生产能力为 1600 万台，厂家达 100 多家。实际年产量只有

463 万台,到 1995 年我国冰箱的年均需求量为 800 万台。生产能力大量过剩,许多生产厂家不得不把产品推向国际市场,对外出口大幅度增加,由原来冰箱进口大国成为冰箱出口大国。

进入关贸总协定后,不会对我冰箱的出口设置障碍,相反,对我国冰箱产品进入国际市场提供了保障。就国内市场来看,我国冰箱将面临国外产品的竞争。从目前的竞争形势来分析,在我国冰箱中低档产品市场中,我国冰箱产品的竞争优势还是存在的,我国产品与国外先进产品差距已经不是很大。当然,现在冰箱进口关税较高,随着进口关税的调低,国外产品的价格将进一步降低。冰箱高档产品市场估计将面临国外产品的激烈竞争,究竟谁能在争夺高档产品市场的竞争中获胜,取决于我国冰箱档次能否进一步提高以便与国外产品一决雌雄。

针对进入关贸总协定后对我国较为成熟的有关机电产品将会带来的影响,我们应该采取相应对策。

其一,积极开发新产品、新技术,使产品能接近或超过国外同类产品,再利用我国劳动力成本低等竞争优势,在未来的国内外市场的竞争中取胜。

就冰箱产品来看,由于南极上空臭氧层空洞继续增加,北美及欧洲上空臭氧层也开始变薄,许多国家已纷纷把禁止使用氟利昂(CFC)的期限提前。根据旨在保护臭氧层、限制破坏臭氧层物质的生产和使用的《蒙特利尔议定书》,我国将在 2010 年停止氟利昂的生产和使用。目前,电冰箱行业的替代工作已经引起各方重视,各有关电冰箱厂家已经开始进行了减少电冰箱隔热材料聚氨酯泡沫发泡剂用量的试验,合作开展了制冷剂替代物的研究工作,并取得了令人鼓舞的成果。如能在制冷剂替代物方面能取得突破性进展,将使冰箱产品在国内和国际市场的竞争中更为有利。

其二,强化内部管理,调整产品结构,挖掘内部潜力,引进国外先进技术。以我国船舶为例,目前中国船舶工业总公司民用船舶占船舶总产值的比重已由 40% 上升到 80% 以上,非船舶产品由总产值的 10% 上升到 30% 左右。在国际市场的激烈竞争中,中国船舶工业总公司以赶超世界先进水平为目标,大力推进科技进步,积极吸收国外先进的技术,迅速缩短与国际上先进船舶制造厂商的距离,造船整体技术不断提高。目前,这家公司的出口船不仅数量迅速上升,而且档次不断提高,出口船种类也已从一般性能的散货船、油船,发展到包括液化石油气船、大型冷风集装箱船等具有当代国际先进水平的船型在内的 70 多个品种;出口范围从我国香港地区拓宽到亚、非、欧、美等六大洲的 60 多个国家和地区。

其三,积极组建企业集团,发挥规模优势。以我国空调器生产为例,即组建了我国最大的空调器生产集团企业——中国蓝波-希岛制冷工业公司。这家年生产能力达 100 万台的大型空调企业由深圳市石化集团、武汉冷柜厂、中国环宇电子集团空调器厂、上海新新机械厂等分属于石化、轻工、机电、航空航天部门的 4 家企业自愿联合组成,它采用股份合作制、统一牌号、分散生产,集中开发产品和市场、统一开展售前售后服务。这可以降低原材料消耗和其他成本,提高产品质量和新产品开发能力,同时可以避免盲目布点,打破行业、地区界限,利用国内现有基础尽快扩大名牌产品产量。然而,目前国内空调器生产厂家尽管已达 200 多家,但生产规模大都在 2 万~10 万台之间,不能形成规模优势生产。而国际上有竞争力的空调企业生产规模都在 50 万台以上。

其四,积极利用总协定保护我国产品的出口。

一个反倾销案件通常要经历起诉、初审、咨询、立案调查、初裁、终裁几个阶段。欧共体内任何一个自然人、法人或无法人资格的协会,只要认为来自欧共体以外的任何产品在欧共体市场上"倾销",或高补贴出口,都可以向欧共体委员会起诉。

中国有些产品由于国内多家经营,对外低价竞销,结果遭到指控,因此必须加强宏观管理和内部协调,杜绝为完成出口任务而低价竞销的现象。

一旦中国出口商品被立案调查,国内单位应填好调查问卷,不能采取不理不睬的态度,要充分利用法律程序进行抗辩,深入了解案情,做好调研,并聘请当地和国内专业律师积极应诉,力争有一个好的结果。

3. 对尚未兴办的有关机电产品的影响

以录像机为例。目前我国的录像机市场仍然以进口录像机为主,根据现有技术和产品来看,尚未能进入国际市场。进入关贸总协定后,这种趋势在一段时间内将持续下去。随着我国经济的发展,我国录像机等尚未发展的相关机电行业将会迅速发展,我国自己生产的录像机将与国外产品争夺国内市场和国际市场。因此,进入关贸总协定从长远来看,对我国这些产品的出口是有相当促进作用的。

在目前的情况下,则主要是引进国外的先进技术,在组装的基础上,吸收消化,实行跳跃式发展,以迅速缩短与国外先进技术的差距。同时,近些年来,我国电子工业重复分散的问题比较严重,继彩电热、彩管热之后,当前录像机、程控交换机、摄录一体机等一批产品又成为各地争上的项目,各地搞自己的小而全的录像机配套体系,势必造成重复建设。因此,可采取股份制形式,建立大型的集团化的录像机生产企业,发挥规模效益。如录像机是目前各地争上的热点项目,国内现有的 11 个录像机生产厂采取自愿认股、联合投资的方法,6 月 17 日组建了中国华录电子有限公司——我国唯一生产录像机关键部件和有关配套件的企业。这家总投资达 10 亿元的公司于 8 月 1 日在大连七贤岭高新技术开发区动工兴建,到明年形成 150 万套录像机关键件的生产能力,1995 年达到 300 万套的生产能力,国产化率达 70%。公司在分配上将实行分产值、分税收、分利润、分产品的"四分法"。中国华录电子有限公司在成立当日,与中国工商银行签署了关于专项资金注入和管理办法的协议,与日本松下电器公司签订了录像机技术引进合同。国内争上录像机的势头得到控制。

中国利用国际证券市场的策略①

　　利用外资是取他人之长补已之短的重要途径。尽管利用外资可以有商业银行贷款、国际金融机构贷款、政府贷款、吸收存款、直接投资、补偿贸易、外商提供的出口信用等多种方式，各种方式也各有利弊。然而，由于国际金融市场的证券化趋势，尤其是由于筹资主体主动，筹资对象广泛，筹资用途灵活，筹集的资金使用期限较长等特点，国际证券发行在吸收、利用外资方面有明显的优势，其重要性越来越突出。因此，如何利用国际证券市场是急需解决的重大问题。

一、国际证券市场与我国的国际债券筹资

　　国际债券市场是指在国际资金市场上通过发行债券来筹集资金的市场。国际上通过债券发行来筹借资金的方式始于 19 世纪初，但一直不普遍。直到 19 世纪 60 年代后才得到较快发展。不少国家为筹措资金，国际金融机构也将它作为经常性筹资渠道。80 年代以来，国际债券市场得到更为迅速的发展。

　　我国的国际债券发行是从 80 年代初开始的。由发行国际债券筹集到的外资绝大部分投放在国内重点、骨干项目上，如港口建设，电信设施安装，基础原材料工业技术改造等，对加快我国经济发展起到了明显作用。因此，发行国际债券筹资总的说来是成功的，但在我国国际债券的发行过程中，也存在着三个主要问题，需要尽快加以解决。

　　市场问题　国际债券的发行也要遵循多样化的原则。具体说来，一是面值

①　本文作者金雪军，最初发表在《国际经济合作》1993 年第 11 期。

币种多样化,从而既可以满足不同的需求,也能够防止过于集中而引起的汇率风险。二是形式多样化,以此来扩大债券筹资的规模。三是期限多样化,债券偿还期一般应当可能与项目的投资回收期相配合,要防止债券偿还过于集中以分散偿还压力。四是市场多样化,过分集中于一个市场,虽然易熟悉,但一旦该市场发生突变,如市场利率、汇率剧烈变动等,将影响发行和偿还。从我国国际债券发行的实际情况看,发行市场比较集中在日本,面值货币以日元为主。因此,应当重视在其他国际债券市场的发行。为使国际债券发行更为科学与有效,可以先进行较为广泛的试探性发行,以取得在不同市场发行不同债券的经验。在总结经验的基础上,选择能够经常利用的债券市场。

种类问题 在我国已发行的国际债券中,固定利率债券占多数,浮动利率和双重货币债券只有很少一部分。尽管固定利率成本计算稳定,但它的发行有一个严格的条件,通货膨胀率较低,利率较为稳定,而从国际金融市场的实际情况看,这一条往往难以具备。由于浮动利率债券的优点,目前在国际金融市场上,它的比重在上升,此外,无息债券、可兑股债券、授权认股债券、安全授权单、无债券授权单等在欧洲资本市场中很流行。因此,我国应增加浮动利率的发行比例,并在试验的基础上,增加其他融资工具,从而降低发行成本,提高发行效益。

调控问题 使用债券资金是要偿还的,因此有一个怎样与创汇项目相结合的问题。但是,项目的成本、所需资金的期限、对币种的要求等都不能很容易地与筹资债券相结合,这就要求合理安排债券筹资和资金投向。然而,从我国国际债券发行的情况看,各机构发行债券的面值利率、发行费用、偿付条件尚需要很好协调,各机构用资过程也缺乏有效的管理与监督。因此,必须在发挥地方积极性,促进地方重点建设与经济发展,促使地方熟悉国际金融市场的同时,建立一个有权威性的管理机构,依据我国对外汇的需求数量和种类、出口收汇的币种构成和西方主要货币的汇率预期,制定一系列相互配套的国际债券发行、使用、偿还管理制度与法规,对全国各机构、企业发行国际债券的总量、结构和外资使用方向进行调控。

二、国际股票市场与我国的国际股票筹资

国际股票市场是指在国际资金市场上通过发行股票来筹集资金的市场,与国内股票市场不同,国际股票的发行是跨国界的,是世界性的,股票的认购和对

投资者的销售都是在发行公司所在国之外进行,即在由国际性银团和证券交易所参与的国际资本市场上经营的。在金融事业发达的国家与地区,都设有世界性股票交易市场。

国际性的股票交易形成虽较早,但较大规模的交易是 60 年代后随跨国公司发展而发展起来的。据资料,1975 年美国 220 家销售额在 10 亿美元以上的公司中,有 80 家在国外证券市场挂牌出售股票。西欧、日本等国的 105 家大公司中也有 71 家在国外市场出售股票。80 年代以来,国际股票交易量进一步扩大,如纽约股票市场 1985 年与 1975 年相比,外国人在该市场买卖美国企业股票的交易额增加 5 倍以上,买卖外国企业股票的交易额增加 21 倍。

我国经济发展也提出了走向国际股票市场的要求,它来自四个方面因素的推动:

经济建设需要大量资金 根据我国经济发展总体规划,到 2000 年要实现现代化建设的第二步战略目标,需要巨额的建设资金,从而需要扩大对外资的吸收与利用。开发浦东的例子突出地说明了这一点。据估计,开发浦东所需资金大约在 300 亿~500 亿美元,而中央及地方财政所能提供的资金仅能满足其中的 1/10。

不至于过多增加外债压力 我国进入 90 年代以来,已进入偿债高峰时期,偿债压力较大。

其他渠道筹措外资较困难 从贷款角度看,1992 年欧洲统一大市场与美加贸易区的建立,前苏联地区国家与东欧国家对贷款资金的争夺以及美国银行业不景气,巴塞尔协议规定 8% 的资本与风险资产的比例等因素导致了国际金融机构减少风险资产,近期内不太愿意扩大对发展中国家提供贷款。即使提供贷款,条件也比较苛刻。从投资即吸引外商直接来华投资实业角度看,由于直接投资实业的项目的可行性研究,谈判报批,到投产后的经营管理,是一件较为复杂的事;外商投资一旦转化为固定资产,要变换形态,抽回资金将十分困难,投资实业不仅风险,代价很高,而且需要对市场、营销有专门知识与经验,因此用此方式吸引外资也有其局限性。长期采取这种单一的方式,不利于吸引与利用境外对产业陌生的众多私人、团体、机构拥有的规模巨大的资金。同时,东南亚的泰国、印尼、马来西亚等已成为新的投资热点,我国用此方式吸引外资也存在着十分激烈的竞争。

参与国际竞争 了解与掌握国际市场运行规律,促进外向型经济的发展。面向国际市场,提高在国际市场的知名度,增强国际市场竞争能力,是我国企业发展的方向之一。

通过股票市场,将外资以股票投资的方式吸引进来,既可以在不增加外债的前提下引进外资,又可以把筹资对象扩大到众多对产业陌生的私人机构,还能够促使企业走向国际市场,将中国证券推向国际舞台。

1992年,上海与深圳发行特种股票(B股),后经人民银行批准,在上海证券交易所和深圳证券交易所上市。

B种股票的发行是我国继债券走向国际市场以后在证券国际化道路上的又一重大步骤。

有的专家学者包括有的外国专家学者认为发行B种股票是错误的,其理由首先是认为目前中国急需的是利用国内储蓄,而不是吸引外资;其次是认为如果被国内有权与有关系的投资者买到会扼杀A种股票市场。这种观点是值得商榷的。这是因为利用国内储蓄与吸引外资不但不矛盾,而且从我国情况看,两者都应该加快步伐,同时,我国B种股票的发行和上市交易是在法律上、组织上和技术上进行了一系列准备后才进行的。

当然,我们强调中国应进入国际股票市场,并不意味着可以不顾条件与可能,让企业都发行国际股票。证券经济在我国还处在初级阶段,国际股票市场对我们而言还是一个需要熟悉的场所,在这种情况下,既要积极参与国际股票市场,又要遵循分阶段,分类型进行的原则。

进入国际股票市场,通过股票投资方式来吸收外资,可用"国家基金"这一股权投资形式,国家基金设立即以某个国家的证券市场为特定投资对象的一种跨国信托投资。

国家基金设立在一国,并通过发行股票筹资股票在该国的证券交易所挂牌,供被投资国以外的投资者认购,所得资金为基金资产,其中绝大部分投资于被投资国的证券交易所挂牌的以该国货币为面值的该国企业的股票。基金一般规定对某一企业的股权基金所得股息和资本收益可兑换外汇,"国家基金"的股权投资方式可提供长期外资,但不增加外债;不存在对投资企业的控股问题,把我国股票市场与国际股票市场间接联系起来。

三、我国国际证券融资策略

综合考虑国际证券融资问题,我认为,我国宜采取下列策略。

从方式看,证券融资与其他形式融资并存,逐步扩大证券融资的规模。

一方面,吸引、利用外资的诸多方式各有利弊,各有特点,证券融资并不能完全取代它们,同时,证券融资对我国来说是一个新东西,面向国际金融市场进行证券融资更为复杂。另一方面,国际金融市场的证券化趋势与各国证券国际化的实践,尤其是我国发展证券经济的要求决定了我们不但要重视证券的国际融资,而且应逐步扩大证券融资在我国国际融资体系中的比重。

从构成看,股票融资与债券融资并存,逐步扩大股票融资的规模。

一方面,通过国际债券融资已有多年的实践,积累了一定的经验。同时,相对于国际股票市场而言,国际债券市场的波动幅度较小,这对于一个刚步入国际证券市场的国家来说较容易适应。另一方面,股票融资也有其优越之处,突出表现在对企业的要求更高,从而有助于增强企业在国际市场上的竞争能力。同时,其吸引的资金更为可靠、更为长久,尤其是股票融资不用还本付息,是一种既吸收利用了外资但又不增加外债的方式,这对于一个外债规模已较大的国家更为有利。因此,我们应在扩大与完善国际债券融资的前提下,逐步扩大国际股票融资的规模。

从面向看,股票国内融资与国际融资并存,逐步扩大股票国际融资的规模。

股票的国际融资比较复杂,它不但表现在与企业的所有权,而且要求完全按国际股票市场惯例行事,并使国内经济与国际经济的联系更为直接,这既有助于我国企业走向国际市场,但也使世界股市动荡对我国股市的冲击成为可能。如果说对企业的所有权,我们可以通过相应的政策和国家的控股等解决,那么,对于整个股市与国际股市的接轨,从目前的情况看,无论是国家管理与调控水平,还是公众的经济与心理承受能力均难以应付频繁出现、幅度较大的国际股市动荡的冲击。只有在上述条件具备的情况下,才可以实现与国际股市的较大范围的接轨。针对这一情况,我认为在当前及今后一段时间内应该实行股票分离制,即一部分股票市场的发展,推动股份制度的扩大与完善,改善企业的行为。前一类股票以外国投资者为主要对象,后一类股票则面对国内公众。由于我国目前改善企业行为、增强企业活力比资金问题更重要,在资金方面,启动国内数亿美元的闲置资金比吸引外资更为迫切,因此,在上述两部分股票中,后者无疑有更重要的地位。所以,我们应在扩大股票国内融资的前提下,逐步扩大股票国际融资的规模。关于股票制度方面的国内国外差别,在世界股票发展史中也可以找到先例,例如,对于股票分红征税,不少国家实行国内国外有差别的制度,对国内部分征收双重税金(企业利润所得税、个人分红所得税),在关系到国际的场合则免除征收双重税。

从流向看,证券国际筹资与证券国际投资并存,逐步扩大证券国际投资的规模。

这是因为一方面,从总体上看,我国是资金不足的发展中国家,需要吸引、利用外资为加快我国经济建设服务,另一方面,我国又有积极参与国际竞争,努力争取市场份额的扩大等任务,而参与证券国际投资,不但能够带动产品出口,引进先进技术设备,而且能够熟悉和掌握国际市场运行规律,提高企业与国家在国际上的地位,从而不但能够获得证券收益,而且能够增强我国企业与政府在国际市场上进行证券筹资的能力,因此,需要从整体的、动态的角度看待证券筹资与投资的关系,促使两者相互协调、互为促进。宜在扩大与完善证券筹资的前提下,逐步扩大证券投资的规模。

台湾对大陆投资态势及大陆投资政策分析①

一、台湾对大陆投资态势

台湾自 80 年代初开始对大陆进行投资,1987 年以前投资数量较少,真正形成高潮是 1988 年以后。台湾对大陆投资是一个从初级到高级,从局部到全面,从小型到大型的一个动态的发展过程。台湾对大陆投资呈现以下态势。

(一)从投资速度看,增长迅猛

到 1991 年累计投资达到 34.3 亿美元。1992 年由于大陆市场经济的进一步发展,台商对大陆投资形成新一轮的高潮,1992 年对大陆投资达 35 亿美元以上,超过历年投资总额,成为台湾最大的对外投资地区。1992 年批准台商投资项目 6000 余个,比 1991 年增长 3.7 倍。到 1992 年底台商对大陆的投资总额已超过 70 亿美元,成为大陆的仅次于香港的境外第二大投资来源地。这种快速增长的趋势尚没有减缓的迹象,台湾对大陆的投资有可能超过香港。

(二)从投资领域看,行业分布广泛,技术含量不断增加

投资初期,尽管投资涉及的行业广泛,但是属能源交通等基础工业、农业开发、高技术等项目不多,属于一般加工型产品的占大多数。目前台商投资的形态逐步由劳动密集型向资本密集型、技术密集型发展,投资的层次不断提高,由原来属第二产业中的一般加工工业向第一产业、第三产业和第二产业的深加工

---

① 本文作者金雪军、陈志成,最初发表在《世界经济》1993 年第 12 期。

工业发展,同时由产业投资向产业技术交流扩展。

(三)从投资规模看,逐步向大型化发展

台湾中小企业经营机制灵活,适应性强,在对大陆投资中起了先锋作用,因此台商对大陆投资初期以中小企业为主,规模不大。目前投资的规模逐步向大型化发展,投资的主体也扩展到财团型企业,如"统一""味全""声宝""伟联""东帝士"等大型企业集团均宣布了投资1000万美元以上的项目计划,汤臣集团在浦东购置土地投资4200万美元。去年排名前100名的大企业有2/3以上前往大陆进行投资贸易洽谈。

(四)从投资效益看,普遍较好

根据美国威斯康星大学经济系教授高希均对投资大陆的台商企业做的一项调查表明,由于结合了两岸资金、技术、劳动力等生产要素的优势,加上台商所具有广泛的市场销售渠道的优势,台商投资大陆的企业总体经济效益较好,盈利企业已经超过85%。当然在大陆的统计中盈利企业的比例没有这样高,主要是由于台商利用价格转移的办法,减少盈利或虚亏实盈。

(五)就投资地区看,不断扩大

初期主要集中于福建、广东,对其他地区的投资很少,目前台商投资企业从沿海扩大到内地,从南方扩大到北方,遍及各地。

(六)就投资目的看,市场因素日益突出

初期是因为在台湾发展较困难而被迫向大陆转移,现在更多的是看中大陆庞大的市场。台湾是以出口为导向的经济,尤其是纺织业、鞋业、机械业等产品的外贸依存度更高。随着台湾原依靠产品低价争夺到的国际市场因近年来这些竞争优势的丧失而逐步失去,台湾这些行业为求生存而不得不产业外移。开始台湾企业主要是前往东南亚地区进行投资,后又逐步转移至大陆投资。由于大陆经济发展迅速,进口大幅度增加,越来越成为台商羡慕的市场。

(七)就经营方式来看,期限延长,两个市场并重发展

初期,台商对大陆投资政治风险担心过多,采取"打、跑"战术。在接有大量国际订单的情况下,为利用大陆廉价劳动力,台商投资企业大部分从岛内进口

原材料,经加工后销往国外,即"两头在外"。现在由于大陆市场居民购买力增加,台商越来越重视大陆市场的开拓,大陆、国际两个市场并重发展。

（八）就投资形式看,向合资发展

初期台商担心政治风险,对大陆政策法规不了解,所以台商一般选择能够控制企业经营管理的独资形式。现在为更多地分享大陆市场,投资形式逐渐向合资发展,因为合资可以利用对方对本地市场比较熟悉的优势,占领市场。

（九）就投资对贸易的影响看,带动了两岸贸易的发展

许多台商以设备为主要形式,带动了台湾整厂设备对大陆的出口。一个以贸易带动投资、以投资促进贸易的两岸经贸良性互动关系正在形成。

二、台湾的大陆投资政策分析

台湾的大陆投资政策是以"两岸垂直分工"和"根留台湾,防止产业空洞化"为指导方针的。为此台湾当局对大陆的产业投资政策提出了4项限制性原则:(1)在台湾已无法发展的产业;(2)非高科技产业;(3)不涉及台湾安全的产业;(4)不会影响台湾地区经济发展和关联性小的产业。

台湾当局对台商投资大陆的管理主要体现在台湾"经济部"制定的"在大陆地区从事投资及技术合作许可办法"。对台商投资大陆的项目主要采取"正面表列""灰色地带""负面表列"三部分进行管理,并采取不同的政策。列为"正面表列"的行业,不需经过特别审查,即可很快放行。列为"灰色地带"的行业则必须专案核准,专案审查的原则是:(1)对台湾安全及经济发展无不利影响。(2)台湾岛内的生产应维持正常营运或有继续在岛内进行投资的计划。(3)投资计划规模应不超过岛内现有规模的一定比例。(4)股票上市公司应经股东大会决议。(5)符合台湾有关主管机关依个别产业特殊情况所认定的条件。对于"负面表列"行业则禁止前往大陆投资。

这些规定是根据一般行业作出的,对于服务业则采取"正面表列"和专案审查两种方式。上述管理规定只适合于公司法人对大陆的投资行为,如以个人名义赴大陆投资则不受上述限制。

在投资方式上台湾当局规定只准以间接的方式投资。所谓间接的含义包括:(1)在第三地区设立子公司;(2)投资或融资在第三地区进行;(3)委托第三

地区法人或自然人进行;(4)以间接汇款,直接投资的方式向大陆投资。

台湾当局最近继续放宽了对大陆经济交流的限制,近期内将解除服务业对大陆投资禁令。关于原先禁止对大陆投资的服务业,在不给台湾经济带来不利,仅限于小规模经营等条件下,将允许零售、广告业、饮食业、运输业、出版业等 14 个行业对大陆投资,对租赁业等如满足在台湾继续投资的条件,将在个别审查后予以批准。对于钢铁、水泥、汽车、石油化工、玻璃等六个骨干制造行业对大陆投资,台湾经济主管部门制定的方针是,在个别审查的基础上,根据具体情况予以认可。目前,台湾塑料集团已提出在上海周围建设大规模石油化工加工区的设想。

台湾经济主管部门已确定台湾禁止前往大陆投资的"负面表列"产业项目名单,将依工矿及制造业、服务业及农业三大类公告"负面表列名单"。其中服务业及农业上榜名单的包括金融服务业、证券服务业、教育类服务业以及咖啡、茶、马黛茶及香料,而工矿及制造业禁止前往大陆投资的产业项目包括:(1)66项关键性零部件;(2)60 项主导性新产品;(3)61 项"政府"科技专案发展的产品;(4)"国防"科技及相关产品中,包括陆、海、空、联勤单位列为军品管制的产品。

正面表列的项目至 1993 年 3 月底止已达 3811 项,但大多数是劳动密集型、技术层次低的产业,产业关联度低的产业和岛内基本不具备竞争优势的产业,而高技术和若干服务业则严格限制。通过这一手段,台方试图实现其两岸垂直分工的模式,即大陆应经营技术层次较低产业,而台方则经营技术层次较高的产业,以实现其所谓的互补。

随着台湾当局对大陆投资政策的逐渐放宽,台商赴大陆投资增多,两岸经贸交流得以扩大,对发展两岸经济是有利的。然而,从目前台湾对大陆投资政策的状况看,仍存在着下列突出问题:

(一)滞后性

台湾禁止台商直接赴大陆投资,在投资的行业方面也设置障碍。这样在台湾投资环境恶化的情况下,许多台商被迫使用变通手法前往大陆投资,造成台湾当局对大陆投资政策严重滞后,也就是台湾对大陆的投资政策明显落后于形势的发展,结果是台湾当局被迫进一步放宽赴大陆投资限制,导致其对大陆投资政策权威性的丧失。

(二)矛盾性

不久前在新加坡结束的"汪辜会谈"中,台湾海基会向海协会提出台商在大陆的投资保护问题。台湾当局一方面禁止台商直接赴大陆投资,台商只能通过第三地向大陆投资,同时禁止大陆经贸人士赴台,把大陆置于对立的位置。另一方面却要求大陆对台商投资进行保护,存在着自相矛盾之处。实际上,台商在大陆的权益有较充分的保障。同时,台湾当局一方面要求大陆给予台商投资保护,另一方面又担心大陆一旦对台商的保障达到百分之百,那么台湾的工业将会逐渐转移至大陆,原来限制台商赴大陆的理由也不复存在了。

(三)局限性

台湾当局对台商赴大陆投资采取种种限制的政策,造成台商对大陆的大部分投资仅限于在台湾无法生存的一般加工工业和劳动密集型产业,这样造成台商对大陆投资的低层次性,进而造成两岸经济合作的低层次性,也影响了台湾经济的发展。以纺织业为例,台湾纺织工业生存环境越来越困难,根据有关资料,在未来3~5年内,台湾的纺织厂关厂、停工、减产的机器将有200万~300万锭,价值新台币100亿~200亿元,大陆由于许多纺织机器落后需要更新,所以尚欢迎台湾纺织厂把比较新一点的设备移往大陆。然而,由于当局对台商的限制,阻碍了台商外移,结果使得台湾纺织厂在面临经营环境不利的情况下,仍在台湾硬撑,并面临亏损,影响产业升级。台湾当局担心许多产业外移导致产业空洞化,影响台湾的经济基础,因此主张对投资大陆进行限制,这样虽然能够使一些产业留在台湾,但也阻碍了台湾经济结构的调整。

台湾与大陆语言相通,各有优势。台湾在资金、应用技术、行销技巧、管理经验等方面具有优势,而市场狭小、劳动力短缺、整体科技水平不高。而大陆在基础科学、高科技、自然资源、劳动力、市场等方面具有优势,因此,两岸扩大交流符合两岸的利益,台湾对大陆扩大投资势所必然,它客观上将迫使台湾当局不断调整对大陆的投资政策,台湾对大陆投资政策的演变过程已明显证明了这一点。

台湾当局由最初禁止与大陆有投资往来,到后来采取以"垂直分工"为指导原则允许部分台商赴大陆投资,但一直限制太多,仅以间接投资为投资方式,在审批上设置重重障碍。直到1991年和1992年,对大陆投资政策才有较大突破,取消了原有许多投资限制,只有少数骨干行业和少数服务业前往大陆投资仍受限制。航天、通信、电子,咨询、材料、半导体、精密仪器、特种化学品及医药、污染防治及自动化工业等十大新兴工业从"负面表列"中剔除,改为专案审查,在审批手续上也大幅度放宽。根据台湾"大陆委员会"的资料,对台商赴大陆投资的企业需要报批的投资金额是 300 万美元以上的项目,比过去 100 万美元有所放宽。

尽管对于台湾经济主管部门所属企业,仍规定了对大陆投资的三项原则:(1)公营企业赴大陆投资,必须同时对台湾、大陆双方具有互补、互利作用;(2)公营企业的大陆投资计划,必须发挥使大陆经济加速走向市场化的作用;(3)公营企业前往大陆投资不能没有限制,对其在大陆的投资规模将按一定比例进行限制。但是,毕竟已放松限制,允许前往大陆投资。

可见,由于两岸经贸交流大幅增长的情势继续发展,台湾当局的大陆投资政策也在不断调整放宽以适应两岸双向交流的需要。在此形势下,台湾对大陆投资将进入一个新的发展阶段。

复关与我国纺织品进出口贸易①

一、世界及我国纺织品贸易的现状

根据关贸总协定公布的资料,1991 年世界纺织品及服装的贸易额达 2200 亿美元,其中纺织品和服装各为 1100 亿美元。1980—1990 年的 10 年间,服装贸易增长明显快于纺织品,80 年代世界纺织品服装贸易额年均增长率为 8.8%,其中,纺织品增长率为 7%,而服装年平均增长率为 10.5%。发达国家与发展中国家之间的纺织品服装贸易呈现这样一种趋势:发达国家出口到发展中国家主要以原料、纤维、纱和布料为主,发展中国家销往发达国家主要以服装为主,而发达国家之间的贸易以纱和布为主。就服装来讲,其贸易集中在两股流向上,一是发展中国家对发达国家的出口;二是发达国家之间的相互进出口,二者已占世界服装贸易的 3/4。而纺织品贸易的主流在发达国家之间,它几乎占世界纺织品贸易额的一半。从发展看,随着市场多元化的发展,发展中国家与发达国家之间,以及发展中国家内部的贸易比重有增长的趋势。

80 年代以来,纺织品及服装的出口以亚洲增长最快。如中国、韩国的纺织品出口增长均在 10%以上,土耳其、泰国、中国(以及欧洲的葡萄牙)服装增长均在 20%以上。进口则为发达国家增长最快。如美国、日本、意大利、法国在 9%以上,亚洲的中国内地与香港等地纺织品进口也出现大幅度增长,这是由于成品服装加工出口快速增长所致。预计,随着西方发达国家产业结构的调整,服装生产进一步向境外转移,发展中国家的纺织品进口与发达国家的服装进口将

---

① 本文作者陈志成、金雪军,最初发表在《中国工业经济》1993 年第 10 期。

呈继续增长之势。

新中国成立 40 多年来,我国的纺织品生产和贸易有很大发展。目前我国在棉纺锭、棉织布、印染能力和丝织机方面都居世界首位,毛纺锭、麻纺锭居世界第二位,化纤从无到有,现已为世界化纤生产第四大国。我国也是纺织品出口大国。自 1984 年加入多种纤维协定后,纺织品出口稳步增长。从 1986 年起纺织品成为我国第一位出口商品,1991 年纺织服装出口达 190 亿美元,成为世界十大纺织品出口国和地区之一。香港是内地纺织品出口的第一大市场,约占内地纺织品出口额的 30％以上。据香港相关部门统计,内地 1990 年对港纺织品出口达 600 多亿港元,占香港纺织品总进口的 60％以上。其中经香港转口的达 560 亿港元,占内地出口香港的 90％以上,主要转口到美国、日本、澳大利亚、泰国等市场。美国是我国纺织品出口的第二大市场,1989 年我国对美纺织品出口为 30 多亿美元。欧共体是我国第三大市场。我国纺织品出口的其他主要市场还有加拿大、日本、泰国等。1989 年我国纺织品进口达 50 亿美元,产品主要是纺织原料和半成品。年进口各类纤维达 70 万吨左右,其中 50％由地方外汇申请进口。

我国纺织品劳动力成本低,在国际市场上具有一定的比较优势。但我国纺织品出口效益不好。主要原因是:纺织品出口贸易量逐年上升,而出口单价却处于逐年递减状态;出口结构中原料和半成品比重大,约占 60％;纺织品出口公司过多,宏观失控,互相削价竞争,肥水外流,互相竞争纺织品出口配额,抢先超配额出口;纺织品出口市场过于集中,不利于贸易额的扩大。另外,我国纺织工业依靠原料资源和低廉劳动力的优势将逐渐削弱。随着科技的进步,一些工业发达国家的纺织工业由劳动密集型向资金技术密集型产业转移,一些新兴工业国家和地区的纺织工业先后崛起,使国际纺织市场的竞争日趋激烈。国际纺织品市场的产品质量,特别是技术含量和加工深度不断提高,生产成本不断下降,高增殖、高创汇的高档产品和新产品越来越多,这对我国纺织品出口是一个严峻的挑战。

二、多种纤维协定与关贸总协定

1959 年,美国在关贸总协定 15 届缔约国会上,首次提出"市场扰乱"概念,声称纺织品"少数几项商品的大量出口将会在政治、经济和社会三方面对进口国造成严重后果"。在欧共体等发达国家支持下,关贸总协定同意就此进行调查。1960年11月的调查报告认为,在一些国家发生了或有可能发生所谓"市场扰乱"的情况,包括进口数量急剧增加、进口商品销售价比进口国同类同质商品的现行销售价低得多,使进口国生产者受到严重损害,这些商品价格低的问题既不起源于倾销,也不起源于政府干预,由此应采取新的措施。关贸总协定缔约国大会不仅接受了这个"市场扰乱"的概念,而且通过了概念的定义,为发达国家对所谓"低成本供应者"实行种种限制提供了理论和法律根据。从1961年起世界纺织品贸易就完全游离于关贸总协定非歧视规定之外,先后受"纺织品短期安排"、"长期安排"和"多种纤维协定"制约,至今仍处于第四个多种纤维协定的控制之下。该协定每期4年,第四个协定于1991年7月到期,现有54个成员,我国是1984年1月18日正式加入的。该协定成员方的纺织品贸易额占世界纺织品贸易额的89%以上。协定的基本内容是:进口增长必须以进口国的生产者不受损害为原则。限制的措施愈来愈严,限制范围越来越广,开始限制棉纺织品的20多个品种,一年以后扩大到全部棉纺织品。1973年,在美国的倡议下通过的《国际纺织品贸易协定》(简称"多种纤维协定")把天然纤维、人造纤维和合成纤维都列入限制范围,只是各种纺织品的限额可以互换并用,配额的年增长率控制在6%以内。虽然还规定进出口国可通过双边协商确定配额,但同时又规定进口国可以在双边协商不能达成协议时,由进口国单方确定进口配额。1982—1986年的第三个多种纤维协定虽然重申了保证纺织品增长,减少贸易障碍,并放弃了"合理背离"条款,但限制范围进一步扩大到对服装的限制。1987—1991年第四个多种纤维协定限制更为严格,一是在限制范围上增加了苎麻、亚麻和丝混纺产品;二是放宽了进口国可以单方面延长限制期的期限(由12个月延长到24个月),这样便于美国等纺织品进口大国更加有效地控制纺织品和服装的进口。在此情况下,发展中国家和主要出口国理所当然地要反对原来的一些不公平规定,除了在历次协定中争取到一些有利条款以外,又将纺织品贸易问题列为"乌拉圭回合"的议题之一。

这种针对不同国家、不同纺织品和服装项目给予进口数量的配额管制措施,与关贸总协定的以关税而非数量管制的精神不符,同时其所采取的差别待遇也违反关贸总协定无歧视原则。纺织品是消费必需品,其生产与销售在世界各国都有长久的历史,很多国家的工业化都是通过纺织工业的发展而起步的。久而久之,这个行业就成为有传统历史的成熟产业,对各国的政治和经济都有一定程度的影响,这种现象在30年前的美国或英国就已存在。30年来,这些发达国家的纺织行业对政府的影响力仍然很强。因此这些发达国家为了保护纺织和服装产业,使其少受进口货的竞争和威胁,配额管制的存在也就年复一年地延续下去。这就是纺织品贸易长久游离于关贸总协定之外的主要原因。

自 1986 年起,关贸总协定"乌拉圭回合"的纺织品谈判,开始有了将纺织品贸易回归到关贸总协定规范的倡议。"乌拉圭回合"谈判虽然未能如期完成,但各国对此已有共识。纺织品部分的协定草案已于 1991 年 12 月 24 日由关贸总协定秘书长邓克尔提出。

关贸总协定就多种纤维协定谈判取得的初步成果如下:

(1)市场开放的互动性

假定取消配额管制,发展中国家相对也要开放其本国市场,不得以高关税或其他行政手段阻碍进口,或设置其他非贸易壁垒。

(2)对知识产权的保护

有关设计或其他软件等知识产权,发展中国家应在法律上给予明确的法律保护。

(3)过渡期间防卫措施的维持

为防止过渡期间纺织品和服装大量进入一国市场,避免给进口国生产厂商造成大量损害,有效的防卫措施及规定,仍应赋予进口国。

(4)过渡期的长短

由于进出口国对取消多种纤维协定,逐步纳入关贸总协定的基本原则,有一致的立场,大致能在妥协后取得共识。虽然碍于农产品谈判未成,而使纺织品和服装协议草案至今也未完成谈判,但该草案是各谈判参与国大致的共识,则是完全可以肯定的。因此,如"乌拉圭回合"谈判完成,有关纺织品和服装的国际贸易规范,在未来 10 年间就以该草案为蓝本进行。

纺织品和服装协议草案的基本内容是:

(1)过渡期间

从 1993 年 1 月 1 日—2003 年 12 月 31 日止,计 10 年。

(2)分三阶段将纺织品贸易解除配额管制

以进口国 1990 年进口量为准,依复式关税税则号(H.S.)关税税则分类,并包含四种制成产品、成衣,先于 1992 年底前提出 4% 纳入关贸总协定规范,不再受配额管制,而后依三阶段再依不同比例,逐步解除配额限制:第一阶段:1993—1995 年(计三年)12%;第二阶段:1996—1999 年(计四年)17%;第三阶段:2000—2002 年(计三年)18%;以上合计为 51%,其余 49%,于 2003 年 1 月 1 日,一次完全解除限制。

（3）产品适用范围

依据复式关税税则号列（H. S.）第 50～63 章全部，及第 30～49 章、第 64～96 章部分号列产品，适用此解除范围。

（4）配额成长率

对于各阶段仍未解除配额限制类别依 1992 年协定原有增长率，分三个阶段给予不同的增长量：

第一阶段：1993—1995 年（计三年），16％；第二阶段：1996—1999 年（计四年），25％；第三阶段：2000—2002 年（计三年），27％。

（5）弹性条款

应与 1992 年现行双边协定之规定相同，但对换类、预借、移用之合并使用，不得设定上限。

（6）防止纺织品转运

各国均认为转运、迂回转运、申报不实的原产地、假造官方文书等行为是不当的取巧行为，进出口国双方同意以尽速协商的方式解决此问题。各国同意在各自法律及相关程序许可下，同意合作范围包括调查输往设限国，输销量增加的违反方式，尽可能互相交换文件、信函、报表及相关资料，另应以个案方式逐案向出口国要求协助"参观"工厂及约谈人员。若调查结果有证据时，可采取必要的制裁措施，包括挡关或调整配额，另若证据显示有第三国投入转运行为，则可对第三国实施配额限制。对于伪报货物成分、数量、品名及类别者，如经查实，相关国应采取适当法律措施予以惩处。

（7）防卫条款

对尚未纳入关贸总协定条款且未涉限的产品项目，如其总进口量激增造成进口国产业严重损害，进口国得援引防卫措施，施行配额限制。在过渡期间采取防止条款的条件，采取两段式认定方式，即进口国须先认定出口国的某一产品出口至该国占其总进口量比重过高，冲击其国内市场，而后须再证明该项产品的进口已损害其本国产业，符合此两个条件后，方能对出口设限。在原有的多种纤维协定防卫条款下，进口国可直接针对某国产品举证设限。在过渡期间，依据前述三阶段进度已纳入关贸总协定产品，进口国如想设限，仅能引用关贸总协定第 19 条之防卫条款，即需对出口该产品所有国家设限，而尚未纳入关贸总协定范围的产品，进口国则可引用过渡期协定第六条的防卫条款，针对某一特定出口国设限。

(8)纺织品监督机构

由关贸总协定理事会设立纺织品监督局(TMB),取代原来的多种纤维协定之 TSB,负责监督整个协定的运作,协调解决各国之间的争议,提供报告等。纺织品监督局将由各国政府提名 10 位代表组成。

三、恢复总协定地位对我国纺织品进出口贸易的影响及对策

由于上述协议草案被实施的可能性很大,我国恢复关贸总协定缔约国席位,将面临多种纤维协定取消过程(1993—2002 年),它对我国纺织品进出口贸易的影响,可从两个方面讨论。

(1)对出口的影响

有利影响。取消了"多种纤维协定",可以不受配额的限制,不仅可以一如既往地向非配额市场出口,更可以向卖价较合理、容量较大、现在实行配额的发达国家市场扩大出口,获得更多的"比较利益"。从长远看,发达国家由于科学发展较快,劳动力缺乏,必然要进行产业结构的调整,重点发展技术和资本密集型产业,纺织品这种劳动密集型产业正在向发展中国家转移,发达国家将逐渐成为纺织品进口国。我国作为一个纺织品出口大国,在取消"多种纤维协定"后正好捷足先登,比其他发展中国家,特别是最不发达国家抢先一步,占领较多的发达国家市场。另外,我国纺织工业经过 40 多年的建设,得到了较快的发展,纺织品出口也大幅度增长,我们已经具备了同自己竞争对手竞争的必要条件和物质基础。据专家分析,如果取消多种纤维协定对纺织品贸易配额限制,我国纺织品出口有可能在现有基础上有较大的增长。

不利影响。从短期来看,取消多种纤维协定及其相关的双边协定对中国也会产生一些不利的影响。首先,我国纺织品虽然在劳动力成本方面有一定的优势,但这一优势已在逐渐丧失,而我国一些纺织品质量较差,加工程度不深,技术含量低、附加值低,竞争能力较差,甚至比印度、巴基斯坦等国竞争力差。在这种情况下,一些进口国对我国实行配额限制,使我国出口有保证,因而配额在一定程度上保护了我国纺织品的出口。资料显示,占我国纺织品出口总额的一半左右的产品是对配额地区(包括转口)。如果配额取消,实行自由贸易,供应者之间竞争必然非常激烈,对我国配额部分的出口会造成不利影响。其次,在多种纤维协定取消后,将用强化的关贸总协定保障条款对国际纺织品贸易进行

调节和管理,而现在对保障机制尚无定论。有的主张非歧视性的保障条款,有的主张选择性的保障条款。如果实行选择性的保障条款,对包括中国在内的几个大供应国采取一定限制的可能性是存在的。

需要指出的是,还存在着出现下列情况的可能性。就短期来看,由于前述过渡期三阶段方式是缓和而非突然的,因此纺织品进口国市场开放的程度会加速,但不会过于剧烈。由于纺织品配额限制,分三个阶段将四种制成品(毛涤与纱、织物、纺织制成品、服装)加以解除,对我国纺织品出口产业而言,一项产品类别先被解除限制,即面临亚洲一些发展中国家低工资、低成本产品在进口国市场的竞争局势。但由于何种产品应先解除配额的控制权在于进口国,而且一旦决定后,即适用于所有出口国。因此解除配额产品应以不具竞争敏感性产品为先,即对各种纤维先放开,然后是棉织品、服装、化纤等,这样似乎可以减缓对我国产品出口的不利冲击,但对个别产品的生产和出口厂商而言,则仍会造成一定的竞争压力。对于在海外投资,以前为了避开配额限制,我们在拉美等地投资设厂,一旦没有了配额限制,对这些投资就要重新评估。

(2)对进口的影响

接受关贸总协定的规范意味必须遵守现行的国际贸易惯例。在解除配额限制的过程中,我国纺织品和服装市场开放的压力将会越来越大,而其方式当以关税减让、消除非关税障碍为主要要求,同时也会马上面临倾销及仿冒的威胁。国外纺织品服装将与我国产品在国内高档产品市场展开激烈竞争。面对进入关贸总协定后对我国纺织品服装进出口贸易将产生的上述影响,我们应制定相应的对策。

纺织品贸易自由化将是分阶段逐步实现的,因此,我们应充分利用过渡期做好工作。过去我国的纺织品出口部门已适应配额管理,如果一旦配额取消,就有一个重新适应的问题。因此,我们要及早做好宣传工作,不仅在外贸部门,而且在各有关部门、各外向型企业进行广泛的宣传,结合深化外贸体制改革,参照总协定的原则和规则,对我国纺织品出口的各个环节不断进行调整和整顿,以增强应变能力,提高国际竞争水平。

由于在过渡期配额将逐渐被取消,因而应科学合理地分配和使用目前有限的出口配额,使之达到最优化。一般来说,发达国家的纺织品进口配额只是限制数量而不是限制金额,因此我们可以通过深加工、精加工提高纺织品出口的档次和单价,即提高同一商品的附加值,从而增加出口外汇收入。要加强配额的管理,以避免和改变纺织品出口配额分配中互相争夺和平均主义现象。配额可以实行两级管理,即由经贸部统一分配和调整配额,由各地经贸厅(委、局)发放许可证。要定期检查使用的情况。总的要求应是,达到最大限度地使用和发挥配额的效益,防止低质使用和放弃配额。

我们应在过渡期着手实现出口市场多元化的工作。包括出口地区的多元化和出口商品的多元化。首先,要全方位开拓市场,而不是只局限于配额市场。美国、欧共体等对我国纺织品需求稳中有升,发展潜力很大,应加以巩固和扩大,同时也要加强对其他市场的开拓,如独联体市场和东欧市场。其次,我国一些纺织品不仅有档次低、结构不合理等不足,还存在品种短缺的问题,因此,应在提高档次、调整结构的同时,增加产品品种。

必须加强纺织品出口的宏观管理,建立适应市场竞争机制的集团竞争机构,发挥整体竞争优势。目前,我国国内出口公司太多,管理不善,服装、针织产品许多是三类商品,加上加入关贸总协定后,我国出口管理将进一步放权,因此应加强协调国内公司之间的关系,成立相应的商会组织,避免互相竞争。

汇率政策和货币政策协调的理论与对策[①]

(一)开放经济下的货币和汇率政策协调理论——汇率目标区模型理论

20 世纪 70 年代布雷顿森林体系解体后,西方国家改固定汇率制为浮动汇率制。可是各国货币间的汇率并未如自由派经济学家所宣称那样趋于稳定,反而更频繁、更剧烈的波动,向各国的内外经济均衡提出挑战。80 年代中期开始,西方主要工业大国主动地根据国际收支和国内宏观经济状况对外汇市场进行干预,达到国家总体经济目标。

克鲁格曼在 1991 年建立较为完善的汇率目标区理论模型,成为西方发达国家内外政策协调的主要理论依据之一[②]。

汇率目标区可定义为有关当局设计一套可调整的汇率以便同国际收支的长期形态相适应,并且围绕着这一整套可调整的汇率设立较宽的波动幅度。一国确定实现国际收支平衡的基础均衡汇率,市场汇率在一定范围内围绕基础汇率上下波动,央行在汇率冲击目标区上下限时才变动货币供应量,对外汇市场进行干预以维护汇率目标区。汇率目标区模型由两个基本方程组成:

$$e = m + v + \theta_E(\mathrm{d}e/\mathrm{d}t) \tag{1}$$

$$\mathrm{d}v = \sigma \mathrm{d}z \tag{2}$$

e 表示直接标价法的本币汇率,m 为国内货币供应量,v 为除 m 之外的其他基本经济变量,$\theta_E(\mathrm{d}e/\mathrm{d}t)$ 是预期本币贬值率,所有变量均以自然对数形式表示。

---

①　本文作者金雪军、王安安,最初发表在《金融研究》1999 年第 7 期。

②　Krugman P R. Target Zones and Exchange Rate Dynamics [J]. The Quarterly Journal of Economics,1991,106(3): 669-682.

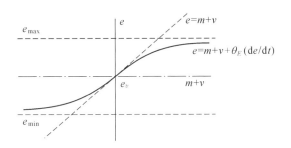

图 1　汇率目标区模型

表 1　中国和美国消费价格指数

CPI	1996 年	1997 年
中国	8.3%	2.8%
美国	2.9%	2.3%

资料来源:IMF,《国际金融统计》,1998 年 3 月

　　横轴表示影响汇率的经济变量,纵轴表示汇率,e_{max},e_{min} 分别代表汇率目标区的上下边界。虚线是自由浮动汇率制下的汇率运动轨迹,实线是汇率目标区下的汇率运动轨迹。

　　在汇率目标区体系下,当汇率接近目标区上限时,人们预期货币当局将减少货币供给以维持汇率,预期因素 $\theta_E(de/dt)$ 的作用使汇率下降;当汇率接近目标区下限时,人们预期央行会增加货币供给,相应汇率上升。因此汇率与基本经济变量的关系是一条 S 状曲线。

　　汇率目标区与其他汇率制度相比有两大优点:(1)蜜月效应:完全可信的汇率目标区具有内在稳定性,各种经济因素对汇率冲击较自由浮动汇率制为小,汇率波动比较平缓。(2)平滑过渡状态:公众对央行运用货币政策维持目标区边界有强大的信心,经济变量对汇率水平的不利影响在接近目标区边界时明显减弱,汇率目标区可保持稳定。

(二)　建立人民币汇率目标区,促进中国的货币政策和汇率政策协调

　　具体说来,建立人民币目标区有下列意义与作用:

　　人民币汇率目标区的建立向市场发出明确的信号,增强公众对汇率保持稳定的心理预期,提高了汇率政策的有效性。另一方面汇率水平在目标区内的适度波动可调节外汇市场供求,减少不合理的资金流动套利行为,使各种不利因素的冲击在目标区得以缓解和释放。

在管理浮动汇率体制下,中央银行为维持汇率的稳定,不得不运用货币政策在一个相对固定的水平上频繁地调节汇率。在汇率目标区体系下,由于汇率水平的灵活性,中央银行无需在目标区内经常调节汇率,有助于货币政策相对独立地实现国内宏观经济目标。

目标区汇率灵活性和稳定性兼顾的特点使汇率政策能有效地调节国际收支,实现外部平衡,而汇率政策效率的提高又促进货币政策有效地达到宏观经济内部平衡目标,不必过多受制于外部因素,这将有利于资金的合理流动、配置,求得货币市场和外汇市场的价格均衡,促进宏观经济内外协调、均衡、持续地发展。

首先应确定人民币汇率目标区的基础均衡汇率。中国现行以市场供求为基础。第一,有管理的浮动汇率制度具备某些汇率目标区的特征。但目前的人民币基准汇率并非理想的均衡汇率。均衡汇率应是能同时实现内部和外部均衡的汇率,其汇率水平由消费、投资、价格水平、贸易收支、关税率、劳动生产率等多种经济变量综合决定。由于涉及变量较多,无法测算出精确的均衡汇率数值。购买力平价论认为,汇率实质是一国货币对外价值的体现,其水平取决于本国和他国货币相对价值的比较。本文用可贸易品购买水平价作为我国的基础均衡汇率。根据北大中国经济研究中心测算,1995 年中国与美国的可贸易品购买力平价为 1 美元=7.5 元人民币[①]依据相对购买平价理论,测算人民币基础汇率。

$$\frac{E_{1997}-E_{1995}}{E_{1995}}=\pi-\pi^{*} \tag{3}$$

E_{1997} 表示 1997 年的人民币汇率水平,E_{1995} 表示 1995 年人民币汇率水平,π 为中国消费价格指数,π^{*} 为美国消费价格指数。由公式 3 和表 1 数据求得 E_{1997} =7.955 元人民币/美元。现确定人民币汇率目标区的基础均衡汇率为 1 美元 =8 元人民币。

其次,在基础汇率水平确定条件下,设定汇率目标区的边界值。考虑到中国人民银行对外汇市场较强的干预能力和银行间外汇市场上人民币汇率弹性不足的现状以及未来数年中国国际收支变动趋势,人民币汇率波动上下边界可确定为±5%即 $e_{\max}$=8.40 元人民币/美元,$e_{\min}$=7.60 元人民币/美元。在汇率目标区边界内,央行应尽量减少对外汇市场的直接干预,促进和完善市场汇率形成机制,增强汇率变动的灵活性,充分发挥汇率政策调节外部平衡的作用。

---

① 易钢,范敏. 人民币汇率的决定因素及走势分析[J].经济研究,1997(10):26-35.

最后,在市场汇率水平逼近人民币汇率目标区边界时,中国人民银行应综合运用各种货币政策工具,而不是单一地变动货币供应量来维护汇率目标区。央行可先提高或降低货币市场利率,调节金融市场资金价格,稳定人民币汇率;若效果不明显,央行可改变货币供应量影响金融市场流动性;在外部冲击剧烈时央行可直接进入外汇市场,买卖外汇以调节外汇市场供求,稳定汇率。

人民币汇率目标区的建立使汇率政策更具灵活性,中央银行无需在汇率目标区内频繁地调节汇率,有助于货币政策独立地实现国内均衡目标。当然,汇率目标区基础汇率不可能是固定不变的。中国人民银行在中期内保持汇率不变,在长期内则综合人民币出口换汇成本和可贸易品购买力平价的变动,在实际均衡汇率偏离原先设定的目标区基础汇率较大时适时调整基础汇率。但基础汇率一定要在较长时期才进行变动,过于频繁的变动会使央行维持汇率目标区的可信度下降,不利于汇率政策和货币政策协调。

(三)对策和措施

1. 汇率和货币政策目标体系都要适应开放经济下内外均衡要求,作出相应的改进,求得协调一致。

货币政策需兼顾内外均衡目标,编制包括国内信贷和国外净资产的综合储备货币计划。央行在制定货币政策时不仅要考虑对中国外部均衡的影响,还需兼顾对外国经济的作用和来自外国的反应。积极利用公开市场业务调控金融市场,建立以基础货币操作为核心,短期利率、贴现率为辅的货币政策间接调控体系。

汇率政策目标从传统的服从于外贸政策转向建立在汇率目标区基础上的国际收支平衡。以前我国为促进对外贸易、推动企业出口创汇、刺激国内经济增长,汇率水平变动基本上参考出口换汇平均成本,为出口服务。随着贸易方式的转变,加工贸易比重逐渐上升,一般贸易比重下降,汇率水平高估刺激出口的作用减弱;大量外商在华直接投资开始步入赢利期,外商所获利润要返回国外;外债还本付息额逐年增加等因素都要求汇率政策不能仅仅考虑出口需要,而应综合经常项目和资本项目收支状况求得国际收支平衡。

2. 大力发展货币市场,提高货币政策和汇率政策对国内金融市场和外汇市场调节的有效性。

当前国内货币市场发展缓慢,票据市场尚处于起步阶段,短期债券市场流动性不强,同业拆借市场发展较快但利率水平还不够合理。要借鉴国际成功经验,运用公开市场业务调控国内金融市场,达到经济均衡,就必须大力培育短期债券尤其是国债市场。政府应扩大短期国债发行规模,提高中央银行和商业银行资产中的国债比重。活跃国债二级市场,扩大国债自营商数量,改进国债结算体系,增加二级市场可交易的国债品种、数量,使国债二级市场利率成为各类货币市场利率的风向标。

建立外币同业拆借市场,协调内外政策目标冲突。央行在外汇市场上的操作将影响外币同业拆借市场流动性,诱使资金在外币同业拆借市场和人民币同业拆借市场之间流动,进而影响各货币市场资金供求和利率水平,实现央行的政策目标。外汇指定银行可在外币同业拆借市场上获得必要的短期流动性,缓和市场汇率水平的波动。外币同业拆借市场所提供的短期外汇资金调节机制有助于银行调剂外汇余额,提高外汇资金的使用效益,降低我国偏高的外汇储备规模。因此我国应尽早建立全国统一的外币同业拆借市场,形成合理的拆借市场利率。中央银行在积极支持市场发展的同时,完善对市场的监管。对国内银行向国外拆出的外汇资金进行严格管理,加强与人民币同业拆借市场和银行间外汇市场的协调。

3. 进一步完善新外汇体制,建立真正的人民币汇率市场形成机制,通过外汇市场上汇率的灵活变动调节国际收支。

逐步取消企业强制结售汇制,最终实现意愿结售汇制。近期可适当提高企业保留现汇比例,提高企业出口积极性。扩大银行外汇头寸的上下限,增加居民的日常用汇金额,发挥企业、银行和居民对外汇储备的调节能力。

扩大外汇市场参与主体,允许更多的商业银行和具备一定进出口规模的大企业进入外汇交易市场,建立外汇经纪人制度。央行可逐步退出日常的外汇交易,以市场管理者而不是市场交易主体的身份对外汇市场进行宏观调控。增加交易币种,除现有的美元、日元和港元外,可开办在我国国际收支中占较大权重的币种,如欧元、韩元和新加坡元等。在远期外汇交易试点的基础上,进一步允许更多的银行开展远期交易,逐步推出外汇期货、外汇互换、外汇回购等多种交易方式,满足企业和银行规避风险需求,促进对外平衡。

4. 发挥外汇储备管理在汇率和货币政策协调中的重要中介作用。

央行调节国内货币供应量可达到国内宏观经济均衡,但不能有效化解外部因素的不利冲击。汇率的灵活变动可调节外部均衡,但目前中国的汇率水平实际上处于微幅波动状态,起不到调节作用。央行可通过外汇储备的科学管理间接影响汇率,实现内外政策协调。

适度调整外汇储备中货币资产与非货币资产结构。货币资产具有高度流动性,可随时满足一国对外支付需求,但收益率较低。非货币资产受外汇市场供求变化和交易成本制约,不能及时地转化为货币资产以满足对外支付需求,但收益率较高。在保有足够的储备货币的前提下,应持有一定量的非货币资产以获得较高收益,提高外汇储备资金的使用效率,支持国内经济发展。

5. 建立外汇平准基金,有效干预外汇市场。

针对中国外汇储备规模偏大的现状,外汇平准基金主要由国家外汇储备中拨出。央行还可对经营外汇业务的中资和外资银行征收一定比例的外汇款准备金,既充实外汇基金规模,又能控制银行外汇经营风险。外汇平准基金规模根据维持人民币汇率目标区汇率波动在±5%之内所需外汇来确定。基金的币种结构应考虑我国的对外贸易和国际收支状况,并结合国际储备货币中关键货币,如美元、欧元、日元的权重而定。外汇平准基金入市干预应选在外部因素冲击汇率目标区上下边界的时候。若干预过早,不利于市场汇率机制正常运行,扭曲价格信号;若干预过迟,将使汇率水平过度波动,影响汇率政策,冲击外部经济均衡。基金入市干预时应加强同货币政策协调,避免国内外目标冲突。

6. 完善各种外汇市场干预方式。

央行对外汇市场干预可分两大类:直接干预和间接干预。直接干预是中央银行在外汇市场上直接进行外汇买卖,调控外汇市场供求。我国现行外汇市场干预方式以此为主。间接干预指中央银行通过调整货币政策间接影响外汇市场。我国的直接干预基本上以即期外汇交易为主,干预的时机、力度容易偏离政策目标,引起外汇市场过度波动。今后应改进直接干预方式,使用远期、互换、外汇回购等多种方式灵活地调控外汇市场。在人民币汇率目标区边界受到冲击时,根据实际情况适时地调整货币政策,维护经济内外均衡。

"新经济"研究三题

——美国"新经济"现象成因分析[①]

  什么是"新经济"? 到目前为止,尚未有一个学术界普遍认可的严格定义。"新经济"的含义也仍不确定。刘树成、李实在《对美国"新经济"的考察与研究》一文中认为:"新经济"主要有"宽""窄"两种含义,"窄"的含义是指美国经济90年代的持续增长;"宽"的含义则指兴起于美国、扩展于世界的新技术革命引起的经济增长方式、经济结构以及经济运行规则等的变化[②]。而海尔集团总裁张瑞敏则认为:"所谓'新经济',应是以数码知识、网络技术为基础,以创新为核心,由新科技所驱动,可持续发展的经济"[③]。经济学家樊纲认为:"新经济"主要指知识经济和网络经济,以及经济全球化和技术创新能力等因素。"新经济"又被称为:信息经济、知识经济、网络经济、精神经济、非摩擦力经济、零距离经济、注意力经济、眼球经济等。本文认为"新经济"是指与过去的经济形态(以农业文明为标志)和现在的经济形态(以工业文明为标志)不同的一种崭新的经济形态,这种经济形态是以知识为载体,以微电子技术、信息技术、生物技术为主要手段,以技术创新为动力,面向全球化竞争的经济。

  "新经济"发展趋势的特征主要有6个方面:①以微电子技术、信息技术为主要标志的高新技术产业在全球经济中的比重不断增加;②经济与科技的结合日益紧密,国际经济结构加速调整,科技经济日趋全球化;③科技革命创造了新的知识经济体系,产生了新的生产管理和组织形式,推动了世界经济增长;④随着"新经济"的发展,人的观念也迅速重新变化,人才和知识的价值越来越突出;

① 本文作者鲁志国、金雪军,最初发表在《社会科学战线》2001年第2期。

② 刘树成,李实.对美国"新经济"的考察与研究[J].经济研究,2000(8):6.

③ 经济日报工商部等.新经济革命[M].北京:经济日报出版社,2000:1,316.

⑤"新经济"对其他产业的渗透可使世界经济获得新的增长动力;⑥"新经济"增长是可持续的经济增长。

自1991年3月以来,美国经济在以信息技术创新为主导的"新经济"推动下,呈现良性运行态势。这种良性运行主要表现为"一高二低"。所谓"一高"是指经济增长率高,为二战后50多年来所罕见(同时伴随着劳动生产率迅速提高,最近5年年均增长4%;企业经济效益高,连续5年位居国际竞争力的榜首)。所谓"二低":一是失业率低,已经达到充分就业目标;二是通货膨胀率低,1999年已降至2.2%。(见表1)

表1 90年代美国主要宏观经济数据

年份	GDP增长率	失业率	生产率指数	通货膨胀率
1990	1.7	5.6	1.1	5.4
1991	−0.2	6.9	1.6	4.2
1992	3.3	7.5	4.1	3.0
1993	2.4	6.9	0.1	3.0
1994	4.0	6.1	1.3	2.6
1995	2.7	5.6	1.0	2.8
1996	3.7	5.4	2.7	3.0
1997	4.5	4.9	2.0	2.3
1998	4.3	4.5	2.8	1.6
1999	4.0	4.2	2.9	2.2

数据来源:*White House Economic Statistics Briefing Room*

注:GDP增长率以1996年不变价格计算。

一、美国经济持续增长成因分析

迄今为止,美国出现过两个最长的经济繁荣期,一是60年代肯尼迪—约翰逊时代的106个月;二是始于1991年3月克林顿时代的115个月,这个过程至今尚未结束。

美国经济为何能够长时期稳定增长?本文认为主要原因有下面几点:

1.国际大环境因素。90年代美国经济繁荣的国际大环境是苏联的解体和冷战的结束,美国成为世界上唯一的超级大国,和平红利有助于解决联邦预算赤字问题。世界各国日益走向市场经济,为美国推行经济全球化战略创造了体制的必要条件。同时,由于日本陷入泡沫经济的泥潭,欧洲忙于一体化,整顿财经,经济增长的步伐放慢,从而使美国在与日、欧的竞争中处于相对有利的竞争地位。

2.美国政府的"新经济"政策。美国政府在"新经济"发展中所起的作用不可低估。作为典型的市场经济,美国政府确实很少直接干预市场的运作,而是将其职能更集中于为市场机制发挥作用,为保持经济的持续和稳定增长创造必要的政策与制度条件。克林顿在2000年度的《总统经济报告》中,从政府政策的角度,将90年代美国经济的成功归因于经济政策的三大支柱:其一,财政约束,有利于降低利率和刺激商务投资;其二,投资于教育、医疗保健以及科学和技术,以迎接21世纪的挑战;其三,打开国外市场,以使美国人能有更好的机会参与海外竞争。这些政策为"新经济"的繁荣创造了基础条件。

3.技术创新是美国经济增长的原动力。从经济学理论上分析,经济增长可由不同因素来促进,这些因素包括:人力增长,资本积累、制度变迁和技术创新,经济增长模式可以分为资本积累推动型、制度变迁型、技术创新推进型等,其中制度变迁型和技术创新推进型是两种最基本的经济增长模式。

制度变迁对经济增长的促进作用,可以用新制度经济学理论来加以阐述,即通过制度变迁,寻找到良性的"路径依赖"来不断降低交易成本,从而提高生产效率和实现经济增长。新制度经济学认为,在经济增长过程中,技术创新和人力资本是重要的,但制度更为重要。一个效率高的制度,即使没有先进技术,也可刺激劳动者创造出更多的财富。事实上我国过去和现在所进行的经济体制改革过程,就是制度变迁的过程。70年代末在农村推行的联产承包责任制属于利益诱致型的制度变迁,80年代中期开始在城市进行的以国企改革为中心的经济体制改革属于政府推动型的制度变迁。通过这种制度变迁,我国经济20年来得以持续快速发展。实践证明,制度变迁确实可以促进经济增长。但是本文认为纯粹制度变迁对经济增长的主要促进作用是有条件、有限度的。新制度经济学认为制度是经济增长中最重要的因素的说法值得商榷。当某种制度的初始态交易成本很高,通过制度安排,可以大大降低其交易成本,从而可以大大提高生产率,使经济快速增长。但是在一定的技术条件下,随着交易成本的不断降低,制度变迁的边际效益是递减的,最终会接近或者达到某种均衡态,此时纯粹的制度变迁将不会对经济增长产生明显的影响。(这正是制度变迁对我国经济发展的相关度大大高于对美国经济发展的相关度的原因,也正是我国新制度经济学"热"产生的环境因素。）这样，经济增长将主要来自技术创新。技术创新对经济增长的贡献是内生的、直接的、无止境的。（其实制度变迁和技术创新对经济增长的不同作用，可以用马克思的生产关系与生产力理论加以解释。制度变迁属于生产关系调整，技术创新是生产力发展。当生产关系不适合生产力发展时，通过生产关系的调整可以促进生产力发展。但是这种对生产关系的调整需要，是以生产力的一定发展为基础，并由生产力的发展水平所决定，生产力是经济发展最根本和最主要的因素。同样，从长期来看，制度变迁也并非一劳永逸的，当持续的技术创新而产生技术大跨度的发展后，原来的制度安排的交易成本就会变得相对较高，此时新的制度安排可以减少交易成本，从而对经济增长产生一定的推动作用。但对这种制度变迁的选择，及这种制度变迁多大程度上促进了经济发展，是以技术创新为基础的，并最终由技术创新来决定。）在美国这样市场经济高度发达的国家，虽不能说纯粹的制度变迁对其经济增长的推动作用已经消失，但毫无疑问其经济增长主要是依靠技术创新来促进的。有统计资料显示，以信息业为主导的高技术产业对美国经济增长的贡献率已超过35％，以高技术为基础的产业所创造的财富已占美国国内生产总值的 75％以上。

单就技术创新的主导产业—信息产业来说，领先于全球的美国信息产业发展对其总体经济运行产生了广泛而深刻的影响，成为推动美国经济增长的支柱产业。（见表 2）

表 2　信息产业对美国经济的影响

年份	信息产业产值（10 亿美元）	信息产业占经济总量的比重	信息产业对经济增长的贡献率
1990	347.0	6.1	——
1991	350.2	6.1	6.2
1992	392.7	6.3	11.4
1993	419.0	6.4	9.0
1994	466.0	6.7	11.1
1995	517.7	7.1	14.1
1996	571.7	7.5	15.8
1997	626.7	7.8	12.4
1998	682.7	8.1	14.7

资料来源：根据《崛起中的数字化经济》中数据编制

需要说明的是,表中所列的只是名义值。由于信息产品在质量和性能上大幅度提高,而价格并没有相应上涨,因此信息产业对经济增长的实际值要大于其名义值。1992—1997年,信息产业对实际经济增长的贡献率平均高达28.2%,为其名义值的2.3倍。在技术创新的带动下,美国投资大幅增长,使信息基本设施得以完善。以此为基础,网络经济快速发展,使美国经济结构发生根本的变化。网络经济是一种直接经济,可以使商品和服务的供给与需求在时空上缩短距离,克服"买""卖"脱节现象,使库存得以减少,商家甚至可以在零库存的情况下维持正常的商贸业务,无疑将极大提高劳动生产率。根据美国商务部调整后的数字,过去5年,美国劳动生产率年平均增长幅度为2.25%,1997—1998年两年的增长率是2.75%,大大高于80年代的1.4%。

以信息技术革命为主导的技术创新,不断将新产品推向市场,丰富了社会的总供给,有力地推动了社会总需求,包括投资需求与消费需求;投资需求与消费需求的旺盛,通过市场机制,又有力地推动了社会总供给的改善和提高,促进了社会总供求的良性互动,推动了经济的持续、稳定的增长。

二、低失业率成因分析

自1991年3月美国经济走出衰退以来,一方面美国经济经历了历史上最长的和平时期的经济扩张,特别是过去的5年中,美国经济的年平均增长率达4%;另一方面美国的失业率连续下降,今年年初更是降至30年来的最低点4%以下。

以技术创新为主导的美国"新经济"革命,使美国的经济结构发生根本的变化,这种经济结构的变化必然会对社会就业环境产生直接影响。从经济理论上来分析,经济结构的快速调整会对经济社会中不同部门的就业状况产生不同的影响,经济扩张部门会出现过度就业,而经济萎缩部门就会出现严重的就业不足。由于技能、素质和知识等的障碍,后者不能或者很难流向前者来填补职位空缺,从而会使经济社会的结构性失业加剧。按照这种传统理论来解释新经济对人们就业的影响,一方面技术创新导致高技术产业快速发展,创造了很多高科技含量和高工资的新工作岗位,同时又会使大量传统经济收缩,大量传统技术企业减员增效。即使新增加的工作岗位在量上等于甚至大于减少的就业机会,由于后者不能胜任前者的工作,也就只会使经济社会就业产生结构性不均衡,使总体失业率上升。

那么破解美国低失业率之谜的钥匙在哪里？本文认为钥匙之一是：美国的"新经济"与传统经济之间并不是取代关系或者是板块结合，而是相互渗透。"新经济"带动、促进了传统经济新的发展，在某些部门和领域，"新经济""长"入传统经济，与传统经济融合在一起，共同发展，从而使经济社会由于经济结构调整所产生的结构性失业现象得以减轻，甚至得以消除。钥匙之二是：90年代以来，美国的自然失业率在不断下降。在80年代的大部分时间和90年代初，美国的自然失业率大概在5.5%到6%之间。90年代以来，由于人口变化和受教育程度变化的原因，自然失业率大幅度降低，尽管现在还不能确切地说出新的自然失业率是多少，估计现在这一数值应在4%左右。当然美国经济持续稳定扩张，也有助于降低总体的失业率水平。

三、低通胀成因分析

按照传统的经济理论，当经济社会出现持续稳定的经济增长，同时社会失业率不断下降时，就会出现主要由工资上涨推进的通货膨胀。但1991年3月以来美国经济一方面持续稳定增长，失业率不断下降，创了近30年来的新低；同时，通货膨胀率也越来越低。除去食品与能源，1999年美国的消费品通货膨胀率只有1.9%，是近34年来增幅最小的一年，这又构成了"新经济"时代的另一个谜团：低通胀之谜。

本文认为，美国经济低通胀的原因主要有以下几方面：

1.美元的强势政策和强势地位。保持美元的强势地位是美国经济政策的核心。美国财政部前部长鲁宾再三强调：美元坚挺符合美国利益。美元总量为23万亿，占世界金融资产总量的60%和各国外汇储备的70%[①]。90年代以来，美元总体上保持强势，欧元诞生后对美元的汇率不断下跌。美元的这种特殊地位，使美国在国际经济交往中获得巨大的利益，体现在通过美元与世界其他国家间的循环，为美国经济注入强大推动力；同时，美国可以进口更便宜的商品，使美国国内物价保持稳定。

2.90年代中后期，日本经济不振，亚洲等新兴国家发生了经济危机，导致世界性的需求萎缩，使初级产品价格低迷，从而有利于美国的物价稳定。

3.新的技术革命带来了一场所有企业的成本控制革命。网络经济和电子

---

① 林大建."新经济"的宏观特征、结构变动及相关政策分析[J].宏观经济研究,2000(5):52.

商务的快速发展,使企业可以及时跟踪它们的货物在全国乃至全球各地的流动情况,从而让它们能够保持所需存货的最佳水平,而不会造成代价昂贵的货物积压。美联储主席格林斯潘曾说过:信息技术提高了每小时的产出,减少了保持生产过程防止出现意想不到的情况所需的工作时间。这就是说新技术革命一方面可以使经济快速发展,同时还可以有效控制和减少成本,从而保持物价稳定。

4. 从整体来看,美国的工资并没有出现明显的上升。在过去五年中,美国的工资只有稍微的增长,1999 年美国私营部门的雇员工资总量仅增长了3.3%,几乎与 1996 年相近。产生这种现象的原因一方面是因为劳动力供应范围不断扩大(包括妇女、退休人员和大学生),使各公司不必大幅度加薪来录用新工人;另一方面,美国自然失业率下降,使失业率下降对工资的压力减少,有助于缓减通货膨胀的压力。

5. 宏观经济政策的成功微调。美联储根据每月或每季公布的美国经济宏观数据,通过利率杠杆,对美国经济的宏观运行进行及时的预调和微调,使美国经济平衡运行。

需要指出的是,美国"新经济"的"一高二低"现象,并不意味着像有些学者所称的那样:美国的经济周期已经消除,通胀已经死亡。事实上,在经济周期规律作用下,美国经济增长已呈下降趋势。1997 年、1998 年和 1999 年增长率分别为 4.5%、4.3%、4%(见表 1),今年预计为 3.25%左右,下半年起经济将明显减速。据美国商业部 2000 年 10 月 27 日公布的一份报告显示,第三季度美国国内生产总值增长 2.7%,比第二季度 5.6%的增长率减少了一半以上,是过去一年来增幅最小的季度。另据美国劳工部 2000 年 10 月 18 日的报告,由于能源价格大幅上涨,美国 2000 年 9 月份的消费价格指数上升了 0.5%,是今年 6月以来的最大增幅。在除去价格波动较大的能源和食品两项后,美国今年 9 月份所谓的"核心"消费价格指数也有 0.3%的增幅,为今年 3 月以来的最高纪录。如果按年率计算,今年美国的消费价格指数增长幅度达到了 3.8%,大大高于去年的 2.2%。这表明,美国经济中通货膨胀的压力增加了。

长江三角洲金融合作区的创建与对策研究①

摘　要　创建长江三角洲金融合作区是长江三角洲地区在经济全球化背景下实现持续发展的必然要求,也是推动长三角区域经济一体化的重要基础。本文在阐释长三角金融合作重要意义的基础上,通过对长三角区域内部经济与金融发展非均衡性的实证分析,论述了长三角金融合作的必要性与现实基础,并对如何创建长三角金融合作区提出了初步的设想与对策,最后对浙江省如何参与长三角金融合作给出了几点建议。

关键词　长江三角洲;金融合作区;非均衡性;金融发展

在经济全球化和中国加入WTO的背景下,新世纪中国经济融入世界经济的速度进一步加快,区域经济一体化也出现了新的趋势。长江三角洲、珠江三角洲和环渤海地区是中国区域经济一体化最显著的区域,它们成为主导我国经济发展的"三驾马车",其中,长江三角洲凭借得天独厚的区位优势、资源优势和制度优势对中国经济的影响最大。在一体化的进程中,长江三角洲地区已初步具备了相对成熟的条件,拥有了良好的基础和开端。而如何适应国际国内环境的新变化,进一步加强区域经济整合,强化区际经济联系,则是长江三角洲地区后续发展亟待解决的一个战略性任务。本文指出,推动长江三角洲区域经济一体化的一个重要基础在于创建长江三角洲金融合作区。

一、创建长江三角洲金融合作区的重要意义

长江三角洲地区是指镇江以东、通扬运河以南、杭州湾以北的区域,地跨上

---

①　本文作者金雪军、余津津,最初发表在《浙江社会科学》2003年第4期。

海、江苏、浙江两省一市,区域内共有1个直辖市——上海,3个副省级城市——南京、杭州、宁波,11个地级城市即江苏省的苏州、无锡、常州、镇江、南通、扬州、泰州和浙江省的湖州、嘉兴、绍兴、舟山等,共计15座城市及其所辖县(市);土地面积10万平方公里,占全国的1%;人口7534万人,占全国的5.9%。长江三角洲拥有优越的区位条件,它位于我国东海岸线的中段,扼长江入东海的出海口,临江濒海,海陆兼备,集"黄金海岸"和"黄金水道"于一体,这决定了长江三角洲地区将成为我国在对外开放和加入WTO的背景下率先实现与国际社会接轨的重要枢纽和前沿阵地。

作为中国最大的经济区域之一,长三角地区与国内其他经济发达地区相比,突出的特点在于:基础设施相对完备,网络型区域交通条件发达,工业体系完整,技术力量雄厚,体制优势明显,产品竞争力强,劳动生产率较高,研发创新氛围浓厚,区域形象力和龙头功能强大,金融贸易和经济中心地位显赫。毋庸置疑,长江三角洲的发展对于我国经济有着举足轻重的作用,要真正发挥其极地辐射和带动内地经济发展的龙头作用,打破行政区划造成的地方保护主义和诸侯经济,谋求区域内地区间的协调发展,构筑一体化的有序整体,是长三角未来发展的必经之路。为此,必须创建长三角金融合作区,在保持各地区金融独立性的同时实现区际金融协作,促进区域内金融资本的自由流动,缓和地区间资金供求不平衡的矛盾,推动区域内金融资本同区域内产业资本的融合生长,实现区域内经济和金融的联动发展与合轨运行。只有实现了金融与经济、社会发展的和谐运行,区域发展才能获得持续的生命力,这也是世界其他五大城市群①的崛起与发展带给我们的重要启示。创建长江三角洲金融合作区是长江三角洲在经济全球化背景下获得持续竞争力与发展动力的必然要求,也是推动长三角区域经济一体化的重要基础,其意义将不仅仅在于通过健全的一体化金融体系来推动长三角地区经济的发展,更在于促成长三角金融合作区在国内金融市场一体化进程中的核心地位,并为长三角区域性金融市场的国际化取向创造条件。

---

① 纽约都市圈、巴黎都市圈、北美五大湖都市圈、伦敦城市圈、东京城市圈和长江三角洲地区被称为世界六大城市群。

二、长江三角洲金融合作的必要性——对区域内部经济金融发展非均衡性的实证分析

1. 长江三角洲地区经济与金融在全国经济中的重要地位

长江三角洲是我国东部沿海地区最重要的经济、金融与贸易区域,在全国经济发展中具有至关重要的作用。2001 年,长江三角洲地区实现地区生产总值 16981 亿元,占全国的 17.7%;完成财政总收入 3350 亿元,占全国的 20.4%;外贸出口 739.4 亿美元,占全国的 27.8%;实际利用外资 160.7 亿美元,占全国的 32.3%;人均 GDP 达 22537 元,相当于全国平均水平的 3 倍。在国家统计局公布的 2001 年度全国最发达的 100 个县(市)名单中,上海、浙江、江苏列入其中的县(市)分别有 3 个、26 个和 15 个,合计 44 个,其中 37 个属长江三角洲地区,占总数的 37%。

长江三角洲既是我国社会经济资源最密集的地区,也是高新技术发展的核心地带,更是我国在经济与金融全球化进程中率先融入世界经济的重要区域。如图 1 所示,1996 年以来"大长三角地区"中①两省一市的生产总值均连续达到年均 10% 以上,人均 GDP 和 GDP 增长率均处于全国前 6 位,说明长三角地区具有持续的经济增长活力并在全国经济中具有突出的带动作用,而且,这种极地经济带动效应有进一步强化的趋势。一方面,中国沿海经济带和沿江经济带具有动态比较利益高和潜在市场容量大的优势,使长江三角洲能够与两大经济发展带共同实现资源禀赋、产业调整、资金融通、技术援助、信息服务等多方面的优势互补,在提升区域内部产业结构层次与经济综合实力的同时,通过两大经济带产生集聚与扩散效应,将长江三角洲的经济与金融功能辐射到全国更大范围。另一方面,长江三角洲的发展将通过以上海为原点的 9 条放射状的高速增长脊向长三角的周边地带扩散,突破以上海为中心的环状增长圈而导致扇状"泛长三角地区"②的迅速隆起。这 9 条高速增长脊分别是:(1)沪—(赣)榆线;(2)沪—(新)沂线;(3)沪—丰(县)线;(4)沪—界(首)线;(5)沪—金(寨)线;(6)沪—(宿)松线;(7)沪—黄(山)线;(8)沪—江(山)线;(9)沪—苍(南)线。这些

---

① 大长江三角洲,即上海市、江苏省和浙江省,地域的拓展基于对近年来苏北地区和浙江西南部地区与传统长江三角洲地区之间交通条件改善和经济联系加强的考虑。

② 这里将包括苏浙皖沪三省一市的更大范围的长江三角洲地区称作"泛长江三角洲地区"。

放射状的增长脊将与先前的环状增长圈结合,形成区域网络状分布格局,促进长江三角洲地区和全国经济的发展。[①]

2. 长江三角洲区域内部经济发展的非平衡性分析

长江三角洲区域内部经济发展的非平衡性对区域内部金融合作提出了现实要求。通过对长江三角洲15市的综合经济实力的对比(表1),我们可以将十五个城市划分为三个层次,第一层次——国内生产总值超过1000亿元、财政收入超过100亿元、人均GDP超过20000元,共包括上海、苏州、杭州、无锡、宁波、南京六个城市;第二层次——国内生产总值超过500亿元、财政收入超过40亿元,共包括绍兴、南通、常州、嘉兴、扬州和镇江六个城市;第三层次——国内生产总值低于500亿元、财政收入低于40亿元,共包括泰州、湖州、舟山三个城市。由于城市规模、经济总量、财政实力、产业构成以及工业经济运行质量存在差异,区域内部各地(市)对于资金的需求状况必然不同,因此可能会出现区域内部地区之间的资金供求不平衡的矛盾,这就为长三角地区金融合作提出了现实要求,以实现经济与金融的合轨运行。初步统计,2002年末,长江三角洲地区15个城市金融机构存款余额为32024.97亿元,其中城乡居民储蓄余额为13520.39亿元;贷款余额为23572.6亿元。存款余额、贷款余额与同期相比都有大幅度增长,在长江三角洲15个城市,金融机构存款余额增幅超过贷款余额增幅的城市仅有上海、扬州、镇江、泰州、嘉兴5个城市,其余15个城市均为贷款余额增幅高于存款余额增幅。另外,长江三角洲地区15个城市中包括苏州、无锡、宁波、杭州在内的10个城市的金融机构存款余额增幅高于城乡居民储蓄存款余额增幅。这反映出,在长三角区域内部不同地区对于资金的需求确实存在差异,这种差异也导致了金融机构的存款结构在发生变化。

3. 长江三角洲区域内部产业结构差异性分析

长江三角洲产业结构的差异性,特别是第三产业的互补性以及第三产业中金融业发展的非均衡性,为长三角区域内部的经济金融合作提供了运作空间。

在产业结构上,长江三角洲经济区显现出产业结构差异化特点。如表1、表2所示,上海作为该地区经济发展的龙头,金融、贸易、房地产及相关配套的服务产业蓬勃发展,传统的纺织和普通机械部门逐步压缩,产业结构已形成"三、二、一"的格局;江苏、浙江两省部分地区的商业、金融、房地产业、旅游业等第三产业正在逐步拓展,但第二产业包括轻纺、服装、化工、机械等工业部门在整体上

---

① 参见南京蓝鲸咨询有限公司研究报告"泛长江三角洲经济区企业发展战略研究"(2002)。

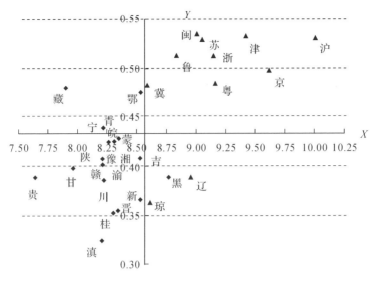

图 1　1996—2001 年人均 GDP 和 GDP 增长率

注：图 1 中 X 轴为人均 GDP，Y 轴为 GDP 增长率，两组值是原数据的对数值，两坐标分别是该组数据的平均值，表示全国的平均水平。资料来源为发展战略和区域经济研究部李善同、冯杰研究报告"长江三角洲整体竞争力研究"。

仍占据主导地位，成为长江三角洲经济区经济发展的两翼。

　　通过对长江三角洲 6 个重要城市第三产业各行业增加值进行比较（表 3、图 2），可以更加清楚地看到上海在金融保险行业的核心地位，而苏南和浙北地区中心城市第三产业显现了"金融功能不足"的问题，传统产业发展相对充分，新兴行业发展相对滞后。目前，整个江浙民营经济迅速发展，对金融服务具有相当强的需求和渗透力，而上海正在建设国际金融中心，长江三角洲各地区应该抓住这个有利时机，主动接受上海在金融功能方面的辐射作用，加快区域内金融的整合与发展。

表 1　长江三角洲地区 15 城市综合经济实力对比

层次	城市	GDP（亿元）	人均 GDP（元/人）	财政收入（亿元）	财政收入占 GDP 比重（%）	三次产业比重	规模以上工业企业利润增幅（%）*
第一层次	上海	4950.8	37382	1995.6	40.3	1.7:47.6:50.7	18.5
	苏州	1760.3	30384	208.9	11.9	5.2:56.8:38.0	27.4
	杭州	1568.0	25074	188.5	12.0	7.1:50.6:42.3	30
	无锡	1360.1	31248	141.9	10.4	4.0:55.2:40.8	27.5
	宁波	1312.7	24213	190.3	14.5	7.6:54.8:37.6	31.3
	南京	1150.3	20597	204.8	17.8	5.1:47.6:47.3	34.5
第二层次	绍兴	822.5	18997	62.4	7.6	9.8:58.1:32.1	—
	南通	809.3	10329	66.8	8.2	16.8:48.5:34.7	50.8
	常州	672.9	19704	75.3	11.2	7.0:56.6:36.4	35
	嘉兴	604.3	18223	53.5	8.9	10.5:55.2:34.3	22.1
	扬州	505.5	11205	40.7	8.1	13.3:48.7:38.0	13
	镇江	502.7	18852	40.8	8.1	6.6:55.3:38.1	108
第三层次	泰州	450.0	8958	38.5	8.6	15.3:48.0:36.7	20.1
	湖州	385.0	15031	29.5	7.7	13.1:53.9:33.0	25.1
	舟山	126.7	12893	12.4	9.8	26.1:34.1:39.8	—

注:* 为 2002 年数据,数据来源中国统计信息网;其余数据皆为 2001 年度数据,数据来源为中国统计信息网、江苏统计信息网、上海统计网、浙江统计信息网、《中国统计年鉴 2002》、《上海统计年鉴 2002》、《江苏统计年鉴 2002》、《浙江统计年鉴 2002》。

表 2　长江三角洲经济区产业结构表(2000 年)(%)

地区	第一产业	第二产业	第三产业
江苏	10.6	52.1	37.3
浙江	8.8	51.2	40.0
上海	1.6	47.4	51.0
长江三角洲地区	5.9	51.8	42.3
中国	14.5	51.7	33.8

资料来源:《中国统计年鉴 2001》;《江苏统计年鉴 2001》;《浙江统计年鉴 2001》;《上海统计年鉴 2001》。

表 3　长江三角洲 6 城市 1999 年第三产业各行业增加值比较

层次	行业	杭州		南京		上海		宁波		苏州		无锡	
		增加值	比重	增加值	比重	增加值	比重	增加值	比重	增加值	比重	增加值	比重
一	交通运输、仓储、邮电通信业	92.95	18.70	66.06	16.02	271.97	13.59	84.75	23.11	80.03	15.81	51.22	11.77
	批零售贸易、餐饮业	142.18	28.61	99.72	24.19	445.77	22.28	118.12	32.21	189.92	37.52	198.46	45.61
	农林渔牧服务业			2.06	0.50			1.01	0.28	7.67	1.51	4.05	0.93
	地质勘探水利业			3.73	0.90			1.28	0.35	2.50	0.49		
二	金融保险业	74.23	14.94	87.36	21.19	577.56	28.86	29.15	7.95	73.49	14.52	43.43	9.98
	房地产业	26.62	5.35	28.23	6.86	210.53	10.52	27.98	7.63	56.64	11.19	36.02	8.28
	社会服务业	56.95	11.46	30.91	7.49	191.77	9.58	41.28	11.26	41.76	8.25	32.88	7.56
三	卫生、体育、社会福利事业	21.91	4.41	12.34	2.99	54.72	2.73	16.91	4.61	11.64	2.30	12.12	2.79
	教育、文艺广播电影、电视业	36.12	7.27	32.70	7.93	115.69	5.79	21.99	5.99	19.84	3.92	20.06	4.61
	科研、技术服务事业	8.64	1.74	8.95	2.17	66.90	3.34	3.11	0.85	3.59	0.71	3.79	0.87
四	国家党政机关、社会团体	28.80	5.79	33.08	8.03	58.68	2.94	18.55	5.06	16.52	3.26	25.57	5.88
	其他			7.15	1.73	7.39	0.37	2.56	0.70	2.62	0.52		
	合计	488.4		412.29		2000.98		366.69		506.22		427.6	

资料来源：倪芝青："杭州与长江三角洲六城市第三产业发展比较分析"，《杭州科技》2001 年第 1 期。

4. 长江三角洲地区两省一市金融业发展的差异性分析

长江三角洲覆盖两省一市,区域内部呈现出非常鲜明的特色经济发展模式,"苏南模式","浙江模式"以及规模初显的国际大都会经济——上海经济,相应地,也就形成了各具特色的金融体系。上海定位于国际金融中心,金融体系完备,辐射能力强;浙江省金融民营性特征突出,金融机构多,单体规模较小;江苏省金融体系比较成熟,农村金融发展超前。由于金融能级不同,服务定位相异,如果积极合作,互相渗透,将形成一个层次丰富的金融合作体系。

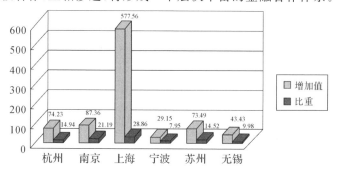

图 2 长江三角洲 6 城市金融保险业增加值(亿元)及其在第三产业增加值
　　　所占比重(%)

资料来源:表 3。

(1)发达的上海金融业

上海素来以建设国际金融中心为目标,经过 10 余年的建设,其国内金融中心的框架已基本形成,表现为:金融机构和金融体系在全国发育最好;已经率先在全国建成了以陆家嘴和外滩为中心的全国最大的 CBD;金融业务量最大且运作最为规范;已经成为国内外资金融机构最集中的地方;金融人才和技术优势(包括信息技术)在国内处于领先地位;金融产业已经成为上海的支柱产业。目前,上海已经成为国内最大的同业拆借市场、外汇交易市场、票据贴现市场、证券和保险市场;同时,住房抵押市场、商品期货市场、白银市场(其至黄金市场)等也已经成为全国最规范的交易中心。在金融业对外开放方面,上海一直走在全国前列,至 2002 年末,在沪经营性外资金融机构已达 54 家(含 6 家同城支行),其中获准经营人民币业务的有 30 家。外资银行在沪营运资金不断扩大,在沪外资银行营运资金总额达 15.38 亿美元。在资本市场方面,2002 年上海证券市场各类证券成交额 4.85 万亿元,比 2001 年增长 9.9%,上市证券数达 826只。债券交易活跃,2002 年全年债券成交额达 3.09 万亿元,比 2001 年增长56%。另外,银行间同业拆借市场成交金额突破 10 万亿元,达到 11.84 万亿元,比 2001 年增长 1.4 倍。

(2)特色突出的浙江金融业

浙江省是我国东部沿海地区经济发展最快和最具活力的省份之一。改革开放以后依托非国有经济、专业市场以及区域性的特色小产业群这三大法宝,浙江经济获得超常速发展,这一经济现象被总结为"浙江模式"。相应地,在其背后蓬勃发展起来的浙江金融业呈现出了多样性、高效性、民营性等特征。浙江是中国大陆拥有商业银行最多、最全的省份之一,国内 4 家国有独资商业银行和 10 家股份制商业银行、2 家国家政策性银行均在浙江省内设立了分支机构。杭州、宁波、绍兴等 8 个城市还设立了城市商业银行。浙江现有 5 家外资、合资银行及代表处,集中分布于宁波。目前,全省各类各级金融机构约 1.2 万个,信托投资公司 4 家,金融租赁公司 1 家,风险投资公司 20 家。浙江民资充裕,到 2002 年底,全省金融机构人民币各项存款余额达 11242.8 亿元,成为继广东、北京、江苏、上海后第 5 个存款总量超万亿元的省份。先进的民营金融机制是浙江省经济发展的重要推动力,民营的金融机构与融资模式成就了浙江的块状经济与专业化市场的形成,也推动了浙江区域金融的深化。从总体上来看,浙江的民营金融业作为一个整体已形成较强实力,但就个体而言,则具有数量多、单体规模小的特点。如 1998 年,平均每家城信社的存款额仅 1.6 亿元,贷款额仅 1.0 亿元。另外,浙江的民间金融的服务功能主要定位于个私中小企业、乡镇企业、农业以及个人等部门,营业网点和经营范围局限于本地,金融业务单一,风险承受能力也十分有限。经历过 20 世纪 90 年代的清理整顿之后,浙江的民间金融机构出现了严重萎缩,也使得中小企业融资情况进一步恶化。目前,浙江民间金融正力求突破区域和体制障碍,探寻发展之路。在资本市场方面,至 2002 年底,浙江省已有 63 家公司的股票在境内外上市,历年共通过证券市场向社会募集资金 336.8 亿元。全省共有证券公司 4 家,证券营业部 156 家,证券服务部 88 家,证券投资咨询机构 4 家,证券交易量达 5328 亿元。

(3)比较成熟的江苏金融业

改革开放以来,尤其是近十几年来,江苏的经济发展取得了令人瞩目的成绩。作为第三产业的重要组成部分,江苏金融业也取得长足的进步。从经济货币化程度看,江苏省 M2 占 GDP 的比重从 1995 年的 0.81 上升到 2000 年的 1.15,达到了日本 80 年代中期的水平。金融相关率(FIR)由 1995 年的 1.38 上升到 1998 年的 1.79,增长显著。从 1996 年到 2000 年,江苏省凭证式国债的当年增量(发行额－兑付额)分别为 18.95、98.28、148.93、105.43、148.96 亿元。

2002年末江苏省金融机构存款余额11881.2亿元，贷款余额8234.6亿元，分别比年初增加2198.5亿元和1529.8亿元。资本市场方面，至2002年底江苏省共有境内股票上市公司68家（上海股市46家，深圳股市22家），通过发行、当年配售、增发股票共筹集资金53.8亿元，两市上市股票的市价总值达2433.6亿元。可以说，江苏省已经建立起了一个比较成熟的金融机构体系，但是金融业的发展也存在一些问题，如间接融资与直接融资的结构性问题依然存在，间接融资的比重虽有下降，但仍保持较高的水平。间接融资为主又以国有独资商业银行的高度垄断性为特征，其在贷款份额、机构数量和占金融机构总资产的比重等指标上都占有绝对优势。

（4）浙江金融业与江苏金融业的比较

表4列出了浙江与江苏两省的一些主要金融指标，通过比较，可以发现浙江与江苏两省在金融规模与金融能级方面呈并驾齐驱之势。作为长三角地区的两翼，今后两省在金融方面的关系是合作更是竞争，如何在合作中保持各自的特色与独立性、发挥彼此的优势，应该成为两省金融研究的重要课题。

表4　浙江与江苏两省近三年基本金融指标的比较（亿元）

省份	年份	金融机构各项存/贷款余额	金融机构现金收入/支出	城乡居民储蓄存款余额	农村信用社存款/贷款余额	上市公司数目	累计募集资金
浙江	2000	7295.7/5406.4	24468.18/24547.06	3594.7	1267.21/940.62		
	2001	8823.1/6482.2	29809.91/29958.6	4262.4	1510.71/1084.05	57	311.9
	2002	11242.8/8612.8	—	5233.7	—	63	336.8
江苏	2000	8403.6/5969.4	19076.03/19283.38	4775.4	1170.47/745.68		
	2001	9700.7/6671.7	22799.48/22983.8	5172.8	1334.08/854.86	57	
	2002	11881.2/8234.6	—	6276.2	—	68	2433.6*

注：*为市值；资料来源为中国统计信息网、江苏统计信息网、浙江统计信息网、《中国统计年鉴2002》、《江苏统计年鉴2002》、《浙江统计年鉴2002》。

民间金融是浙江金融的一大特色，与此不同，江苏省民营金融机构势单力薄，成为中小民营企业融资的瓶颈。与苏南经济相对应，江苏省的农村金融发展超前，全国农村信用社改革试点最先在江苏进行，全国第一家农村股份制商业银行——张家港市农村商业银行也于2001年11月29日正式成立并对外营业。之后，江阴、常熟相继组建农村商业银行。目前，江苏省农村信用社已形成了一级法人的县级联社、省联社以及农村商业银行并存的格局。

两省相似的情况是：（1）非银行金融机构发展相对滞后，包括信托投资公司、保险公司、证券公司、财务公司、租赁公司和信用合作社等,其资产和机构数量都难以与银行金融机构抗衡。这使得江、浙两省金融市场的参与主体过于集中,交易品种单一化,企业并购等资本运作困难,不利于有效发挥金融市场在资源配置中的基础性作用。(2)涉外金融规模有限。到 1999 年底江苏只有 8 家外资金融机构,其中经营性机构的资产总值仅为 10.34 亿元,根本无法与上海和广东匹敌,浙江省也有相似的情况,涉外金融在本省金融中所占的比重也是微不足道。江浙两省可以主动接受上海在涉外金融方面的辐射功能,或者积极开拓各种渠道引进外资金融机构,强化涉外金融业务。

三、建设长江三角洲金融合作区的对策与建议

长江三角洲区域内部经济与金融发展的非均衡性对长三角金融合作提出了现实要求,而合作的基础在于两省一市拥有各具特色的金融业体系,可以通过专业分工与错位经营,形成一个覆盖面广、层次丰富的金融合作体系,解决区域间资金供求矛盾,实现区域经济与金融的合轨运行。区域金融合作是一个关系复杂的动态过程,其基点在于银银关系与银企关系,特别是银银之间的协调与整合问题(如人民银行省市分行间的关系问题、四大国有商行省市分行间的关系问题以及区域内非银行金融机构的设立与并购问题等等)。长三角金融合作的目标是打破金融管理体制的条块分割状态,构筑金融体系运行的基础设施平台与合作网络,促进金融联动和推进长三角经济一体化进程。因此,长江三角洲金融合作的总体思路与对策建议可以表述如下:

1. 确立长三角金融合作战略

加强长三角金融合作,真正推动长三角经济一体化进程,应该有一个长三角金融业发展战略。唯此,才能有战略的高度和系统化的操作思路,才有可能形成全方位、整体性的金融合作。这个战略目标可以概括为:主动接受上海国际金融中心的辐射作用,在各地产业政策和区域规划的指导下,在银行的综合协调和监管下,政策金融、商业金融、合作金融合理分工,使长三角地区尽早形成市场化金融运作方式,形成资金流通最畅、资金使用效率最高、金融机构合作最广的区域性金融体系。

2. 划分金融合作层次,确立区域金融中心,构建区域金融合作网络

考虑到长三角 15 市的综合经济实力,可以将上海确立为第一层次的金融中心,江苏的苏州、无锡与南京以及浙江的杭州和宁波成为金融合作的第二层

次,确立南通、常州、扬州、镇江、嘉兴以及绍兴等为金融合作的第三层次,泰州、湖州、舟山为第四层次,实现各层级之间以及层内地区间的金融合作与交流。这种层级的划分,打破了地域分布,是一种基于经济与金融联系的在空间上形成的多层级金融合作圈。另一方面,考虑地理因素与实际经济运行状况,可以确立杭州、宁波为浙江省区域金融中心,苏州、南京为江苏省区域金融中心,这样,在长三角内部形成几条金融合作走廊(上海—南京;上海—苏州;上海—杭州;上海—宁波),以这些点轴系统为能量发散中心,在长江三角洲内部形成各个层次(纵向)与不同节点(横向)之间的共同协作发展的网状模式。

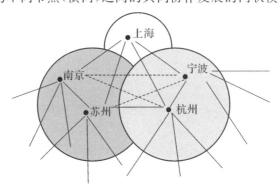

图 3　长江三角洲金融合作区金融合作网络简图

3. 突破金融资源条状分割格局,加快金融业内部改革进程

实现区域内部的金融合作,首要任务是突破金融资源条块分割的格局,形成市场化的金融运行平台。当然,这一突破的实现,还有赖于政府减少对金融的干预和政府职能的转变。另外,长三角区域内部金融业应加快内部改革进程,既包括中央银行管理方式的改革,也包括各商业银行加快商业化改革步伐;既包括用改革的方式开拓新的社会融资渠道,还包括改革金融服务手段,发展金融创新的中介服务,来强化长三角金融合作的力度。

4. 注重区际协调,形成市场化的运行机制

要实现长三角金融合作,就不能各自为政,区际协调相当重要。长三角沿江各城市政府与中央银行地方分支行要担负起这个责任,建立联合协调机构,确定联系协调的短、中、长期目标和规划,切实解决金融合作中存在的矛盾和问题,强化金融合作的系统性和操作性,既充分发挥各城市发展金融的积极性,又要形成合力,提高金融资源使用效率,集中优势兵力,解决发展中的"瓶颈"问题。另外,各地区要克服地方利益为重的保守的地域观念,让金融资源在价值规律的支配下,以效益为导向,实现市场化、效益型的流动,这种金融资源市

化机制的形成,既是加强长三角金融合作的强大动力,又是实现金融资源优化配置的有效手段。

5. 积极开拓多种融资渠道,推进长三角金融合作

根据长三角地区对资金的需求和我国目前的金融发展现状,设想开拓以下多种资金融通的渠道:组建长三角开发银行以及覆盖长三角并主要为长三角经济发展和各地区经济联合服务的区域性商业银行;组建投资性基金和信贷保障基金;充分利用证券市场特别是上海证券交易所的功能;发展多层次的农村合作金融组织体系;发展长三角流域金融信息网络;大力推进现代化支付清算系统建设,提高结算效率和质量;鼓励外资金融机构到长三角各城市开设分支机构等等。

四、对浙江省金融业参与长三角金融合作的几点建议

1. 单体培育、强势联合

首先,通过政府资本逐步退出、民间资本及海外资本后续跟进等手段优化和明晰浙江省地方金融业的产权结构。同时,在地方金融企业内部建立经理股票期权等股权激励机制,规范金融企业的内部运作,建立完善的治理结构和有效的内控制度及风险控制机制。其次,建立市场化的准入和退出机制,在公平、公正和自愿联合的基础上组建浙江金融控股集团,打造浙江省自己的金融航空母舰,发挥其规模优势、资源优势和品牌优势。通过这个金融控股集团,在股权关系上可以实现对浙江各地金融企业的参股和控股,在其发展战略、决定经营计划和重大投资方案、重大收购、回购或者合并、分立、解散计划和进行管理层人事任免等方面发挥自身的作用。在管理框架上,金融控股集团与浙江各地金融企业实现相对独立的平行架构,增强各自在业务决策、利益机制和管理体系的独立性。在业务关系上,它们可以结成战略联盟,形成资源共享、优势互补、整体配套运作的战略合作关系。

2. 充分利用长三角金融合作区的融资渠道,支持浙江经济的发展

如果长三角金融合作区的构想付诸实施,那么在这一区域内的融资方法和融资渠道将得到极大的扩展,如有可能将组建两大银行:一是组建覆盖长三角,并主要为长三角经济发展和各地区经济联合服务的区域性商业银行;二是组建长三角开发银行。这是一家政策性银行,由各地政府和金融机构共同投资组建,通过发行政策性金融债券募集资金,它主要承担长三角经济开发和城市开

发的任务。同时,还有可能组建支持长三角经济发展的两类基金,包括投资性基金——通过证券市场筹集资金,然后由专业基金公司管理,投入有效益的长三角开发项目;信贷保障基金——主要由政府财政、各金融机构、各大型企业集团投资组建,主要功能是为跨地区银行贷款提供担保,并根据一定要求和条件对基础设施建设项目进行贴息,或提供优质贷款。浙江应充分把握长三角金融合作的机遇,为自己经济所服务。

3. 积极利用上海证券交易所的融资功能

浙江企业要加快企业股份制改造步伐,争取更多的股份制企业成为上市公司,充分利用证券市场获得直接融资;同时要加大资产经营力度,充分利用市场手段加快企业的兼并收购,采取买壳上市、兼并重组、收购控股等方式迅速扩大企业规模,争取能出现几个跨地区、跨行业甚至跨国界的综合性大型企业集团,成为浙江经济的骨干和经济发展的主要增长点。

4. 提高自身金融服务质量,增加资金流量

一是对产供销关系比较稳定的企业集团要积极推行商业票据结算,提高票据利用率,帮助企业加快资金周转,提高资金使用效率,从而相对增加资金使用数量。各商业银行要扩大商业票据承兑结算,增加贴现规模,同时尽快建立票据贴现市场。省人行要相应扩大再贴现额度,并逐步扩大受理城市范围,促进票据的流通转让,进一步搞活资金融通,支持浙江经济的发展。二是积极发展银团贷款。可以通过组织银行俱乐部,增加俱乐部贷款,银团贷款的形式可以更多样化,可以采取商业银行总行与各地分行共同参与贷款,或几个商业银行分行组织的联合贷款,也可以联合外资银行实行中外银团贷款形式。

5. 大力推进浙江现代化支付清算系统建设,提高结算效率和质量

首先,应进一步沟通浙江各城市间以及浙江城市与长三角其他城市的经济金融信息交流,协调金融机构运作,制定统一的规则,实现金融信息资源共享,为金融的联系与合作提供便利条件,并起到穿针引线作用。其次,要尽快实现浙江省内银行结算电子化,进一步完善和改进电子联行系统,并由电子联行平滑过渡到现代化支付系统,尽快发展银行卡工程建设,实现省内各城市间联网。在此基础上,通过区域合作达到浙江与长三角其他地区银行结算的一体化。

6. 鼓励外资金融机构到省内各大城市开设分支机构

省内企业以及开发的大型项目可以争取到海外上市或在国际资本市场发行债券,或者争取国际银团贷款,以获得更多的资金来源。同时,应该积极寻求与外资金融机构的合作,通过引入先进的管理模式,可以提升浙江金融业务的

创新能力,促进地方金融管理的国际化、市场化和规范化。

参考文献

[1]李善同,冯杰.长江三角洲整体竞争力研究[J].调查研究报告,2002(195):1-8.

[2]南京蓝鲸咨询有限公司.泛长江三角洲经济区企业发展战略研究[EB/OL].(2002-01-15)[2002-11-15]. http://www. elanjing. com/article/article16. htm.

[3]倪芝青.杭州与长江三角洲六城市第三产业发展比较分析[J].杭州科技,2001(1):36-38.

[4]裴平,朱杰.江苏必须重视金融发展与金融结构调整[EB/OL].(2001-06-21)[2002-11-15].国研网 2001-06.

[5]盛松成,顾铭德,马强,等.创建长江金融合作带的研究报告[J].金融研究,1997(12):8-13.

[6]王欣欣.加强长江经济带金融合作的建议[J].上海综合经济,1997(11):5-7.

[7]中国统计年鉴(1999—2002)[M].北京:中国统计出版社,2002.

[8]上海统计年鉴(1999—2002)[M].北京:中国统计出版社,2002.

[9]浙江统计年鉴(1999—2002)[M].北京:中国统计出版社,2002.

[10]江苏统计年鉴(1999—2002)[M].北京:中国统计出版社,2002.

基于交往理论的 FDI 安全性分析①

摘　要　随着资本全球化进程的加快,FDI 作为跨境投资的一种重要形式,对东道国经济发展起着积极的推动作用。但由于其本身存在的某些内在特征,FDI 往往又是威胁发展中国家或经济转型国家经济体系安全的负面因素。本文突破理论研究的传统视角,运用交往理论分析框架,立足不同类型对外直接投资交往媒介和交往动机的特点,分析 FDI 对东道国的安全性问题,并提出一些政策建议。

关键词　FDI;交往理论;交往要件;交往媒介;交往动机

一、交往理论的主要思想

关于交往理论,目前主要有五种相关学说:社会互动说、交往实践说、语言中介说、主体际关系说和双重关系说。这五种学说分别从运动方式、本质属性、实现媒介、社会属性和物质精神双重属性等五个不同方面阐述了对交往这一范畴的不同理解。其中,最具代表性的两种学说是马克思历史唯物主义交往观和哈贝马斯的"交往合理性理论"。

在《德意志意识形态》一书中,马克思指出交往是生产的前提,是人类的存在方式。因为生产除了受人口增长的硬约束外,"生产本身又是以个人彼此之间的交往为前提的"[1]。这就是说,孤立的个人无法进行生产,一定方式的生产或劳动必然会要求相适应的生产者数量和质量与之匹配,从而形成不同生产者之间的不同的交往关系和方式。与此同时,马克思还指出交往决不仅仅是指物

---

①　本文作者金雪军、毛捷,最初发表在《国际贸易问题》2003 年第 9 期。

质生产交往一种,而是包括人们之间的所有交往活动和交往关系,也即个人或团体的所有社会交往活动和交往关系。其中,物质关系与精神关系是人们社会交往关系中最主要的两种关系。此外,马克思认为交往需要媒介,这种媒介可以有物质的外壳——语言和契约等,但本质上是一种实践的、自我存在的和现实的意识。相比之下,哈贝马斯的交往理论受行为主义的影响较深。他把交往称为"交往行为",并认为交往行为是所有四种社会行为(目的性行为、规范控制性行为、戏剧性行为和交往性行为)中最为合理的一种。哈贝马斯认为,资本主义的合理性和合法化危机的关键都不在于工具——技术层面,而是指向交往关系层面。哈贝马斯很重视对交往媒介的研究,并提出交往的媒介应该是一种具备"真实性、正当性和真诚性"的通用语言。哈贝马斯"交往合理性理论"的最主要贡献在于其所提出的交往环境"殖民化"[2]:由于引入了不良属性的媒介——以技术、金钱和权力为基础的不平等契约等,导致原本自主独立的交往关系子系统被外界强迫同化。对此,他还呼吁要建立一套明晰的共同规范标准、开展对话活动、选择合适的媒介语言和大力提倡相互理解。

根据马克思和哈贝马斯的交往观,社会是人类交往活动的产物,生产关系也是交往关系的一种[3],人类社会就是在新旧交往形式的不断更新和嬗变中向前发展的。因此,运用交往理论可以解释几乎所有的人类生产或劳动行为,尤其是以盈利为直接或间接目的的物质生产和交换行为。

二、交往理论分析框架

结合以上交往理论的基本思想,笔者提出一个适于分析人类社会经济行为的交往理论分析框架。该框架由交往的定义、要件、功能和结果构成(见图1)。

1. 交往的定义

广义的人类社会交往活动是指联系社会不同主体之间的一种有意识的行为,狭义的交往活动是指不同个人之间、个人与群体或群体之间的物资资源、信息资源、技术资源等各类要素的有明确目的的交换行为。本文的交往是指狭义的交往。

2. 构成交往行为的要件

(1)交往的主客体。交往是一种对象性活动,有其特定的主体和客体。交往的主、客体都是人。主体与客体的区分是相对的,只存在于交往活动的具体过程中,因为交往双方都是积极施加行动的主体,同时又都是对方行动的客体。

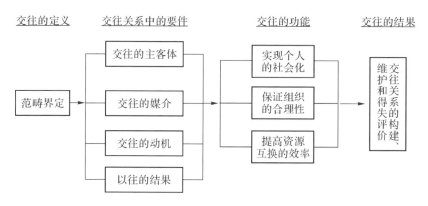

图 1　交往理论分析框架示意

(2)交往的媒介,即交往活动的中介手段,包括语言符号、实物资料、交往工具及其操作的方式。其中,语言符号是交往媒介的基础,实物资料是指运行于交往主客体之间并构成交往内容的物质产品,交往工具包括语言、货币、交易规则等。

(3)交往的动机,即在交往活动开展之前形成于人脑中对交往结果的主观预测,是交往主体实施交往活动的基本出发点和内在动力。交往动机在整个交往过程中起着支配作用,直接影响交往的结果。交往动机一般来自交往主体对社会关系的认识和自身需求,不同的外部环境和内在需求会产生不同的交往动机。

(4)先前交往的结果。基于先前交往结果的经验和教训,会影响交往主客体之间的认识,修正其对以往交往动机和交往媒介的选择,从而影响整个交往过程。

3.交往的功能

(1)实现个人的社会化。通过与不同个体或团体的交往,个人接受社会一致认同的一些基本道德和行为准则,适应社会成员普遍采用的行为模式,从而成为一个携带特定社会属性的社会分子或网点。与此同时,交往还是个人形成外部认识和自我认识的重要中介,通过信息交流个人获得更多的知识和技能,也促使其形成自我评价的标准。

(2)保证组织的合理性。交往在组织运行中起到沟通信息、协调关系、优化管理和利弊互补等作用,是组织得以存在的基石之一。各种组织形式的产生和演化都是人类社会交往活动的产物,正是由于日益增多的人口导致范围越来越广泛、种类越来越复杂和形式越来越多变的交往关系,"这种社会生产组织日益成为必要,也日益成为可能"。

（3）提高资源互换的效率。旨在建立中长期关系的交往活动，有利于增进交往双方的相互信任，从而降低交往双方的交易成本和不确定性，便于建立中长期契约关系，增强资源互换的连贯性和利弊互补性。

4.交往的结果

即交往活动的成果，包括某一特定类型的交往关系的建立和维系，以及交往主客体对交往成果的评价。值得注意的是，虽然交往结果也具备外在的客观形式，但其效用评价具有很强的主观性，也就是说对同一客观交往结果，持有不同交往动机和评价标准的交往主体会做出不同的评估。

三、交往理论在 FDI 安全性分析中的应用

笔者运用以上所提出的交往理论分析框架，对 FDI 的安全性进行分析。

第一，基于交往理论分析框架的 FDI 范畴界定。FDI 是一种基于中长期交往关系的跨国投资行为，其具体含义是：投资方母国的交往主体——跨国公司对东道国的交往客体——东道国公司，输入资金、技术、经营理念和管理模式等以及东道国的交往主体对投资方母国的交往客体输入资源、利润和市场份额等。

第二，基于交往理论分析框架的 FDI 安全性分析。按照对 FDI 范畴的界定，运用交往关系中的交往要件对其进行分类讨论，并着重使用交往媒介和交往动机分析每种类型 FDI 的安全性。

1.按战略意图分类的 FDI 安全性分析

根据葛亮和梁蓓的理解，按对外直接投资的战略意图划分，FDI 可以分为资源摄取型、商品转让型、市场分享或占有型和集团内部化型四大类。运用交往理论分析框架对这四类对外直接投资行为进行分析，具体见表1。

表1　基于交往理论的 FDI 安全性分析（按战略意图分类）

FDI 分类	分析指标					
	相对主体	相对客体	正式媒介	交往动机	交往结果	安全性
资源摄取型	以获取东道国资源（尤其是自然资源）为目的的跨国公司	以获取国外建设开发资金和技术的东道国企业或政府机构	资源开发协议或合作计划	主体旨在获取客体的资源，客体旨在获取主体的资金和技术	在合作下，东道国的资源得以开发和利用	安全性问题显著，主要与资源开发的期限和开发状况相关

续表

FDI 分类	分析指标					
	相对主体	相对客体	正式媒介	交往动机	交往结果	安全性
商品转让型	以向东道国出售本国商品为目的的跨国公司	以引入国外商品弥补国内市场供给不足为目的的东道国企业	贸易合同	主体旨在处理本国销路不佳的商品，客体旨在丰富国内市场	大量国外商品涌入东道国市场	安全性高，但会受东道国市场销售状况的影响
市场分享或占有型	以占有东道国市场为目的的跨国公司	以引入国外企业增强自身实力或完善国内市场结构为目的的东道国企业或政府机构	市场竞争战略联盟	主体旨在占有客体的市场和控制其利润源，客体旨在提升国内市场	跨国公司与东道国企业在东道国市场开展竞争，争夺市场份额	安全性问题显著，主要与东道国市场的竞争和发育程度相关
集团内部化型	以组建集团内部市场为目的的具有全球战略眼光的跨国公司	以融入全球性跨国公司集团或战略联盟为目的的东道国企业	企业兼并与收购计划或一揽子协议	主体旨在降低核心资源的跨境交易和整合成本，客体旨在融入跨国集团以巩固和增强自身实力	东道国企业融入跨国公司集团，成为利益共同体的一分子	安全性问题显著，主要与跨国公司集团的全球战略安排和东道国企业在集团内的地位及作用相关

由表 1，从不同类型 FDI 交往要件所具有的特征来看，四类对外直接投资中，只有商品转让型 FDI 的安全性比较高，而其他三类都存在显著的安全性问题，即在某些影响因素——如东道国资源的开发期限和开发状况、东道国市场的竞争和发育程度、FDI 投资主体的全球战略安排等影响下，会危及东道国经济体系的安全。从交往媒介角度看，商品转让型 FDI 交往媒介是标准化和编码化的贸易合同，其所包含的信息一般是易于预测和监控的"数码化信息"（codified information）。而其他三类的交往媒介是包含大量"意会信息"（tacit information）的长期合作或战略联盟协议，与标准贸易合同相比，这些交往媒介不易预测和监控，增大了安全防范的难度。

从交往动机来看,商品转让型 FDI 的交往动机是投资国向东道国销售商品,通过出售本国销路不佳的商品获取商业利益,对外投资载体主要是商品,而非货币资金。由于商品的流动性比较强,其融入本地开放型内生经济增长的能力也比较弱,因此商品投资波动对东道国货币市场和银行体系的冲击不会很大。相比之下,以获取核心资源、市场利润源和建立集团内部市场为主要目标的其他三类 FDI,其交往动机是旨在通过 FDI 长期控制和掌握东道国的资源、市场和利润源,投资载体主要是巨额货币资金、高级人力资源以及比较先进的技术和管理经验。由于这些载体融入本地市场内生经济增长的能力很强,因此交往关系一旦发生幅度较大的波动,将对东道国货币市场、银行体系乃至商品市场产生重大冲击,从而促发东道国的金融危机。

2.按进入模式分类的 FDI 安全性分析

按对外直接投资的进入模式划分,FDI 可以分为出口进入型、契约进入型和投资进入型三大类。运用交往理论分析框架对这三类对外直接投资行为进行分析,具体见表 2。

表 2 基于交往理论的 FDI 安全性分析(按进入模式分类)

FDI 分类	分析指标					
	相对主体	相对客体	正式媒介	交往动机	交往结果	安全性
出口进入型	以商品销售为主要目标的跨国公司	以销售盈利为主要目标的东道国企业或政府机构	商品贸易合同(涉及合同法和贸易法)	主体旨在向客体倾销商品,客体旨在丰富国内市场	大量国外商品涌入东道国市场	安全性高,但会受东道国市场和进出口状况的影响
契约进入型	以有保留投入获中长期收益为主要目标的跨国公司	以引入国外商品弥补国内市场供给不足为目的的东道国企业	版权、商标、专利和技术转让等许可证(涉及专利法、商标法和反不正当竞争法等)	主体旨在通过向客体转让技术、品牌和管理经验等以获取中长期收益,客体旨在获取国外先进技术和管理经验	跨国公司与东道国企业之间建立中长期的非股权交往关系	安全性高,但会受东道国市场盈利前景的影响

续表

FDI 分类	分析指标					
	相对主体	相对客体	正式媒介	交往动机	交往结果	安全性
投资进入型	以构建海外中长期利润中心和开拓其他领域业务为主要目标的跨国公司	以引入国外企业增强自身实力或完善国内市场结构为目的的东道国企业或政府机构	东道国工商管理部门颁发的经营许可证（涉及公司法、合同法、会计法和资产评估法等）	主体旨在于东道国建立生产和销售机构，通过促进本地市场的发育和繁荣以获取中长期稳定的收益和拓展已有业务范围，客体旨在利用国外资金、技术和人力资源促进本地市场的发展	跨国公司与东道国企业在东道国市场开展竞争，争夺市场份额	安全性问题显著，主要与东道国市场发展状况、合作前景和跨国公司战略安排相关

由表 2，在这三类对外直接投资中，只有投资进入型 FDI 具有显著的安全性问题，而出口进入型和契约进入型 FDI 的安全性相对较高。从交往媒介角度看，出口进入型和契约进入型 FDI 使用的也是标准化的贸易合同和许可证，交往主体和客体在交往媒介的使用上是基本平等的。而投资进入型 FDI 的交往媒介包含了更多的东道国市场规则和管理政策，交往主体（跨国公司）考虑到自身利益会受东道国制度的牵制，一般要求东道国政府做出更多的投资安全承诺和保证，从而为东道国维护本国企业利益和保障本国本地区经济安全设置了障碍，增大了安全防范和危机处理的难度。

就交往动机而言，出口进入型和契约进入型两类 FDI 主要是倾销商品和转让旧技术，因此其交往层次分别停留在商品交换和标准化许可证交易层面上，跨国公司并未向东道国企业输入其特有的人力资本、技术研发模式和管理经验，因此它们并未真正融入东道国的内生经济增长之中，其对东道国经济体系的影响不大。而投资进入型 FDI 的交往动机是投资方技术、资金优势与东道国市场的全面结合，是交往主体与客体之间真正意义上的全方位的资金、市场、信息、技术和人力资本的交流和互补。由于跨国公司在对东道国的投资过程中，直接输入了其特有的经营管理模式和技术研发模型，促使其与东道国企业在共同的交往过程中形成大量的意会信息和特有知识，激励了本地企业的技术创新和管理制度创新，从而大大促进东道国开放型内生技术创新和经济增长。因此,投资进入型 FDI 往往与东道国企业和市场形成紧密联系,其交往的结果也会不断影响未来交往的诚意和效率。这类对外直接投资如果发生资金抽逃或技术转移,则会带动一系列的后续和连带投资资金的抽逃,形成外资回流或抽逃(spin-offs)的"多米诺"效应(domino effect),从而促发东道国货币的贬值和对外融资结构的恶化。

四、政策建议

上面运用交往理论分析框架,基于不同类型 FDI 中的交往媒介和交往主客体的交往动机,分析了对外直接投资对于东道国的安全性问题,得出的结论主要有以下四点:

(1)按 FDI 的战略意图分类,只有商品转让型对外直接投资的安全性比较高,而资源摄取型、市场分享或占有型和集团内部化型三类对外直接投资对于东道国而言存在显著的安全性问题,东道国政府尤其要注意对东道国资源的开发期限和状况、东道国市场的竞争和发育程度、跨国公司全球战略安排等因素的实时观察和监控。

(2)按 FDI 的进入模式分类,只有投资进入型对外直接投资会对东道国经济体系的安全产生比较显著的影响,而出口进入型和契约进入型对外直接投资的安全性较高,东道国政府应重视对东道国市场发展状况、与跨国公司的合作前景以及跨国公司战略安排等因素的研究。

(3)从交往媒介角度看,使用标准化和编码化交往媒介的对外直接投资安全性比较高,而包含大量意会信息或要求东道国政府做出投资安全承诺的交往媒介往往会增大对外直接投资的安全隐患。

(4)就交往动机而言,如果对外直接投资行为中的交往主体(跨国公司)意在通过与交往客体(东道国企业或政府)建立中长期的交往关系从而获取长期利益,一般会向交往客体输入其特有的经营管理模式和技术研发模式,使交往主客体之间形成有利于内生技术创新和开放型内生经济增长的意会信息和特有知识。相对以短期交往为目的的对外直接投资,虽然这类 FDI 对东道国经济发展的正面促进作用比较显著,但往往也会带来显著的安全性问题,所发生的波动会对东道国经济体系产生比较严重的影响和冲击。

笔者认为,鉴于 FDI 安全性的这些特点,包括中国在内的广大发展中国家和经济转型国家为了更好地利用对外直接投资,促进国内经济健康持续的发展，必须重视以下几点：

（1）完善引进和利用 FDI 的产权制度。清晰界定跨国公司和东道国企业之间的权利和义务关系，有力保护双方的合法收益和正当权利，保证对外直接投资过程中的交往主客体都能将其动机理性地付诸实施，从而实现 FDI 的预期效果。

（2）优化 FDI 的交往媒介。广大发展中国家紧密团结，废除或减少不平等的投资和贸易规则，建立和推广一套公正、公平和公开的对外直接投资国际规则，消除发达国家在投资交往环境中的"殖民化"，并努力建立健全国内相关法律法规体系，提高政策的透明度，消除或降低由交往媒介带来的不确定性。

（3）充分了解跨国公司的投资动机。在与跨国公司进行投资意向谈判或协商过程中，尽量避免由于短期利益而忽视对跨国公司投资动机相关信息的收集和分析，并应针对跨国公司不同的投资动机制定不同的进入标准和投资方案。

（4）制定危机预防和紧急处理措施。由于发展中国家和经济转型国家的市场或多或少存在不完善和不健全的环节，其抵御系统性经济波动或危机的能力不及发达国家的成熟市场，因此东道国政府和企业有必要针对不同类型的FDI，预先制定各种应对措施，如建立对外直接投资专项风险准备金等。

参考文献

[1][3]马克思恩格斯选集（第 1 卷）[M].北京：人民出版社，1995：67-68，115.

[2]哈贝马斯用"生活世界"的殖民化来表述这一思想。具体请见姚纪刚：交往的世界——当代交往理论探索[M].北京：人民出版社，2002：40.

金融地理学研究评述[①]

  金融地理学是近年来兴起的一门边缘学科。学术界尚未对这一学科的研究范围和研究内容达成一致。目前国内该学科的研究几乎处于空白状态,而国外关于金融和货币的地理学文献中,很大一部分是论文。它们选取了相对狭窄的领域但进行了深入的探讨,以至于难以出现全面的概括性的文献。本文以理论的发展和分化为线索,介绍该理论的起源和简要发展史、当前的研究现状与争论,尝试对该学科范围加以界定,预测其应用前景。

一、金融地理学的产生、发展及学科范围界定

  金融地理学属于地理学庞大体系的一个分支,更准确地说,它是经济地理学科的一个子集。金融地理学家 Leyshon 和劳拉詹南均认为金融地理学是由经济地理学衍生而来的。

  国外很多学者将经济地理学分为旧经济地理学和新经济地理学,并认为金融地理学的学术渊源应该在于新经济地理学。Yeung(2003)指出,自从 20 世纪 80 年代晚期和 90 年代早期以来,经济地理学在理论和实证的进展上已经越来越快地重塑这一学科的性质,并且将其与社会科学的更广泛领域联结起来。尤其是,"经济"的概念已不再是单一的、单维的、决定论的和非空间的。Thrift 和 Olds(1996)认为:"我们需要为新经济地理学留出一席之地,使之与旧经济地理学相补充甚至取代旧经济地理学。"一些发展报告和文献详述了 80 年代以来经济地理学振奋人心的进展如何使之超越了传统的经济地理学模式并影响到其

---

① 本文作者金雪军、田霖,最初发表在《经济学动态》2004 年第 4 期。

他相关学科的实证研究,如公司地理学、政治经济地理学、金融地理学、消费地理学等。新经济地理学家研究的问题被认为超出了传统的主流经济地理学的研究范围,至少新经济地理学家开始关注文化、制度和政治因素,并用之重塑经济。

事实上,新经济地理学这个概念常常会引起歧义,因为经济学家的"新经济地理学"与地理学家眼中的"新经济地理学"是完全不同的两个概念(顾朝林等,2002)。经济学家的"新经济地理学"基本包括两个重要主题,即经济活动的空间集聚和区域增长集聚的动力分析。它的所有分析都基于两个假设:一是公司或个人的决策行为是理性的;二是均衡原理是所有讨论问题所遵循的基本原理。另外,作为主流经济学分支的新经济地理学特别强调模型分析的方法。地理学家却对经济学家的"新经济地理学"持批评态度。他们认为,人类的环境并不是单纯的,不仅有各种自然的和生命的环境,而且还有每时每刻影响我们的活动、信仰和价值观的许许多多的社会、文化、政治、经济、法律以及其他的环境,任何一个数学模型都无法将这些因素全部囊括。地理学家眼中的"新经济地理学"更多地考虑了区域的个性、文化、社会、历史、制度这些要素普遍受到重视。

因此,经济学家与地理学家是存在对立的。国内的学者一般更加关注作为主流经济学分支的"新经济地理学",而国外研究金融地理学的学者则格外推崇地理学家的"新经济地理学"。我们可以从 Yeung(2003)对新经济地理学的定义看出这一点:新经济地理学的主要特征包括:对经济行为的社会根植性(embeddedness)的理解;对社会主体变动性身份的描绘;探讨耗散背景在塑造经济行为方面所起的作用。金融地理学者强调根植性或者说嵌入性,这一概念最早产生于 Polanyi(1944),由 Granovetter(1985)进行了重构,这一概念的深刻影响体现在 Granovetter 和 Swedberg(1992)的新经济社会学中。所谓根植性是指被分析的经济行为和机构受现存社会关系的约束,认为可以单独分析阐释它们的活动是令人难以忍受的误解(Granovetter,1985)。经济主体嵌入在社会实践活动中,因此与新古典理性选择理论不同,他们不能被认为是理性的和机械的经济实体。Schoenberger(1998),Thrift(1998,1999a),O'Neill 和 Gioson(1999)等都对此问题进行了研究,认为经济主体的活动不再是单纯地追求利润最大化,而是受制于权力关系下的多元分散实践的影响和行为人性别、民族和文化的影响。因此,经济活动的背景或者说地理环境成为任何经济地理学解释的关键组成部分,同样,金融机构和金融产品都有其特殊的历史和地理条件。

金融地理学强调跨学科的研究,社会学、心理学、历史与地理等都是其研究的工具。许多研究货币、金融地理学的学者,用到的文化和女权运动的知识甚于传统的经济理论和政治经济学(Leyshon,1997)。

迄今为止,虽然国外的很多学者致力于研究金融地理学,但是对该学科的概念和研究范围始终没有一个统一的认识。国内唯一的一本译著《金融地理学》(劳拉詹南,2001)也只是指出:本书是对国际金融和资本市场所做的一个地理学表述。为了简洁与方便,起名为金融地理学。可见,正如Leyshon(1998)所言,从货币地理学的文献来看,我们还只是处于入门阶段,但是至少我们可以把地理学的科学性在金融领域加以发扬。地理学的空间差异、空间过程和空间相互作用在金融领域有广泛的应用。

二、金融地理学的研究现状与研究内容

金融地理学的研究是繁杂、琐碎和不系统的,但是本文还是尝试对其目前的研究工作做一梳理。

1. 关于在金融学研究中是否纳入地理要素的争议

传统的观点是以O'Brien为代表的"地理已死"的观点。伴随着经济全球化和金融全球化的进程,信息交流的速度削弱了空间作用,实际上,情况可能是"可替代的货币仍将继续避免并且在很大程度上成功地逃离现存地理条件的限制"(O'Brien,1992)。一些学者从不对称信息的角度提出了相反意见。Porteous(1995)认为,尽管存在当今的电讯革命,借贷双方的物理距离仍是金融交易的重要影响因素。他认为在证券抵押的二级市场上(即金融产品相对标准化的流动市场),借贷双方的相邻性大大影响到证券的收益;在金融产品非标准化的市场上,信息不对称创造了更大的空间效应,银行由于与借贷者在距离和关系上的邻近性,导致有关非标准化贷款的风险减小。Zhao(2002)则将信息分为标准化信息和非标准化信息。前者指硬数据,可通过大众媒介公开传输;后者指软数据,指当地化的不可以通过惯常媒体传输的信息,如关于公司合并、购并或被接管的小道消息。要想准确解释非标准化信息的内涵和价值是非常困难的,必须准确了解这类信息的广阔背景(或者说文化)。正是由于信息的不对称性质,金融部门需要接近于信息源。标准化信息与非标准化信息的另一种表述为编码知识(codified knowledge)和默示知识(tacit knowledge)。这是演化经济学常用的表述方法。金融地理学家借用了这一概念,指出默示知识的学习

需要面对面的交流。因此,人们不可能完全摆脱地理因素的约束。

更多的学者则从社会和背景等软性要素出发,转向了"缺失的地理学",认为需要对全球金融系统的多元化地理学认真看待。Martin(1994)认为,新的"流动空间"(space of flows)将取代、重塑旧的"位置空间"(space of places),这并不是说我们将步入"地理已死"的阶段,它并没有削弱区位(location)和位置(place)的重要性。美国华裔地理学家义孚教授也极有说服力及清楚地阐明了位置(place)与空间(space)的不同,指明了"位置"是含有丰富意义的,因此人们会对它产生感情,它也有其特性或"位置的身份特色"。它除了为人们提供生活空间外,也是人们价值观念及经验的汇集点。美国地理学家 Pred(1984)指出人与地的不可分性。一个地点的人的行动、思想、经验及人们赋予该地的意义与价值,总是在不停地"变为"该地的一部分,它们的产生是地域的宏观及微观因素互动的结果,特别是地方情况对外界大环境反映的结果。

尽管对地理因素、地理环境的表述方式不同,如 Putnam 将其称为"社会资本"(social capital),Amin 和 Thrift 将其称为"制度氛围"(institutional thickness),Markusen 将其称作"黏性空间"(sticky places in slippery space),但均强调了地方环境的重要性,金融的发展当然不可能不考虑地理因素。

2. 强调地理因素在金融现象实证分析中的作用

Beaverstock 和 Doel (2001)分析了东亚金融危机的空间体系结构,指出危机的空间性和由这场危机产生的关于全球金融系统的地理学上的争论,指出全球投资银行在危机中对地区金融系统的中介作用的价值是不可估量的;由于东亚银行与本地区的金融系统紧密相连,因此从危机中损失最大,它们在地理上相对来说最不分散也不多样化。很多学者从危机中得到启示,指出东亚金融危机极好地解释了"货币规则以及多种多样的货币资本和货币集团所施加的管制"的特殊位置(place-specific)地理学(Corbridge 等,1994)。Clark 和 Wojcik (2003)对德国的资本市场进行了实证分析,认为欧洲一体化水平及资本市场有效性低,一些职业投资者仍然可以从搜寻信息、分析信息中获利,因此需要离信息源近一些。对德国的研究表明,不仅国家边界而且区域边界对市场透明度和有效性至关重要。作者提出金融地理学仍然是全球金融的重要组成部分。这一观点不论是对学术分析还是对投资策略都具有重要内涵。Maurseth(2001)利用空间回归分析法介绍了欧洲经济的收敛性,同时凸显了地理因素的作用。Pagano 等(1999)研究了 1986—1997 年间世界主要交易所股票上市的地理原因,讨论了海外上市的地理变化。较为系统的实证研究是 Labasse 在 1955 年写出的关于里昂地区金融地理学的博士论文,劳拉詹南对其给予了相当高的评价。

3. 关于货币地理学的研究

这方面的文献相对来说是最多的。如 Marx,Weber 和 Simmel 对货币支配模式的研究;Douglas,Polanyi 和 Zelizer 对货币社会含义的研究;Dodd 对货币网络的研究;Thrift 对国际信用货币网络的研究;Leyshon 和 Thrift 对金融基础设施和金融排斥性的研究等等。

货币地理学有深厚的历史渊源,认为在 David Harvey 之前不存在货币地理学是不完全准确的(Leyshon,2003)。货币的主题在 20 世纪 70 年代之前就已经出现在一些历史地理学和一些区域报告中。1973 年出版的《社会公平与城市》一书则引发了人们对货币、空间与位置关系的广泛兴趣(Harvey,1973)。早期的著作鼓励地理学家采用新的方法探讨货币与金融地理学,灵感多来自 Harvey 采用马克思主义理论来分析、了解长期导致城市不均衡发展的物质生产过程的方法。然而货币地理学只是在 20 世纪 70 年代晚期经过了短暂的繁盛之后就归于沉寂,而且这方面的研究多关注于房地产市场动态学而非其基础的金融市场。1982 年出版的《资本的局限》一书,不仅重燃人们对货币和金融地理学的兴趣,而且提出了要想理解资本主义制度的空间性和暂时性,必须首先了解金融系统的动态学。这本书作为一个新的起点,提醒人们认真对待货币和金融的空间性。Leyshon 所著的三篇报告为我们提供了货币、金融地理学的一个概览。第一篇报告致力于研究货币和金融的政治经济学方法(Leyshon,1995);第二篇报告对有关货币、金融的其他可供选择的理论的兴起进行评述,这些理论源于对政治经济学和传统社会理论的批判,并且在分析货币和金融系统时,引入了自反性(reflexivity)的意识和文化与人文力量的作用(Leyshon,1997);第三篇报告探讨了研究货币金融的新方法,要求更加关注性别、主体代表,进行具体化分析,以便了解货币和金融地理学的构成。

从相关文献可以看出,有关货币、货币网络和金融网络的研究有着浓重的哲学味道和人文色彩,在很大程度上都是有关历史和社会人类学的。如 Zelizer(1989;1994)对传统社会关于货币的作用与效果提出了批评,她的重要贡献在于:重新将注意力转向货币的人类学、历史学,对货币泛化的理论抽象敲响了警钟,提出了解货币应用的根基和起源就会发现,政治经济学把当前货币的特性看做是超凡的和不可变的看法是成问题的。Dodd(1994;1995a;1995b;1995c)的理论贡献突出体现在其货币网络的概念。他通过确认货币重要和抽象的特性而试图在货币功能性和物质性理论之间寻找一条中间路径,并且为鉴别不同时空货币系统的变化提供了方法。Thrift(1994;1996)主要致力于金融网络的研究。他的地理学方法在很多方面都得到 Dodd 的赞同与支持。Thrift 指出 Dodd 抽象的、唯心主义方法论的局限性,并且认为不仅仅需要把货币看做是理性的设计,而且货币也是具体化的、蕴含了大量的社会和文化变形。这三位学者在研究货币地理学的过程中,都坚持货币是比政治经济学所指的复杂得多的多元现象,在分析过程中,应更多地关注社会结构和具体化过程。

还有一部分学者致力于研究货币交换与信用和债务的地理学。对金融感兴趣的地理学家将更多的精力投入研究货币形式与地域的关系方面,尤其是国家之间、民族之间、金融系统之间的关系,这种关系非常重要,因为它涵盖了金融创新的内容与新型货币的出现,不同类型金融制度的融合以及对不同金融活动的规制。他们强调:货币和信用的历史同样是地理史,并且地理要素是当今货币和信用的构成要素。但是在货币演化过程中,人们并没有认识到地理的重要性。货币历史学家常常有这样一种倾向:即对货币、空间、位置的相互作用感觉迟钝,常常忽视货币形式、实践和制度在时空中是有条件的,并且不承认货币的演化是为了解决时空协调的更一般问题,使社会联系在时空中延伸。为了正确理解货币,必须考虑它的历史地理学。另外,货币地理学的相当一部分研究集中于政治经济方面。如 Leyshon (1998)特别研究了金融的排斥性(financial exclusion);另有一部分研究主要集中于城市的金融经济,在研究经济因素的同时,也强调了世界城市的社会和文化因素。

从目前的研究来看,货币地理学的研究开始由一般性转向特殊性,由对系统、网络研究的关注转向对主体的关注。如 Wills(1996a;1996b)关于财经服务社工会的地理学;Allen 和 Pryke(1994;1995)关于伦敦金融市场的空间表示法;Clark(1997a;1997b)关于信息、知识与金融决策的研究。所有这些研究目前处于关于经济、文化、空间和位置关系争论的最前沿,这些理论帮助我们理解货币金融的动态学,并为其他学者的更深入研究奠定了基础。

4. 关于金融流动和金融中心的研究

Clark(2003)论述了全世界时空范围内金融的流动。Leyshon 和 Thrift (1997)以及 Martin(1998)对货币怎样流动、它如何将远距离的地区联系在一起、如何成为资本主义运转之轮的润滑剂等问题做了深入的分析。

很多学者都是从信息以及交易成本角度来讨论金融的流动。Portes 和 Rey(2000)主要从信息地理学的角度探讨了股权资本跨界流动的决定因素。研究成果表明,交易流动的最主要决定因素为市场规模、交易效率和距离,距离与交易呈负相关关系。市场分割主要可以归因于信息不对称,仅有很小的一部分可归因于交易成本。虽然存在大量的强调信息不对称的金融文献,但是多集中于资产组合选择和资产定价,而不是证券交易量。Gehrig(1998)在特殊的地理背景下处理信息,研究了金融中心在处理信息时所起的作用,而且表明了金融活动的强度同该地跨国银行分支机构密切相关,但他没有把这一观点同交易流联系起来。Hau(1999)通过交易人数研究了信息的不对称问题,他发现信息不对称对做市行为的地理分布以及国际投资组合管理所起的重要作用,但他也没有研究交易量。

金融中心问题同样是金融地理学家研究的热点问题。Gehrig(1998)利用市场摩擦理论和大量的实证分析,证明了某些金融活动在地理上的聚集趋势与另外一些金融活动在地理上的分散趋势并存。他同时论述了金融市场的离心力与向心力,探讨了金融中心的未来。他同时指出,如果交易费用很小,但仍然为正,地理因素就继续发挥作用。将信息腹地(information hinterland)理论应用到金融地理学领域中,并探讨中国金融中心的演化,这方面的工作由 Zhao、Smith 和 Sit 合作完成。该研究指出,信息外部性以及不对称信息不仅是塑造信息腹地和决定金融中心的重要因素,也是影响地区等级和全球层次的重要因素;在互联网时代,地理因素比以往更重要。

此外,Porteous 进行了金融中介的区位研究。他使用了复杂的计量学工具并从历史的角度进行了引人入胜的分析,探讨了银行聚集对区域非均衡发展的作用以及竞争性金融中心的对抗。Porta(1997,1998)及其同事则研究了在分割金融系统时边界的作用和重要性。

三、金融地理学的应用前景

Leyshon(1995)曾经指出,货币金融地理学已不同于往昔。这门学科越来越反映其研究对象的多样性,猜测其未来的研究方向是十分困难的。但是Leyshon 和 Thrift(2001)还是提出了研究会沿着三条主方向进行:首先,强调机构投资者的涌现,他们是金融世界的中坚力量。这些投资者拥有自己特殊的城市地理学,反过来,他们也在创造投资和排斥的新地理学。其次,更多地强调金融消费者,尤其强调其知情程度以及由此在当代金融系统中运用中介的能力。消费者有来自新技术发展的帮助,从而使其有可能更多地控制其金融生活。第三，更多地强调货币文化。货币不是抽象的工具，它是由具备多种用途、方式和代表形式的模式构成。解释货币的文化意味着，货币地理学越来越多地同人文地理学的"文化转折"（cultural turn）相交叉。正如处处都有货币一样，货币地理学也将无所不在。

金融地理学作为一门交叉学科或者说学科联盟，在分析问题时必然会用到多种方法。首先，我们可以将金融资源的分布、流动绘制在区位地图上，这种视图上的直观感受使人们更加清晰地了解金融资源的地理分布及其演化，是分析问题的良好的辅助工具。其次，作为新经济地理学的分支，Yeung（2003）认为，金融地理学的研究者不应再继续完全依托已建立的所谓"科学"方法进行实证调研和数据分析，而应该采用基于过程的（process-based）方法论研究框架，从而探讨互补性的方法论实践（例如追溯行为人网络、如何从多维的、偶发的经济行为和社会行为中得出理论洞见），它不仅寻找经济行为的微观基础，而且以反馈的形式，从经济行为的多维度角度产生理论上的洞见。正如 Clark（1998）所说，"在很大程度上，如果我们囿于理想化事实并局限于剔除社会生活复杂性的知识理论，那么理论的客观性只能是貌似可信的。"因此跨学科的研究非常重要，因为行为人网络存在的多方面维度，要求涉及历史、地理、心理、政治、商业和社会等多方面知识。

目前进行经济问题的分析与研究，已不再局限于新古典的分析方法。对于一些难以用传统理论解释的金融现象和金融难题，新的理论与方法的涌现为我们开拓了思路，提供了新的分析视角。接受多种而非仅仅一种理论，将有助于对现象的理解。正如 Yeung（2003）所说，一个人信奉某种经济理论并不妨碍他认识到其他理论提供的对同一问题的多种见解。

参考文献

［1］劳拉詹南. 金融地理学［M］. 北京：商务出版社，2001.

［2］顾朝林，王恩儒，石爱华. "新经济地理学"与经济地理学的分异与对立［J］. 地理学报，2002（4）：497-504.

［3］马润潮. 人本主义与后现代化主义之兴起及西方新区域地理学之发展［J］. 地理学报，1999（4）：365-372.

［4］Beavetstock J V，Doel M A. Unfolding the spatial architecture of the east Asian financial crisis：The organizational response of global investment banks［J］. Geoforum，2001，32（1）：15-32.

［5］Clark G L. The functional and spatial structure of the investment management industry[J]. Geoforum,2000，31(1):71-86.

［6］Leyshon A. Geographies of money and finance I[J]. Progress in Human Geography,1995，19(4):531-543.

［7］Leyshon A. Geographies of money and finance Ⅱ[J]. Progress in Human Geography，1997,21(3)：381-392.

［8］Leyshon A. Geographies of money and finance Ⅲ[J]. Progress in Human Geography，1998，22(3)：433-446.

［9］Leyshon A，Thrift N. Spatial financial flows and growth of the modern city[J]. International Social Science Journal，1997,49(151):41-53.

［10］Wai-chung Yeung H. Practicing new economic geographies：A methodological examination[J]. Annals of the Association of American Geographers,2003，93(2)：442-462.

［11］Zhao S X B. China's WTO accession and its impact on spatial restructuring of financial centers in mainland China and Hong Kong：A geography of finance perspective[M]. Centre for China Urban and Regional Studies，Hong Kong Baptist University，2001.

我国区域金融成长差异的态势:1978—2003年[①]

摘　要　根据1978—2003年的有效数据,对我国的金融成长差异进行实证分析和计量检验的研究结果表明,这期间并不存在区域金融成长差异的倒U形曲线,而是呈现三次曲线的变动态势,从更长时期看,倒U形曲线是否成立还未有定论,需要多方面指标的比较和未来时间的检验,但是区域金融成长的非均衡是长期存在的,这个结论同时也得到了演化经济理论的有力支撑,因此我国区域金融成长不能过度强调趋同,应该适度差距、系统优化、协调发展。

关键词　区域金融成长差异;"倒U"假说;时间序列分析

一、区域金融成长差异状况

1. 衡量指标与数据来源

由于中国缺乏各地区金融资产和M2的统计数据,无法直接采用戈氏和麦氏指标来衡量金融成长度。但是中国的主要金融资产集中在银行,而银行的最主要资产也是存款和贷款,所以利用存贷款的数据,基本可以揭示中国金融发展的状况(周立,2002)。计算公式为:

$$FIR = (S+L)/GDP$$

式中,FIR表示金融相关比率,各地区状况见图1;S代表存款额;L代表贷款额;GDP为各地区的生产总值。

金融发展史是市场、政府和准市场组织共同参与的历史,但是改革开放之前,在中国的经济生活中没有真正意义上的金融体系,随着市场化取向改革目

[①]　本文作者金雪军、田霖,最初发表在《经济理论于经济管理》2004年第8期。

标的逐步明确,中国的金融体系也在渐进成长[1]。由于 1978 年之前,中国更多地表现为财政主导金融,不能很好地体现金融内生成长的规律,1978 年之后在客观上才逐渐生成了市场化金融内生趋势。鉴于 1978 年之前数据的代表性、可获性差,本文收集了 1978—2003 年共 26 年的有效数据进行分析,其中 1978—1995 年,采集的是各地区国家银行存贷款额。由于 1995 年之后非国有金融机构的迅猛发展,国家银行的存贷款额并不能很好地反映各地区尤其是东部地区的金融成长状况,因此需要对数据进行调整,拟采用全部金融机构的存贷款额替代原有数据进行分析。数据来源主要是各年份的《中国统计年鉴》、《中国金融年鉴》和《改革开放十七年来的中国各地区经济》以及国家统计局网站。对于欠缺的数据运用插值法计算而得。经济区域的划分采用 1985 年中共中央在《关于制定国民经济和社会发展的第七个五年计划的建议》的提法,具体划分为:东部地区由辽宁、河北、北京、天津、山东、江苏、上海、浙江、福建、广东和海南 11 个沿海省市组成,西部地区由陕西、青海、宁夏、新疆、甘肃、四川、贵州、云南、西藏和广西 10 个省、自治区组成,中部地区则是由吉林、黑龙江、山西、内蒙古、安徽、江西、河南、湖北、湖南 9 个省、自治区组成。

2. 金融成长差距

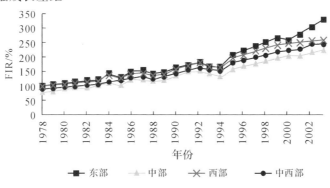

图 1　地区金融资产状况(1978—2003)

说明:(1)图中的东中西部数据是所含省区市金融相关比率的加权平均数。

(2)由于数据可得性原因,1992—1999 年仍将重庆市计入四川省内,从 1999 年开始,重庆市与四川省分别计算。

(3)广西 1981 年各项贷款余额数据欠缺,从散点图观察,GDP 与贷款余额呈正相关关系,因此可以采用插值法计算得出,计算公式为 $y_t = (y_{t-1} x_{t-1} + y_{t+1} x_{t+1})/2x_t$

图 1 表明,1978—2003 年,中国的金融资产基本呈递增状态,其中东部地区金融相关比率从 1978 年的 0.983113 上升到 2003 年的 3.344537,中部地区从

0.797851 上升到 2.239496,而西部地区从 1.023962 上升到 2.588651。从 1994 年开始,这种上升态势更加明显。东部地区始终处于领先地位,从 1995 年开始这种差距进一步拉大,这充分反映了东部地区蓬勃的民间金融发展态势,其金融的市场化程度快于中西部。从省区情况来看,金融相关比率较高的有北京、辽宁、上海、浙江、广东、四川和山西。

从图形中可以进一步观察到,东部地区与中西部地区的金融相关比率曲线之间的距离呈现先扩大、后缩小,进而进一步扩大的趋势,为了进一步分析金融差异的变动趋势,采取相对差异的比较,即用东部地区的 FIR 比上中西部的 FIR,得出如下的金融相对差异变动图表,见表 1、图 2。

表 1　金融差异

年份	金融差异	年份	金融差异
1978	1.079269	1991	1.107827
1979	1.114028	1992	1.128022
1980	1.119443	1993	1.077965
1981	1.130856	1994	1.05911
1982	1.153242	1995	1.152963
1983	1.159359	1996	1.183179
1984	1.259591	1997	1.201677
1985	1.132781	1998	1.202452
1986	1.16584	1999	1.221499
1987	1.137707	2000	1.182251
1988	1.120825	2001	1.196639
1989	1.115605	2002	1.243687
1990	1.157131	2003	1.385433

从图 2 可以看出,1978—1984 年,金融成长差异在不断增大,1984 年形成波峰,金融成长差异高达 1.259591;1984 年之后,金融成长差异趋于减小,1994 年形成波谷,达到 1.05911;从 1995 年开始,金融成长差异又开始拉大,经过 2000 年的短暂回落,2003 年金融成长差异高达 1.385433。因此,从总体看来,我国的金融成长差异并非像有些学者所认为的那样呈倒 U 形曲线分布,而是呈现波浪状的三次曲线态势,即金融差距先扩大,又缩小,再扩大。为了验证我们

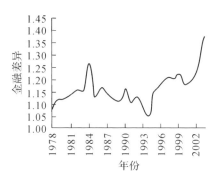

图 2　金融差异的平滑曲线趋势

的结论,下面进一步采用时间序列分析的方法,探讨区域金融成长是否呈现这种波动态势。

二、区域金融成长差异波动态势的计量验证

时间序列分析法是一种根据研究对象历史上的一系列已知数据(时间序列),分析并找出事物随时间发展的轨迹,用数学模型去描述研究对象随时间变化的发展规律,并根据该模型预测事物的未来发展状况的定量分析预测方法[2]。因此我们可以考虑用时间序列分析法。

1. 时间序列是否存在趋势的判别

趋势线预测要求时间序列必须具有上升或下降的趋势,这里采用常用的游程检验法进一步判别。如表 2 所示。

表 2

时期 t	指标值 Y_t	$Y_t \geqslant \bar{Y}$ n_1	$Y_t P \bar{Y}$ n_2	游程总数 R
1978	1.079269			—
1979	1.114028		—	
1980	1.119443		—	
1981	1.130856		—	
1982	1.153242		—	
1983	1.159359		—	1
1984	1.259591	+	—	2

续表

时期 t	指标值 Y_t	$Y_t \geqslant \bar{Y}$ n_1	$Y_t P \bar{Y}$ n_2	游程总数 R
1985	1.132781		—	3
1986	1.16584	+	—	4
1987	1.137707		—	
1988	1.120825		—	
1989	1.115605		—	
1990	1.157131		—	
1991	1.107827		—	
1992	1.128022		—	
1993	1.077965		—	
1994	1.05911		—	
1995	1.152963		—	5
1996	1.183179	+	—	
1997	1.201677	+	—	
1998	1.202452	+	—	
1999	1.221499	+	—	
2000	1.182251	+	—	
2001	1.196639	+	—	
2002	1.243687	+	—	
2003	1.385433	+	—	6
平均	1.161092	10	16	6

根据表中数据查游程检验表有:$R_{1,0.05}=8$,$R_{2,0.05}=19$,显然,$R<R_{1,0.05}$,因此时间序列具有上升趋势。

确定时间序列具有上升趋势后,就可选定适合的趋势线预测模型做外推预测。

2. 模型选择

由于本例中时间序列分布形态不是很典型,因此先将时间序列最后的数据留出1个,利用其余数据分别建立直线趋势模型、二次曲线趋势模型和三次曲线趋势模型,做外推模拟预测,选择出模拟误差最小的模型即为最适宜的模型形式。

我们利用 SPSS 或 EXCEL 对 1978—2002 年的数据分别采用一次曲线、二次曲线和三次曲线进行拟合,得出如下三个模型①:

$$y_1 = 1.152118 + 0.003122t \tag{1}$$

$$y_2 = 1.137286 + 0.003122t + 0.000285t^2 \tag{2}$$

$$y_3 = 1.137287 - 0.00394t + 0.000285t^2 + 0.000117t^3 \tag{3}$$

根据这三个模型对 2003 年的金融差异进行预测,预测值分别为 1.192704,1.226037 和 1.391281。预测误差分别为 13.91%,11.51%,0.4%。显然,二次曲线模型要优于直线趋势模型,而三次曲线趋势模型则大大优于前两者。外推模拟预测结果如图 3 所示。

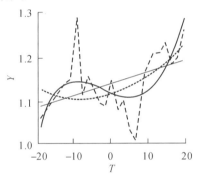

图 3　模拟预测结果

从图 3 也可以清晰地看到,三次曲线与实际值的波动基本一致,因此为最佳模型的选择。

3. 多项式曲线的拟和分析

为了进一步验证我们的结论,拟分别采用一次曲线、二次曲线和三次曲线模型进行时间序列的回归分析,探讨区域金融成长差异的变动态势。本例序列相对较短,样本点相对较少,不到 30 个,因此只能进行确定型时间序列分析。

(1)一次曲线

设定直线回归方程 $y = a + bt$,回归系数 a,b 可以用最小二乘法求得。用时

---

①　SPSS 和 EXCEL 的输出结果都未能提供三次曲线模型的参数,因此本文采用公式计算出三次曲线参数并得出其模型形式,下文在利用全部数据进行拟合时,将列出详细的公式和步骤。

间 t 代替自变量 x,则有:

$$a = \bar{y} - b\bar{t}$$

$$b = \frac{\sum y_i t_i - \bar{t} \sum y_i}{\sum t_i^2 - \bar{t} \sum t_i}$$

当时间点 $t_1, t_2, t_3 \cdots, t_n$ 为连续等间隔时,为计算方便,把原点取在时间序列的中间[①],即:

若数据项数为奇数($n = 2m+1$)时,取 $t_m = 0$,则该时间序列为:

$\{-m, -(m-1), L, -1, 0, 1 L, (m-1), m\}$ 若数据项数为偶数($n = 2m$)时,则时间序列为:

$\{-(2m-1), -2(2m-3), L, -3, -1, 3, L, 2m-3, 2m-1\}$

此时 $\sum t_i = 0$,$\bar{t} = 0$。那么,式(1)、式(2)可简化为:

$$a = \bar{y} \tag{6}$$

$$b = \frac{\sum y_i t_i}{\sum t_1^2} \tag{7}$$

本例中有 26 个数据点,因此,取时间序列 t_i 为:

$\{-25, 23, L, -3, -1, 1, 3, L, 23, 25\}$。

利用公式(6)、(7),确定回归系数,即:

$$a = 1.1611$$

$$b = 0.0024$$

直线回归方程为:

$$y = 1.1611 + 0.0023t$$

不一致系数为:

$$u = \sqrt{\frac{\sum (y_i - \hat{y})^2}{\sum y_1^2}} = \sqrt{\frac{362.6925}{671.6263}} = 0.54$$

式中 $\hat{y}$ 为金融差异理论值。

假设显著水平 $\alpha = 0.05$,自由度 $f = n - 2 = 24$,查表得 $\gamma_\alpha = 0.388$,显然,$\gamma f \gamma \alpha$,通过相关性检验。可以用这个直线方程描述该时间序列数据,其置信度为 95%,并可以进行预测。

---

①　事实上,对计算机而言,无需再用序号,可以直接用年份带人计算。为了更清晰地阐述时间序列分析的思想,特将必要的公式和处理方法与步骤一一列出。

（2）二次曲线

二次曲线的方程为 $y = a_0 + a_1 t + a_2 t^2$，二次曲线模型适用于数据点分布呈抛物线的情况，如倒 U 形曲线。同样采取最小二乘法求出回归系数：

$$a_0 = \frac{y_i \sum t_i^4 - \sum t_i^2 \sum t_i^2 y_i}{N \sum t_i^4 - (\sum t_i^2)^2} = \frac{30836886}{27256320} = 1.1314$$

$$a_1 = \frac{\sum t_i y_i}{\sum t_i^2} = \frac{13.9497}{5850} = 0.0024$$

$$a_2 = \frac{N \sum t_i y_i - \sum y_i \sum t_i^2}{N \sum t_i^4 - (\sum t_i^2)^2} = \frac{3601}{27256320} = 0.00013$$

因此二次曲线回归方程为 $y = 1.1314 + 0.0024t + 0.00013t^2$ 不一致系数 u_2 为 0.042。

（3）三次曲线

三次曲线的方程为 $y = a_0 + a_1 t + a_2 t^2 + a_3 t^3$，三次曲线模型用于描述开始由低而高上升，随后出现下降再上升的数列，回归系数求得为：

$$a_0 = \frac{\sum y_i \sum t_i^4 - \sum t_i^2 \sum t_i^2 y_i}{N \sum t_i^4 - (\sum t_i^2)^2} = \frac{30836886}{27256320}$$

$$= 1.1314$$

$$a_1 = \frac{\sum t_i y_i \sum t_i^6 - \sum t_i^4 \sum t_i^3 y_i}{\sum t_i^2 \sum t_i^6 - (\sum t_i^4)^2} = \frac{-2621850693}{1.05184E + 12}$$

$$= -0.0025$$

$$a_2 = \frac{N \sum t_i^2 y_i - \sum y_i \sum t_i^2}{n \sum t_i^4 - (\sum t_i^2)^2} = \frac{3601}{27256320} = 0.00013$$

$$a_3 = \frac{\sum t_i^2 y_i \cdot \sum t_i^3 y_i - \sum t_i y_i \cdot \sum t_i^4}{\sum t_i^2 \sum t_i^6 - (\sum t_i^4)^2} = \frac{12691822}{1.05184E + 12}$$

$$= 1.911055E - 06$$

三次曲线方程为 $y = 1.1314 - 0.0025t + 0.00013t^2 + 1.91055E - 06t^3$，不一致系数 u_3 为 0.005。

比较三种曲线的回归方程、预测值和不一致系数（见表 3）。

表 3 三种多项式曲线回归模型对比

拟合方法	数学模型	2010 年预测值	不一致系数 μ
直线	$y = 1.1611 + 0.0023t$	1.2508	0.54
二次多项式	$y = 1.1314 + 0.0024t + 0.00013t^2$	1.42273	0.042
三次多项式	$y = 1.1314 - 0.0025t + 0.00013t^2 + 1.91055\mathrm{E}-06t^3$	1.34463	0.005

不一致系数 u 越小,说明所得回归方程与实际值倾向线的偏差越小,即所得回归方程对时间序列数据的拟合效果越好。由直线到二次曲线,不一致系数减少了 92%,显然我国的区域金融成长差异用二次曲线来描述比用直线描述更加准确。一般情况下,出于成本节约的缘故,从二次曲线到三次曲线,如果不一致系数减少甚微,可以选择相对简单的二次曲线直接进行时间序列分析和预测,然而,这里的 u 减少了 88%,因此三次曲线的拟合是最符合我国的现实状况的。从 1978 年到 2003 年,并不存在区域金融成长差异的倒 U 形曲线。

4. 未来趋势推测

既然我国从 1978—2003 年的区域金融成长差异符合三次曲线的态势,那么这种波动态势能否持续下去,需要进一步做周期性检验,如图 4。

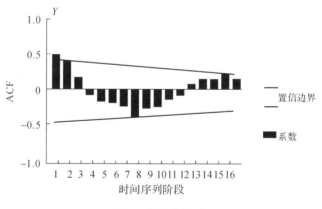

图 4 周期性检验

从自相关时间序列图可以看出,最大的正相关系数并非位于最后一个时点上,这表明时间序列不稳定,会发生趋势变动,因此不具备周期性。虽然三次曲线对 1978—2003 年这一时间段的拟和度优良,并且我们证明了这期间不存在金融差异的倒 U 形变动趋势,然而由于这一时间序列不存在周期性,它的未来变动趋势还是不明朗的。我们利用三次曲线模型进行预测,预测结果表明(如

图 5),未来几年中我国区域金融差异还有进一步加大的趋势,那么从更长远的时期来看,是否存在倒 U 形曲线的态势呢?

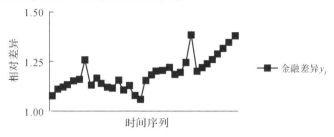

图 5　金融成长差异预测

尽管目前我国的金融成长差异呈现三次曲线的变动态势而不是倒 U 趋势,但是从更长的时期来看,这是否意味着短暂的异常波动,而金融差距正逐渐在拉大,处于倒 U 形曲线的前半段呢? 我们不否认这种可能性的存在,或许倒 U 形曲线在我国会发生变异,甚至也不排除出现阶梯形倒 U 曲线的可能[3],然而这一切都需要更多的数据实证和未来时间的检验,目前还不能妄下定论。

不论将来倒 U 形曲线出现与否,区域金融的成长差异都将长期存在,只不过差异的程度在不断波动和变化。因此尽管区域金融成长差异波动的波幅和波长会发生变化,但其基本的波浪式轨迹不会改变。

三、波浪发展态势的理论支撑

按照演化经济学[4]的观点,我们可以把整个金融体系看作是动态的大系统,系统必须和外界形成一定的"差异性",形成耗散结构,才能构成非线性结构、自组织结构和有序结构。虽然,作为一种近似和简化,线性关系仍然是重要的,但在这种情况下,我们并不是说所模拟的现象是线性的,而只是说模拟的现象能够通过线性数学来接近。世界是非线性和不确定的,我们在上文中所做的确定性时间序列分析也可以说只是对现实世界的近似反映。非线性模式对于分析经济系统中的竞争、选择、涨落、自组织和新结构的产生是必不可少的。因此金融系统实现自组织内生成长的重要条件是,外界必须驱动开放系统越出近平衡的线性区域,到达远离平衡态的非平衡的、非线性的区域。正如普里戈金所言,非平衡是有序之源。非平衡并不是不稳定,相反,只有在远离平衡态和近平衡态的情况下,才有可能形成新的稳定有序的结构。

不平衡是经济社会发展的基本形态。就社会金融系统来看,由于非平衡和差异性可以产生协同作用，导致系统非线性的耦合，因而能够实现金融活动的自组织。区域金融的时空运行规律决定了大国在同一时间序列中由于经济水平客观阶段不同而导致金融资源在空间上供求的非均衡性，区域金融成长"趋异"是经济发展的必然和内生的现象，它反映了资源流动并追逐空间有效配置的取向。如果人为设置资源空间流动的制度性障碍，追求区域金融成长的趋同绩效，那么，资源的配置机制将被扭曲，从而使区域趋同与经济低效发展相伴随。

非均衡已成为金融活动自组织演变过程中的最显著的特征。区域金融差距与区域经济发展是一种辩证的关系，由于各种资源分布的异质性和地区经济运行的不平衡性，决定了区域金融差距存在的普遍性和绝对性。金融的内生成长规律自主地保持区域金融差距与区域经济发展的合理张力，呈现在我们面前的就是区域金融成长差距的波浪状态势，体现了平衡与非平衡的自我调节机制。

四、结论及政策建议

通过上文的分析，可以得出以下主要结论：

(1)中国 1978—2003 年不存在区域金融成长差异的倒 U 形曲线，而是呈三次曲线的变动态势。不经过数学检验，就得出区域金融差异遵循倒 U 形曲线的态势，至少不是科学的态度。

(2)我们不排除更长时期内出现倒 U 曲线的可能性，但这需要更多的数据实证和未来时间的检验，不论将来倒 U 形曲线出现与否，其基本的波浪式轨迹不会改变。

(3)金融成长差异长期客观存在，只不过差异的程度在不断波动和变化。

区域金融差异将是长期客观存在的。基于中国金融成长差异的波浪状态势，提出以下政策建议：

首先，区域金融成长要适度差距。区域金融成长差异是在体制改革过程中必然产生的一个问题。适度的金融成长差异，有利于提高金融资源的配置效率。区域金融差异是一种客观经济现象，是多种客观因素共同作用的结果，因而就有其不可改变的客观的一面。区域金融差异在一定时期内的存在和变化，自然就有其由这些因素所决定的变化轨迹。因此对区域金融成长的差异进行调控并不是能随心所欲的，而是有一定的限度。殷得生等人(2000)在其专著中提供了一个线性规划模型[5]，分析说明区域金融的政府协调存在一条界线，超过此界限就会导致 GNP 损失过大。

其次，倡导金融合作，协调发展，实现系统优化。要重视区域金融发展的拓扑结构。所谓拓扑结构，它概括了系统内部及系统之间所发生的一切联系。金融体系是由许多功能模块组成的，当采用拆解金融体系的方法来审视区域金融体系效率的时候，关键的问题是各个功能模块之间的协调问题。各个地区的金融发展都可以视为独立的系统，但仅仅这样理解还是不够的，只有充分利用相邻金融中心的辐射力，实现同质区域以及异质区域的金融合作，才能达到模块的融合及金融效率的提高。金融合作能够充分利用各区域在资金使用方面的时间差或空间差，通过各金融企业之间的相互合作，沟通信息，融通资金，发展区域金融市场，满足区域经济发展对资金的需求，实现整个国家金融系统效率的优化。

五、研究亟待完善之处

本文仅采用金融相关比率来比较各地区的金融成长差异，结论有可能会出现偏差，所以应考虑建立多层次的指标体系，进行综合比较。另外，金融意识、金融努力程度等质性指标需要进行问卷调查，加以量化，可考虑用层次分析法来确定权重，必要时还要进行案例分析。

参考文献

[1] 王千红.金融体系的稳健与宏观调控的有效性[M].北京：中国经济出版社，2000.

[2] 孙建军.定量分析方法[M].南京：南京大学出版社，2002.

[3] 陈宗胜.倒 U 曲线的"阶梯形"变异[J].经济研究，1994(5)：55-59＋33.

[4] 盛昭瀚，蒋德鹏.演化经济学[M].上海：上海三联书店，2002.

[5] 殷得生，肖顺喜.体制转轨中的区域金融研究[M].上海：学林出版社，2000.

我国企业跨国经营中的银行跟随战略问题研究①

摘　要　我国银行的跨国经营并未随企业的跨国经营而展开。我国银行的境外贷款规模偏小,资产的地区结构和行业结构与我国企业跨国投资的地区结构和行业结构存在严重错位。我国银行跟随战略实施困难的原因主要是银行本身实力弱,银行与企业的海外拓展又各自为政,缺乏配合,相互脱节,且我国企业在"走出去"的过程中自身确有劣势。对此,政府、企业和银行等方面都须采取相应的对策。

关键词　企业;对外直接投资;金融支持

当前,"走出去"的开放战略正在我国不少地区加紧实施。它对于提高我国对外开放的水平、增强我国经济发展的后劲、弥补国内资源的不足、推进经济结构的优化升级、加强我国同广大发展中国家的合作、维护我国的国家利益和安全,都具有十分重大的现实意义。

但与此同时,在我国企业开展跨国经营活动时,银行的跨国经营并未随企业的海外拓展而展开,使得我国企业在当前扩大对外投资的历史阶段,面临银行支持不足的问题。据统计,在投资规模上,我国从事境外投资的企业中,大部分企业投资规模较小。我国 90% 以上的境外投资项目投资金额在 300 万美元以下;境外加工贸易项目平均投资金额为 220 万美元,其中一半以上项目投资金额在 100 万美元以下。以民营经济较为发达的浙江为例,私营企业 2000 年境外投资项目 49 个,中方投资额为 482.71 万美元,项目平均投资额为 9.85 万美元。而发达国家对外投资项目的平均金额在 600 万美元左右,一些发展中国

---

①　本文作者金雪军、付明明,最初发表在《国际贸易问题》2004 年第 211 期。

家也在 450 万美元左右。国内企业的境外投资规模普遍偏小,说明企业普遍面临资金短缺的问题。这已成为国内企业扩大境外投资的最大制约因素。为何存在这一问题,及如何解决这一问题? 本文试图对此作一回答。

一、我国企业跨国经营中的银行跟随现状分析

我国改革开放后,随着金融体制改革的深化,20 世纪 80 年代后期,国内银行纷纷跨出国门,向国外谋发展,建立分支机构,进入国际金融市场。至 2003 年 9 月,我国共有国外净资产 36896.72 亿元。从各家银行分别来看,除中国银行外,我国其他商业银行的海外经营尚处于初级阶段(参见表 1)。

表 1 我国商业银行在境外机构数

银行	境外银行机构数			
	分行	子银行	代表处	总计
中国工商银行	8	2	2	12
中国建设银行	6	1	2	9
交通银行	4	0	2	6
中国农业银行	2	0	3	5
光大银行	0	0	2	2
招商银行	1	0	1	2
广东发展银行	1	0	1	2
上海浦东发展银行	0	0	1	1

资料来源:据各行年报整理。

由于对外经营尚处初级阶段,因此,几乎谈不上实施对客户企业跨国经营活动的跟随。中国银行在开展海外业务方面一直走在国内众多银行的前列。至 2002 年底,中银集团已在 26 个国家和地区设立了 581 家分支机构,海外员工两万余人,海外资产总值 1700 多亿美元。中国银行对客户企业的跨国经营支持情况又如何呢? 实际情况也不甚理想。

1. 银行的境外贷款规模偏小,且增长缓慢。中银集团企业贷款余额地区构成是:2000 年境内行 10646 亿元,境外机构 3138 亿元,总额 13784 亿元;2001年境内行 11139 亿元,境外机构 3106 亿元,总额 14245 亿元;2002 年境内行 12112 亿元,境外机构 3150 亿元,总额 15262 亿元。中行境外贷款的余额则一

直在 3100 亿元徘徊。而随着总贷款余额的增加,境外贷款占总贷款余额的比例则逐年下降。

2.从地区结构来看,中国银行主要在发达国家和地区设立分行。迄今,虽然中国银行已设立了 581 家境外分支机构,但这些机构都集中在我国的周边地区,其中仅港澳地区就占去了大部分。而我国企业的投资却主要分布在发展中国家。由此产生银行与企业跨国经营错位的问题。

3.从行业结构来看,资金分布不合理。中国银行境外机构贷款余额主要分布在消费信贷、房地产等行业,而我国企业跨国投资主要集中在服务贸易、工业生产加工、资源开发等行业(参见图 1、2、3)。由此来看,也存在银行与企业跨国经营的错位问题。因此,总的来说,我国银行对企业跨国经营的支持还存在许多的不足之处。

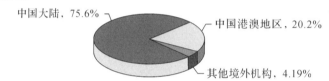

图 1　中银集团贷款地区分布

资料来源:中国银行 2002 年年报。

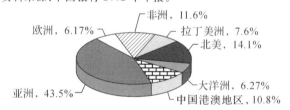

图 2　中国批准境外投资企业统计表

资料来源:据《中国对外经济统计年鉴·2002》整理。

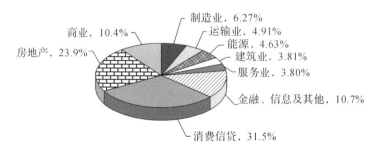

图 3　境外机构贷款行业结构

资料来源:中国银行 2002 年年报

表 2　我国银行与花旗银行的盈利比较　　（单位：百万美元，%）

银行名称	一级资本	资产规模	税前利润	资本利润率
花旗集团（美）	58448	1051450	21897	38.8
中国工商银行	23107	524235	740	3.2
中国银行	22085	406150	1319	6.7
中国农业银行	15971	262570	36	0.2
中国建设银行	14517	334061	627	4.4

资料来源：据英国《银行家》杂志 2002 年 7 月期载文整理。

二、银行跟随战略实施困难的原因分析

在企业的跨国经营中，银行的支持不足，究其原因，可能有如下几个方面：

1. 银行本身实力弱，实施跨国经营力有未逮。从表 2 可以看出，我国四大国有商业银行虽然资本规模庞大，但盈利状况不容乐观，与国际大银行相比，差距甚大。至于其他中小商业银行，与国际银行相比就更不可同日而语了。由于在国际银行业中严重缺乏竞争力，它们的跨国之行举步维艰。

2. 银行与企业的海外拓展各自为政，缺乏配合，相互脱节。目前跨国银行与跨国公司之间缺乏联系，各行其道，金融资本与产业资本还未能相互融合、相互促进，银企之间的合作不尽如人意。由于旧体制的约束和现有部门之间的利益矛盾所形成的条块分割，导致不同部门的企业缺乏合作，银行和企业之间联系薄弱。有些跨国企业甚至不愿到中资银行开户和结算。即使在那些建立了业务关系的银行和企业之间，相互的支持和合作也很不够。一方面是中资跨国银行受自身资金实力和业务网点等的限制，难以为跨国公司提供大额贷款及其他服务，不能很好地发挥扶持和促进作用；反过来，跨国公司对银行不信任、不配合、不支持，也阻碍了跨国银行的稳定发展。这种产业资本和金融资本的分离，使得金融优势和产业优势的互补效应难以形成，是我国银行和企业跨国经营合作的一个重大障碍。

3. 我国企业在"走出去"的过程中确实存在自身的劣势，使得银行不愿意并难以跟随企业客户进入海外市场。一是技术劣势。我国企业不仅自身拥有的优势技术少，且创新能力也很弱，拓展海外市场的前景不甚乐观。二是品牌劣势。各国企业产品间的竞争早已转化为名牌间的竞争。而按商标价值排列世界前 10 名的名牌产品中却没有一个源自中国。三是风险意识淡薄。一些企业

在投资前对东道国的环境与政策未进行深入细致的分析,对海外项目可能遇到的风险认识不足,可行性分析不够,导致项目上马后问题很多,经济效益不佳。兼之企业规模小,也使得企业抗风险能力不足。四是我国企业对外投资结构不尽合理,过分集中于发展中国家和地区,这对实现市场多元化是极为不利的。在行业分布上,虽然我国海外投资涉及的领域已从过去以贸易业和餐饮业为主逐步拓宽到境外加工贸易、资源开发及农业、旅游、零售、咨询等行业,但贸易型企业的比重仍偏大,其他行业投入力度不足。

三、对策建议

根据以上分析,要推动银行跟随战略,解决我国企业跨国经营中银行支持不足的问题,可采取以下措施:

1. 政府政策在银行跨国经营中扮演着极其重要的角色。政府在制度上和政策上的指导、规划和扶持,直接影响着银行跨国经营。世界上许多国家跨国银行业的迅速发展都得益于政府的宏观规划和支持,我国也不应例外。对我国政府来说,首先是要建立"走出去"的政策体系,完善对外投资的相关政策法规。目前,我国商业银行实施跨国经营主要是依据《境外金融机构管理办法》和《银行外汇业务管理规定》,但是这两项法规对具体的业务实施指导不够,使得政府宏观调控不力。我国政府应在具体的金融政策、税收政策、技术政策和产业政策上为跨国银行的跟随战略提供足够的优惠和支持。同时,政府应该协调银行和企业之间的跨国经营活动,避免我国银行和企业在跨国经营中孤军奋战。另外,政府还应建立良好的信用体系和担保体系,减轻相应的风险投资部门的风险负担,以此推动银行跟随战略。

2. 从企业来说,应认清形势,制定可行的"走出去"战略部署,优化跨国投资的地区结构和行业结构。走出国门时选择什么样的地域格局相当重要。只有在认真研究国际不同区域的具体特点与企业本身的具体情况之后,才能做出准确的判断。我国企业在走出国门时偏向选择发展中国家,但发展中国家市场往往不稳定,缺乏必要的预期,且腐败问题较多,市场不透明。今后应扩大对发达国家的投资。我国企业还偏向选择处于价值链的低端的初级产品加工业作为进入国际市场的入口。选择这个端口进入国际市场会面临许多困境,例如,在这个层次上的产品往往服务质量差、信誉度低。今后需加强对中高端产品的市场开拓。当然,在价值链的中高端需要强有力的品牌支持、营销渠道与售后服务等内容。因此,还需强化研发环节,并加强品牌意识,创立自己的品牌,通过品牌渠道提升进入中高端价值链。企业还需培养风险意识,做到未雨绸缪。一方面对目标市场的政治风险、经济风险、市场风险及技术适用性等进行认真细致的考察,另一方面对企业本身的项目规划、资金调度、人员配置等进行周详的安排,力求从主客观两方面降低海外投资的风险,提高成功率。

3.从银行来说,近年来,我国银行与企业的跨国经营相互背离,银行资本与产业资本未能相互促进。当前应集中精力做好境外机构重点布局工作,在跨国企业密集地区设立分支机构,提供全方位服务,为我国的跨国企业在世界舞台上大显身手创造有利的条件。主要是加强在港澳地区以外的亚洲其他各金融中心及周边邻国的发展。目前,我国对外经济技术援助和对外承包工程与劳务合作普遍集中在亚洲,银行业在这些地区的渗透无疑会为我国商品、资本、劳务稳固亚洲市场走向世界起强有力的推动作用,极大地提高我国的国际地位。我国商业银行跨国经营要加强产品创新,并逐步实现商业银行从分业经营到综合经营的转换。由于金融自由化和金融全球化的发展,金融产品不断推陈出新,金融机构只有通过提供综合金融服务,才能满足企业不断变化的金融需求。而发展混业经营,允许商业银行和非金融企业相互持股,显然有利于改善金融服务,推动银企的合作。

参考文献

[1]李睿.我国银行跨国经营面临的六大问题[J].上海金融,2000(11):16-18.

[2]Berger A N,DeYoung R,Genay H,et al. Globalization of financial institutions:Evidence from cross-border banking performance[J]. Brookings-Wharton Papers on Financial Services,2000(1):23-120.

[3] Blandon J G. Cross-Border banking in Europe:An empirical investigation[D]. Department of Economics and Business, Universilat Pompeu Fabra,2001.

[4] Engwall L,Marquardt R,Pedersen T, et al. Foreign banks penetration of newly opened markets in the Nordic countries[J]. Journal of International Financial Markets,Institutions,and Money,2001,11(1):53-63.

[5]Jacobsen S F,Tschoegl A E. The international expansion of the Norwegian banks[J]. Working Paper 1997,97-38.

［6］浙江省对外贸易经济合作年鉴·2002［M］.杭州：杭州出版社,2002.

［7］《中国银行 2002 年年报》.

［8］中国人民银行《报告与统计数据·2003》.

自愿劳工标准的现状和发展：
基于 SA8000 认证的经验研究[①]

摘　要　本文主要关注的问题有两方面,一是理清有关 SA8000 等生产守则和劳工标准之间的关系,为认识和了解 SA8000 为代表的生产守则提供一个新的视角,使之能和我们熟悉的劳工标准的传统推行模式相衔接。二是希望通过对 SA8000 的经验研究,揭示目前 SA8000 认证分布的特点和不同国家认证数量差异的主要影响因素。我们发现,认证数量与国民收入、直接投资的流入量及劳工标准之间存在相关关系,但在发展中国家,主要的影响因素是人均国民收入水平的高低和 FDI 的流入。

关键词　自愿劳工标准;SA8000;国际贸易

一、引　言

劳工标准问题在国际贸易中由来已久[②],但关于什么是劳工标准,国际上还没有公认的定义。一般认为劳工标准的概念有广义和狭义之分。狭义的劳工标准是指核心劳工标准,按照经合组织(OECD)的定义,核心劳工标准包括消除剥削性的童工、禁止强迫劳动、反对就业歧视、结社与集体谈判自由四个方面的内容。相同的标准也被国际劳工组织所认可(ILO,1998)。这些标准被认为和最基本的人权相连,故被称为"核心"劳工标准。广义的劳工标准,除包括核心劳工标准外,还包括工时、工资和劳工保护等具体措施。 近 20 年来,贸易和劳

---

①　本文作者金雪军、王晓荣,最初发表在《中国工业经济》2005 年第 8 期。

②　早在 18 世纪,法国国王路易十六的财政部长就表述了劳工标准与贸易利益相连的观点(Hansson,1983)。

工标准问题一直是南北之争的热点问题。传统上来说,劳工标准与贸易相联系采取的手段是自上而下借助于国家权力给予强制推行,对于这种形式,文献多有涉及,并给予了较详细的介绍。但对于劳工标准在贸易中的另一种推行模式——自愿劳工标准,在国内还没有引起重视。虽然 2004 年以来大量有关 SA8000 的文章涌现,但大都限于对 SA8000 本身的介绍和分析,没有对 SA8000、工厂守则和劳工标准间的关系给予梳理和说明,也没有对这种自愿劳工标准从经验研究的角度上进行分析。本文希望在上述两个方面进行尝试。

二、自愿劳工标准、生产守则和 SA8000

长期以来,将贸易和劳工标准相结合都是借助于国家权力自上而下来进行的。其最早的实践出现在 19 世纪末期,经过 100 多年的发展,尤其是自 20 世纪 70 年代以来,这种结合的形式和手法日益丰富,形成了单边、双边、区域性甚至是多边性的不同推行层次。然而,由于南北双方在劳工标准问题利益上的激烈冲突,劳工标准问题在向多边贸易规则过渡的过程中遇到了巨大的阻力,传统推行模式的局限凸显。比如,借助于多边贸易体制推行劳工标准的可能已经被世界贸易组织明确否定,而通过区域性的协议、普惠制的规定以及本国的贸易立法将贸易和劳工标准相联系,又有较强的地域限制,影响有限。

在传统劳工标准推行模式发展受到限制的同时,伴随着消费者运动的开展和企业社会责任运动的推行,一种自下而上的民间运动也在对贸易与劳工标准问题发挥作用,并且日益引起人们的重视。西方学者将之称为自愿劳工标准(或民间劳工标准),以与传统的、借助于国家强制力推行的劳工标准模式相区别。这种自愿劳工标准以企业生产责任运动为产生背景,以消费者运动为动力,以跨国公司为推行的主体,以跨国公司的供应链为推行媒介,以生产守则为表现形式,其对发展中国家的影响力日益加深。

20 世纪 90 年代,美国媒体将部分美国海外企业让当地工人在恶劣条件下工作的情况曝光,引起了公众、劳工组织及非政府组织的广泛抗议,在西方社会掀起了一场"反血汗工厂"运动。随着这项运动的深入,广大消费者已将产品生产是否符合劳工标准,作为产品品质的一项要求。美国马里兰州大学(University of Maryland)曾在 1995、1996 和 1999 年分三次进行社会调查,结果表明有超过 75% 的消费者将产品的生产过程是否符合劳工标准作为购买的选择标准之一,并表示愿意为一件符合劳工标准的价值 20 美元的衬衫多付 5

美元(Freeman,2001)，这表明劳工标准已形成切实的市场压力。迫于这种压力，美国跨国公司纷纷制定了生产守则以规范供应链上的工厂行为，要求其海外供应商和企业遵守。这一做法逐渐被其他发达国家的跨国公司采纳。

这些生产守则通常以联合国《世界人权宣言》和国际劳工组织的"基本劳工公约"为蓝本，承诺承担社会责任、遵守投资所在国的相关法律、维护劳工权益、改善劳动条件，并要求其承包商与转包商遵循同样的生产行为规范。现在国际上的生产按照运作方式而言，主要有两种：即"自我约束"的企业内部劳工标准监察的内部守则和"社会约束"的公证机构劳工标准认证和检查的外部守则。与内部守则相比，外部守则最突出的特点是引入了独立认证的原则与机制，企业劳工标准遵守的可信性得到了提高。伴随着生产守则的逐步成熟，以商业运作的手法来实施的自愿劳工标准慢慢形成，从 20 世纪 90 年代末期开始，其作为区别于传统劳工标准推行模式的一种新模式也得到了越来越多西方学者的认可(Tsogas,1999,Freeman,2000,Block 等,2001)。

与传统的劳工标准推行模式相比较，新兴的自愿劳工标准在内容、主体和手段等方面都具有鲜明的特点。从推行的主体来看，传统的劳工标准的制定和执行往往以发达国家的院外集团为政治动力，以发达国家的政府为推行的主体。而自愿劳工标准的推行以消费者运动为动力，由大的跨国公司或非政府组织为主导。从执行的手段来看，传统的劳工标准借助于国家强制力，以立法和公约为手段，而自愿劳工标准以生产守则为手段，虽然这种守则有内部守则和外部守则之分，但都属于民间行为，没有国家强制力。从两者的内容上来看，传统的劳工标准由于要在不同的主权国家间适用，推行的国家必须证明这种劳工标准的统一适用性，因而传统的劳工标准往往仅仅涉及核心劳工标准要求（核心劳工标准在发达国家被认为和最基本的人类价值观相连，可以忽略种族、文化和经济发展水平的差异而统一适用），自愿劳工标准是企业的自愿行为，则无须考虑此种背景，生产守则中所包含的劳工标准要求大大超出了核心劳工标准的范畴。香港大学的 Welford 在 2003 年以调查问卷的方式对于亚洲和欧洲的240 家公司生产守则的内容进行了考察。他发现大多数公司生产守则的内容，除了涉及核心劳工标准之外，还会涉及公平工资、职业教育的提供等核心劳工标准之外的内容。这表明以生产守则为代表的自愿劳工标准，比传统的劳工标准走得更远。从惩罚的措施来看，传统的劳工标准推行模式大多以贸易制裁为惩罚，最常采用的手段有提高关税、禁止进口和取消贸易优惠等。而自愿劳工标准由于是民间行为，所以只能以商业手段来保证其执行，对于跨国公司供应链上的行为，一般由跨国公司中断外包合同或采购合同，对于直接进口的消费品往往由消费者来抵制购买，媒体的监督亦在其中发挥重要的作用。

正是基于上述特点，自愿劳工标准的推行较传统的劳工标准既有优势又有劣势。优势在于其是民间标准，由企业自愿推行，发展中国家的政府对此无法表示反对。然而，其劣势也正在于此。这种以消费者运动为发动机的自愿标准往往是脆弱的，自愿劳工标准的推行无疑会像传统劳工标准一样提高发展中国家的出口成本，从而减低发达国家消费者的福利，因而自愿劳工标准能否顺利推行取决于发达国家消费者对成本(上涨的价格)和收益(道德上的满足)的衡量。但不可否认的是，其目前正处于上升阶段，它对发展中国家的影响在日益延伸，这一点我们从 SA8000 认证数量的迅速发展可略窥一斑。

在众多的生产守则中，SA8000 受到了较多关注，这是 SA8000 本身的特点决定的。SA8000 除了具有外部生产守则共同的特点——外部审查、第三方监督之外，它在某种程度上还具有劳工标签的特性。SAI(社会责任国际)对于合格的企业发给证书，并且允许加贴标志用于商业宣传。虽然，目前全球获得认证的企业只有近 600 家，相较于数百万家处于跨国公司供应链上的企业而言，是一个很小的数目，但以 SA8000 为代表的自愿劳工标准的影响是不容忽视的。巴格瓦蒂一直是劳工壁垒的积极反对者，但他对于自愿劳工标准则持肯定态度，他表示："支持扩大自愿性条款的适用，如社会责任认证制度 SA8000"(Bhagwati，2002)。

从发展趋势来看，将劳工标准与国际贸易某种形式挂钩或联系，将是一个必然的要求和趋势。中国作为一个劳动力丰富的发展中国家，出于多方面的考虑，自然不希望将劳工标准与贸易相连，但发达国家不会放弃这种努力。虽然劳工标准纳入多边贸易体系牵涉复杂的政治和经济问题，短期之内可能难以达成共识。但我们发现，在宏观层面，无论是在发达国家的单边贸易立法还是区域性的贸易协定中有关劳工标准的规定都在被引入和加强，同时，普惠制中社会条款得到强调。而在微观层面，伴随着跨国公司生产守则的逐步成熟，以商业运作的手段来实施的自愿劳工标准已经形成，这尤其应该引起我们的注意，因为短期内这可能是劳工标准问题的一种解决方式。劳工标准问题涉及商品生产过程，属于"TRADE—RELATED"问题，如果被纳入多边贸易体系，将会要求 WTO 深入调查敏感的国内事务，容易引起纷争。世界贸易组织对于"TRADE—RELATED"问题一向态度谨慎。而由发达国家的消费者、非政府组织向本国的进口商、采购商施压，以认证和标签制度来给予解决是这类问题的常有解决方式，如著名的金枪鱼案。① 这种做法没有违反 WTO 的原则，WTO 也对此给予认可。自愿劳工标准在某些方面已经具有了劳工标签的性质，其第三方认证中的一些正是以合格评定并发给证书为形式的，并允许加贴相关标志用于商业宣传（如：SA8000、FLA 和 RUGMARK②）。伴随第三方认证影响力的扩大，这种形式可能会逐渐增多。

基于此，我们希望对外部生产守则给予更深入的考察，但大多数外部守则的透明度不够，相对来说，SA8000 是其中透明度最高的。限于数据的可获得性，我们选择了 SA8000 为代表，对于其认证特点和影响因素进行了经验研究，以便我们能更好地了解以 SA8000 为代表的自愿劳工标准的现状、特点和可能的发展趋势。

三、SAI 认证的经验研究

我们按照 2005 年 3 月社会责任国际网上公布的截至 2004 年 12 月 31 日的最新认证数据对于 SA8000 的认证进行了整理和分析，获得如下结果。

1. SA8000 认证在不同收入水平国家间的分布

截至 2004 年 12 月 31 日，全球共有 45 个国家的 572 家企业获得了 SAI 认证。根据世界银行的定义，我们将获得认证的国家按照人均国民收入的不同，分成了低收入、中等收入和高收入三组，发展中国家由低收入国家和中等收入国家组成。我们发现，不同收入水平的国家认证数目的差异并不是很大（见图1）。一般认为生产守则主要是针对发展中国家的，为什么高收入国家也有这么高的认证数量呢？我们认为这种结果的出现，可能有两方面的原因。一方面，主要是因为高收入国家中的意大利的高认证数量（167 家）导致的。这与意大利的政府政策有密切的关系，意大利四个省的地方政府鼓励企业开展认证，并对中小企业提供资助；另一方面，我们发现从申请认证企业的行业分布来看，其正在从传统的劳动密集型的第一产业和第二产业向第三产业延伸，这些产业往往

---

① 1990 年，美国根据自己的国内法，宣布禁止从墨西哥进口金枪鱼及其产品，理由是墨西哥渔民捕捞金枪鱼的方式致使大量海豚死亡。墨西哥向当时的关贸总协定提起申诉，关贸相关组织认为自己未对因产品生产过程引起的问题作出规定，判美国败诉。美国取消了对墨西哥的进口限制，但要求在国内销售的金枪鱼及其制品需加贴"海豚安全"的标签才允许出售。墨西哥渔民改变了传统的捕捞方式。

② FLA：公平劳工协会；RUGMARK：地毯标志基金会。

发达国家更具有优势。作为发展中国家整体的认证数量是 354 家，这个数目还是比发达国家多。45 个申请国家里中等收入国家有 20 个，他们是跨国公司生产守则运动的主要针对对象，如：印度、印尼、中国等。

从各国认证数目的高低来看，发达国家的意大利（167 家）和发展中国家的中国（79 家）排在前 2 位。两国认证企业的行业分布存在很大的不同，鲜明地体现了发达国家和发展中国家认证企业行业分布上的差异。

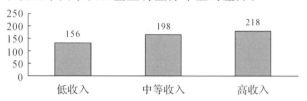

图 1　不同收入水平国家 SAI 认证分布

2. SA8000 认证的行业分布

（1）整体的行业分布特点。随后我们对认证企业的行业分布进行了考察，我们发现其行业分布以劳动密集型产业为主（见图 2）。其中服装行业最多，占认证数目的 17%，若将纺织品和服装行业合在一起考虑，占整个认证数目的 25%，这是一个非常高的数目。纺织品和服装一直是发达国家劳工集团的重要关注领域，被视为劳动密集型行业的典型代表，其对生产技术和资本的要求很低，能够对成本的变化做出敏感的反应，迅速从一个国家转移到另一个国家。该行业雇用了大量发展中国家的年轻女性工人，其恶劣的生存状况，多次经由发达国家的媒体曝光，引起广泛关注。而该行业又是一个对品牌高度敏感的行业，消费者对产品质量和价格之外的其他因素也非常看重，来自于市场的压力决定了发展中国家的服装和纺织品生产厂商必须重视其产品的道德形象。值得注意的是，中国仅有 16 家服装企业和 3 家纺织品企业申请认证，仅占纺织品和服装行业认证数目的 13%，作为全球第一大服装和纺织品出口国，这是不成比例的，商品符合特定的劳工标准属于非价格竞争优势的一种，应该引起国内服装厂商的重视。

从图 2 中我们还可以发现，排名居前的行业也有非劳动密集型行业，如商业服务和咨询行业，其申请者多以发达国家为主。以咨询业为例，在全部 24 家认证企业中，发达国家占了 22 家。这表明生产守则运动正从第一产业和第二产业向第三产业延伸。中国目前尚未有服务行业的企业进行认证，而印度、巴西等均已出现了此类认证，巴西甚至还有对政府在公共服务领域的认证，在这方面其他发展中国家已经走在了我们前面，应该引起有关方面的关注。

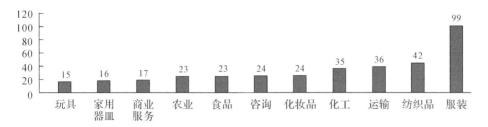

图 2　SAI 认证企业行业分布

　　值得注意的是，在排名居前的行业中，我们没有发现鞋类行业，事实上鞋类行业获得认证的企业仅有 12 家，占整个认证数目的 2%，全部是发展中国家的企业进行认证。鞋类行业一直是"反血汗"工厂运动的重点领域，为什么认证数量如此之低？我们认为有可能是因为在制鞋行业中大型的生产厂商更倾向于以内部守则的形式来对外包体系中的工厂行为进行规范，比如耐克、锐步、阿迪达斯等。

　　(2)发展中国家和发达国家不同的行业分布特点。意大利申请认证的企业分布很广，涉及 35 个行业，各类服务业企业有 69 家，占全部认证数目的 41%。这鲜明地体现了发达国家和发展中国家在申请认证时的不同企业特点。我们对比了发达国家和发展中国家认证数量最多的前 5 个产业发现，发达国家以第三产业为主，而发展中国家还是以传统的劳动密集型的第二产业和第一产业为主。这一方面反映了发达国家和发展中国家不同的产业结构特点；另一方面也显现出生产守则影响力的加深，生产守则运动正在向深入发展。

　　(3)SA8000 认证在中国的行业和地区分布。截至 2004 年 12 月 31 日，中国共有 79 家企业获得认证，排在第 2 位。认证企业分布在 18 个行业和 14 个地区，大都是劳动密集型行业(见表 1)。在地区分布中，以广东省为最多，占中国认证数量的 29%(如果算上珠海和深圳，共占 35%)。东南沿海地区(港澳地区除外)的认证数量占整个认证数量的 64%，内陆地区仅有 2 家企业获得认证(见表 2)。这说明生产守则运动在中国不同地区间的认知存在很大差异。我们认为，不同地区认证数目的差异主要是因为不同地区经济开放程度的不同，尤其是出口数量的差异和跨国公司的压力不同而引发的。在图 3 中，我们可以发现在不同地区的认证数量和该地区的出口，尤其是该地区外商投资企业的出口之间存在密切的关系。

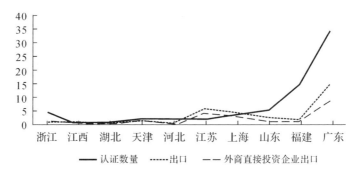

图 3　中国各地区认证数量与该地区出口和外商直接企业出口关系

注：出口值和外商直接投资企业的出口数据均来自《中国统计年鉴》
（2004），单位为百亿美元，选取的是 2003 年的数据。

表 1　中国认证企业行业分布　　　　　　　　　　　　　　　　单位：家

服装	玩具	鞋类	珠宝钟表	家用器皿	附件	化妆品	电子	包装	纺织品	家具	医药	婴儿用品	工业器材	照明设备	五金	塑料	房地产	共计
16	14	9	6	6	4	4	4	3	3	2	2	1	1	1	1	1	1	79

表 2　中国认证企业地区分布　　　　　　　　　　　　　　　　单位：家

广东	福建	深圳	香港	山东	上海	天津	河北	江苏	珠海	江西	湖北	澳门	浙江	不详
23	15	11	7	5	4	2	2	2	1	1	1	1	1	3

注：所谓不详指的是由于社会责任国际网上提供的数据不详，无法获知其所在地区。

3. 认证数量与直接投资和出口之间的关系

在对数据进行了初步分析后，我们试图通过建立计量模型来观察认证数量
和出口、国民收入水平以及直接投资之间的关系。为了估计出口、直接投资和
国民收入对一个国家认证数量的影响，我们使用如下模型：

$$\log(cer) = \beta_0 + \beta_1 \log(gni) + \beta_2 \log(fdi) + \beta_3 \log(trade)$$
$$+ \beta_4 \log(higtec) + \beta_5 \log(facb) + \mu$$

其中各变量的含义如下：cer：认证的数量；gni：人均国民收入，以美元为单
位；$trade$：出口值与进口值之和在 GDP 中所占的比例；fdi：直接投资流入额，以
百万美元为单位；$higtec$：高技术产品的出口在制成品的出口中所占的比例；

$facb$①：自由结社权和集体谈判权的享有情况，我们以它来代表一个国家劳工标准的高低，以决定认证数目的多少是否受劳工标准高低的影响。上述变量的数据除第一项(cer)和最后一项($facb$)外，来自世界银行的网上数据库，我们选取的是 1999—2003 年数据的平均值。$facb$ 数据来自 Kucera(2002)。

我们使用 OLS 进行了回归，在表 3 中我们报告了在不同的情况下的回归结果，在回归 1 中我们发现，在一个国家的人均国民收入与该国 SA8000 认证数量之间存在负相关关系，直接投资的流入量与认证数量存在正相关关系。即在同样的直接投资流入水平上，收入水平较低的国家有较高的认证数量，而在同样的收入水平上，直接投资流入较高的国家有较高的认证数量。这和我们的直觉是基本相符的。正如前面介绍的，SA8000 等生产守则主要针对的是发展中国家工厂中的劳工行为，并且推行压力也主要来自跨国公司，而直接投资的流入量在很大程度上反映了跨国公司的影响力。在回归 2 中，我们集中考察了发展中国家，我们发现结果没有改变，但回归的拟合程度大大提高。随后我们引入了高技术产品的出口比作为考虑因素，我们发现它与认证数量呈现出负相关关系，但是未通过显著性检验，无论是在全部样本中还是在发展中国家中，由于篇幅我们仅报告了发展中国家的结果。在回归 4 中，我们引入了对外贸易依存度指标，以衡量进出口在国民经济中所占的比重与认证数量是否存在相关性，结果表明二者负相关，但不显著。在回归 5 中，我们同时引入了这四个因素，依然只有人均国民收入和 fdi 的流入是统计上显著的。在回归 6 中，我们引入 $facb$ 作为劳工标准的衡量指数，发现在 $facb$ 和认证数量间存在负相关关系，由于较高的 $facb$ 代表的劳工标准较低，也就是说，在控制住了其他影响认证数量的因素之后，在认证数量和劳工标准之间存在某种正相关关系，这在 10% 的水平上是显著的。但当我们在回归 7 中仅仅考虑发展中国家时，该结果发生了改变，仅有人均国民收入和 fdi 的流入通过了显著性检验。

通过上述回归结果，我们发现人均国民收入、直接投资的流入量和劳工标准的高低都与认证数量存在相关性，但对于发展中国家而言，相关因素主要是人均国民收入与直接投资的流入量。这说明，目前在发展中国家进行 SA8000 认证主要还是来自外部压力，多数是被动行为。这是因为 SA8000 的认证主要还是发展中国家的厂商基于成本收益考虑的行为，对出口的作用并不明显。理论上来说，通过认证的商品会获得市场优势，并且可以索取更高的价格，因为符

---

① 该指数由国际劳工组织的高级官员 David Kucera(2002)创建，它评估了各国工人自由结社权和集体谈判权的享有情况(其值从 0~10，指数越大，一国的劳工权利状况越差)。

合劳工标准的商品相当于是一件质量更高的商品。在没有认证制度之前,由于消费者和生产者之间的信息不对称,消费者无法将他们识别出来,从而导致"柠檬问题"的出现,这使高质量的商品和低质量的商品不得不按同样的价格出售。现在有了认证制度,借助于可信的第三方监督和相关的标识可以有效地将信息传递给消费者,从而可以使符合劳工标准的产品(高质量的商品)索取一个更高的价格。但同时提高劳工标准也会提高生产成本,如 SA8000 中有关最低工资的要求,限制加班等规定都与生产成本直接相关。另外,进行认证也会耗费厂商的人力、物力。因此,如果厂商认证的收益不足以弥补其成本的上升,则厂商不会有动机去进行这种行为。更微观层面的数据也许会为此提供答案,如企业的申请认证与出口业绩、企业规模、企业工作条件的关系等,将更具指导意义,但受制于数据的可获得性,这项工作在短期内难于进行,有待于未来的进一步研究。伴随 SAI 认证数目的增多,其样本容量将日益丰富,也许会给我们揭示更有意义的现象。

表 3　回归结果报告

因变量: $\log(cer)$							
自变量	(1)	(2)	(3)	(4)	(5)	(6)	(7)
$\log(gni)$	-0.612^{***}	-1.053^{***}	-0.955^{***}	-0.583^{***}	-0.502^{***}	-0.774^{***}	-0.978^{***}
	(-3.51)	(-4.12)	(-3.43)	(-3.29)	(-2.65)	(-3.19)	(-2.84)
$\log(fdi)$	0.469^{***}	0.624^{***}	0.686^{***}	0.453^{***}	0.458^{***}	0.463^{***}	0.679^{***}
	(4.02)	(5.09)	(4.61)	(3.83)	(3.23)	(3.36)	(3.50)
$\log(trade)$				-0.329	-0.375	-0.638	-0.088
				(-0.90)	(-0.94)	(1.56)	(-0.12)
$\log(higtec)$			-0.155		-0.080	0.035	-0.130
			(-1.01)		(-0.48)	(0.20)	(0.59)
$\log(facb)$						-0.797^{*}	-0.360
						(1.95)	(0.42)
$-cons$	2.631^{**}	4.658^{***}	3.711^{**}	3.883^{**}	3.482^{*}	7.775^{***}	4.884
	(2.48)	(2.92)	(2.06)	(2.21)	(1.77)	(2.69)	(1.21)
n	42	26	26	42	42	40	24
调整的 R^2	0.27	0.51	0.48	0.27	0.23	0.29	0.42

注:括号内为 t 值, * 为10%的显著水平, ** 为5%的显著水平, *** 为1%的显著水平。

四、结　语

1. 各方应该从劳工标准推行模式的高度去认识和把握 SA8000 等生产守则

生产守则等自愿劳工标准虽属企业行为，其目前影响也尚且有限，但事实上其已被视为是传统劳工标准推行模式的补充，它的出现为劳工标准问题的解决提供了新的思路。来源于发达国家消费者和非政府组织的压力，为自愿劳工标准的推行提供了市场动力，世界贸易组织的相关规定为其提供了发展空间，这种自愿劳工标准未来的发展和走势应该得到高度的关注。中国政府和企业要增强自己的国际竞争力，就必须积极关注劳工标准问题的发展和变化，在维护自己权力的同时，顺应形势，加强对劳动法的监督和执行，使传统的比较优势向竞争优势转化，实现对外贸易的可持续发展。

2. 政府应该积极参与自愿劳工标准的制定，要求跨国公司让渡部分利益

长期以来，发展中国家的政府一直将对劳工标准问题的关注焦点投向多边贸易体系，而对在非政府层面的自愿劳工标准并没有引起足够的重视。事实上，经过 10 余年的发展，自愿劳工标准已经渐成气候，虽然目前由于跨国公司守则数量众多，单个守则的影响有限，但世界银行的调查表明，守则之间已经出现了融合的趋势，更具影响力的统一的标准有可能在几年内出现。目前，ISO 已开始准备制定正式的社会责任国际标准，制定工作预计 2007 年完成。倘若该标准得以通过，自愿标准的影响力将进一步扩大。中国政府要积极参加国际劳工组织、ISO 等关于贸易和劳工标准的讨论，参与社会责任认证标准的制定与完善，可以建议在相关守则中加强对发展中国家供应商的保护，比如要求跨国公司分担提高劳动条件的成本、提供订单优惠、建立较稳定的商务关系等，使自愿劳工标准的推行能为发展中国家劳工条件的改善发挥一定的作用，而不是沦为跨国公司作秀的工具和贸易保护主义者的傀儡。

3. 企业应该由被动到主动，严格遵守《劳动法》和相关规定

受当事各方的利益驱动，目前的生产守则在中国具有更多的商业性质和商业目的。很多企业只是为了被动应付检查，编造虚假资料的情况很多，西方媒体对此也有曝光。如何完善生产守则的监督执行是一直在探讨的问题，改进的方法也在不断地出台，被动应付只能是一种短期行为，不利于企业的长期发展。自愿劳工标准目前在中国的推行具有较强的地域色彩和行业特性，主要集中在珠三角地区的出口加工型企业，但观察自愿劳工标准的发展趋势，其已从传统

的第一产业和第二产业向第三产业延伸,所以,其他企业也要未雨绸缪,检视自身,改进不足。对照 SA8000 等工厂守则我们发现,工厂守则和我国的《劳动法》基本一致,甚至有些方面我国的法律还要严格,所以守法企业的实施成本并不高。事实上,企业社会责任和经济效益是可以统一的。比如,遵守相关守则可以克服贸易壁垒,有利于建立更稳固的雇佣关系,增加企业的向心力,提高员工的工作效率,也有利于改善企业和政府及社区的关系。

参考文献

[1]巴格瓦蒂.今日自由贸易[M].北京:中国人民大学出版社,2004.

[2]谭深,刘开明.跨国公司的社会责任与中国社会[M].北京:社会科学文献出版社,2003.

[3]Block R N. ,Roberts K,Ozeki C,et al. Models of international labor standards[J]. Industrial Relations,2001,40(2):258-292.

[4]Kucera D. Core Labor standards and foreign direct investment[J]. International Labour Review,2002,141:31.

[5]Tsogas G. Labor standards in international trade agreement:An assessment of the arguments[J]. International Journal of Human Resource Management,1999,10(2):351-375.

[6]Freeman R B. White hats or Don Quixotes[J]. NBER Working Paper, 2001.

[7]Welford R. Corporate social responsibility in Europe and Asia[J]. Journal of Corporate Citizenship,2004,(13):31-47.

中国典型旅游上市公司业绩与区域经济的关系[①]

摘　要　从市场构成的角度来研究中国典型旅游上市公司的不同层次市场域中经济发展水平、人口数量对其业绩的影响,我们发现典型旅游上市公司属地省份的经济发展水平会对其业绩有显著的影响,相邻省份经济发展水平的影响程度要小于景点属地省份,而次相邻省份经济发展水平对典型旅游上市公司业绩没有显著的影响。这个结论与旅游系统距离衰减规律是相一致的。当保持经济发展水平等其他控制变量不变的情况下,在不同层次市场域中,单纯的人口增加并不会对典型旅游上市公司的业绩有显著影响。

关键词　旅游;市场域;国内生产总值;主营业务收入;中国

一、引　言

近年来,随着我国经济快速增长,人们生活水平不断提高,旅游消费也随之不断增加,带来了旅游业前所未有的繁荣。随着人均 GDP 从 1993 年的 2287 元增加到 2003 年的 9101 元,国内总的旅游收入也从 1993 年的 864 亿元增加到 3442.27 亿元[1]。旅游景点是一种特殊的产品,表现为地理上的不可移动性。这样地理上的不可移动性会导致旅游企业业绩与其所在区域经济之间存在相关性吗? 若存在相关性,那么会随着区域的扩大而减弱吗? 本文拟通过对中国典型旅游上市公司的研究对以上问题加以回答。

对于空间经济相互影响的模型研究起始于 Reilly(1929),通过对贸易区、市

①　本文作者金雪军、张学勇,最初发表在《地理学报》2005 年第 6 期。

场域和服务区的考察,发现城市越大,它从周围城镇吸引到的零售顾客预期数量就越多;就距离而言,一个城市从附近城镇吸引到的顾客预期数量比从较远城镇吸引的顾客数量要多。因此 Reilly 提出:一个城市从其周围某个城镇吸引到的零售顾客数量与该城市的人口规模成正比,与两地之间的距离平方成反比。这个结论与物理学中的牛顿引力公式很相似,故称之为经济地理学中的牛顿模型。Reilly 随后根据这一模型提出了市场边界识别法,这些都为经济地理的进一步研究做了开创性的贡献[2]。该模型的形式随后被 Haynes, Fotheringham(1984)做了调整,并应用于航线的规划、零售市场边界的确定和商业发展最佳规模的确定上[3]。他们的研究均认为空间的相互作用会随着距离增加而减弱,这就是距离衰减规律的基本含义。

市场域研究强调利用经济地理的方法分析一个设施、一个企业或一个城市等作为供给中心的主要市场范围。理论上说由于空间之间是相互作用的,故市场的空间应该是无限大的,但根据距离衰减规律的研究,相距越远相互作用越小。故需要事先确定一个相互作用的阈值,当相互作用强度大于这一阈值的时候,我们称这个地方属于那个企业或城市的市场域。问题的重要性落在了阈值的确定上面。Huff(1963)利用产品的市场占有率来作为阈值的代理变量。如果 i 企业的产品在 j 区域高于某一比例,那么 j 区域就是 i 企业的市场域。另一种度量方法由 Isard(1960)提出,针对市场区域 j 计算各种供应企业对它相互作用的强度,如果发现企业 i 对 j 区域相互作用的强度最大,那么 j 区域即为 i 企业的市场域[4]。

旅游是个系统的概念,且旅游业的典型特征是旅游景点的不可移动性,旅游景点的自然属性或历史属性也决定了其产品之间存在较大的异质性。Leiper N(1979)就提出旅游是由旅游者、客源地、交通线路、目的地和旅游业所构成的系统[5]。这个系统已内涵了多层次的空间结构,不同层次的空间通常具有不同的特征,且相互作用。可以说旅游系统的空间特征决定了其呈现距离衰减规律,也使得对旅游景点市场域的分析尤为必要。

典型的旅游系统距离衰减规律指旅游客人数随旅行距离增大而减小的现象,其距离衰减特征是确定和推测旅游地吸引力辐射范围和外推趋势的重要手段[6-9]。对理想的距离衰减规律分析模式是在假定客源地在空间上均匀分布的基础上,以景点为坐标原点,以圆周表示不同的市场域,客源地与景点间的交通距离是影响该客源地到访率的唯一因素。显然这样的分析模式过于理想化,数据也很难取得。本文所强调的距离衰减规律与传统的研究有所区别,我们重在考察市场域的经济发展水平对景点业绩的影响,并关注是否存在距离衰减规律。

近些年来对中国旅游市场域的距离衰减规律研究逐渐增多,并且不局限于某种固定的形式。王瑛、王铮(2000)认为旅游的效用取决于到达旅游景点所消耗的时间与在景点旅游时间的比值,越大则效用越低[10]。王铮等(2001)对中国国家级风景名胜区做了基于铁路廊道的市场域分析,提出当市场份额高于阈值0.05时,称之为一级市场;高于0.008时,称之为二级市场;高于0.001时,称之为三级市场。利用这个标准分别对主要的国家级风景名胜区的市场域做了识别,其市场域分布明显具有距离衰减规律[11]。吴必虎等(1997)通过对中国城市居民旅游目的地选择的调研分析,发现城市居民80%的出游市场集中在距离城市500 km以内的范围[12]。张捷(1999)以九寨沟及比较风景区为例,计算出距离衰减指数函数的系数约为1.84[13]。保继刚等(2002)通过对桂林旅游1987年和1999年客源市场的调查,发现1987年60%份额的国内客源来自于半径560 km以内,而1999年其半径扩大至680 km,表明市场域有所扩大。作者进一步认为客源市场空间结构的演变主要受空间距离和经济发展水平两个因素影响,但对经济发展水平的具体影响没有作出检验[14]。

以上的研究表明中国旅游景点的市场域具有明显的距离衰减规律。根据市场学理论,单个市场容量的大小主要取决于该市场区域的人口数量和经济发展水平两个因素。现有的研究只是从客源的角度来探讨距离对旅游景点市场域的影响,而对区域经济发展水平、人口数量对旅游景点业绩的影响还缺乏研究。中国上市公司一般都是其行业的优质代表性企业,且信息披露较为规范,因此本文的研究对象将限定于中国典型旅游上市公司。

二、研究样本和数据

本文所采用的数据主要来自香港大学中国金融研究中心与深圳国泰安公司开发的 CSMAR(China Stock Market & Accounting Research Database)数据库。该数据系统包括 16 个子数据库,本文选用了与研究相关的《中国上市公司年报财务数据库》和《中国上市公司治理结构数据库》,时间跨度为 1996—2003 年。

根据《中国上市公司治理结构数据库》中对上市公司基本情况的介绍,我们发现至 2003 年底在中国上海、深圳证券交易所上市的旅游类上市公司共有 14 家。其中中国泛旅(600118)、青旅控股(600138)和国旅联合(600358)是全国性质的旅行社，本文要研究的是旅游景点市场域问题，所以旅行社不符合我们研究的要求。通过对上市公司财务年报的分析，我们发现华天酒店（000428）的主营业务是酒店业，京西旅游（000802）的主营业务收入主要来自建材和房地产行业，金马集团（000602）报告其主营业务已是通信产品，西藏圣地（600749）的主营业务收入主要来源是广告代理和酒店业务，以上四个旅游类上市公司的主营业务方向已有很大改变，不符合我们研究的要求。华侨城（000069）和大连圣亚（600593）的景点属性虽然是主题公园，但华侨城主要的娱乐场所欢乐谷和世界之窗均位于深圳，大连圣亚的主要娱乐场所海洋公园处于大连，都具有自然景点不可移动性的特点，故将其纳入我们分析的范围。

表1 中国典型旅游上市公司的市场域

证券简称	上市时间	景点属性	属地省份	相邻省份	次相邻省份	地域
华侨城A	19970910	主题公园	粤	桂、湘、赣、闽	云、黔、鄂、徽、浙、川	东部
ST张家界	19960829	自然景点	湘	粤、桂、黔、川、鄂、赣、闽	云、藏、青、甘、陕、豫、徽、浙	中部
西安旅游	19960926	历史景点	陕	晋、豫、鄂、川、甘、蒙、宁	黑、吉、辽、冀、鲁、徽、赣、湘、贵、云、藏、青、疆	西部
峨眉山A	19971021	自然景点	川	云、藏、青、甘、陕、鄂、湘、贵	疆、蒙、宁、晋、豫、徽、赣、粤、桂	西部
桂林旅游	20000518	自然景点	桂	云、贵、湘、粤	藏、川、鄂、赣、闽	西部
黄山旅游	19970506	自然景点	徽	鲁、苏、浙、赣、鄂、豫	冀、晋、陕、川、湘、粤、闽	中部
大连圣亚	20020711	主题公园	辽	苏、徽、豫、冀	浙、赣、鄂、陕、晋、蒙、辽	东部

通过以上分析，我们选择至2003年底在沪深两地上市的7家旅游类上市公司作为我们的分析对象，分别是深市的华侨城（000069）、ST张家界（000430）、西安旅游（000610）、峨眉山A（000888）、桂林旅游（000978）和沪市的黄山旅游（600054）、大连圣亚（600593）。表1是这7家上市公司的上市时间、地理位置和市场域等的基本情况。

在这7家典型旅游上市公司中有4个是自然景点，2个是主题公园和1个历史景点。虽然这三种景点在客源对象上有所差异，但都具有地理位置不可移动性的特征。根据以上理论介绍,空间结构会对其业绩有所影响,会存在企业市场域距离衰减等特征。因此我们将其归类来讨论区域经济发展水平对其业绩的影响是可行的。7家典型旅游上市公司均来自不同的省份,分布于中国内地的东、中、西部,分别在各自的省份和区域有很高的知名度和影响力,在全国的旅游市场上也是家喻户晓,因此这7家上市公司对中国旅游景点企业也具有一定的代表性。旅游类公司上市时间相对于其他产业来说较晚,最早的是1996年8月29日的湖南张家界,而最晚的是2002年7月11日的大连圣亚。这与我国人民旅游消费需求的增长阶段是相联系的,可以预见随着经济发展水平的提高和旅游消费的不断增加,将会有更多的旅游类公司寻求上市。

本文分别收集了7家典型旅游上市公司自上市起至2003年公司的主要财务数据,包括主营业务收入、固定资产和无形资产。另外通过中经网上中国统计年鉴我们收集了景点属地省份、景点属地省份的相邻省份以及次相邻省份的相对应年份人口数、国内生产总值数据。我们以1996年为基年,利用统计年鉴中的消费物价指数将主营业务收入等与物价相关的变量换算成以1996年为基准的数值。

我们选取公司主营业务收入来衡量其业绩作为因变量,区域经济的发展水平用人均国内生产总值来衡量。因为市场的大小不仅取决于其经济发展状况,还取决于人口的多少,我们也将区域内人口总量纳入自变量范围。

以省份作为市场域距离度量的代理变量是经济地理研究中常用的方法,如保继刚(2002)对桂林国内客源市场空间结构演变的研究,杨新军(2004)对西安旅游吸引半径和空间吸引力指标的量化计算[15]中的研究方法。本文重点研究市场域的经济发展水平对旅游景点业绩的影响,而我国区域经济发展水平具有明显的省份特点,纵使是相邻省份也常常表现出巨大的差异,如浙江省和安徽省。另外省份的行政属性、文化认同都会影响到该区域的旅游消费行为。故我们以省份作为研究的基本单元是可行的。考虑距离因素我们将市场域划分为属地省份、相邻省份和次相邻省份三个分析层次,相邻省份的人均国内生产总值的计算是相邻省份国内生产总值之和除以总的人口数,相邻省份的人口总数是相邻各省份人口数的加总。次相邻省份的计算如同相邻省份。

我们还考虑了另外三个控制变量:根据我们收集到的面板数据,考虑到时间跨度对回归结果的影响,我们在回归中引入年份变量;按照我国东、中、西三大经济区域的划分,我们将景点所在的经济区域作为控制变量分析其对公司业绩的影响;考虑企业的资产规模,我们认为除了固定资产,景点的无形资产也是影响其业绩的重要因素,所以我们考虑的资产规模是固定资产与无形资产总和,且用其对数形式作为控制变量。

我们用 PERF(PERFORMANCE)表示典型旅游上市公司的业绩,通过主营业务收入来度量;$AVGDP_a$、$AVGDP_b$、$AVGDP_c$ 分别表示典型旅游上市公司属地省份、相邻省份和次相邻省份的人均国内生产总值;$PEOPLE_a$、$PEOPLE_b$、$PEOPLE_c$ 分别表示典型旅游上市公司属地省份、相邻省份和次相邻省份的人口数;SIZE 表示公司的资产规模,以固定资产与无形资产之和的对数度量。YEAR 表示年份虚拟变量,以 2003 年为基准年份;DISTRICT 表示东、中、西三个地域虚拟变量,以中部为基准地域。

表 2 是对中国典型旅游上市公司相关变量的描述性分析。出于对回归变量之间可能会出现多重共线性的担心,我们在表 3 汇报了变量之间的相关系数,发现自变量之间并没有严重的共线性问题。且我们在简单回归后得到的 VIF 值也仅有 5.8,进一步消除了我们对多重共线性的担心。

表 2　1996—2003 年中国典型旅游上市公司相关变量描述

	1996	1997	1998	1999	2000	2001	2002	2003
	均值	均值	均值	均值	均值	均值	均值	均值
	(标准差)	(标准差)	(标准差)	(标准差)	(标准差)	(标准差)	(标准差)	(标准差)
PERF (万元)	9140.688	13035.12	12958.44	16029.4	13071.31	17853.49	23931.07	18162.3
	(96.27)	(7220.69)	6876.54	(11322.38)	(6366.44)	(11952.16)	(20386.85)	(15748.5)
AVGDPa (元)	3717.821	5267.483	5608.313	5962.529	5954.548	6537.67	7795.02	8757.393
	(566.18)	(2720.67)	2961.99	(3159.484)	(2543.26)	(3418.79)	(3803.17)	(4441.52)
AVGDPb (元)	4774.314	5340.897	5730.265	6105.563	6715.814	7257.256	8083.822	9085.495
	(1069.14)	(1295.85)	(1419.92)	(1551.22)	(1500.54)	(1714.93)	(1814.02)	(2175.09)
AVGDPc (元)	4699.208	5141.023	5502.809	5853.68	6332.735	6837.867	7767.065	8771.855
	(852.58)	(516.37)	(548.69)	(599.95)	(582.25)	(655.29)	(874.36)	(1050.2)
PEOPLEa (万元)	4985.5	6937	6995.6	7056.4	6763.5	6815.167	7169.143	7218.429
	(2040)	(2863.34)	(2883.19)	(2902.01)	(2865.7)	(2811.31)	(2711.17)	(2721.24)
PEOPLEb (万元)	35648	31666.2	31915.4	32156.2	30783	30968.83	31579.14	31793
	(1155.41)	(8978.73)	(9040.33)	(9106.17)	(9328.54)	(9322.9)	(8609.97)	(8658.7)
PEOPLEc (万元)	44067	41427.6	41776.4	42120.6	39747.83	40094.17	38629.43	38883.71
	(14760.15)	(8408.59)	(8466.52)	(8518.86)	(10500.87)	(10491.76)	10648.46	(10741.93)
SIZE (元)	17.624	18.548	19.106	19.086	19.301	19.456	19.558	19.735
	(1.56)	(1.15)	(0.91)	(1.21)	(0.53)	(0.77)	(0.75)	(0.73)

表 3　中国典型旅游上市公司主要变量之间的相关系数

	PERF	AVGDPa	AVGDPb	AVGDPc	PEOPLEa	PEOPLEb	PEOPLEc	SIZE
PERF	1							
AVGDPa	0.4171	1						
AVGDPb	0.3736	0.1875	1					
AVGDPc	0.1514	0.3027	0.5306	1				
PEOPLEa	0.0406	0.2442	−0.1322	0.03803	1			
PEOPLEb	−0.1728	−0.5422	0.3778	0.066	−0.3267	1		
PEOPLEc	−0.0136	−0.3287	−0.273	0.1131	−0.3577	0.4412	1	
SIZE	0.8516	0.5327	0.2775	0.2708	0.2091	−0.285	0.0581	1

三、模型和回归结果

为了使得我们的研究结果更具有可信度,我们分别采用普通最小二乘法和固定效应法来计量区域经济对典型旅游上市业绩的影响。

(一)普通最小二乘法

通过以上分析,我们设定普通最小二乘法回归模型如下:

$$PERF = \beta_0 + \beta_1 AVGDP_{ai} + \beta_2 AVGDP_{bi} + \beta_3 AVGDP_{ci} + \beta_4 PEOPLEE_{ai}$$
$$+ \beta_5 PEOPLEE_{bi} + \beta_6 PEOPLEE_{ci} + \eta SIZE_i + \gamma YEAR_i$$
$$+ \varphi DISTRICT_i + u_i \tag{1}$$

式中:下标 i 表示不同的旅游上市公司,β_0 表示常数项,u_i 表示随机误差项。

表 4 的第 2、3 两列是普通最小二乘法回归的结果,我们发现典型旅游上市公司属地省份人均国内生产总值对其业绩有显著影响,其系数表示人均国内生产总值每增加 1 元会带来上市公司主营业务收入增加 3.846 万元,且在 8.8% 的水平上显著;景点相邻省份人均国内生产总值每增加 1 元会带来上市公司主营业务收入增加 3.745 万元,要略小于景点属地省份的影响,尤其是显著水平降低到 10.3%;而次相邻省份人均国内生产总值对上市公司业绩的影响已非常不显著。

表4 区域经济对典型旅游上市公司业绩影响的回归结果

解释变量	普通最小二乘法		固定效应法		备注
	系数	t 值	系数	t 值	
属地省份人均国内生产总值	3.846	1.77*	6.986	3.91	国内生产总值/人口数
相邻省份人均国内生产总值	3.745	1.691①	5.283	1.78*	国内生产总值之和/人口数之和
次相邻省份人均国内生产总值	1.772	0.3	5.489	0.58	国内生产总值之和/人口数之和
属地省份的人口数	−0.232	−0.44	−0.269	−0.04	
相邻省份的人口总数	−1.07	−1.16	−9.843	−1.56	省份人口数之和
次相邻省份的人口总数	0.356	−1.16	4.842	0.76	省份人口数之和
1996年	37658.92	1.45	62419.14	1.27	以2003年为基准年
1997年	29840.56	1.27	53949.58	1.23	以2003年为基准年
1998年	23850.49	1.11	45728.49	1.21	以2003年为基准年
1999年	22971.26	1.2	43225.79	1.31	以2003年为基准年
2000年	14915.14	0.94	31336.42	1.24	以2003年为基准年
2001年	14059.45	1.16	25882.01	1.36	以2003年为基准年
2002年	15846.51	2.04*	23204.33	2.02*	以2003年为基准年
东部地区	40183.91	−1.59			以中部为基准区域
西部地区	−5654.998	−0.41			以中部为基准区域
ln(固定资产＋无形资产)	16154.2	2.95	4481.261	1.04	
常数项	−316668	−3.37	−101615.4	−0.24	
观测值	43		观测值	43	
R^2	0.8922		R^2	0.112	

① t 值等于1.69，其显著水平是10.3%
* 表示估计系数在1%水平上显著，** 表示在5%水平上显著，* 表示在10%水平上显著。

我们进一步分析发现，在保持人均国内生产总值不变的情况下，无论是景点所在地人口、相邻省份人口还是次相邻省份人口的增加并不会带来上市公司业绩的显著增加。表明人们的旅游需求是收入水平提高的情况下所引致的需求，仅仅是人口数量的增加而收入保持不变并不会带来人们旅游消费支出的明显增加。对其他控制变量的分析发现 2002 年相对于基准年 2003 年，典型旅游上市公司的主营业务收入有显著的增加，原因是 2003 年我国遭受的"非典"疫情导致旅游业受到重创，旅游上市公司的主营业务收入相对于 2002 年有大幅度的下滑。另外，我们发现典型旅游上市公司的固定资产与无形资产对上市公司业绩也有明显的影响。我们没有发现景点位于东、中和西部三大经济区域的差异对其业绩有明显影响的证据。

(二)固定效应模型

对于面板数据(panel data)，我们常常会受到非观测效应的影响，通过固定效应模型或随机效应模型可以除去非观测效应对回归结果的影响。固定效应模型与随机效应模型的选择，可以通过以随机效应模型为原假设的 Hausman 检验值是否显著来判断。经计算，Hausman 检验值为 16.98，且在 5％的水平上显著。从而在本文中，我们拒绝随机效应模型，采纳固定效应模型。

我们设定区域经济对典型旅游上市公司业绩影响的固定效应法计量模型如下：

$$PERF_{it} = \beta_0 + \beta_1 AVGDP_{ait} + \beta_2 AVGDP_{bit} + \beta_3 AVGDP_{cit}$$
$$+ \beta_4 PEOPLE_{at} + \beta_5 PEOPLEE_{hit} + \beta_6 PEOPLEE_{cit}$$
$$+ \eta SIZE_{it} + \gamma YEAR + f_i + u_{it} \tag{2}$$

式中：t 表示年份，f_i 表示不随时间而变的非观测效应，其他符号含义与(1)式相同。与(1)式相比，(2)式的回归模型中没有考虑东、中、西三大经济区域的差异，因为这种差异是不随时间而变化的，在固定效应模型中失去意义。

表 4 的第 4、5 两列是固定效应模型的回归结果，我们发现景点属地省份人均国内生产总值每增加 1 元会带来其主营业务收入增加 6.986 万元，且在 0.1％的水平上都显著。而相邻省份人均国内生产总值增加 1 元，会带来典型旅游上市公司主营业务收入增加 5.283 万元，比前者减少 1.703 万元，且其显著程度也下降为 8.9％。与普通最小二乘法回归的结果一样，次相邻省份人均国内生产总值对典型旅游上市公司的业绩没有显著影响。

同样，我们也发现当控制了人均国内生产总值等变量后，单纯的人口增加并不能显著地影响典型旅游上市公司的业绩,无论是景点属地省份的人口数,还是相邻、次相邻省份的人口增加。同样,相对于基准年 2003 年,2002 年典型旅游上市公司业绩有明显的提高,究其原因是"非典"疫情导致 2003 年主营业务收入相对于 2002 年有明显的下滑。我们并没有发现其他控制变量对典型旅游上市公司业绩有明显影响的证据。

四、结　论

在传统的经济地理研究中,更多的是只单纯从客源的角度来考虑距离对旅游景点企业市场域的影响,而对于决定市场容量的两个因素(经济发展水平和人口数量)缺乏详细的计量研究,本文的研究有利于弥补以上的不足。

通过本文的研究,我们发现,在普通最小二乘法下,景点属地省份的人均国内生产总值每增加 1 元,会带来旅游上市公司主营业务收入增加 3.846 万元,相邻省份的影响是 3.745 万元,且显著程度也从 8.8％ 下降到 10.3％,而次相邻省份的人均国内生产总值已没有显著影响。采用固定效应模型,我们得到景点属地省份人均国内生产总值的影响系数是 6.986,显著水平是 0.1％;相邻省份是 5.283,显著水平是 8.9％;次相邻省份的人均国内生产总值没有显著影响。因此可以得到结论,景点属地省份的经济发展水平会对其业绩有显著的影响,相邻省份经济发展水平的影响程度要小于景点属地省份,而次相邻省份经济发展水平对典型旅游上市公司业绩没有显著的影响。这个结论与旅游系统距离衰减规律是相一致的。

当控制了经济发展水平等变量后,我们没有发现单纯的人口数量增加会显著影响典型旅游上市公司业绩的证据,纵使是景点属地省份人口数量的增加。这说明了旅游是人民生活水平提高后的引致消费,会受到经济发展水平的影响。这与近些年来我国旅游业随着整个宏观经济发展水平提高而蓬勃发展的现象是一致的。

最后,我们还发现了"非典"疫情导致了 2003 年典型旅游上市公司的业绩相对 2002 年有明显下滑的证据。这一点表明了整个社会的健康、稳定是旅游事业发展的前提。

参考文献

[1]中经网[EB/OL]. http://210.32.137.243/index/index.asp.

[2]Reilly W J. Methods for the study of retail relationship[M]. Austin TX:University of Texas Bulletin,1929.

[3] Haynes K E, Fotheringham A S. Gravity and spatial interaction models. SAGE Publications[M]. London New Delhi:Beverly Hills,1984.

[4]王铮,邓悦,葛昭攀. 理论经济地理学[M]. 北京:科学出版社,2002:11,31.

[5] Leiper N. The frame work of tourism:Towards a definition of tourism,tourist and the tourist industry[J]. Annuals of Tourism Research,1979,6(1):390-407.

[6]Johnston R J,Gregory D,Smith D M. The dictionary of human geography[M]. Oxford:Second edition Basil Blackwell,1988:110-111.

[7] Wall G,Dudycha D,Hutchinson J. Pointpattern analysis of accommodation in Toronto[J]. Annals of Tourism Research,12(4):603-618.

[8]Smith S L J. Location patterns of urban restaurants[J]. Annals of Tourism Research,1985,12(4):581-602.

[9]Wilson A G. A statistical theory of spatial distribution models[J]. Transportation Research,1967,1(3):253-269.

[10]王瑛,王铮. 旅游业区位分析[J]. 地理学报,2000,55(3):346-353.

[11]王铮,周嵬,李山,等. 基于铁路廊道的中国国家级风景名胜区市场域分析[J]. 地理学报,2001(2):206-213.

[12]吴必虎,唐俊雅,黄安民,等. 中国城市居民旅游目的地选择行为研究[J]. 地理学报,1997(2):3-9.

[13]张捷,都金康,周寅康,等. 自然观光旅游地客源市场的空间结构研究[J]. 地理学报,1999,54(4):357-364.

[14]保继刚,郑海燕,戴光全. 桂林国内客源市场的空间结构演变[J]. 地理学报,2002(1):96-106.

[15]杨新军,马晓龙. 大西安旅游圈:国内旅游客源空间分析与构建[J]. 地理研究,2004(5):695-704.

外国直接投资、外国证券投资与经济增长：以美国为例[①]

摘　要　本文以美国 1972—2002 年的统计数据为例，在建立 VAR 模型的基础上通过脉冲响应曲线和方差分解表对流入美国的外国直接投资（FDI）、外国证券投资（FPI）和经济增长之间的关系进行了实证研究，结果表明流入美国的 FDI 和 FPI 均有助于美国经济的增长。但相对而言，美国经济增长更加依赖于外国证券投资，研究还发现流入美国的 FDI 与 FPI 之间关系紧密，两者之间存在积极的良性互动关系，且 FPI 对 FDI 的影响明显大于 FDI 对 FPI 的影响。

关键词　外国直接投资；外国证券投资；经济增长

按照 IMF 的定义，通常将利用外资分为三种类型：外国直接投资（FDI）、外国证券投资（FPI）和其他投资（other investment）。近 20 年来，随着经济全球化和金融自由化浪潮的迭起，发达国家和发展中国家有关资本市场的大部分限制性措施开始逐步取消，使得全球 FDI 和 FPI 面临的投资环境得以不断改善，全球资本流动逐年增加，利用外资促进一国经济发展已成为一种重要手段。IMF 的统计资料显示，1990 年全球 FDI 和 FPI 的流量分别为 201 亿美元和 251 亿美元，到了 2000 年则增至 15092 亿美元和 14944 亿美元，分别增加了 74.1 倍和 58.5 倍。2001 年由于受跨国并购周期性因素影响，全球 FDI 锐减至 7978 亿美元，而全球 FPI 则基本维持不变，为 13005 亿美元，2002 年全球 FDI 进一步下降至 6500 亿美元，同期 FPI 也有所下降，为 10382 亿美元。总体上，FDI 和 FPI 在全球外资流入中的主体地位越来越突出。

---

①　本文作者康承东、金雪军，最初发表在《国际贸易问题》2006 年第 1 期。

长期以来在有关外国投资的研究中，主要集中于 FDI，对 FDI 与经济增长之间的关系研究较多，对 FPI 与经济增长之间关系以及 FDI 与 FPI 之间关系的研究较少，而将这三种关系结合起来进行系统研究的更是少见。随着入世过渡期的结束，中国经济特别是金融开放程度将进一步提高，伴随着中国经济的不断发展以及 FDI 尤其是 FPI 流入的快速增长，对它们之间关系的科学把握显得尤为迫切和具有现实意义。有鉴于此，本文尝试以美国为例，对 FDI、FPI 和经济增长之间的关系做一初步探讨，希望对于我国进一步合理利用外资从而促进经济增长有所裨益。

一、文献回顾

(一)FDI、FPI 与经济增长之间的关系

通常说来，外国投资会为一国带来额外的金融资源，同时也有助于一国政策的改善、经济管理水平和透明度的提高以及金融基础设施的发展。从理论角度来讲，外来资本最直接的好处是使得一国投资和储蓄决策的分离成为可能（Blanchard 和 Fischer，1989；Obstfele 和 Rogoff，1994），这样一国就可以摆脱储蓄投资的约束，通过从国外借入资本来为国内投资融资；其次，可以通过更多的投资来直接和间接地促进经济增长，从而达到更高的效用水平（Chenerty 和 Strout，1996）。因此，资本相对贫乏的国家在不减少消费的情况下可以通过更多的外来投资来促进经济的增长。

在传统的观念里，FDI 被认为是最受欢迎的外来资本流动方式，通常认为通过先进技术和管理知识的传播，FDI 会给东道国经济带来正的外部性（externalities），比如高额的研发支出、规模经济、更好的公司治理、增强竞争、基于知识的资产转移以及促进国内储蓄等（Meier，1995；Borensztein 等，1998）。World Bank（1998，1999）认为 FDI 可以通过技术转移、挤入国内投资等方式来促进东道国经济的增长。与此同时，在研究 FDI 对东道国经济增长影响的过程中，一些学者也指出要发挥 FDI 对东道国经济增长的促进作用，东道国必须具备一定的内在条件，如 Abramovitz（1986）指出东道国获益于 FDI 的前提条件是必须具备最低限度的社会能力，这里的社会能力是与必备的人力资本水平、经济和政治的稳定性、市场化程度以及充分的基础设施相关联的。Blomstrm 等（1992）认为与低收入水平国家相比，中等收入水平国家更有可能有效地吸收

FDI，他们认为由于低收入水平国家的当地公司与跨国公司的技术水平距离太大，以致无法模仿吸收跨国公司的先进技术，因此，在 FDI 促进经济增长方面存在一个"临界值"（threshold），当一国最初的经济发展水平低于这一临界值时，FDI 的流入并不能促进一国经济的增长。从类似的吸收能力角度出发，Borensztein 等（1998）研究发现，只有东道国达到人力资本存量的最低极限水平，FDI 才能发挥出较高的生产效率。Evans（2002）认为为了最大化 FDI 对经济发展所带来的好处，关键的一点是一国国内经济的发展状态和程度如何，如果国内经济越能与外国企业的需求相匹配，则国内经济获得发展的可能性就越大，并且这也有利于技术和知识的转移。

相对 FDI 而言，人们很少把注意力投向 FPI，人们普遍认为 FDI 有利于东道国的经济发展，而 FPI 则被贴上"危害"标签，近年来在发展中国家的几次金融危机更加深了这种认识。但相当多的经济学家和机构仍然对 FPI 的流入持肯定态度。Narag（2000）认为一国对 FPI 的开放可以使该国与国外投资者一起分担风险并能够降低资本成本，而一国能够利用上述好处的唯一途径就是要明白在市场经济条件下，外国投资者的目的在于追求可行的最佳投资机会。Levine 和 Zervos（1998）发现资本市场自由化促进了证券市场的发展，如扩大了证券市场的规模，增强了证券市场的流动性等，而证券市场的发展程度特别是流动性状况又是宏观经济增长的主要决定因素之一。Henry（2000）发现了一国通过引入 FPI 实行证券市场自由化后，可以降低资本成本，从而提高市场的总体证券价格，导致私人投资的增长。UNCTAD（1999）认为 FPI 主要能够通过以下途径促进当地经济的发展：（1）为国内储蓄提供额外的资本来源，降低了资本成本，从而刺激了证券的供给，有力地促进了一国公司部门的发展扩张，并且有利于私营部门所有权结构的优化；（2）由于要求更高的透明度标准以及充分的市场交易规则，FPI 可以促进更好的公司治理；（3）有利于国内证券市场由个人投资者为主向机构投资者为主的方向转变，从而强化东道国国内金融体系，促进东道国国内资本市场的竞争；（4）鼓励了国内新的金融机构和服务发展（例如资产管理服务、投资银行服务等），有利于技术的转移和当地人才的培养。同样，Durham（2000a）认为 FPI 与经济增长之间也存在一个"临界值"，只有当一国最初的经济尤其是金融发展水平达到一定程度之后，FPI 流入方能促进一国经济的增长，而 FPI 对经济增长所带来的负面影响在金融市场相对不发达的国家表现更为严重。

(二)FDI 与 FPI 之间的关系

目前,对外国资本各个组成部分之间关系的研究还比较少,我们可以分析一下 FDI 和 FPI 之间的联系。一方面 FDI 可以促进国内公司的创立,而 FPI 却有助于这些公司融资从而发展壮大;另一方面,FPI 有利于国内资本市场的发展,而国内资本市场的发展又有助于吸引 FDI,同时 FPI 有利于强化当地金融机构,从而方便于跨国公司的运作经营,尤其是当 FDI 是以兼并的方式进行时,正如 UNCTAD(1998a,1998b,1999)以及 E-vans(2002)所述,FDI 和 FPI 的互补关系乃源于它们之间在融资方面的密切关系。Dunning 和 Dilyard(1999)认为 FDI 流入的增加将增强对一国某一部门或者一国整个经济的信心,从而导致更多 FPI 的流入。Iyer 等(2003)对流入澳大利亚的 FDI 和 FPI 之间的关系进行了实证研究,结果发现从长期看来,FDI 和 FPI 之间不存在协整关系,而在短期内,FDI 和 FPI 之间则存在双向格兰杰因果关系,当然,他们的结论仅仅源于对澳大利亚的研究,这些结论对其他国家是否具有普遍意义还有待进一步研究。Frankel 和 Rose(1996)则认为 FDI 是可以转换为其他形式的资金流的(如 FPI),因此,国际收支平衡表账户中 FDI 所表现出的盈余并不能保证更多的投资,通常跨国公司可以通过在子公司与母公司之间进行更有效的资本配置方式使得资本比较方便的以另外一种形式进入或撤离一国,这种方式比在跨国公司外部进行要容易得多,从而暗示了 FDI 和 FPI 之间存在着某种深层次上的"互替"关系。总体上,FDI 与 FPI 满足了不同的需要,被不同投资者的动机所驱使,对形势的变化其反应方式也各不相同,但二者并不是完全分离的,FDI 与 FPI 没有清晰的分界线,只有许多相互重叠的部分(Evans,2002)。

二、模型与数据

(一)计量模型

通常分析宏观经济变量之间的关系较多使用联立方程,其优点是对一个方程内由随机误差项与某些解释变量的相关所造成的回归系数参数估计的偏倚有充分的考虑,但在零约束的假定与对变量进行内生与外生的划分上过于严格。当模型不可识别时,常用的处理方法是在不同的方程中加入一些额外的不同变量,从而满足可识别的条件。事实上这些新加入的变量的解释能力不足或变量是非平衡的,则违反了假设条件。VAR 模型是 Sims 在 1980 年首先提出的,正如名称中所给出的含义一样,VAR 模型是用模型中所有当期的变量的若干滞后变量进行回归。VAR 模型用来估计联合内生变量的动态关系,而不带有任何事先约束条件。

假设 Y_t 是一个 $N \times 1$ 阶时间序列向量,$Y_t = (y_{1t}, y_{2t}, \cdots, y_{nt})$,则 k 阶 VAR 模型可写为:

$$Y_t = \sum_{i=1}^{k} \prod i Y_{t-i} + U_i \tag{1}$$

用 $VAR(k)$ 表示。其中 $\prod i$ 是 $N \times N$ 阶参数矩阵,U_t 是 $N \times 1$ 阶随机误差列向量,k 表示最大滞后期,i 表示滞后期,t 表示时期。对于一个三变量 $Y_t = (x_t, y_t, z_t)$ 的情形,$VAR(2)$ 模型可表示为:

$$x_t = \pi_{11} x_{t-1} + \pi_{12} x_{t-2} + \pi_{13} y_{t-1} + \pi_{14} y_{t-2} + \pi_{15} Z_{t-1} + \pi_{16} Z_{t-2} + \mu_{1t} \tag{2}$$

$$y_t = \pi_{21} x_{t-1} + \pi_{22} x_{t-2} + \pi_{23} y_{t-1} + \pi_{24} y_{t-2} + \pi_{25} Z_{t-1} + \pi_{26} Z_{t-2} + \mu_{2t} \tag{3}$$

$$z_t = \pi_{31} x_{t-1} + \pi_{32} x_{t-2} + \pi_{33} y_{t-1} + \pi_{34} y_{t-2} + \pi_{35} Z_{t-1} + \pi_{36} Z_{t-2} + \mu_{3t} \tag{4}$$

因为 VAR 模型右侧只含有滞后变量,而这些变量与误差项不存在相关关系,所以可以用 OLS 法对 VAR 模型内的方程逐一进行估计,参数估计量具有一致性。在实际应用中,通常希望滞后期 k 足够大,从而完整的反映所构造模型的动态特征。但另一方面,滞后期越长,模型中待估计的参数就越多,自由度就越少。因此,应在滞后期与自由度之间寻求一种均衡状态,一般根据 Akaike 信息准则(AIC)和 Schwarz 准则(SC)取值最小的原则确定模型的最佳阶数。

如前面文献回顾所述,FDI 与 FPI 之间以及 FDI、FPI 与经济增长之间关系非常密切,可以将三者视为经济系统的内生变量,而不是通常意义上的外生变量和内生变量的关系。因此,为了刻画美国 FDI 与 FPI 之间的动态影响以及 FDI、FPI 与经济增长之间的动态影响,本文拟在建立 VAR 模型的基础上通过脉冲响应曲线和方差分解表对它们之间的关系进行分析。

(二)数据来源

由于统计口径以及资料数据来源不同等方面的原因,加之 FPI 兴起的时间相对较短,即便是在美国这样的发达国家,FPI 也是到了 20 世纪 80 年代中后期才得以快速发展并引起人们重视的。目前,国际货币基金组织(IMF)、世界银行(WB)等国际金融机构对世界各主要国家和地区的年度外来直接投资和外来证券投资均作了相应统计,比较而言,国际货币基金组织每年出版的《国际金融统计年鉴》(*International Financial Statistics Yearbook*)所收录的数据较为全面、详实。在该统计年鉴中,FDI包括股权投资、投资收益再投资和其他投资,不包括诸如债务—股权互换之类的特种融资;FPI则包括股本证券投资和债务证券投资两大类,不包括已经包括在FDI中的投资、特种融资以及储备资产等。本文研究所需流入美国的FDI和FPI数据源自IMF的《国际金融统计年鉴2002/2004》(见图1所示);经济增长则用美国历年实际GDP数据表示,其数据源自联合国贸发会议(UNCTAD)数据库。由于是年度数据,加之从1972年开始IMF才有美国FDI和FPI的正式统计数据,为使计量时样本区间尽可能最大化,所以将样本区间设定为1972—2002年这31年间,以上数据均以亿美元标价,而各种检验均采用计量分析软件Eviews3.1给出。

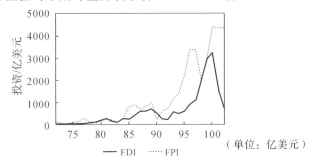

图1 1972—2002年美国所吸引的外国直接投资(FDI)与外国证券投资(FPI)

三、实证检验与结果

本文VAR模型的建立分两个步骤来完成:第一,利用单位根检验(Unit Root Test)来确定美国的FDI、FPI和GDP的时间序列数据是否平稳;第二,通过AIC和SC信息量取值最小的原则来确定VAR模型的合理滞后阶数 k。

首先为了避免对非平稳时间序列进行回归时造成虚假回归等问题的出现,需要在回归分析之前对美国的FDI、FPI和GDP的时间序列数据进行平稳性检验。单位根检验结果显示(见表1,△表示一阶差分),美国的FDI、FPI和GDP的原始序列在10%的显著性水平下都是非平稳的,而对它们进行一阶差分后发现,FDI和FPI的一阶差分序列在1%的显著性水平下是平稳序列,而GDP的一阶差分序列在5%的显著性水平下也是平稳序列。

其次,对于美国FDI、FPI和GDP这三个具有同样单位根性质的时间序列数据,满足VAR模型估算的要求,可以进行建模。经过多次试验,发现AIC当滞后期取 3 时最小(为 44.82907),而 SC 则在滞后 2 期时最小(为 46.03841),从而难以确定模型的最佳滞后阶数。为此,本文采用内曼-皮尔逊(Neyman-Pearson)于 1928 年提出的似然比(LR)统计量来确定 k 值,LR 统计量的定义为:

$$LR = -2 \times (\log L_k - \log L_{k+1}) - x^2 \tag{5}$$

其中 $\log L_k$ 和 $\log L_{k+1}$ 分别表示滞后阶数为 k 和 $k+1$ 时模型整体的对数似然函数值。在零假设下,LR 统计量渐进服从 x^2 分布,自由度为从 VAR(k) 到 VAR$(k+1)$ 对模型施加的零约束个数,其判别标准是,如果 LR 统计量的值小于临界值,则认为新增加的滞后变量对 VAR 模型是毫无意义的。按照上述方法,可得:

$$LR = -2 \times [\log(2) - \log(3)]$$
$$= -2 \times (-632.2004) - (-597.6070) = 69.1868 \tag{6}$$

利用 Eviews3.1 软件可以很容易计算出上述零假设的相伴概率值为 $2.19769 e^{-11}$,表明应拒绝零假设,所以 $k=3$ 应为最佳最大滞后期,模型的估计结果如表 2 所示。

表 1　Augument Dickey-Fuller 检验结果

变量	检验类型 $(c, t, \bigstar)$	ADF 检验值	DW 统计量	显著性水平10% ADF 临界值	平稳性决策
FDI	$(c, t, 1)$	-0.884039	1.846646	-3.2239	不平稳
ΔFDI	$(c, t, 1)$	-5.642072^{****}	1.974202	-3.2239	平稳
FPI	$(c, t, 1)$	-1.959697	1.864303	-3.2239	不平稳
ΔFPI	$(c, t, 1)$	-7.264552^{****}	1.977103	-3.2239	平稳
GDP	$(c, t, 1)$	-1.121475	1.944244	-3.2239	不平稳
ΔGDP	$(c, t, 1)$	3.958197^{***}	2.026752	-3.2239	平稳

注:检验类型分别表示在 ADF 检验中是否含有常数项、时间趋势项以及滞后阶数;*、**、***、**** 分别表示在显著性水平为 15%、10%、5%、1% 条件下显著。

自变量	因变量		
	FDI	FPI	GDP
FDI(-1)	0.870070(4.60893)	$-0.083085(-0.14531)$	$-0.391295(-0.53415)$
FDI(-2)	$-0.724849(-2.16368)$	0.240135(0.23666)	0.791945(1.30000)
FDI(-3)	$-0.127731(-0.38280)$	$-0.130943(-0.12956)$	$-0.092614(-0.07153)$

自变量	因变量		
	FDI	FPI	GDP
FPI(−1)	−0.046581(−0.56808)	0.852842(3.43393)	0.445209(1.39918)
FPI(−2)	0.125925(1.19861)	−0.600148(−1.88603)	−0.488376(−1.19793)
FPI(−3)	0.526416(4.49886)	0.596018(1.68174)	1.146935(2.52595)
GDP(−1)	0.013613(0.22890)	0.010520(0.05841)	1.048678(4.54420)
GDP(−2)	−0.038789(−0.47232)	−0.057881(−0.23270)	−0.216738(−0.68011)
GDP(−3)	0.027220(0.47873)	0.063976(0.37149)	0.198191(0.89826)
R^2	0.972877	0.919472	0.999633
调整 R^2	0.959315	0.879208	0.999450
F 值	71.73699	22.83605	5452.474
似然值	−176.3628	−207.3917	−214.3298

注:括号中数字是 t 统计量的值。

从上述 VAR 模型的回归系数结果中,我们可以直观地看到就总体效应而言,FPI 对 FDI 具有明显的促进作用,反之 FDI 也有利于对 FPI 的吸引,与此同时,美国 FDI 和 FPI 均有助于经济的增长。为了进一步分析美国 FDI 与 FPI 之间以及 FDI、FPI 和经济增长之间的动态关系,根据表 2 我们可以得出如下相应的脉冲响应曲线。

从图中的脉冲响应曲线可以看到,一方面,就 FDI 与 FPI 的相互影响而言,美国 FPI 的流入对 FDI 具有明显的促进作用(见图 2),而美国 FDI 的流入也有助于对 FPI 的吸引(见图 3),两者之间存在积极的良性互动关系,但就相互影响的大小而言,FPI 对 FDI 的影响明显大于 FDI 对 FPI 的影响;另一方面,就 FDI、FPI 与经济增长的关系而言,美国 FPI 的流入大大地促进了美国经济的增长(见图 4),而 FDI 对美国经济增长的影响却表现出一定的波动性(见图 5)。运用方差分解法,通过求解扰动项对向量自回归模型预测均方差的贡献度,我们可以得出 FDI、FPI 对美国经济增长的冲击作用(见表 3),从表中可以发现,除了 GDP 自身扰动项的方差分解外,来自 FPI 信息(innovation)的影响占 GDP 的 40% 左右,而来自 FDI 信息的影响非常小,说明相对于 FDI 而言,美国的经济增长对 FPI 的依赖性更大。

究其原因,首先这可能与美国的经济金融发展水平具有密切关系,资本市

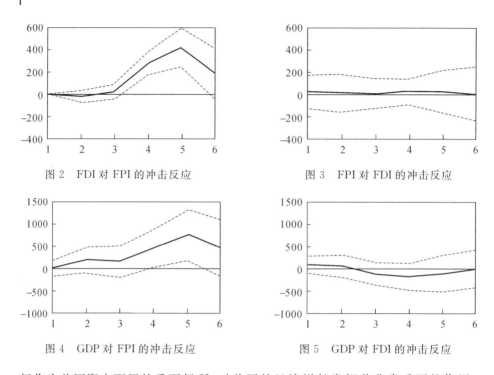

图 2　FDI 对 FPI 的冲击反应　　　　　　图 3　FPI 对 FDI 的冲击反应

图 4　GDP 对 FPI 的冲击反应　　　　　　图 5　GDP 对 FDI 的冲击反应

场作为美国资本配置的重要场所，对美国的经济增长发挥着非常重要的作用。美国证券市场发展历史悠久、结构层次较多、公司治理结构比较完善、市场监管体系较为成熟，加之美国很早就实现了经常项目和资本项目的自由化，美元可以自由兑换，投资利润可以自由汇出，使得美国较早的具备了通过利用 FDI 和 FPI 来促进经济增长的内在条件。其次，伴随着经济全球化和金融自由化浪潮的兴起以及技术进步，世界私人资本在跨境流动方式方面发生了非常大的变化。在融资渠道上，私人资本逐渐通过证券方式进行，即资本市场融资证券化。而美国在吸引外资中逐渐以 FPI 为主、FDI 次之的方式正好顺应了这种潮流，使得 FPI 在美国经济增长过程中发挥着十分重要的作用，而 FDI 对美国经济增长的波动性可能与近年来流入美国的 FDI 起伏较大有关（见图 1）。最后，由于美国所吸引的 FDI 多源自发达国家的跨国公司，而伴随着各种新的金融衍生工具的出现，以及跨国公司各种海外经营模式的创新，使得 FDI 与 FPI 的区分变得越来越困难，FDI 可以更加方便地转换为其他形式的资本（如 FPI），并且对于开展跨国经营的企业来说，有效率地管理其现金流和其他金融资产也离不开证券投资，FPI 通常是 FDI 的伴生物。加之美国利用 FDI 的主要方式是并购，而任何一项并购事件的发生，都离不开证券市场的参与，从而使得美国 FDI 对 FPI 的依赖性尤为明显。此外，美国开放的证券市场，有利于促进国内金融业的发展,而健全的金融体系又是美国吸引外 FDI 的有利条件,从而也使得美国 FDI 与 FPI 的互补性在不断增强。

表 3　FDI、FPI 对美国经济增长的动态影响比较

Period	S. E	FDI	FPI	GDP
1	510.6557	2.424609	0.286835	97.28856
2	764.3039	1.449149	7.360582	91.19027
3	909.7246	2.927637	8.840001	88.23236
4	1127.595	4.918605	22.61568	72.46571
5	1448.533	3.727740	41.10595	55.16631
6	1604.465	3.042410	42.20756	54.75003
7	1681.648	2.912907	38.53016	58.55693
8	1771.663	2.679888	35.75610	61.56401
9	1974.044	2.276520	39191570	57.80778
10	2257.362	2.258716	47.09465	50.64663

四、结论与启示

通过上述定量实证分析,我们可以得出以下结论:第一,长期以来,美国经济的繁荣很大程度上得益于外国资本流入的支持,而且是"两桶金":一桶是 FDI,另一桶是 FPI,FDI 和 FPI 在美国经济增长过程中是两个非常重要的变量,二者均有助于美国经济的增长,但相对而言,美国经济增长更加依赖于 FPI;第二,就 FDI 与 FPI 的相互影响而言,美国 FPI 的流入对 FDI 具有明显的促进作用,而美国 FDI 的流入也有助于对 FPI 的吸引,两者之间存在积极的良性互动关系,但就相互影响的大小而言,FPI 对 FDI 的影响明显大于 FDI 对 FPI 的影响。

从国际范围来看,国际资本的流动结构经历了"外国银行借贷—外国直接投资—外国证券投资"的发展路径,FPI 逐渐成为国际资本流动的主要形式。吸引 FPI 是资本市场发育完善、资产证券化程度较高和直接融资比重较大的国家利用外资的主要方式,近年来中国是吸引 FDI 最多的国家之一,却并不是利用外资最多的国家,世界上许多国家利用外资的规模都超过中国,FDI 只是吸

引外资的一个方面,而不是全部。即使在 2003 年中国吸引的 FDI 超过了美国(据 UNCTAD 的统计资料,2003 年中国吸引 FDI 为 535.03 亿美元,美国为297.72 亿美元),我们也应该看到我国的这种地位是片面的,只是在利用 FDI这一项目上超过了美国,而不是在所有的吸引外资项目都超过了美国。FDI 只是美国外来投资的一部分,即便是在最高的年份,也只占美国所吸引外资总额的 1/3 左右。而我国的外资结构中,FDI 的比重基本上就是我们吸引外资的全部,我国吸引 FPI 的能力还相当有限,反映出我国对国际资本的综合吸引力与美国相比还有很大的差距。并且,美国对 FDI 的容纳能力远远要超过我们,即便是在某些年份上吸引 FDI 比我国少,但是,我们却无法在短期内达到美国所能达到的高度(2000 年美国吸引 FDI 为 3140.07 亿美元)。

事实上,FPI 是有分辨力的,要理性认识 FPI 的作用,不能简单地将其与投机资本和"热钱"画等号,把它视为金融危机的罪魁祸首。对美国的实证研究表明 FDI 与 FPI 之间关系密切,并且二者均对美国经济增长产生了积极影响。实际上,随着一国经济的不断发展,利用 FPI 的便利程度将是一国利用 FDI 所需要的综合投资环境的重要内容,过去在外商投资规模不大、大型跨国公司较少的情况下,中国 FDI 对 FPI 的依赖尚不突出,对 FPI 的限制还是可行的。但是,随着跨国公司在华直接投资比重的增加,必然会对外国证券投资提出新的要求,FPI 通常是 FDI 的伴生物,限制了 FPI 就等于在某种程度上限制了 FDI。当前,国际直接投资的主要方式是并购,而任何一项并购事件的发生,都离不开证券市场的参与。一个必须正视的事实是,以经济全球化作为重要动因的亚洲金融危机,不仅没有阻挡经济全球化的步伐,而且进一步加快了经济金融全球化的进程。因此,为了适应世界范围内资本证券化趋势,我国有必要通过资本市场的逐步开放和金融体制的逐步完善,利用金融创新手段,提高资本市场对国外资本的吸纳能力和外资利用的效率。与此同时,为了防范短期资本对金融体系的冲击,应该根据宏观经济的稳定状况来对国际资本流动实行相机管理,建立一整套防范风险、防范引发金融危机特别是货币危机的政策。

参考文献

[1]葛顺奇.跨国公司国际直接投资:回顾与展望[J].世界经济,2003(3):52-56.

[2]杨艳红.外贸政策、外商直接投资与我国经济增长[J].国际商务:对外经济贸易大学学报,2005(5):73-76.

［3］Blomstrm M,Lipsey R E,Zejan M. What explains developing country growth［J］. NBER Working Paper Series,1992.

［4］Borensztein E，De-Gregorie J，Lee J W. How does foreign directInvestment affect economic growth?［J］. Journal of International Economics,1998,45(1):115-135.

［5］Durham J B. A Survey of the econometric literature on the real effects of international capital flowsin lowerIncome countries［J］. QEH Working Paper，2000.

［6］Dunning J H，Dilyard J R. Towards a general paradigm of foreign direct and foreign portfolio investment［J］. Transnational Corporations 1999，8(1):1-52.

［7］Evans K. Foreign portfolio and direct investment：complementarity，differences,and integration［J］. Global Forumon International Investment，2002(5):103-111.

［8］Narag R. Implications of foreign portfolio flowsforan emerging economy:The case of India and Mexico［J］. Delhi School of Economics,2000.

［9］World Bank. Global economic prospects and the developing countries［M］. New York:Oxford University Press,1999.

进口关税水平对我国区域经济影响的实证研究[①]

摘　要　我国的关税水平自1992年开始逐年大幅度下调。本文在对关税水平与我国宏观经济关系分析的基础上,重点关注关税对我国东部、中部和西部三大区域经济的影响。研究结果表明关税水平的降低伴随着实际国内生产总值的增加和资本生产效率的提高,且这种影响的程度从东部到西部是逐渐递减的。

关键词　关税;国内生产总值;生产率;区域

进口关税总水平是衡量一国经济开放程度的标志,1992年以来我国大幅度降低进口关税总水平,从1992年的43.2%降低到2003年的11%。降低关税水平是我国深化改革、扩大开放的重要举措,为我国顺利加入 WTO 扩大互惠互利的对外贸易奠定了基础,使对外贸易成为拉动我国经济的重要力量。本文按照地理位置简单地将我国区域划分为东、中、西三大部分[②],并用关税水平、实际国内生产总值和资本生产率分析了我国自1992年以来的进口关税水平降低对这三个区域经济的影响,分析如下。

一、数据与模型

1986年7月,我国政府正式向 GATT 提出恢复我国缔约国地位的申请,开

---

　　①　本文作者金雪军、张学勇、周礼,最初发表在《税务研究》2006年第1期。

　　②　东部区域包括京、津、冀、辽、沪、苏、浙、闽、鲁、粤和琼等11个省、市;中部地区包括晋、吉、黑、皖、赣、豫、鄂和湘等8个省;西部地区包括渝、川、黔、滇、藏、陕、甘、青、宁、新、桂和内蒙古等12个省、自治区、直辖市。

始"复关谈判"。此后,我国关税政策经历了多次以降低关税水平为核心内容的调整,进口关税的算术平均税率从 1992 年 12 月的 43.2% 降至 2003 年的 11%[①](见表1)。

表1 1992—2003 年我国关税水平[②]

年份	1992	1993	1994	1995	1996	1997	1998	1999	2000	2001	2002	2003
关税水平(%)	43.2	39.9	36.4	35.6	26.35	21.5	17	16.5	16.5	15.33	12	11

我们选择实际的国内生产总值(GDP)指标来衡量一个地区的经济发展水平,选择每元资本国内生产总值衡量一个地区的资本生产率。对于被解释变量 GDP,除关税水平之外,我们还考虑了消费、投资、教育水平、劳动力的投入和经济周期的影响。对于资本生产率,我们认为主要影响因素是人均资本的积累和技术水平的提高,我们再将人均资本积累分为资本形成总额和从业人员总数。

一般情况下技术水平是很难度量的,教育水平的提高会带来技术水平的提高,所以我们拟用普通中学在校学生总数作为代理变量来衡量技术水平是可行的。为了研究开放程度对资本生产率的影响,我们还加入关税水平变量。自乌拉圭回合以来,主要发达国家的关税水平已下降到 4% 左右,且近十年来没有大的起伏,所以在回归中我们没有考虑我国主要贸易对象(美国、日本和欧盟)的关税水平。

通过《中国统计年鉴》我们搜集了 1991—2003 年每个省份国内生产总值、资本形成总额、固定资产投资总额、消费总额、普通中学在校学生数、从业人员总数。按照每个省份公布的国内生产总值指数和固定资产指数,我们将国内生产总值、固定资产投资总额和资本形成总额调整到以 1991 年为基期的水平。按照东部、中部和西部三大经济区域划分加总省份指标得到区域指标,再通过区域指标的加总得到全国指标。每元资本国内生产总值是名义国内生产总值除以名义资本形成总额。

对于经济周期的度量参照 O'Rourke(2000)的方法。根据我国宏观经济走势,以 1992 年为时点 1,1993 年为时点 2,依次递增,2003 年为时点 12。将实际

---

① 具体每次关税政策的调整可以见崔日明、邹东颖《中国关税政策调整及趋势展望》,《中国经济评论》2002 年第 1 期。

② 关税水平一般仅指进口关税水平,它是所有类别商品关税水平的算术平均值,每年的关税水平是以月份为权重计算的平均值。

国内生产总值对时点和时点的平方回归并计算出实际国内生产总值的预测值，真实国内生产总值与预测值之间的差额即可度量经济周期变动。

在回归方程中我们对实际国内生产总值、资本生产率、消费总额、固定资产投资总额、普通中学在校学生数、从业人员数取自然对数，这样我们可以得到变量之间近似的弹性关系。关于回归方程中的变量定义见表 2。

表 2　变量定义说明

变量名	变量说明
$\ln(\text{GDP})$	被解释变量，实际国内生产总值（亿元）的自然对数值
$\ln(\text{PROD})$	被解释变量，名义国内生产总值与名义资本形成总额比值的自然对数值
TARIFF	进口关税总水平（%）
$\ln(\text{LABOUR})$	从业人员总数（万人）的自然对数值
$\ln(\text{CONSUME})$	消费总额（亿元）的自然对数值
$\ln(\text{INVEST})$	固定资产投资总额（亿元）的自然对数值
$\ln(\text{SCHOOL})$	普通中学在校生总数（万人）的自然对数值
$\ln(\text{CAP})$	实际资本形成额（亿元）的自然对数值
CYC	经济周期，实际国内生产总值与预测值的差额（亿元）
REGION_1	虚拟变量，东部地区取值为 1，否则为 0
REGION_2	虚拟变量，中部地区取值为 1，否则为 0
REGION_3	虚拟变量，西部地区取值为 1，否则为 0

将区域指标设为虚拟变量，我们用区域与关税水平的交互项来分析地域差异所引致的关税影响的差异。以上分析我们得到回归方程：

$$\ln(\text{GDP}) = \beta_0 + \beta_1 \text{REGION}_2 + \beta_2 \text{REGION}_3 + \beta_3 \text{TARIFF} + \beta_4 \text{TARIFF} \times$$
$$\text{REGION}_2 + \beta_5 \text{TARIFF} \times \text{REGION}_3 + \beta_6 \ln(\text{LABOUR}) + \beta_7 \ln(\text{CONSUME}) +$$
$$\beta_8 \ln(\text{INVEST}) + \beta_9 \ln(\text{SCHOOL}) + \beta_{10} \text{CYC} + \mu \tag{1}$$

$$\ln(\text{PROD}) = \gamma_0 + \gamma_1 \text{REGION}_2 + \gamma_2 \text{REGION}_3 + \gamma_3 \text{TARIFF} + \gamma_4 \text{TARIFF} \times$$
$$\text{REGION}_2 + \gamma_5 \text{TARIFF} \times \text{REGION}_3 + \gamma_6 \ln(\text{SCHOOL}) + \gamma_7 \ln(\text{LABOUR}) + \gamma_8$$
$$(\text{CAP}) + \varepsilon \tag{2}$$

（1）、（2）两式是以东部地区为基准的回归方程。（1）式中东部地区关税水平对国内生产总值影响的估计系数是 β_3，而中部和西部分别为 $\beta_3 + \beta_4$ 和 $\beta_3 + \beta_5$，β_4 表示关税水平对东部、中部影响的差异，β_5 表示关税水平对东部、西部影响的差异。同样,(2)式中东部地区关税水平对资本生产率影响的估计系数是 γ_3,而中部和西部分别为 $\gamma_3 + \gamma_4$ 和 $\gamma_3 + \gamma_5$。γ_4 表示关税水平对东部、中部影响的差异,γ_5 表示关税水平对东部、西部影响的差异。

对于(1)、(2)两式,当把式中含 REGION 变量的下标分别改为 1、3 后,所得到的就是以中部地区为基准的回归方程;当把式中含 REGION 变量的下标分别改为 1、2 后,所得到的就是以西部地区为基准的回归方程;当把式中所有含有 REGION 变量项去掉后,所得到的即是全国水平的回归方程。

二、关税水平与实际国内生产总值

表 3 报告了关税水平对实际国内生产总值影响的全国范围和地区差异的异方差稳健性回归结果。从第(2)、(3)两列可以看出,关税水平对全国的实际国内生产总值有显著的影响,该系数表示关税水平每下降 1%,会导致实际国内生产总值大约增加 0.0109%,且在 5% 的水平上显著。

由表 3 第(4)列可以知道,东部地区关税水平对实际国内生产总值影响的估计系数是 -0.0181,而中部地区为 $-0.0082(-0.0181 + 0.0098)$,西部地区为 $-0.0078(-0.0181 + 0.0103)$。其含义分别表示当关税水平每下降 1%,东部地区的实际国内生产总值大约增加 1.81%,中部地区增加约 0.82%,西部地区增加约 0.78%。对第(6)、(8)列的分析也得到一样的结果,关税水平对实际国内生产总值的影响程度自东向西逐渐减弱,对东部的影响程度是对中、西部的 2 倍。

对第(5)、(7)、(9)列的 t 值分析,东部地区关税水平对实际国内生产总值的影响在 $1\%(t = -5.37)$ 的水平上显著,中部地区在 $10\%(t = -1.91)$ 的水平上显著,而西部地区在 10% 的水平上都不显著,其显著水平只有 $14.2\%(t = -1.52)$。东、中部之间的差异在 5% 的水平上显著,东、西部之间的差异在 10% 的水平上显著,而中、西部之间的差异在 10% 的水平上都不显著。表 3 中全国水平的回归 R^2 值是 0.9849,地区差异回归 R^2 值是 0.9893。表明回归方程(1)有很好的解释能力。

表 3　关税水平对实际国内生产总值的影响①

因变量	全国水平回归		地区差异回归					
			以东部地区为基准		以中部地区为基准		以西部地区为基准	
$\ln(GDP)$ (1)	系数(2)	t 值(3)	系数(4)	t 值(5)	系数(6)	t 值(7)	系数(8)	t 值(9)
TARIFF	−0.0109	−3.5**	−0.0181	−5.37***	−0.0082	−1.91*	−0.0078	−1.52
$REGION_1$					0.4577	1.7*	0.4277	1.27
$REGION_2$			−0.4577	−1.7*			−0.0300	−0.2
$REGION_3$			−0.4277	−1.27	0.0300	0.2		
$TARIFF \cdot REGION_1$					−0.0098	−2.31**	−0.0103	−1.92*
$TARIFF \cdot REGION_2$			0.0098	2.31**			−0.0004	−0.19
$TARIFF \cdot REGION_3$			0.0103	1.92*	0.0004	0.19		
$\ln(LABOUR)$	4.4150	4.47***	4.2429	4.52***	4.2429	4.52***	4.2429	4.52***
$\ln(CONSUME)$	−2.4312	−4.37***	−0.6837	−2.37**	−0.6837	−2.37**	−0.6837	−2.37**
$\ln(INVEST)$	0.5659	5.54***	0.2949	1.93*	0.2949	1.93*	0.2949	1.93*
$\ln(SCHOOL)$	2.0642	2.77**	−0.1217	−0.43	−0.1217	−0.43	−0.1217	−0.43
CYC	0.0000	−0.09	0.0000	−0.57	0.0000	−0.57	0.0000	−0.57
_cons	−37.3244	−3.61**	−27.9054	−2.99***	−28.3631	−3.02***	−28.3331	−3.05***
R^2	0.9849		0.9893		0.9893		0.9893	
F	50.94		232.04		232.04		232.04	
obs	12		36		36		36	

三、关税水平与资本生产率

表 4 报告了关税水平对资本生产率影响的全国范围和地区差异的异方差稳健性回归的结果。从第(2)、(3)列我们发现,关税水平对全国范围的资本生产率在 5% 的水平上有显著的影响,关税水平每下降 1%,会引起每元资本国内生产总值大约增加 0.61%。

同样我们从表 4 第(4)列可以得到,东部地区关税水平对资本生产率影响系数的估计值是 −0.0123,而中部地区是 −0.0062(−0.0123＋0.0061),西部地区为 −0.0056(−0.0123＋0.0067)。这意味着关税水平每下降 1%,会带来东部地区每元资本国内生产总值大约提高 1.23%,中部地区提高约 0.62%,西

① *、**、***分别表示 10%、5%和 1%的显著水平,t 值是异方差稳健性回归的结果。cons 表示回归中的常数项,F 表示回归方程的整体性检验结果,obs 表示回归采用的样本量。下同。

部地区提高约 0.56%。对第(6)、(8)列的分析也得到一样的结果,关税对资本生产率的影响程度也是自东向西逐渐减弱,对东部的影响程度大约是对中、西部的 2 倍。

对第(5)、(7)、(9)列的 t 值分析,东部地区关税水平对资本生产率的影响在 $1\%(t=-2.42)$ 的水平上显著,而中部和西部地区是在 $5\%(t=-2.5,t=-2.16)$ 的水平上显著。且东、中部之间的差异和东、西部之间的差异在 1% 的水平上显著,而中、西部之间的差异在 10% 的水平上都不显著。我们从表 4 中得到全国水平回归的 R^2 值是 0.7492,地区差异回归的值是 0.8707,表明回归方程(2)有较好的解释能力。

表 4　关税水平对资本生产率的影响

| 因变量 | 全国水平回归 | | 地区差异回归 | | | | | |
| | | | 以东部地区为基准 | | 以中部地区为基准 | | 以西部地区为基准 | |
ln(PROD)(1)	系数(2)	t 值(3)	系数(4)	t 值(5)	系数(6)	t 值(7)	系数(8)	t 值(9)
TARIFF	-0.0061	-2.42^{**}	-0.0123	-4.21^{***}	-0.0062	-2.5^{**}	-0.0056	-2.16^{**}
$REGION_1$					0.3025	3.17^{***}	0.2669	1.98^{*}
$REGION_2$			-0.3025	-3.17^{***}			-0.0355	-0.33
$REGION_3$			-0.2669	-1.98^{*}	0.0355	0.33		
$TARIFF \cdot REGION_1$					-0.0061	-4.24^{***}	-0.0067	-4.14^{***}
$TARIFF \cdot REGION_2$			0.0061	4.24^{***}			-0.0006	-0.43
$TARIFF \cdot REGION_3$			0.0067	4.14^{***}	0.0006	0.43		
ln(SCHOOL)	0.5652	4.79^{***}	0.3338	2.72^{**}	0.3338	2.72^{**}	0.3338	2.72^{**}
ln(LABOUR)	1.3301	2.54^{**}	1.1588	1.81^{*}	1.1588	1.81^{*}	1.1588	1.81^{*}
ln(CAP)	-0.5417	-4.04^{***}	-0.5062	-3.95^{***}	-0.5062	-3.95^{***}	-0.5062	-3.95^{***}
$_c$ons	-13.3126	-2.38^{**}	-8.4763	-1.38	-8.7788	-1.42	-8.7432	-1.44
R^2	0.7492		0.8707		0.8707		0.8707	
F	6.14		34.99		34.99		34.99	
obs	12		36		36		36	

四、结　论

上文的实证研究表明,关税水平下降会提高实际国内生产总值和资本生产率水平,这个结论与西方经济学家在二战后研究的结论是相一致的。在我国,关税水平对东部地区经济的影响最大,其次是中部,再次是西部。这个结论与我国地域特征是相符合的。当今世界各国的贸易绝大部分还是依靠海运,东部地区面临大海，拥有得天独厚的港口条件，有效贸易距离较短，这为东部地区发展外向型经济提供了条件。相对于东部来说，我国中、西部地区属多山丘陵地带，交通不便，制约了其对外贸易的发展。

参考文献

［1］Bairoch P. Free trade and european economic development in the 19th century［J］. European Economic Review，1972，3(3)：211-245.

［2］Clemens M，Williamson J G. A Tariff-Growth paradox? Protection's impact the world around 1875—1997［R］. Cambridge：Nber，2001.

［3］Dollar D，Kraay A. Trade，Growth，and Poverty［R］. Sweden：The World Bank，2001.

［4］宫维可.降低关税对国民经济的影响［J］.世界经济，1996(8)：68.

［5］崔日明，邹东颖.中国关税政策调整及趋势展望［J］.中国经济评论，2002(1).

全要素生产率、技术引进与 R&D 投入[①]

摘　要　在现有文献的基础上,借助 CES 生产函数,依据中国改革开放以来的具体数据,运用非线性最小二乘法进行实证分析,得出以下结论:技术引进和 R&D 投入虽然大大增加了我国技术知识存量,但并没有有效地转化为全要素生产率的提高。技术引进和 R&D 投入之间的比例不合理,表现出重引进,轻研发的现状。我国急需要加大 R&D 投入,以增强经济发展的后劲。

关键词　全要素生产率;R&D 投入;技术引进;非线性最小二乘法

科技是第一生产力,其对经济发展的重要性日益被人们所关注,这种重要性直接体现为推动国家技术进步。一般而言,技术进步分为劳动节约型技术进步、资本节约型技术进步和中性技术进步,后者具体表现为全要素生产率(TFP)的提高。一个国家的 TFP 提高了,就意味着这个国家经济发展的质量提高,能以更少的投入获得更多的产出。提高 TFP 的具体方式有很多,主要包括:外国直接投资、研发投入(R&D)和技术引进。从采用这些方式的经济主体来看,FDI 是由国外的经济主体完成,而后两者则是由国内的经济主体来实现。改革开放以来,我国的 R&D 投入和技术引进总额都不断增加,前者由 1987 年的 74 亿元增加到 2003 年的 1539.6 亿元,是 1987 年的 21 倍;后者从 1980 年的 1.16 亿美元增加到 2002 年的 173.89 亿美元,更是 1980 年 150 倍[②]。两者投入数额迅猛增加,它们与 TFP 是什么样的关系,两者之间的比例是否恰当,是值

①　本文作者金雪军、欧朝敏、李杨,最初发表在《科学学研究》2006 年第 5 期。

②　R&D 投入的数据来源于中国科技统计网(http://www.sts.org.cn/),1980 年技术引进的数据来源于《中国科技统计年鉴》,2002 年的技术引进额摘自《中国对外经济贸易年鉴》。

得我们认真思考的问题。在经济增长理论的框架下,本文首先介绍模型的推导以及数据的来源,通过建立类似于 CES 生产函数的方程把全要素生产率、技术引进和 R&D 三者联系起来,然后运用非线性最小二乘法对模型进行计量检验和实证分析,最后得出本文的结论。

1 模型和数据

1.1 模型的推导

为了探讨全要素生产率、技术引进和 R&D 三者之间的关系,我们需要建立它们之间的联系。美国经济学家 Zvi Griliches 认为企业所拥有技术知识的大部分都是以往研究开发所生产知识和经验的积累,即技术知识存量,它是影响技术进步的重要因素[1]。Branstetter 和 Sakakibara(1998)提出,技术知识存量的产生过程可以用一个生产函数来表示[2],如下式。

$$N = f(R, J) \tag{1}$$

N 表示技术知识存量,R 表示 R&D 投入,J 表示技术引进总额。一定量的技术知识存量会转化成为 TFP:

$$T = A \times N \tag{2}$$

T 表示 TFP,A 表示技术知识存量转化成 TFP 的能力。把(1)式表示的技术知识存量产生过程看成是一个类似于 CES 生产函数的形式,即具体表示如下:

$$N = [aR^\rho + (1-a)J^\rho]^{h/\rho} \tag{3}$$

将(3)式代入(2)式:

$$T = A \times [aR^\rho + (1-a)J^\rho]^{h/\rho} \tag{4}$$

通过上述推导得到了本文的基本模型,其基本思想就是把技术知识存量的产生看作为一个生产过程,而 R&D 投入和技术引进总额是两个投入生产要素。我们不难发现(4)式仍具有 CES 生产函数的形式。CES 生产函数具有一些良好的性质,主要体现在:

(1)a 和 $1-a$ 分别表示技术知识存量生产过程中 R&D 投入和技术引进总额的密集系数,两者统称为分布参数。

(2)h 表示生产技术存量时规模报酬的情况,$h > 1$ 表示规模报酬递增,$h = 1$ 表示规模报酬不变,$h < 1$ 表示规模报酬递减。依据新经济增长理论,技术的生

产过程应该呈现出规模报酬递增的性质,因此 h 的估计值也应该大于 1。

(3)两种投入生产要素即 R&D 投入和技术引进总额的替代弹性为常数 $1/(1-\rho)$。

1.2 数据的获得

对(4)式进行实证分析,我们首先需要估计出历年 TFP 数值。本文采用新古典增长理论的"索洛余值法"[3] 来估计 TFP,建立 C-D 生产函数如下:

$$Y = B \times L^\beta \times K^\lambda \tag{5}$$

Y 表示历年的产出数量,L 和 K 表示历年劳动和资本的投入量,β 和 λ 分别是劳动和资本的产出弹性。"索洛余值法"度量了除资本和劳动力以外的其他因素对经济增长的作用。B 表示索洛余值,即 TFP。对(5)式两边同时取对数得到:

$$\ln Y = \ln B + \beta \times \ln L + \lambda \times \ln K \tag{6}$$

本文采用国内生产总值表示 Y,经济活动人口表示 L,下一步需要估计出历年的资本存量 K。资本存量的估计采用永续盘存法,计算公式如下:

$$k_t = k_{t-1} \times (1-\theta) + I_t/P_t \tag{7}$$

其中:k_t 表示 t 年的资本存量,θ 表示资本折旧率,I_t 是 t 年的净资本形成额,P_t 表示资本价格指数。利用(7)式得到历年的资本存量。

对(6)式进行不带常数项的回归,计算得到:

$$\ln Y = 0.26 \times \ln L + 0.804 \times \ln K \tag{8}$$

计算(8)式的历年残差值,可以得到 $\ln B$:

$$\ln B = \ln Y - 0.26 \times \ln L - 0.804 \times \ln K \tag{9}$$

从而得出历年的全要素生产率 B,见表 1。

表 1　1979—2003 年的全要素生产率

年份	TFP	年份	TFP	年份	TFP	年份	TFP	年份	TFP
1979	0.746058	1984	0.942884	1989	0.863336	1994	1.044447	1999	0.910057
1980	0.764667	1985	0.999098	1990	0.916258	1995	1.006550	2000	0.909681
1981	0.782107	1986	0.988658	1991	0.984639	1996	0.981064	2001	0.975872
1982	0.803076	1987	0.991634	1992	1.058272	1997	0.961693	2002	1.030711
1983	0.846457	1988	0.953541	1993	1.072498	1998	0.931309	2003	1.093002

从上表可以看出改革开放以来，我国的 TFP 总的说来是提高的，从 1979 年的 0.746058 上升到 2003 年的 1.093002。但是在总体增长的同时，也出现过波动，在 1989 年和 2000 年分别处于一个周期性的低谷。其原因是多方面的，都与当时的国外宏观形势密切相关。例如，1989 年这次低谷出现的主要原因是西方发达国家对我国进行经济制裁，为了避免我国经济出现急剧下滑，政府大量增加投资以拉动经济，投资增长过快，投资的效率势必受到影响。

在中国科技统计网（http://www.sts.otg.cn）上，仅公布了从 1987 年以来历年的 R&D 投入数据。对于 1979—986 年的 R&D 投入，本文拟通过自回归趋势模型外推获得。根据 AIC，SC 最小化原则，发现最优的滞后期为 1。对自回归趋势模型回归得到：

$$RD_t = 0.458975 + 1.207399RD_{t-1} \quad \overline{R^2}$$
$$(0.036) \qquad (54.231)$$
$$\overline{R^2} = 0.995 \quad DW = 1.949 \tag{10}$$

利用（10）式，可以外推得到 1979 年到 1986 年的 R&D 投入。

而技术引进总额这个指标的数据相对比较齐全。文章中 1979 年到 1997 年的技术引进总额摘引至《中国科技统计年鉴》，1998 年到 2002 年的技术引进总额则是通过《中国对外经济贸易年鉴》取得，2003 年的数据来源于中华人民共和国商务部网站上《2003 年技术引进统计分析》一文（http://www.mofcom.gov.cn）。

2　计量检验与实证分析

由于 CES 生产函数是非线性方程，我们不能简单地采用最小二乘法。本文运用非线性最小二乘法，通过高斯—牛顿算法，得到收敛的估计值：

$$T = 0.005 \times [0.493 \times R^{0.006} + 0.507 \times J^{0.006}]^{8.16/0.006}$$
$$\overline{R^2} = 0.67 \quad DW = 1.66 \tag{11}$$

两种生产要素的固定替代弹性等于 $1/(1-\rho) = 1.006$。

（1）$A = 0.005$，这说明我国由技术知识存量转化为 TFP 的效果很差。可能由以下原因造成：①我国的科技体制不灵活，风险投资不活跃，缺乏由技术知识存量转化为现实生产力的有效机制。②我国 R&D 投入没有较好地实行市场导向，具体内容与经济生活的实际需要相关性不大，产生了很多只能看不能用的技术成果[4]。③技术引进存在着一定的盲目性，具体表现为重复引进和盲目引进。重复引进的技术水平往往较低，低水平的技术自然难以提高我国的 TFP。

盲目引进是指不顾自己的技术水平和承载能力，一味地求高、求精、求尖，技术引进后难以消化，更不能有所创新，致使我国 TFP 不能得到相应的提高。

（2）R&D 投入和技术引进总额的密度系数分别为 0.493 和 0.507，这说明我国重引进，轻研发，两者之间的比例不配套[5]。技术引进效果的好坏与引进国自身技术吸收能力的大小有关。引进技术后，需要投入大量的研发资金提高自身技术吸收能力，这样效果才会良好。韩国和日本技术引进与技术消化投入比为 1∶10，而我国正好相反为 10∶1（http：//bg5.jmnews.com.cn）。作为一个发展中大国，利用自己的后发优势，通过引进国外的技术来提高自己的技术水平固然无可厚非，但随着技术水平的提高，我们不能奢望通过技术引进来获得最先进技术，依靠自身的技术创新、加大 R&D 投入才是提高我国技术水平的关键。$h=8.16$，则表明我国 R&D 投入和技术引进对技术知识存量的增加具有规模经济的特征，应该进一步增加两者的投入，提高我国的技术知识存量。

（3）利用 CES 生产函数，能够求出历年 R&D 投入和技术引进对 TFP 的产出弹性。前者的产出弹性推导如下：

$$\frac{\frac{\Delta T}{T}}{\frac{\Delta R}{R}} = \left(\frac{\partial \pi}{\partial R}\right) \times \left(\frac{R}{T}\right) = \frac{AhaR^{\rho-1}\left[aR^{\rho}+(1-a)J^{\rho}\right]^{\frac{h}{\rho}-1}}{\frac{R}{T}} = \frac{h}{1+(1-a)\times\frac{J^{\rho}}{a\times R^{\rho}}}$$

（12）

同理，推导出技术引进的 TFP 产出弹性为：

$$\frac{\frac{\Delta T}{T}}{\frac{\Delta J}{J}} = \frac{h}{1+\frac{a\times R^{\rho}}{(1-a)\times J^{\rho}}}$$

（13）

利用（12）、（13）式计算出历年 R&D 投入和技术引进对于 TFP 的产出弹性，列于表 2。

表 2　1979—2003 年 R&D 投入和技术引进对于 TFP 的产出弹性

年份	R&D 投入产出弹性	技术引进产出弹性	年份	R&D 投入产出弹性	技术引进产出弹性	年份	R&D 投入产出弹性	技术引进产出弹性
1979	4.016	4.144	1988	4.034	4.126	1997	4.037	4.123
1980	4.057	4.103	1989	4.039	4.121	1998	4.038	4.122
1981	4.045	4.115	1990	4.040	4.120	1999	4.040	4.120
1982	4.048	4.112	1991	4.042	4.118	2000	4.042	4.118

续表

年份	R&D 投入产出弹性	技术引进产出弹性	年份	R&D 投入产出弹性	技术引进产出弹性	年份	R&D 投入产出弹性	技术引进产出弹性
1983	4.045	4.115	1992	4.036	4.124	2001	4.053	4.107
1984	4.041	4.119	1993	4.040	4.120	2002	4.047	4.113
1985	4.028	4.132	1994	4.047	4.113	2003	4.053	4.107
1986	4.027	4.133	1995	4.035	4.125			
1987	4.034	4.126	1996	4.035	4.125			

通过上表可以发现 R&D 投入和技术引进对于 TFP 的产出弹性整体上比较稳定,技术引进的产出弹性略高于 R&D 投入的产出弹性。这表明我国目前的技术水平比较低,通过技术引进提高自身的技术水平尚存在一定空间。但仔细研究两者的发展趋势,可以发现技术引进对于 TFP 的产出弹性正在逐步下降,从 1979 年的 4.144 下降到 2003 年 4.107。而与此相反 R&D 投入的产出弹性却在稳步上升,由 1979 年的 4.016 上升到 2003 年的 4.053。这提醒我们虽然技术引进的产出弹性暂时略高于 R&D 投入的产出弹性,但它们之间的差距正越来越小。可能是由以下原因造成:20 世纪 80 年代我国技术水平远落后于发达国家,差距比较大,通过引进国外成熟技术也能提高 TFP;当差距缩小后,发达国家为了自身的利益不愿意转让先进技术,通过技术引进提高 TFP 效果自然会变差。在这种情况下,我国通过增加 R&D 投入,一方面通过自己研发获得先进技术,另一方面提高自己的吸收能力,为更好地利用引进的技术奠定基础。

3 结论与建议

根据以上实证分析,我们可以得出以下结论与建议:

(1)改革开放以来,我国 TFP 得到了逐步提高,从 1979 年的 0.746058 上升到 2003 年的 1.093002。这表明改革开放的政策,不仅在量上,而且在质上提高了我国的经济水平。然而,主要受国外宏观经济因素的影响,经济仍然存在着波动。经济发展应该立足于自力更生的原则,扩大内需,以减少国外宏观经济因素导致的经济大起大落。

(2)我国的 R&D 投入和技术引进增加了我国的技术知识存量,且具有规模报酬递增的特征。但是由技术知识存量转化为 TFP 的效果并不好,其系数只有 0.005。我们应该多方面采取措施,比如实行产—学—研相结合,增强市场导向功能;设计合理的激励机制,投融资机制,理顺转化机制。

(3)我国的 R&D 投入和技术引进之间结构不合理。两者的分布系数分别为 0.493 和 0.507,表现出明显的重引进、轻研发。无论是从我国技术发展的长远后劲看,还是从两者历年的产出弹性发展趋势看,都要求我们进一步提高 R&D 投入,把 TFP 的提高主要建立在自身研发能力的基础上。

参考文献

[1] Nakamura T. International knowledge spillover and technology imports: Evidence from Japanese chemical and electric equipment industries [J]. Journal of the Japanese and International Economics,2001(15):271-297.

[2] Branstetter L, Sakakibara M. Japanese research consortia: A microeconometric analysis of industrial policy [J]. Journal of Indian Economics,1998(46):207-233.

[3] 张军,施少华.中国经济全要素生产率变动:1952—1997[J].世界经济文汇,2003(2):17-24.

[4] 周斌,李辉娥.上海市技术引进与技术进步[J].上海经济研究,2000(9):43-49.

[5] 王英.中国 R&D 投资结构的合理性问题[J].研究与发展管理,1999(4):19-23.

人民币汇率升值的路径选择[①]

摘　要　文章区分"市场主导型"和"政府主导型"升值,在弹性价格货币主义理论框架基础上,采用动态优化方法,求解出汇率升值的最优路径以及相对应的最优货币政策。结果表明:"市场主导型"升值宜采用单一货币政策规则,若产出的预期汇率弹性小于资本可流动下产出的利率弹性,最优汇率升值路径为单一变动曲线。"政府主导型"升值下,若产出的预期汇率弹性大于(小于)产出的利率弹性,可采取扩张(紧缩)式货币政策,所对应的最优升值路径显现出阶段性特征,政府可选择"先贬后升"("先升后贬")的升值策略。

关键词　汇率升值;最优路径;最大值原理;动态优化

一、引　言

20 世纪 60 年代,日本经济快速发展。70 年代,布雷顿森林体系崩溃,日元汇率随日本放弃盯住美元的固定汇率制而迅速升值。随后,日元汇率从 1 美元兑 360 日元间断性地大幅度升值,1995 年 4 月一度达到 80 日元的水平。考察日元汇率升值的路径,麦金农(2005:68)发现:在 1971—1973、1977—1978、1985—1987 和 1993—1995 年的四个主要时期内,日元汇率随美国和日本贸易争端不断升温而不断升值。几乎同一时期,德国经济发展,经常账户顺差,德国马克也经历着升值过程。

张斌和何帆(2004)总结日本和德国货币升值的国际经验发现:一个经济大

---

①　本文作者金雪军、王义中,最初发表在《金融研究》2006 年第 11 期。

国的崛起,往往伴随着货币升值。为缓解升值压力,日本政府实行的是扩张性货币政策,但没有抵挡住长期内日元升值,反而带来国内严重的通货膨胀。然而,德国政府将国内产出与价格稳定放在首位,通过独立的货币政策和资本自由流动,使得德国马克自由浮动。

总结和借鉴日元和马克的升值过程,可以区分两种不同类型的升值方式。第一种为"政府主导型升值",此时政府直接或者间接通过一些措施,例如公开承诺未来升值幅度、进行外汇市场干预等影响升值路径,设定 T 期(末期)汇率(即 $E(T)=E_T$ 给定)作为升值的目标汇率,该汇率是不公开的,交易者不能准确观察到(图 1)。政府也可以一次性地直接将即期汇率大幅度升值,但这可能在短期内产生较大负面效应(比如 1985 年广场协议,日元升值),因而在没有外部政治和经济压力下,政府应该更多地采取间接方式,借助于货币政策(比如说调控货币供给量)和其他宏观经济政策影响升值路径。第二种为"市场主导型升值",与第一种不同的是,政府固然会通过间接方式影响市场交易(例如,德国让马克的自由浮动),从而影响升值路径,但政府此时不再设定期末(T)汇率水平,汇率升值路径受市场交易者预期的影响较大,因此 $E(T)$ 是自由的(图 2)。显然,两种不同的升值方式所对应的政策措施是不同的。

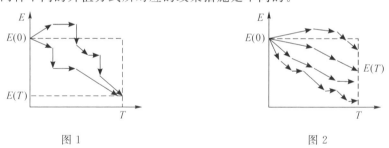

图 1   图 2

标准货币主义的汇率理论模型中(Dornbusch,1976;Frenkel,1979),政府通过扩张性货币政策(扩大货币供给量)使名义汇率贬值,进而抑制汇率升值压力,相反操作可以抵制汇率贬值压力。日本抵御汇率升值的政策操作严格遵循着该理论,但在实际效果却差强人意,是理论的错误还是限制性条件在起作用?因此,我们需要反思日本和德国政府在日元和德国马克升值过程中的不同反应造成的两种不同升值路径,进一步来检验或者完善理论。或许最关键的问题是:选择不同的升值路径并给定升值时间,政府应当选择何种政策措施来最大化升值收益,从而避免宏观经济大起大落。

自 2003 年以来,在日本、美国的鼓吹下,人民币升值压力越来越大,探讨人民币汇率升值问题的文献可谓是汗牛充栋,包括:分析人民币汇率水平与其他宏观经济变量的关系(卢向前和戴国强,2005)、强调中国回归有管理浮动汇率制的必要性(李扬和余维彬,2005)、测算升值对国内宏观经济的影响(张曙光,2005)、估算人民币汇率失调程度(施建淮,2005)、突出货币走向国际化应该注意的问题(陈雨露,2004)、构建汇率升值的宏观经济模型(魏巍贤,2006)、寻求缓解升值压力的政策措施(王义中和金雪军,2006a)、模拟人民币汇率升值的经济后果(张斌和何帆,2006),同意在经济转轨过程中,人民币汇率应该保持稳定,但同时扩大汇率浮动区间(陈志昂等,2005)。这些文献要么将汇率升值看成未知的,进而讨论汇率升值的预期影响,要么将注意力放在汇率制度改革上,缺乏给定汇率升值的情况下,对中国汇率升值路径选择的探讨。

卢锋(2006)系统研究了实际汇率问题,并观察到人民币实际汇率的特异性,认为在人均收入不断增长的情况下,人民币面临着强劲的升值压力。毋庸置疑,在中国经济还可以持续高速增长 30 年的前景下,人民币会升值(林毅夫,2005:55,57)。随之而来的问题便是:给定人民币汇率会升值,该在什么时间升值? 该如何升值,中国该走怎样的一条升值路径? 本文在给定汇率要升值的前提下,区分两种不同的升值路径,通过构建一个简单理论分析框架,以政府最大化价格和产出稳定为目标函数,分别求解出这两种不同升值方式下的最优路径。

二、分析框架

(一)商品市场

遵从 Besancenot 和 Vranceanu(2003)的结论并结合中国情况[①],假设本国名义汇率存在升值压力背景下,名义收入方程为:

$$y = -\beta_1 i + \beta_2 \hat{E}_e \qquad \beta_1 > 0, \beta_2 > 0 \tag{1}$$

其中,i 是利率。商品市场中,依据凯恩斯理论,利率提高引起投资减少,从而导致产出降低,反之,产出增加。曾宪久(2001)研究了 1978—1998 年中国名义利率与产出之间的关系,发现:名义利率上升 1%,GDP 将下降 0.07%。$\hat{E}_e$ 表示预期名义汇率变动率(直接标价法),$\beta_2 > 0$ 意味着当预期汇率贬值 $\hat{E}_e > 0$,

---

① 如果分析框架不符合中国现实,后文得到的最优路径也会与实际出现较大偏差。所以,并没有一个适用于所有国家的一般性分析框架,最优路径依赖于模型假设和参数选取,只有从现实经济出发,最优解才是真实、可靠的。

产出增加;反之,预期汇率升值 $\hat{E}_e<0$,产出下降。该假设是基本符合中国现实的。如果将张曙光(2005)依据汇率弹性预测的结果看作是汇率预期的结果,就可以发现:汇率预期升值会使得中国经济增长放缓。

王明舰(2001:154)研究中国菲利普斯曲线的实证结果表明:通货膨胀与GDP 缺口之间存在很强相关关系。假设价格与产出存在如下关系(菲利普斯曲线):

$$p=-\beta_3(\bar{y}-y) \tag{2}$$

其中,p 为价格水平,y 表示经济增长率,$\bar{y}$ 为充分就业收入(假设固定不变)。当存在超额需求,$\bar{y}-y<0$,价格下降,反之,价格上升。为与后文弹性价格假设保持一致,进一步假设 $\beta_3>1$,即超额需求对价格的影响是富有弹性的。

(二)货币市场条件

汪红驹(2002)用误差修正模型估计中国 1979—2000 年间的货币需求函数,结果表明实际货币余额与实际 GDP 和利率或通货膨胀之间存在长期关系。因此,假设弹性价格的货币主义汇率理论成立:

$$m-p=y-\alpha_1 i \qquad \alpha_1>0 \tag{3}$$

$$m_f-p_f=y_f-\alpha_1 i_f \tag{4}$$

m,m_f,p,p_f,i,i_f 分别表示本国和国外货币供给、价格水平以及利率。简化起见,假定国外货币供给、价格、利率固定,并将国外利率 i_f 标准化为零。

(三)外汇市场条件

为使模型接近中国具体情况,假设存在资本控制下的未抛补利率平价成立[①]:

$$i=(1-\tau)(i_f+\hat{E}_e)+\varphi \tag{5}$$

上式中,t 为资本控制程度,当 $\tau=0$,资本完全自由流动,传统利率平价理论成立;当 $\tau=1$,存在严格资本管制(无资本流动),利率平价"退化"为 $i=\varphi$,利率只与国内风险溢价相关,而与汇率变化无关;φ 表示风险溢价,是投资者对汇率预期变化的风险补偿;预期汇率升值意味着 $\hat{E}_e<0$,$\hat{E}_e>0$ 则表明预期贬值。鉴于所考察的经济背景,我们只考虑 $\hat{E}_e<0$,即只涉及投资者预期汇率升值。简化起见,我们不考虑完全资本控制和完全自由流动的两种极端情况,假设 $0<\tau<$

[①]　关于这种形成的利率平价理论,可参见曾先锋(2006),考虑到中国的不完全资本控制政策,此处的假设也是符合中国现实的。

1,意味着该国政府实施不完全资本管制,此时,$\varphi > 0$。

外汇市场微观结构理论考虑市场交易者的异质性,例如在 Bacchetta 和 Wincoop(2004)的套利方程中,交易者的预期存在差异。按照郭建泉和周茂荣(2003)的假设,外汇市场的交易者分为投资型和投机型,汇率预期是这两类交易者对汇率预期的加权平均[1]:

$$\hat{E}_e = \hat{w}E + \alpha_2(1-w)(E-\bar{E}) \tag{6}$$

其中,$0 \leqslant w \leqslant 1$ 表示权数,为简化模型,假设 $0 < w < 1$。显然,w 越大,说明投资性交易者的汇率预期占主导地位,相反,则市场充斥着投机性交易者的汇率预期;α_2 表示对投机性资本的控制程度;$\bar{E}$ 为市场均衡汇率,$E-\bar{E}$ 为投机性交易者预期即期汇率与均衡汇率的偏离。假设在汇率升值背景下,投机者预期即期汇率与均衡汇率的偏离就是即期汇率与期初汇率(即没有开始升值前的汇率)的偏差,即 $\bar{E}=E_0$。

(四)汇率运动方程

结合(1)、(2)、(3)、(5)、(6)式,解方程得到[2]:

$$\hat{E} = -\frac{\alpha_2(1-w)}{w}E - \frac{k_{11}}{w}m + k_{13} \tag{7}$$

其中 $k_{11} = 1/\{\alpha_1(1-\tau)+(1+\beta_3)[\beta_1(1-\tau)-\beta_2]\}$;$k_{13} = \{-\varphi+(1-\tau)[\alpha_2(1-w)\bar{E}-k_{11}\beta_3 y]\}/w(1-\tau)$;$k_{12} = -k_{11}\bar{y}\beta_3(1-\tau)$。从(7)式可以看出,货币供给和汇率自身运动对汇率变化率影响的强度取决于 w 的大小,即投资者在总交易者汇率预期中占越大比重,则货币供给和汇率自身变化越能对汇率变化率起作用;反之,如果投机型交易者占较大比重,则效果较弱。

(五)政府目标函数

依据 Barro-Gordon 损失函数,假定政府在时期 $[0,T]$ 最小化价格变动率和

---

① 从 2005 年 7 月开始,国家外汇管理局加大了外汇市场基础设施建设的力度,外汇远期市场也相应建立,随中国经济不断融入全球经济中,外汇市场风险也在加大。因而,此处将交易者分为投资和投机型是基本符合中国外汇市场情况的。

② 本文得到的汇率运动方程同 Dornbusch(1976),郭建泉和周茂荣(2003)有类似性。主要区别在于:(1)本文在商品商场中引入产出的汇率预期弹性和利率弹性,所以在后文得出的结论与前者的结果截然不同;(2)本文在外汇市场条件中考虑到资本控制程度,这成为本文结论的一个关键条件;(3)在 Dornbusch(1976)模型中采用的是比较静态分析,$\mathrm{d}E/\mathrm{d}m$ 等于正常数,郭建泉和周茂荣(2003)也采用了比较静态分析方法。

产出波动率:

$$\min L = \sigma P^2 + (1-\sigma)(\bar{y}-y)^2 \tag{8}$$

上式中,σ 表示政府在这两个目标之间的取舍:如果政府设置较高的经济增长率,σ 接近于 0,若政府以价格稳定为主要目标,σ 接近于 1。为简化分析,我们假设 $0<\sigma<1$,即政府目标不是"角点解"而是"内点解"。

由(1)、(3)和(5)可以将政府目标函数改写为:

$$\min L = \sigma[-k_{14}\beta_3 m + \beta_3(k_{15}-\bar{y})]^2 + (1-\sigma)(k_{14}m + \bar{y} - k_{15})^2 \tag{9}$$

其中,$k_{14} = k_{11}[\beta_2 - \beta_1(1-\tau)]$;$k_{15} = [-\beta_1\beta_2(1-\tau) + \beta_2(k_{12}-\varphi)]/(1-\tau)$

三、最优路径

假设政府目标是最大化$[0,T]$期的升值收益,在直接标价法下,期初(0)汇率大于期末(T)汇率水平,即 $E_0 > E_T$,再考虑到各种压力(如国外政治、本国经济快速增长、劳动生产率提高、名义汇率低估等等),政府或者市场使得汇率升值的时间是给定的。按照影响汇率升值的经济主体不同,我们在此考虑两种升值方式,假定这两种不同升值方式下政府目标函数是一致的。

(一)市场主导型升值

将最小化问题(9)转化为政府最大化其目标函数(泛函):

$$\max \int_0^T \{-\sigma[-k_{14}\beta_3 m + \beta_3(k_{15}-\bar{y})]^2 - (1-\sigma)(k_{14}m + \bar{y} - k_{15})^2\} e^{-\rho t} dt$$

满足:$\hat{E} = -\dfrac{\alpha_2(1-w)}{w}E - \dfrac{k_{11}}{w}m + k_{13}$

边界条件:$E(0)=E_0$,$E(T)$自由(E_0,T给定)

该问题中,含一个控制变量 m 和一个状态变量 E。之所以选择 m 作为控制变量[①],原因在于:(1)中央银行三大货币政策工具(法定准备金、贴现率和公开市场操作)中,只有公开市场业务可以进行日常操作影响货币供给量,而法定准备金和贴现率不适宜于经常性操作。(2)如果一国资本市场不发达,间接融

[①] 本文在此没有细分外生性和内生性货币供给。事实上,有学者主张货币供给内外共生性,例如黄达(1997:79),正如崔建军(2006:84)所言:"站在国民经济运行的高度考察货币供给的性质,将货币供给既是为内生变量,又视为外生变量,是完全合理的。"此外,文远华(2005:16)发现:中国信贷市场在 1998—2002 年在总量和结构上出现了明显的信贷供给配给现象。

资在一个国家整个金融市场中所占比重很高,中央银行很容易调控货币供给量(例如通过信贷规模控制)。(3)依据货币主义汇率理论,开放经济条件下,本国货币供给不仅包括国内信贷,而且包括外汇储备。如果一国国内金融市场不完善,中央银行肩负着维持货币稳定的义务,必然在外汇市场上进行连续性干预调节外汇供求。(4)借助于其他手段也可以很好地调控货币供给量。例如,19世纪 70 年代初,德国联邦银行为了紧缩国内货币供给量,就相对扩大企业在国际货币市场上发行德国马克债券的权利(殷醒民,1998)。

根据最大值原理,建立现值汉密尔顿函数:

$$H = -\sigma[-k_{14}\beta_3 m + \beta_3(k_{15}-\bar{y})]^2 - (1-\sigma)(k_{14}m+\bar{y}-k_{15})^2$$
$$+ \lambda[-\frac{\alpha_2(1-w)}{w}E - \frac{k_{11}}{w}m + k_{13}]$$

由最大值原理可以对上述拉格朗日函数求解得:

$$\frac{\partial H}{\partial M} = 2\sigma k_{14}\beta_3[-k_{14}\beta_3 m + \beta_3(k_{15}-\bar{y})] - 2k_{14}(1-\sigma)(k_{14}m+\bar{y}-k_{15}) - \lambda\frac{k_{11}}{w}$$

$$\hat{E} = \frac{\partial H}{\partial \lambda} = -\frac{\alpha_2(1-w)}{w}E - \frac{k_{11}}{w}m + k_{13}$$

$$\hat{\lambda} = -\frac{\partial H}{\partial E} + \rho\lambda = \lambda\frac{\alpha_2(1-w)}{w} + \rho\lambda$$

横截条件:$\lambda(T)=0$

解上述方程可得到汇率运动和货币供给变化的最优路径:

$$m^*(t) = \frac{k_{15}-\bar{y}}{k_{14}}$$

$$E^*(t) = E_0 e^{k_{16}t} + \frac{w}{\alpha_2(1-w)}[k_{13} - \frac{k_{11}(k_{15}-\bar{y})}{wk_{14}}](e^{k_{16}t}-1)$$

其中,$k_{16} = -\alpha_2(1-w)/w$。货币供给增长率的最优路径表现为一条水平线(图3),换句话说,在"市场主导型升值"下,政府应该实施单一货币政策规则:保持单一的或者稳定的货币供给增长率。这种政策可以为投资者提供稳定的预期,实现汇率的稳定升值。

由于 $\beta_2 - \beta_1(1-\tau)$ 的不同符号(见附录 1 和 2),应该有两种不同的升值路径,但根据泛函中的约束条件,只需考虑 $\beta_2 < \beta_1(1-\tau)$。$\beta_2$ 和 $\beta_1(1-\tau)$ 可以分别理解为产出的汇率预期弹性和资本可流动下产出的利率弹性[①]。因为 $\frac{dE^*}{dt} < 0$,

---

[①]　事实上,$\beta_2 = d\ln y/d\ln(E_e)$;因为 $i \approx \ln(1+i)$,所以 $d\ln y/d\ln(1+i) = d\ln y/di = \beta_1 = (dy/y)/di \approx (\Delta y/y)/\Delta i = y$ 的增长速度/i 的增长幅度。

$\dfrac{\mathrm{d}^2 E^*}{\mathrm{d}t^2} > 0$，最优升值路径表现为一条向下倾斜的曲线(图 4)。

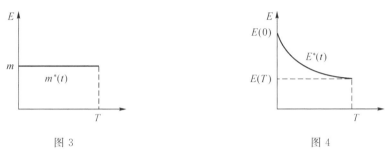

图 3   图 4

当 $\beta_2 > \beta_1(1-\tau)$，若没有 $E(0) > E(T)$ 的限制(即期末可能没有升值)，汇率的最优变动路径是不断贬值(见附录 3)。然而，现实经济中，如果产出的汇率预期弹性大于资本可流动下产出的利率弹性，同时市场又要求汇率升值，此时，只有通过改变约束条件，才能实现升值目标。政府应该采取措施降低汇率预期(例如公开承诺短期汇率升值趋势)，以降低汇率预期对产出波动的影响，并且提高资本可流动下利率弹性，比如说提高本国居民持有国外资产的比重，这样可以使得产出的汇率预期弹性小于资本可流动下产出的利率弹性，"市场主导型"转变为"政府主导型"升值。

因此，在市场主导型升值下，只有产出的汇率预期弹性小于资本可流动下产出的利率弹性的条件下，才能获得价格和产出波动的最大收益。政府实行单一货币政策规则，稳定投机和投资预期，然后根据具体的经济约束条件，选择最优的升值路径。其实，贯彻这一过程真正的作用机制在于市场交易者与政府之间的信息不对称。因为政府没有明确具体的升值目标，投资者仅根据自身所拥有的信息不断猜测新的汇率升值水平，如果政府只是被动地进行类如冲销干预等政策工具来调控货币供应量，其结果可能适得其反，导致产出和价格波动加剧。

(二)政府主导型升值

该种情形下，与市场主导型升值唯一的差别是边界条件，所以求解过程唯一的差异在于横截条件：$E(T) = E_T$，与前面同样的解法可得最优路径：

$$m^*(t) = \frac{-2k_{19}\left[w(\rho - k_{16}) + (1-w)\alpha_2\right]}{k_{16}k_{11}\left[\mathrm{e}^{\left[\frac{wp+(1-w)a_2}{w}\right]T} - \mathrm{e}^{k_{16}T}\right]}\mathrm{e}^{\frac{wp+(1-w)a_2}{w}t} + \frac{k_{15} - \bar{y}}{k_{14}}$$

$$E^*(t) = E_0\mathrm{e}^{k_{16}t} + \frac{w}{\alpha_2(1-w)}k_{18}(\mathrm{e}^{k_{16}t} - 1)$$

其中 $k_{17} = \dfrac{k_{11}^2}{2w^2 k_{14}^2 [\sigma\beta_3^2 + (1-\sigma)]}$；$k_{18} = k_{13} - \dfrac{k_{11}(k_{15} - \bar{y})}{wk_{14}}$；$k_{19} = [(k_{16}E_T + k_{18}) - (k_{16}E_0 + k_{18})e^{k_{16}T}]$。考虑到 k_{18}，k_{19} 符号的不确定性，同"市场主导型升值"分析相似，分两种情况进行讨论：

（1）$\beta_2 > \beta_1(1-\tau)$，即产出的汇率预期弹性大于资本可流动下产出的利率弹性。

因为 $\dfrac{\mathrm{d}m^*}{\mathrm{d}t} > 0$，$\dfrac{\mathrm{d}^2 m^*}{\mathrm{d}t^2} > 0$。因此，$m^*(t)$ 呈现凸性，且向上凸（图5）。可以看出，在 $[0, T]$ 内，最优货币供给路径是货币供给随时间不断增加，也就是在汇率升值过程中保持稳定的货币增长率（类似如推行扩张性的货币政策）。$\dfrac{\mathrm{d}E^*}{\mathrm{d}t}$ 的符号难以确定，但由 $\dfrac{\mathrm{d}^2 E^*}{\mathrm{d}t^2} < 0$（见附录4），可知 $E^*(t)$ 是凹的，得到图6。可以看出，汇率最优升值路径应该是"先贬后升"。

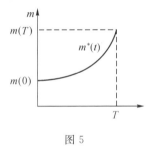

图5

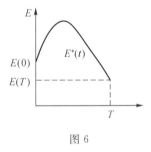

图6

这种分析的政策内涵就是：只要该国初始条件满足 $\beta_2 > \beta_1(1-\tau)$，政府就可以在期初时设置一个较低的货币供给量，然后以递增的速率提高，而汇率运动路径是先贬值后升值。然而，传统货币主义模型认为货币供给量增加（减少）会带来汇率贬值（升值），因而货币供给量与汇率变动之间是单一路径变化关系，而我们的结论表明：满足一定的初始条件，增加货币供给量在较短的时期内可以带来汇率贬值，从而抑制汇率升值，但很快汇率又会重新升值。

货币供给增长率与汇率"先贬后升"的相悖可能原因就在于产出的汇率预期弹性与资本可流动下产出的利率弹性相比较的大小。若前者大于后者，货币供给增长率的持续上升会增强交易者对汇率贬值的预期，同时使利率下降，但汇率预期贬值对产出增加的影响大于利率下降对产出增加的影响。但是，当货币供给增长率到达某一点上，在该点上再多增加一单位货币供给量，交易者会觉得货币供给量不可能再继续增加，继而预测未来本国货币汇率会升值；若后者小于前者，其中的作用机理正好相反。

(2) $\beta_2 < \beta_1(1-\tau)$，即产出的汇率预期弹性小于资本可流动下产出的利率弹性。

因为 $\dfrac{\mathrm{d}m^*}{\mathrm{d}t} < 0$，$\dfrac{\mathrm{d}^2 m^*}{\mathrm{d}t^2} < 0$。因此，$m^*(t)$ 呈现凹性，且向下凹（图7），最优货币供给路径是货币供给随时间降低，也就是说，在汇率升值过程中保持货币供给变化率稳定下降（类似如紧缩性货币政策）。$\dfrac{\mathrm{d}E^*}{\mathrm{d}t}$ 的符号难以确定，但在约束条件下，由 $\dfrac{\mathrm{d}^2 E^*}{\mathrm{d}t^2} > 0$ 知，$E^*(t)$ 是凸的（图8）。此时，最优汇率升值路径应该是"先升后贬"，即前期实行较大幅度升值，然后再通过小幅贬值纠正过度升值，总体上看，汇率是升值的，达到政府设定的预期目标。

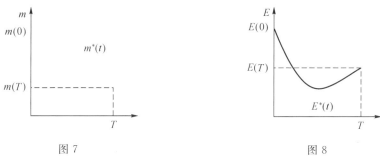

图7　　　　　　　　　　　　　　图8

四、数据实验

张曙光（2005）估计了升值幅度在 5%、10%、15% 和 20% 下，用两种不同的出口的汇率弹性和外商直接投资的汇率弹性预测对经济增长的作用。本文用该弹性的平均数替代产出的汇率预期弹性，其值为 0.99[①]。

截至 2004 年底，人民币资本项目超过一半已实现可兑换或只有较少限制，严格管制的项目很少。按照国际货币基金组织划分的 7 大类 43 个资本项目，中国已经实现可兑换的有 11 项，占 25.6%；较少限制的 11 项，占 25.6%；较多

------

① 具体计算公式为{（第 1 种出口的汇率弹性＋第 1 种外商直接投资的汇率弹性）/2＋（第 2 种出口的汇率弹性＋第 2 种外商直接投资的汇率弹性）/2}² = 0.99。鉴于难以真实估计产出的汇率预期弹性，不可能将利率与汇率预期放在同一方程中进行回归，因而该简单数据实验的结果并不具有代表性。此外，本文结论严重依赖于这一测算结果，如果该结果不准确，本文的结论可能会有变化。

限制的 18 项,占 34.9%;严格管制的 6 项,占 13.9%。用较多限制和严格管制的比率表示中国对资本的控制程度,大体上可以得到 $t=0.59$(曾先锋,2006)。

由 $\beta_2-\beta_1(1-\tau)=0.99-\beta_1(1-0.59)$,因此要使得该等式小于或者等于零,必须使得 $\beta_1>2.4$,即产出的利率弹性大于 2.4。然而,根据既有研究(谢平,2003;曾宪久,2001),β_1 绝对小于 2.4。据此,可以判断,$\beta_2>\beta_1(1-\tau)$。因此,中国目前的产出的汇率预期弹性大于资本可流动下产出的利率弹性,由最优解,有以下基本判断。

(1)如果政府将人民币汇率升值的"主导权"让渡给市场,最优的货币政策应该是单一货币规则,即在整个升值时间段内,保持稳定不变的货币供给变动率,但此时最优汇率变化路径与市场预期路径相悖,在给定汇率升值的条件下,"市场主导型"升值反而演变为"政府主导型"升值:政府应该采取措施降低产出的汇率预期弹性,提高产出的利率预期弹性以及降低资本管制程度,从而达到汇率升值的目的。值得一提的是,中国的被动式债权(指部分外汇储备)或者说官方债权在净国外资产中占支配地位,不仅使得资金使用的机会成本增多,而且会造成本币升值压力以及替代部分自主债权(指对外直接投资和证券投资)。因为被动式债权来源于资本流入而自主式债权来源于资本流出,如果增加自主式债权,资本流向收益率最高的国家,同时本币升值压力得到缓解(王义中等,2006b)。所以,放松实物性资本管制,鼓励本国更多企业走出去,在现阶段不仅可以缓解升值压力,而且在给定升值目标后,能有效降低资本可流动下的产出利率弹性,最终实现政府目标。

(2)"政府主导型"升值下,由于产出的汇率预期弹性大于资本可流动下产出的利率弹性,最优货币供给路径是不断递增的,人民币汇率最优升值路径是"先贬后升"。这基于以下理由:首先,当产出的汇率预期弹性很大时,通过增大货币供给量来降低本国货币币值,一方面可以抵消汇率预期的影响(例如可以部分改变汇率预期方向),另一方面可以降低产出波动。其次,将汇率升值压力区分为内生升值和外生预期升值,前者强调巴拉萨—萨缪尔森效应和经常账户顺差内生出本币升值压力(张曙光,2005;张斌、何帆,2006),后者突出外部因素导致本币升值压力,例如美国的政治压力(刘霞辉,2004)。浏览已有文献,基本认同人民币内生升值压力是产生汇率预期的根源,若真如此,以外商直接投资和出口的汇率弹性替代汇率预期弹性就是可靠的,汇率预期弹性较大是符合中国现实经济背景的。再次,中国产出的利率弹性较小(谢平,2003;曾宪久,2001),借助利率政策防止价格和产出波动的效果很小,所以过分依靠利率调节手段并不能有效达到汇率升值目标。

（3）自 2005 年 7 月 21 日，人民币汇率已持续升值达 3.6%。在汇率升值预期主导下，国外资本不断流入，为缓解由此所产生的通胀压力，中国人民银行数次提高利率或提高法定准备金率试图紧缩货币供给量。这似乎是冲销干预政策的内生结果，短期内，该政策是有效的，但到一定程度，会使得短期利率上升、资本进一步流入和实际汇率升值（Obstfled，1982；社科院课题组，2005）。很显然，这种政策不具有可持续性，忽略了产出的汇率预期弹性与利率弹性之间的关系。

五、总　结

（一）结　论

文章在弹性价格货币主义汇率模型框架下，运用动态优化方法，以货币供给量作为控制变量，研究了"市场主导型升值"和"政府主导型升值"下的汇率升值的不同最优路径。主要发现如下：

（1）"市场主导型"升值下，最优货币政策应该是单一货币规则，当产出的汇率预期弹性大于产出的利率弹性，"市场主导型"升值演变为"政府主导型"升值，政府此时更多地介入市场，运用相关政策措施改变约束条件；如果产出的汇率预期弹性小于产出的利率弹性，最优升值路径表现为"单一升值路线"而不是阶段性升值策略。

（2）"政府主导型"升值下，同市场主导型升值的初始约束条件相一致，对应于不同的最优货币政策，政府应该选择不同的最优升值路径。具体来说，当产出的汇率预期弹性大于产出的利率弹性，最优货币增长率不断上升，汇率升值的最优路径应该是"先贬后升"；反之，最优货币增长率不断下降，汇率升值的最优路径表现为"先升后贬"。

（3）借助简单的数据实验，发现中国产出的汇率预期弹性大于资本可流动下产出的利率弹性，因而人民币汇率升值路径是"政府主导型"的，采取渐进式的阶段性升值方式，只有在该约束条件发生逆转时，才能推行"市场主导型"升值，实行自由浮动汇率制度。

（二）政策内涵

现阶段，国内学者对于人民币该不该升值并没有取得一致观点，大多数提倡升值的文献忽略了约束条件。本文以上结论已清晰表明，由于当前中国产出的汇率预期弹性大于资本可流动下产出的利率弹性，政府主导型升值下的最优路径是"先贬后升"而不是走单一的升值路线。也就是说，当前人民币汇率不应该持续升值，而政府应该公开并放宽外汇市场汇率波动幅度。若中国强制推行"市场主导型"升值，最终还会"回归"到"政府主导型"升值，因此，在中国采取"市场主导型"升值是不现实的。

那么，什么时候该升值？在扩大人民币汇率波动区间的条件下，转换最优升值路径的约束条件——将产出的汇率预期弹性大于资本可流动下产出的利率弹性转换成前者小于后者，最后走"先升后贬"的路径。具体来说，第一，要降低产出的汇率（预期）弹性，例如，给市场以可置性承诺，公开并放宽汇率波动幅度。第二，提高产出的利率弹性，例如，加快利率市场化改革进程，改善货币政策传导机制。第三，放松资本控制，例如，进一步放松实物性资本流出限制，降低对外商直接投资的优惠待遇等等。在国内金融体系基本完善以及产出的汇率预期弹性小于资本可流动下产出的利率弹性时，推行"市场主导型"升值，走"单一升值路径"，将有管理的浮动汇率制转变为比较自由的浮动汇率制，最终实现人民币国际化。

附录 1：系数符号的确定

（1）当 $\beta_1(1-\tau)>\beta_2$，$k_{11}>0$；当 $\beta_1(1-\tau)=\beta_2$，$k_{11}=\dfrac{1}{\alpha_1}>0$；当 $\beta_1(1-\tau)<\beta_2$，

因为 $\alpha_1(1-\tau)-(1+\beta_3)[\beta_1(1-\tau)-\beta_2]$

$$=\alpha_1-\alpha_1^{\tau}-\beta_1+\beta_1^{\tau}+\beta_2-\beta_1\beta_3+\beta_1\beta_3 t+\beta_2\beta_3$$

$$>\alpha_1-\alpha_1^{\tau}-\beta_1+\beta_1^{\tau}+(\beta_1-\beta_1^{\tau})-\beta_1\beta_3+\beta_1\beta_3 t+\beta_2\beta_3$$

$$=\alpha_1-\alpha_1^{\tau}-\beta_1\beta_3+\beta_1\beta_3^{\tau}+\beta_2\beta_3$$

$$>\alpha_1-\alpha_1^{\tau}-\beta_1\beta_3+\beta_1\beta_3^{\tau}+\beta_1(1-\tau)\beta_3$$

$$=\alpha_1(1-\tau)>0$$

故 $\alpha_1(1-\tau)>(1+\beta_3)[\beta_1(1-\tau)-\beta_2]$，$k_{11}>0$

综合以上三种情况，可知 $k_{11}>0$。

（2）显然，$k_{12}<0$；

（3）为使附录 2 中等式 $m^*(t)=\dfrac{k_{15}-\bar{y}}{k_{14}}$ 具有经济学含义，必然要求 $\dfrac{k_{15}-\bar{y}}{k_{14}}>0$，得 $k_{14}<0$。

附录 2：$\beta_2-\beta_1(1-\tau)$ 符号的确定

第 1 步：由 k_{19} 确定 $k_{16}E_0+k_{18}$ 的符号

由假设可知：$0<E_T<E_0$ 且 $k_{16}<0,0<e^{k_{16}T}<1$，则 $k_{16}E_T>k_{16}E_0$，$k_{16}E_Te^{k_{16}T}>k_{16}E_0e^{k_{16}T}$。

（1）$k_{19}<0$，即 $k_{16}E_T+k_{18}<(k_{16}E_0+k_{18})e^{k_{16}T}$。

因 $k_{16}E_0+k_{18}<k_{16}E_T+k_{18}<(k_{16}E_0+k_{18})e^{k_{16}T}$，即 $(k_{16}E_0+k_{18})(1-e^{k_{16}T})<0$，故 $k_{16}E_0+k_{18}<0$。

（2）$k_{19}>0$，即 $k_{16}E_T+k_{18}>(k_{16}E_0+k_{18})e^{k_{16}T}$。

此时要求 $k_{16}E_0+k_{18}>0$，不等式 $k_{16}E_T+k_{18}>k_{16}E_0+k_{18}>(k_{16}E_0+k_{18})e^{k_{16}T}$ 成立。

（3）k_{19} 不可能等于零，即 $k_{16}E_T+k_{18}\neq(k_{16}E_0+k_{18})e^{k_{16}T}$。

如果 $k_{19}=0$，即 $k_{16}E_T+k_{18}=(k_{16}E_0+k_{18})e^{k_{16}T}$，则 $k_{16}E_T+k_{18}=(k_{16}E_0+k_{18})e^{k_{16}T}$，因为 $k_{16}E_0+k_{18}<k_{16}E_T+k_{18}$，所以 $(k_{16}E_0+k_{18})(1-e^{k_{16}T})<0$，由（1）知，$k_{16}E_0+k_{18}<0$，所以 $k_{19}<0$，与题设相矛盾，因此，k_{19} 不可能等于零。另外，从最优升值路径也可以直观看出，如果 $k_{19}=0$ 和 $k_{16}E_0+k_{18}=0$，最优升值路径表现为一条平行线，这与泛函中的假设是相违背的。

第 2 步：解出 $k_{16}E_0+k_{18}$ 具体的值以及对应的符号

由相关假设条件，$\bar{E}=E_0$ 可得：

$$k_{16}E_0+k_{18}=\frac{\beta_1\beta_3\bar{y}(1-\tau)k_{11}+\beta_1\varphi+\beta_1\beta_2+\bar{y}}{w[\beta_2-\beta_1(1-\tau)]}$$

因此，$k_{16}E_0+k_{18}$ 的符号取决于 $\beta_2-\beta_1(1-\tau)$ 的符号：

当 $\beta_2>\beta_1(1-\tau)$，$k_{16}E_0+k_{18}>0$；当 $\beta_2<\beta_1(1-\tau)$，$k_{16}E_0+k_{18}<0$。

附录 3：符号判断

$$\frac{dE^*}{dt}=(k_{16}E_0+k_{18})e^{k_{16}t},\quad\frac{d^2E^*}{dt^2}=k_{16}(k_{16}E_0+k_{18})e^{k_{16}t}$$

因此，当 $k_{16}E_0+k_{18}>0$ 时，即 $\beta_2>\beta_1(1-\tau)$，$\frac{dE^*}{dt}>0$，$\frac{d^2E^*}{dt^2}<0$。但根据约束条件 $E(0)>E(T)$ 可知，这种情况被排除；当 $k_{16}E_0+k_{18}<0$，即 $\beta_2<\beta_1(1-\tau)$，$\frac{dE^*}{dt}<0$，$\frac{d^2E^*}{dt^2}>0$。

附录 4：符号判断

$$\frac{dm^*}{dt}=\frac{-2k_{19}[w(\rho-k_{16})+(1-w)\alpha_2][w\rho+\alpha_2(1-w)]}{k_{16}k_{11}[e^{[\frac{w\rho+(1-w)\alpha_2}{w}]T}-e^{k_{16}T}]w}e^{\frac{w\rho+(1-w)\alpha_2}{w}t}$$

$$\frac{dE^*}{dt}=\frac{k_{19}}{k_{16}[e^{[\frac{w\rho+(1-w)\alpha_2}{w}]T}-e^{k_{16}T}]}\left[\frac{w\rho+(1-w)\alpha_2}{w}e^{\frac{w\rho+(1-w)\alpha_2}{w}t}-k_{16}e^{k_{16}t}\right]$$

$$+(k_{16}E_0+k_{18})e^{k_{16}t}$$

$$\frac{d^2E^*}{dt^2}=\frac{k_{19}}{k_{16}[e^{[up+(1-w)a_2]T}-e^{k_{16}T}]}\left[\left[\frac{w\rho+(1-w)\alpha_2}{w}\right]^2e^{\frac{up+(1-w)a_2}{w}t}-k_{16}^2e^{k_{16}t}\right]$$

$$+k_{16}(k_{16}E_0+k_{18})e^{k_{16}t}$$

$$=\frac{k_{19}}{k_{16}[e^{[up+(1-w)a_2]T}-e^{k_{16}T}]}\left[\left[\frac{w\rho+(1-w)\alpha_2}{w}\right]^2e^{\frac{up+(1-w)a_2}{w}t}-\left[\frac{(1-w)\alpha_2}{w}\right]^2e^{k_{16}t}\right]$$

$$+k_{16}(k_{16}E_0+k_{18})e^{k_{16}t}$$

因为,$k_{16}<0$,$e^{k_{16}T}$,$e^{[up+(1-w)a_2]T}>1$,$e^{\frac{up+(1-w)a_2}{w}t}>1$,

$$\left[\frac{w\rho+(1-w)\alpha_2}{w}\right]^2>\left[\frac{(1-w)\alpha_2}{w}\right]^2$$

所以,当 $k_{16}E_0+k_{18}>0$,$\frac{d^2E^*}{dt^2}<0$;当 $k_{16}E_0+k_{18}<0$,$\frac{d^2E^*}{dt^2}>0$

参考文献

[1] 关于这种形成的利率平价理论,可参见曾先锋(2006),考虑到中国的不完全资本控制政策,此处的假设也是符合中国现实的。

[2] 本文得到的汇率运动方程同 Dornbusch(1976),郭建泉、周茂荣(2003)有类似性。主要区别在于:(1)本文在商品商场中引入产出的汇率预期弹性和利率弹性,所以在后文得出的结论与前者的结果截然不同;(2)本文在外汇市场条件中考虑到资本控制程度,这成为本文结论的一个关键条件;(3)在 Dornbusch(1976)模型中采用的是比较静态分析,dE/dm 等于正常数,郭建泉、周茂荣(2003)也采用了比较静态分析方法。

[3] 本文在此没有细分外生性和内生性货币供给。事实上,有学者主张货币供给内外共生性,例如黄达(1997:79),正如崔建军(2006:84)所言:"站在国民经济运行的高度考察货币供给的性质,将货币供给既是为内生变量,又视为外生变量,是完全合理的。"此外,文远华(2005:16)发现:中国信贷市场在1998—2002 年在总量和结构上出现了明显的信贷供给配给现象。

[4] Bacchetta P, Wincoop E. A scapegoat model of exchange-rate fluctuation[R]. American Economic Review, 2004,94(2):114-118.

[5] Besancenot D, Vranceanu R. Credibility costs in the monetary integration game[J]. The Economics of Transition,2003, 11(4):727-741.

[6] Dornbush R. Expectations and exchange rate dynamics[J]. The Journal of Political Economy,1976,84(6):1161-1176.

[7] Frenkel J A. On the mark：A theory of floating exchange rates based on real interest differentials[J]. The American Economic Review,1979,69(4)：610-622.

[8] Obstfled M. Can we sterilize：Theory and evidence[J]. The American Economic Review，1982,72(2)：45-50.

[9] 陈雨露,王芳. 作为国家竞争战略的货币国际化:美元的经验证据[J]. 经济研究,2005(2):2.

[10] 陈志昂,王义中. 论人民币汇率的双重均衡[J]. 管理世界,2005(5):37-45.

[11] 崔建军. 中国货币政策有效性问题研究[M]. 北京:中国金融出版社,2006.

[12] 黄达.宏观调控与货币供给[M].北京:中国人民大学出版社,1997.

[13] 卢锋.人民币实际汇率之谜[J].经济学季刊,2006,3(2):635-674.

[14] 卢向前,戴国强.人民币实际汇率波动对我国进出口的影响:1994—2003[J].经济研究,2005(5):31-39.

[15] 李扬,余维彬.人民币汇率制度改革:回归有管理的浮动[J].经济研究,2005(8):24-31＋53.

[16] 刘霞辉.人民币已进入了长期升值预期的阶段了吗？[J].经济研究,2004(2):28-38.

[17] 林毅夫.论经济学方法[M].北京:北京大学出版社,2005.

[18] 罗纳德·I.麦金农.美元本位下的汇率——东亚高储蓄两难[M].北京:中国金融出版社,2005.

[19] 施建淮,余海丰.人民币均衡汇率与汇率失调:1991—2004[J].经济研究,2005(4):34-45.

[20] 经济增长前沿课题组.国际资本流动、经济扭曲与宏观稳定[J].经济研究,2005(4):4-16.

[21] 谢平,袁沁敬.我国近年利率政策的效果分析[J].金融研究,2003(5):1-13.

[22] 魏巍贤.人民币升值的宏观经济影响评价[J].经济研究,2006(4):47-57.

[23] 文远华.中国经济转轨时期信贷配给问题研究[M].上海:上海三联书店、上海人民出版社,2005.

[24] 王义中,金雪军.外商直接投资、实际汇率升值与政策选择[J].数量经济技术经济研究,2006(8):78-89.

[25] 王义中,金雪军,陈志昂.中国净国外资产:测算、分析与政策内涵[J].统计研究,2006(3):75-79.

[26] 王明舰.中国通货膨胀问题分析[M].北京:北京大学出版社,2001.

[27] 汪红驹.用误差修正模型估计中国货币需求函数[J].世界经济,2002(5):55-61.

[28] 殷醒民.从德国马克的国际化过程看金融稳定的基础[J].世界经济文汇,1998(1):15-18.

[29] 张曙光.人民币汇率问题:升值及其成本—收益分析[J].经济研究,2005(5):17-30.

[30] 周茂荣,郭建泉.弹性汇率制度下资本控制的经济效应[J].经济研究,2003(5):48-56+92.

[31] 张斌,何帆.货币升值的后果——基于中国经济特征事实的理论框架[J].经济研究,2006(5):20-30.

[32] 曾先锋.估算汇率弹性的模型和对人民币汇率的实证分析[J].数量经济技术经济研究,2006(2):42-50.

[33] 曾宪久.利率与产出关系的理论和实证研究[J].国际金融研究,2001(3):19-24.

[34] 张斌,何帆.如何应对经济崛起时期的汇率升值压力[J].国际经济评论,2004(3):10-13.

我国外汇市场动量效应的实证研究

——基于改进的 MA 交易规则①

摘　要　本文构建了改进的 MA 交易规则,运用 13600 种策略对我国外汇市场上的动量效应进行了实证检验,发现存在着显著的动量超额收益,证明"有效市场"理论在中国外汇市场上并不成立。同时,这种超额收益也受到了人民币汇率形成机制改革的显著影响,机制改革后随着汇率弹性的增加和市场供求关系的逐渐体现,动量效应有所减弱,市场逐渐向"理性"发展。

关键词　外汇市场;动量效应;改进的 MA 交易规则;人民币汇率形成机制改革

一、引　言

所谓动量效应,是指过去表现较好的股票(外汇等)将在未来的一段时期内也继续表现较好(Jegadeesh 和 Titman,1993,下文简称 JT)。从 JT 对美国股票市场的动量效应进行研究以来,关于股市动量效应的研究层出不穷②,然而关于外汇市场动量效应的存在性研究却相对较少,如 Le Baron(1991)等,由于中国外汇市场的特殊性使得对中国外汇市场的动量效应研究更显得凤毛麟角。

Le Baron(1991)等研究发现一些发达国家的外汇市场上普遍存在着显著

---

① 本文作者金雪军、徐少君,最初发表在《国际贸易问题》2007 年第 5 期。

② "动量效应"最初源自 Jegadeesh 和 Titman(1993)对美国股票市场上动量效应的研究,王志强等(2006)对股票市场的动量效应研究作了较好的综述,但是从查阅到的文献看,对外汇市场动量效应的研究并不是很多。

的动量效应,表明了外汇市场上的价格行为并不完全如标准金融理论所认为的由市场基本面决定,而相反,利用一定的技术分析策略也能获得显著的超额利润。中国外汇市场经历了由盯住美元的固定汇率制度向"以市场供求为基础、参考一篮子货币进行调节、有管理的浮动汇率制度"的转变过程,极大地提高了人民币汇率形成的市场化程度,增加了人民币汇率的弹性和灵活性。对具有转型特点的中国外汇市场动量效应的研究,扩展了对各种形态的外汇市场上动量效应普遍存在性的研究。

基于此,本文拟构建改进的移动平均(MA)交易规则对中国外汇市场上动量交易策略的获利性进行实证研究,并在此基础上研究人民币汇率形成机制改革对中国外汇市场上的动量效应的影响。

二、文献综述

随着技术分析方法在外汇市场上的成功运用(Sweeney,1986;Taylor,1994;Kho,1996;Le Baron,1999;Marsh,2000;等),外汇市场遵从随机游走的假说受到了越来越多的质疑,如 Taylor 和 Allen(1992)就发现外汇市场上存在着显著的趋势性和一定的序列相关性。一些学者运用移动平均(MA)交易规则发现外汇市场上存在显著的超额收益,且这些超额收益不能简单地认为是其承担额外风险的一种补偿(Levich 和 Thomas,1993;Raj,2000;等),从而对有效市场理论形成了挑战。

但纵观上述研究,其主要采用的技术交易规则并不局限于动量交易规则,而是广泛运用大量的一般性交易规则,而具体以采用动量交易规则为研究对象的文献并不多,从查阅的文献看,主要有 Le Baron(1991)、Okunev 和 White(2003)等。Le Baron 以 1974 年 1 月—1991 年 2 月期间的英镑、德国马克、日元周汇率为样本,用 MA 交易规则度量了外汇市场上存在的显著的利润,并进一步采用自助方法发现 RW、GARCH、状态转换和利率调整模型均不能再现得自实际数据的交易规则利润,即表明上述模型均不能对交易规则产生的利润来源做出解释。Okunev 和 White(2003)也采用 MA 交易规则对美元、英镑、日元、加元、法郎、澳大利亚元、瑞士法郎、德国马克 8 种外汇的动量效应进行了检验,同样发现了显著的收益,并证明了动量收益并不是由于时变性风险溢价引起,而是依赖于收益间潜在的自相关性。

在上述研究基础上,Okunev 和 White(2003)对外汇市场无效性进行了概括性的解释，认为主要有两个原因：一是噪声交易者的存在；二是央行的干预。Shleifer 和 Summers(1990)认为，噪声交易者的交易行为将使价格低于其真实价值，并且即使其认识到了该问题，仍然会由于其自身"损失限度"限制(loss limit restrictions)，而未能实施与市场趋势相反的交易来推动价格朝真实价值逼近。Okunev 和 White(2003)对央行干预对外汇市场有效性的影响进行了分析，认为这主要是由于央行缺乏赢利动机使然，因为央行在外汇市场上进行交易的目的并不是为了赢利，而是为了减少外汇市场的波动和确保外汇的价值能控制在可接受的范围内。

然而上述研究均是基于发达国家的外汇市场，中国自 1994 年 1 月汇率并轨以来实行了"以市场供求为基础的、单一的、有管理的浮动汇率制度"，实现了人民币稳中有升。但此后由于 1997 年亚洲金融危机的爆发，我国主动收窄了人民币汇率浮动区间，形成了基本上盯住美元的固定汇率制度，外汇市场的"市场化"程度较低。而 2005 年 7 月 21 日出台的新的人民币汇率制度实行"以市场为基础、参考一篮子货币进行调节、有管理的浮动汇率制度"，逐步增大了人民币汇率制度的灵活性，使人民币汇率更加反映市场供求变化，实现了汇率主要由市场机制决定，为中国外汇市场早日接轨国际市场奠定了一定的基础。

基于上述研究与事实，本文认为，动量交易规则作为一种重要的交易规则，并具有较强的操作实践性，因此对外汇市场上的动量效应的研究不仅具有理论意义也有一定的实践意义。同时，中国人民币汇率形成机制改革已进行 1 年之余，人民币汇率的弹性、灵活性以及汇率的市场化程度均得到了一定的提高，因此，研究处于不断发展的中国外汇市场的动量效应，对于扩展已有的关于一些国外发达外汇市场动量效应的研究有一定的意义。

此外，纵观已有的研究文献，可以发现基本上以持有期固定的简单 MA 交易规则为主，本文认为"灵活的持有期"是考虑动量效应盈利性的一个重要方面，建立了改进的 MA 交易规则，对中国外汇市场上的动量效应进行了较全面的研究。

三、数据及交易规则

(一)数　据

从 2002 年 4 月 2 日起我国在公布美元、日元、港币对人民币汇率价格的基础上又进一步公布了欧元对人民币汇率价格;2006 年 8 月 1 日起又开始公布英镑对人民币汇率价格,但由于其历史较短,数据样本期过少,因此,笔者选用了 2002 年 4 月 2 日—2006 年 9 月 13 日的美元、欧元、日元、港币对人民币汇率日价格。之所以不选用 1994 年 1 月 1 日—2002 年 4 月 1 日的美元、日元、港币对人民币汇率价格数据样本,一方面是因为考虑到后文将采用的 MA 方法,若只采用这三种汇率价格,则形成的动量组合的选择余地也较少,并不能很好地体现动量效果,因此需要在既定的数据样本条件下尽量扩展动量组合数;另一方面是考虑到 1994 年到 2002 年这段时间内中国的人民币汇率从刚开始实行的"以市场为基础、单一的、有管理的浮动汇率制度"到为应对 1997 年亚洲金融危机而采取的"基本上盯住美元的固定汇率制度",汇率价格并不能灵活地反映市场的供求,因此并不能很好地体现出动量组合的效果。

同时为研究人民币汇率形成机制改革对外汇市场动量效应的影响,将样本区分成了 2002 年 4 月 2 日—2005 年 7 月 20 日、2005 年 7 月 22 日—2006 年 9 月 13 日两个区间段[①]。

所有数据来源于国家外汇管理局网站[②],数据处理采用 Matlab 7.1。

(二)动量效应交易规则的构建

在 Le Baron(1991)、Okunev 和 White(2003)关于 MA 方法的基础上,本文吸收了 JT(1993)对股市动量效应研究的策略构建方法,充分考虑了表现最好货币的"持有期"因素,构建了改进的 MA 交易规则。具体规则的构建过程如下:

1. 先计算美元、欧元、日元、港币对人民币汇率价格的收益指标:

$$R_{i,t} = \frac{S_{i,t}}{S_{i,t-1}} - 1 \tag{1}$$

其中 $S_{i,t}$ 表示这 4 种汇率的价格。

2. 计算出这 4 种汇率在 t 时刻的短期和长期 MA 收益,分别为:

---

① 考虑到在 2005 年 7 月 21 日 19 时人民币才对美元即日升值 2%,因此子样本 2 区间应从 22 日开始计算,然而在实际计算中,由于 7 月 22 日央行并没有公布欧元、日元、港币对人民币汇率价格,所以无法计算 22 日这三种汇率的收益。因此,子样本 2 的汇率价格时间段实际上为 2005 年 7 月 25 日至 2006 年 9 月 13 日。此外,2006 年 9 月 13 日为笔者开始写该文时所能查到的最迟数据日期。

② 网址为:http://www.safe.gov.cn/model_safe/tjsj/rmb_list.jsp? id = 5&ID = 110200000000000000

$$SR_{i,j,t} = \frac{R_{i,t} + (j-1) \times SR_{i,j,t-1}}{j} \qquad (2)$$

$$LR_{i,j,t} = \frac{R_{i,t} + (k-1) \times LR_{i,k,t-1}}{k} \qquad (3)$$

其中 i 表示这 4 种汇率($i = 1, 2, 3, 4$);j 表示短期 MA 交易规则中的窗口长度,本文参考了"金融界"网站中关于外汇分析基本术语"长期""中期""短期"的说明[①],为尽可能多地考虑各策略,展现各策略的盈利性,笔者将中期时间长度也予以考虑,因此,选取了短期为 1 天至 1 个月,即取 $j = 1 \sim 20$。k 表示长期 MA 交易规则中的窗口长度,因此,取 k 从 1 星期至 1 年,即 $k = 6 \sim 40$、60、80、100、125 和 250[②]。

3. 分别计算 t 时刻美元、欧元、日元、港币对人民币汇率的($SR_{i,j,t} - LR_{i,k,t}$)值形成各种策略,但应注意每种策略的 $j < k$,有:$\{SR_{i,1,t} - LR_{i,6,t}, SR_{i,1,t} - LR_{i,7,t}, \cdots, SR_{i,1,t} - LR_{i,125,t}, SR_{i,1,t} - LR_{i,250,t}, \cdots, SR_{i,1,t} - LR_{i,7,t}, \cdots\}$序列,所以交叉共有 680 种策略。

4. 对 t 时刻 4 种汇率的($SR_{i,j,t} - LR_{i,j,t}$)值进行排序,买入排名最高(rank 4)、卖空排名最低(rank 1)的货币,并对该货币的持有期定义为 m[③],m 取 $1 \sim 20$,形成:

$$AR_{i,j,k,m,t} : AR_{i,j,k,m,t} = \frac{1}{m} \sum_{h=1}^{m} R_{i,t+h} \qquad (4)$$

其表示在 t 时刻第 i 种汇率的某一策略(该策略形成的计算分别采用 j 短期和 k 长期,该策略持有期长度为 m)的平均收益,以便更全面地反映各策略的动量效应,因此共有 13600 种策略。

5. 记 $AR_{W,i,j,k,m,t}$ 和 $AR_{L,i,j,k,m,t}$ 分别为 t 时刻某一策略中表现最好(赢者组合)和最差的组合(输者组合)的收益,分别形成样本期中平均的赢者组合和输者组合收益:

$$ACAR_{W,j,k,m} = \frac{1}{T} \sum_{t=1}^{T} AR_{W,i,j,k,m,t} \qquad (5)$$

---

① 该观点认为,短期是指 1 天至 1 星期,中期是指 1 星期至 1 个月,长期是指 1 个月至半年以上。网址为:http://news1.jrj.com.cn/news/2004-11-03/000000932503.html。

② 笔者对 k 从 $6 \sim 250$ 的各策略也进行了计算,发现遵从本文所发现的规律,为了描述的简单,文中仅仅以 60、80、100、125、250 分别表示 3 个月、4 个月、5 个月、半年以及一年的时间长度构建策略。

③ 在 Okunev 和 White(2003)文中仅仅是简单地规定持有期为 1 个月。

$$ACAR_{L,j,k,m} = \frac{1}{T}\sum_{t=1}^{T} AR_{L,i,j,k,m,t} \tag{6}$$

其中 T 为样本期数。

6. 因此,某一策略的动量超额收益为:

$$ACAR_{j,k,m} = \frac{1}{T}\sum_{t=1}^{T}(AR_{W,i,j,k,m,t} - AR_{L,i,j,k,m,t}) \tag{7}$$

四、实证结果

(一)基本统计描述

表 1 对四种汇率的收益进行了基本的统计描述。从均值而言,欧元有较高的正向收益,并且显著高于 0;而港币和美元却面临着负收益。同时,人民币汇率机制改革后,欧元的收益显著下降,美元和港币也面临着显著的负收益。

(二)全样本的动量效应检验

如图 1 所示,这 13600 种基本上表现出了正的超额收益,尤其是 $ACAR_{1,21,1}$ 策略,超额收益达到了 0.66%,对应的输者组合的收益为 -0.32%,赢者组合的收益为 0.34%。13600 种策略的平均超额收益为 0.06%,平均标准差为 0.03。如图 1 所示。

表 1　基本统计描述

(单位:%)

统计指标	美元	欧元	日元	港币	统计指标	美元	欧元	日元	港币
全样本									
均值	−0.002	0.032	0.009	−0.002	标准差	0.025	0.604	0.537	0.045
(t 值)	(−2.3**)	(1.75*)	(0.56)	(−1.42)	偏度	0.419	0.131	0.078	0.116
中位值	0.000	0.005	−0.002	0.000	峰值	23.640	0.824	1.471	30.286
信息比	−0.070	0.053	0.017	−0.043					
子样本 1(2002 年 4 月 2 日至 2005 年 7 月 20 日)									
均值	0.000	0.041	0.022	0.000	标准差	0.001	0.615	0.535	0.037
(t 值)	(−0.22)	(1.89*)	(1.20)	(0.30)	偏度	0.206	0.036	−0.036	2.723
中位值	0.000	0.027	0.023	0.000	峰值	0.869	0.358	1.500	39.276
信息比	−0.008	0.066	0.042	0.010					

续表

子样本2(2005年7月22日至2006年9月13日)								
均值	−0.007	0.004	−0.026	−0.009	标准差	0.050	0.572	0.539	0.063
(t值)	(−2.30**)	(0.13)	(−0.82)	(−2.30**)	偏度	0.526	0.461	0.410	−1.241
中位值	−0.007	−0.039	−0.084	−0.006	峰值	4.214	2.727	1.620	16.428
信息比	−0.137	0.008	−0.049	−0.136					

注:样本区间:2002年4月2日——2006年9月13日。信息比表示:均值和标准差之比;*代表10%水平上显著,**表示5%水平上显著,***代表1%水平上显著,下文同。

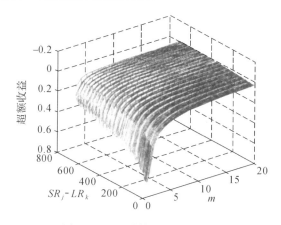

图1　13600种策略的动量效应

同时,各策略的超额收益也体现出了一定的规律。

1. 在 SR 和 LR 不变条件下,随着 m 的增加,超额收益单调递减。如图2所示。表2对这 $m=1\sim20$ 的每种情况下的680种策略的超额收益进行了基本描述,当 $m=1$ 时平均超额收益为0.37%,而当 $m=20$ 时超额收益仅为0.01%,动量效应表现出了随 m 的增大而严格递减的特征,图3也明显地表现出此特征,从上而下分别表示 $m=1,m=2,\cdots,m=20$。

此外,从表2对应每一 m 的最大超额收益"所属策略"中可以看出,所有策略的最大超额收益均出现于 $SR=1$ 时(最小超额收益基本上出现于 $SR=17$ 或20),具体而言,对于 $m=1$、2、3 短期持有期,最大超额收益组合基本上出现在 $LR=1$ 个月左右这一策略;而对于 $m=4$、5 持有期,最显著的动量效应则出现于 $LR=3$ 个月左右的策略;此后,除了 $m=9$ 持有期时对应的最大超额收益出现在 $LR=1$ 个月左右外,其余的持有期下,最显著的动量效应均出现于 $LR=6$ 或7策略下。

2. $SR\text{-}LR$ 呈现出以40为周期的超额收益曲线。如图3所示($SR\text{-}LR$ 序列

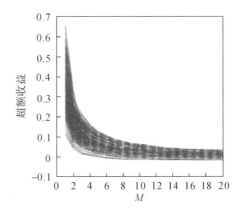

图 2　随 M 变化的超额收益

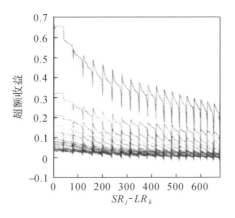

图 3　随 SR-LR 变化的超额收益

按照前文 3 中构造的序列依次进行排序，因此每一 SR 对应 40 个单位的长度）。并且随着 SR 的增加，超额收益递减；随着 LR 的增加，超额收益有所减小，但并不单调递减，呈现出锯齿形。图 4 对 20 种持有期下的策略进行了算术平均，曲线由上而下分别表示 $SR_1,SR_2,\cdots,SR_{20}$。在 $SR=1$ 时，20 种持有期策略平均值的最大超额收益组合为 $LR=21$，达到了 0.12%；而在 $SR=20$ 时对应的最大超额收益也为 $LR=21$ 策略，但仅为 0.04%。同时，从图 4 可以看出，在 $LR=40$ 后表现出超额收益的一定下降。

表 2　动量效应——全样本　　　　　　　　（单位:%）

	均值	中位数	标准差	最大值及对应的各组合						最小值
				最大值	组合 1	组合 2	组合 3	组合 4	所属策略	
$m=1$	0.367	0.339	0.122	0.660	-0.316	-0.105	-0.114	0.344	$SR_1\text{-}LR_{21}$	0.110
$m=2$	0.179	0.166	0.061	0.325	-0.149	-0.048	0.057	0.176	$SR_1\text{-}LR_{19}$	0.038
$m=3$	0.117	0.109	0.042	0.213	-0.095	-0.028	0.043	0.117	$SR_1\text{-}LR_{24}$	0.015
$m=4$	0.087	0.080	0.033	0.160	-0.068	-0.025	0.038	0.092	$SR_1\text{-}LR_{60}$	0.005
$m=5$	0.067	0.062	0.027	0.126	-0.050	-0.019	0.029	0.076	$SR_1\text{-}LR_{60}$	-0.003
$m=6$	0.056	0.053	0.025	0.108	-0.040	-0.014	0.022	0.069	$SR_1\text{-}LR_7$	-0.008
$m=7$	0.046	0.043	0.021	0.092	-0.031	-0.010	0.018	0.061	$SR_1\text{-}LR_7$	-0.012
$m=8$	0.039	0.037	0.019	0.079	-0.025	-0.008	0.015	0.054	$SR_1\text{-}LR_7$	-0.014
$m=9$	0.034	0.032	0.017	0.071	-0.021	-0.007	0.015	0.050	$SR_1\text{-}LR_{23}$	-0.015
$m=10$	0.031	0.029	0.016	0.067	-0.018	-0.006	0.013	0.048	$SR_1\text{-}LR_7$	-0.016
$m=11$	0.027	0.025	0.015	0.058	-0.015	-0.004	0.012	0.044	$SR_1\text{-}LR_7$	-0.017
$m=12$	0.023	0.022	0.014	0.053	-0.011	-0.003	0.010	0.041	$SR_1\text{-}LR_6$	-0.017
$m=13$	0.021	0.020	0.013	0.047	-0.009	-0.002	0.011	0.038	$SR_1\text{-}LR_7$	-0.017
$m=14$	0.020	0.019	0.013	0.045	-0.008	-0.002	0.010	0.037	$SR_1\text{-}LR_7$	-0.017
$m=15$	0.018	0.017	0.013	0.043	-0.007	-0.001	0.010	0.036	$SR_1\text{-}LR_7$	-0.018
$m=16$	0.016	0.014	0.013	0.040	-0.006	-0.001	0.010	0.034	$SR_1\text{-}LR_7$	-0.019
$m=17$	0.014	0.012	0.012	0.039	-0.006	-0.001	0.010	0.033	$SR_1\text{-}LR_7$	-0.020
$m=18$	0.013	0.010	0.012	0.037	-0.005	0.001	0.009	0.032	$SR_1\text{-}LR_6$	-0.020
$m=19$	0.011	0.009	0.012	0.034	-0.004	0.001	0.009	0.031	$SR_1\text{-}LR_7$	-0.021
$m=20$	0.010	0.008	0.011	0.033	-0.003	0.001	0.008	0.031	$SR_1\text{-}LR_6$	-0.021

13600 种策略的平均超额收益为 0.060,标准差为 0.026。

注:动量效应的计算采用 MATLAB7.1 编程实现。表中(A)的结果是对 680 种策略取算术平均的结果。

在上述两条规律下,$(SR=1,LR=21,m=1)$策略表现出了最强的动量效应,超额收益达到 0.6603%;此外策略$(SR=1,LR=17\sim40,m=1)$也基本上表现出了 0.66% 的超额收益;而表现较差的策略,如$(SR=20,LR=250,m=20)$等策略的超额收益也仅为 -0.02%。

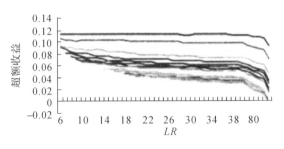

图 4　每一 SR 策略的平均超额收益

(三)分样本的动量效应检验

2005 年 7 月 21 日进行的人民币汇率形成机制改革作为一个重要的事件，对我国外汇市场的动量效应可能会造成一定的影响，因此，本文采用了分样本进行检验，结果如表 3 所示。改革前和改革后表现出来的动量效应的规律基本上与全样本类似，也表现为，随着 m 的增加，超额收益减少，SR-LR 曲线也呈现锯齿形等。

改革前的动量超额收益平均值为 0.06％，而改革后则仅为 0.03％，两者的差异在 1％水平上高度显著，同时也伴随着风险的相对增加，如改革后的标准差要比改革前增加 0.002，并在 10％水平上显著。

对这两个子样本的动量效应按持有期 m 进行排序，表 3 仅提供了部分 m 值的情况，其余 m 值结果也呈现类似的规律。从表 3 可以看出，每一个 m 条件下，子样本 1 均要比子样本 2 有更高的超额收益，同时也有相对较小的波动性，并且均显著。这表明，人民币汇率形成机制改革对我国外汇市场的动量效应有显著影响，且改革后的动量效应相对有所减弱，但风险有所提高。

五、结　论

本文的经验研究显示，我国外汇市场上存在着显著的动量效应，尤其是(SR=1,LR=21,m=1)策略，超额收益达到了 0.66％。这表明，我国外汇市场上的收益并不完全由基本面决定，简单的动量交易规则(如本文的改进型 MA 交易规则)就能获得显著的收益，反映出中国外汇市场与国外的一些外汇市场类似，"有效市场"假说并不成立。

动量效应也体现出一定的规律，如伴随着持有期 m 的增加，超额收益减少；随着短期时间 SR 的增加，超额收益也趋于减少；若将 SR-LR 按照次序排列，则其超额收益的走势呈现出锯齿形等等。这说明外汇市场是一个相对"短期获利"的市场：持有期的延长会因各种不确定因素影响而导致平均超额收益的下降；短期 SR 的增加会缩小其与长期 LR 的时间距离，因而以此计算的差值 $SR-LR$ 就往往不会较大，不利于其动量组合的构建，所以表现出 SR 越小，其超额收益越大。但是，值得注意的是，本文在构建各策略时，并没有考虑交易成本；较频繁的换手操作无疑会降低投资者实际的收益。

表3　子样本动量效应　　　　　　　　　　（单位：%）

	A. 子样本1(2002年4月2日—2005年7月20日)						
	均值	中位数	标准差	最大值	对应策略	最小值	对应策略
$m=1$	0.362	0.334	0.127	0.664	$SR_1\text{-}LR_{21}$	0.074	$SR_{20}\text{-}LR_{250}$
$m=5$	0.074	0.070	0.028	0.127	$SR_1\text{-}LR_{60}$	−0.002	$SR_{18}\text{-}LR_{250}$
$m=10$	0.036	0.034	0.016	0.070	$SR_1\text{-}LR_7$	−0.015	$SR_{17}\text{-}LR_{250}$
$m=15$	0.020	0.019	0.014	0.044	$SR_1\text{-}LR_7$	−0.019	$SR_{18}\text{-}LR_{250}$
$m=20$	0.016	0.008	0.012	0.035	$SR_1\text{-}LR_6$	−0.024	$SR_{14}\text{-}LR_{250}$

13600种策略的平均超额收益为0.063，标准差为0.027。

	B. 子样本2(2005年7月22日—2006年9月13日)						
	均值	中位数	标准差	最大值	对应策略	最小值	对应策略
$m=1$	0.293	0.257	0.143	0.633	$SR_1\text{-}LR_{11}$	0.020	$SR_9\text{-}LR_{250}$
$m=5$	0.037	0.024	0.032	0.126	$SR_1\text{-}LR_7$	0.004	$SR_{19}\text{-}LR_{39}$
$m=10$	0.014	0.009	0.017	0.060	$SR_1\text{-}LR_7$	−0.006	$SR_{17}\text{-}LR_{24}$
$m=15$	0.007	0.005	0.015	0.041	$SR_1\text{-}LR_7$	−0.015	$SR_{17}\text{-}LR_{24}$
$m=20$	0.004	−0.002	0.014	0.029	$SR_2\text{-}LR_6$	−0.019	$SR_{16}\text{-}LR_{23}$

13600种策略的平均超额收益为0.036，标准差为0.029。

	C. 两子样本的配对比较结果(子样本1−子样本2)				
	均值	中位数	标准差	最大值	最小值
均值	0.027	0.030	−0.002	0.012	−0.001
标准差	0.016	0.018	0.004	0.009	0.013
(t值)	(7.68***)	(7.52***)	(−2.08*)	(5.57***)	(−0.345)

人民币汇率形成机制改革对中国外汇市场的动量效应也造成了显著的影响，相比较于改革前，改革后的平均动量收益显著地减少了0.03%，同时波动性

也有所提高。这表明,在改革前,由于中国外汇市场基本上实行的是银行结售汇制,企业和个人并不是外汇市场交易的主体,市场并不能反映真实的供求状况,存在较高的动量效应。伴随着人民币汇率形成机制的改革,各项政策法规的出台和完善,人民币汇率弹性得到了不断的提高,市场流动性也逐渐增强,市场供求关系逐渐得到了体现,中国外汇市场逐渐趋于"理性",利用一定的技术交易策略的获利性也逐渐降低。

本文研究的是在不考虑交易成本下所构建的动量交易策略的获利性,进行的是经验研究,而没有进一步探究造成该结果的影响因素。

参考文献

[1] 王志强,齐佩金,孙刚. 动量效应的最新研究进展[J]. 世界经济,2006(2):82-92.

[2] Jegadeesh N,Titman S. Return to buying winners and selling losers:Implications for stock market efficiency[J]. Journal of Finance,1993,48(1):65-91.

[3] Lebaron,B. Technical trading rule profitability and foreign exchange intervention[J]. Journal of International Economics,1999,49:125-143.

[4] Levich R M,Thomas L R. The significance of technical trading-rule profits in the foreign exchange market:A bootstrap approach[J]. Journal of International Money and Finance,1993,12:451-474.

[5] Marsh I W. High-frequency Markov switching models in the foreign exchange market[J]. Journal of Forecasting,2000,19(2):123-134.

[6] Okunev J,White D. Do momentum-based strategies still work in foreign currency markets? [J]. Journal of Financial and Quantitative Analysis 2003,38(2):425-447.

[7] Raj M. Transaction data tests of efficiency in the Singapore futures markets[J]. Journal of Futures Markets,2000,20(7):687-704.

[8] Taylor S J. Trading futures using a channel rule:A study of predictive power of technical analysis with currency examples[J]. Journal of Futures Markets,1994,14:215-235.

人民币升值、出口退税下调与我国地区出口增长

——基于大国经济的视角[①]

摘　要　本文通过理论模型证实了汇率和出口退税政策对出口总量有影响,且运用中国的数据实证检验发现了汇率和出口退税对出口的影响具有地区差异。平抑贸易顺差应该根据地区特点制定差异化的政策:东部地区可以实施出口退税率进一步下调或者取消出口退税政策,一方面减少顺差,另一方面促进产业结构升级;中西部地区出口本身受人民币升值影响较大,为保护当地产业发展,不宜再采取下调和取消出口退税政策。

关键词　人民币升值;出口退税;贸易顺差;地区差异

一、引　言

2007 年 1—5 月中国贸易顺差累计已达 857.2 亿美元,接近 2006 年全年中国贸易顺差 1775 亿美元的 1/2。贸易持续较大顺差、屡创新高所带来的人民币升值压力增加是近年来我国经济中最值得关注的问题之一。2007 年初,商务部强调要将减少贸易顺差作为"头等大事"来抓。自 2005 年 7 月人民币汇率改革以来,人民币升值幅度已接近 8%。人民币的升值自然对平抑贸易顺差有较大促进作用,但是也带来了国际游资大量流入国内资本市场和房地产市场等进行投机,使国内投资风险大大增加。

减少顺差除了人民币升值以外,还可以利用出口退税工具进行调控。出口

---

①　本文作者金雪军、卢佳,最初发表在《财贸经济》2007 年第 11 期。

退税是指对出口商品已征收的国内税部分或全部退还给出口商的一种措施，以减轻出口企业的税负。我国目前大量的出口产品都享受了出口退税的优惠政策。在当前贸易顺差如此令人担忧的情况下，利用出口退税降低或撤销来平抑贸易顺差，一方面可以避免像人民币升值一样引致热钱流入；另一方面也可以促进产业结构调整。通过降低或撤销出口退税可以使得一批利润率极低而完全依靠低劳动成本从事低附加值加工生产的中小企业退出历史舞台，引导企业进行高附加值产品加工和生产，加强自主创新。因此，我国政府 2006 年以来就多次下调部分商品的出口退税。

汇率对出口的影响的文献国内外有很多，关于汇率或者出口退税对不同地区出口影响程度的差异问题，目前研究还较少。王瑞锟（2000）的研究表明人民币汇率对我国出口有影响，但不是影响出口的最重要因素。张旭宏等（2006）认为对于五矿化工业出口来说，人民币汇率对中西部地区的影响要大于东部地区，由于中西部地区多为中小企业，抵御风险能力较差。Chao 和 Chou（2001）论证了出口退税可以促进出口相关的上下游产业的扩张，从而进一步增加出口，他们还通过实证研究验证了中国的出口退税在长期和短期对出口增长均有显著促进作用。Chao 和 Chou（2006）通过数理分析同样论证了出口退税对出口增长的促进作用，通过对中国出口状况的实证研究得出了出口退税与出口增长高度正相关的结论。董皓（2004）的研究结果表明出口退税是影响出口总额的重要因素，出口退税对工业制成品出口的影响大于初级产品，出口退税对机电产品出口的影响大于对高新技术产品出口的影响。

近年来，国家多次下调出口退税率来平抑贸易逆差，同时缓解人民币升值压力。2007 年 6 月财政部又宣布今年 7 月 1 日起下调 2831 项商品的出口退税，涉及 37％的出口商品。近期人民币汇率屡创新高以及国家出口退税率的下调，给出口企业带来了较大的利润压力。以纺织行业为例，由于全国产业结构的调整，2007 年中国纺织服装出口已经出现了 3 个下降：第一，出口增速已经从 2006 年的 25％左右回落到 2007 年的 15％；第二，纺织服装出口额占全国贸易顺差的比重大幅下降；第三，纺织业出口额占全国货物贸易出口的比重下降至 14％左右，许多企业面临亏损和倒闭。从大国经济的视角出发，中国不同地区处于不同的经济发展阶段，有的地区经济发达需要调整产业结构，逐渐摒弃劳动密集型的低利润产业；有的经济不发达的地区，可能还需要依靠劳动密集型的产业来积累资本，奠定经济发展基础。

由于各地区产业结构有差异，出口商品结构也存在差异，人民币升值和出口退税降低政策对出口的影响程度也可能存在地区差异。如果采取统一的贸易顺差平抑政策，可能达不到最好的效果。本文将通过理论模型和实证检验来研究人民币汇率和出口退税对出口增长影响的地区差异，从而给出是否需要进行差异化的平抑贸易顺差政策的建议，针对地区特点提出合理的人民币升值和出口退税调整的政策搭配思路。

二、理论模型

经典的国际贸易理论告诉我们汇率会对出口产生影响，认为本币贬值有利于出口的增长，本币升值有利于出口的减少。Chen 等(2006)以及许多学者都论证了出口退税对贸易政策的影响，即出口退税的增加有利于出口的增长。为了更好地研究二者与出口的关系，本文构造了如下模型。

假设一个国家的某下游产业有一家本国公司和一家外国公司，生产同质产品。本国公司需要进口中间产品进行加工，最终产品销往本国或者出口；外国公司进口中间产品加工后，全部出口。国家对进口的中间产品征税，同时为鼓励出口，采取出口退税政策，在出口环节退还一定比率的税款。

用 D 表示本国企业产品内销的数量，E 表示本国公司出口数量，Y 表示外国公司出口数量。为了简化起见，我们可以列出产品分别在本国市场和外国市场的反需求曲线：

$$P_1 = a - bD \tag{1a}$$

$$P_2 = \alpha - \beta(E + Y) \tag{1b}$$

其中，P_1、P_2 分别表示产品在国内和国外市场上的价格，a、b、α、β 均大于 0，国内市场和外国市场是分割的。为了分析方便，假设每进口一单位中间产品便对应产出一单位最终产品。于是我们可以分别得到本国公司和外国公司的利润函数：

$$\pi^d = [a - bD - c - (1+t)m]D + \{[\alpha - \beta(E+Y)]e - c - (1+t)m + \gamma tm\}E \tag{2a}$$

$$\pi^f = \{[\alpha - \beta(E+Y)]e - c^* - m\}Y \tag{2b}$$

π^d、π^f 分别表示本国公司和外国公司的利润，m 为进口中间产品的价格，t 为对进口中间产品征收的税率，c 为本国公司生产单位产品的成本(不包含进口中间产品所产生的成本)，c^* 为外国公司生产单位产品的成本(不包含进口中间产品所产生的成本)，其中假设 $c^* < 2c$，γ 为出口退税率，e 为间接标价法计算的

外汇汇率,e 增大表示本币贬值,e 减小表示本币升值,m 为进口中间产品的价格。

为了得到本国公司和外国公司的最优产出,我们可以计算(2a)式和(2b)式的一阶条件:

$$\frac{\partial \pi^d}{\partial D} = a - 2bD - c - (1+t)m = 0 \tag{3a}$$

$$\frac{\partial \pi^d}{\partial E} = \alpha e - \beta Ye - c - (1+t)m + \gamma tm - 2\beta eE = 0 \tag{3b}$$

$$\frac{\partial \pi^d}{\partial Y} = \alpha e - \beta eE - c^* - m - 2\beta eY = 0 \tag{3c}$$

对(3a)、(3b)和(3c)式求全微分,联立方程,根据 Cramer 法则,得到以下结果:

$$\frac{\mathrm{d}D}{\mathrm{d}\gamma} = 0 \tag{4a}$$

$$\frac{\mathrm{d}E}{\mathrm{d}\gamma} = \frac{2tm}{3\beta e} > 0 \tag{4b}$$

$$\frac{\mathrm{d}E}{\mathrm{d}e} = \frac{(1+2t-2\gamma t)m + 2c - c^*}{3\beta e^2} > 0 \tag{4c}$$

(4a)式说明出口退税对本国企业在国内的销售量没有影响。(4b)式说明出口退税率与出口数量呈正相关,出口退税率越高,出口数量越多;两者的关联程度取决于汇率、进口中间产品价格和对进口中间产品征税的税率。其他条件不变,本币贬值会使得出口退税率对出口数量的影响减弱,本币升值则反之;其他条件不变,进口中间产品价格越高,出口退税率对出口数量影响越大,中间产品价格越低则反之;其他条件不变,对进口中间产品征税税率越高,出口退税率对出口数量影响越大,税率越低则反之。(4c)式说明本币贬值对出口有促进作用,本币升值则对出口有抑制作用。其他条件不变,当进口中间产品价格上涨时,这种作用程度增加,反之则反是;当出口退税率降低时,这种作用程度会增加,反之则反是;当本国企业的生产成本提高时,这种作用程度也增加,反之则反是。

中国幅员辽阔,各个地区的产业结构和出口产品结构不尽相同,甚至区别甚大。对东部沿海地区出口商品总体而言,工业制成品、机电产品和高新技术产品等生产附加值较大的产品占比较大(如广东省的机电产品出口额占出口总额比重最近连续几年都超过了 50%);对中西部内陆地区出口商品总体而言,初级产品和一些低附加值产品所占比重较大。不同地区的企业生产规模和成本控制状况也有差异,具体表现在 m 和 c 等方面的差异。因此,从理论上看,dE/dr 和 dE/de 会表现出地区差异。

由(4b)和(4c)式看出,在不同地区汇率相同的条件下,进口中间产品的价格(m)越高,出口退税对出口数量的正影响越大,汇率对出口的正影响也越大;进口中间产品的价格(m)越低,出口退税对出口数量的正影响越小,汇率对出口的正影响也越小。本国出口企业的生产成本越大,汇率对出口数量的正影响也越大;本国出口企业的生产成本减去外国出口企业生产成本的差值越小,汇率对出口数量的正影响也越小。

三、实证检验

以下我们利用中国大陆地区 2000—2004 年的年度省际面板数据,运用非观测效应模型来检验汇率对出口的影响以及出口退税率对出口的影响是否呈现出地区差异。

表 1　变量说明

变量名	变量说明
lnex	出口总额的自然对数值
ln$e$	人民币实际汇率的自然对数值
lntr	出口退税额
$region$	地区虚拟变量,东部沿海地区取 0,中西部内陆地区取 1

(一)变量和数据来源

汇率和出口退税政策都可以影响出口,但是对不同地区的影响可能有不同。以下我们运用我国的省际面板数据建立模型,分析人民币汇率对不同地区的出口影响程度差异,以及出口退税政策对不同地区出口影响程度差异。变量说明见表 1,为便于计算出口弹性,所有变量值都取自然对数。其中出口退税的数据来源于《中国税收年鉴》相关各期,出口总额数据来自中经网地区年鉴数据库,人民币实际汇率数据来自卢锋(2006)。

(二)模型检验

根据面板数据分析原理构造非观测效应模型如下。其中 i, t 分别表示地区和年份;ε是误差项;其他变量含义如表 2 所示。

$$\ln ex_{it} = \beta_0 + \beta_1 \ln e_t + \beta_2 \ln tr_{it} + \beta_3 region_{it} + \beta_4 region_{it} \times \ln e_t + \beta_5 region_{it} \times \ln tr_{it} + \varepsilon_{it}$$

运用 hausman 检验,得检验值为−5.86,接受了随机效应模型的假设,因此我们采用随机效应模型进行估计,结果如表 2 所示。所有的解释变量都表现出了对地区出口总额影响的显著性。β_4 和 β_5 分别是汇率与地区虚拟变量交叉项和出口退税额与地区虚拟变量交叉项的系数,分别反映以东部地区为基准,汇率对中西部地区的影响相对于东部地区的差异和出口退税对中西部地区的影响相对于东部地区的差异。因此,$\beta_1 + \beta_4$ 反映汇率对中西部地区出口的影响,$\beta_2 + \beta_3$ 反映出口退税对中西部地区出口的影响。

表 2 模型估计结果

变量系数	β_1	β_2	β_3	β_4	β_5	$\beta_1 + \beta_4 = 0$	$\beta_2 + \beta_5 = 0$
估计结果	4.729***	0.336***	−15.405*	2.351*	−0.127***	76.99***	121.77***

*** 表示 1% 的显著水平,* 表示 10% 的显著水平。

实际汇率是各经济体货币兑美元用对称物价(CPI/CPI)方法计算而得的汇率。

$\beta_1 = 4.729$ 且在 1% 的显著水平上显著,表明人民币实际汇率每减少 1(升值 1),东部地区出口总额将会减少 4.729 亿元;$\beta_2 = 0.336$ 且在 1% 的显著水平上显著,意味着出口退税每增加 1 亿元,东部地区出口总额增加 0.336 亿元。$\beta_3 < 0$ 表明中西部地区的地理位置对出口总额有负影响。β_4 和 β_5 显著说明中西部地区相比东部地区分别在汇率对出口的作用和出口退税对出口的作用两方面均有显著差异,其中 $\beta_4 > 0$ 和 $\beta_5 < 0$ 分别表明人民币汇率对中西部地区出口的影响比对东部地区大,出口退税对中西部地区出口的促进作用比对东部地区小。$\beta_1 + \beta_4 = 0$ 和 $\beta_2 + \beta_5 = 0$ 的假设被拒绝,即中西部地区的出口对人民币汇率弹性为 $4.729 + 2.351 = 7.08$,即实际汇率每升值 1,出口将减少 7.08 亿美元;中西部地区出口对出口退税的弹性为 $0.336 − 0.127 = 0.209$,即中西部地区出口退税每增加 1 亿元,出口总额增加 0.209 亿元。

基于回归结果,可以得出以下结论:人民币汇率对出口的影响和出口退税率对出口的影响的确存在地区差异;人民币升值对中西部地区出口的影响大于东部地区,出口退税对东部地区出口的影响大于中西部地区。

(三)实证结果分析

董皓(2004)认为,出口退税率对工业制成品出口的影响大于对初级产品出口的影响。在东部地区出口产品中,高附加值产品如机电产品等高新科技产品等所占比重较大。据统计,2002—2006 年东部地区机电产品出口额占出口总额的比重为 44.56%,而西部地区该项比值为 14.79%。这类产品的特点是原材料价格较贵,而且往往要用到一些成本较高的高新技术材料(比如有机硅等),即 m 较大。对第二部分的理论模型推导结果(见(4b)式)的分析可知,当进口中间产品价格 m 越大时,出口退税率对出口量的影响越大。因此,降低出口退税率对东部地区出口的抑制作用比对中西部地区出口的抑制作用大。

东部地区经济发达,我国的大型出口企业主要集中在东部地区,这些大型企业往往生产规模较大,能带来规模经济优势,所以产品平均成本相对较低;而中西部地区多为中小企业,这些企业往往不具有规模经济优势,因此成本相对较高。此外,东部地区科技发展水平总体较高,企业的生产力水平相对较高,也带来了成本的下降。根据前面第二部分的分析(见(4c)式),汇率对出口的影响程度主要取决于 3 个因素,即进口原材料的价格 m、出口退税率和企业生产成本。生产成本越低,汇率对出口的影响越弱,东部地区的企业大多相对西部地区企业具有成本优势,使得汇率对出口的影响有所减弱。同前面分析的一样,东部地区总体来说进口原材料的价格较高,有利于加大汇率对出口的影响。但是对大多数产品而言,原材料的成本相比于生产成本比重很小,即生产成本会较大程度地超过原材料成本,于是生产成本的差异对汇率对出口的作用强度影响更大。因此,东部地区企业相对较低的生产成本,导致了东部地区的人民币汇率对出口的作用强度较中西部地区弱。

四、结论和政策启示

我国当前宏观调控的主要任务之一是控制好顺差,顺差太大给我国经济带来了一系列问题,人民币升值压力也由此增加。本文推导了汇率和出口退税两大影响出口量的因素对出口作用的规律,并且运用非观测效应模型进行了实证检验。研究得出,人民币升值对中西部地区出口的抑制作用比对东部地区出口的抑制作用大,而出口退税下调对中西部地区出口的抑制作用比对东部地区出口的抑制作用小。针对不同地区对于人民币升值以及出口退税的敏感性差异,为了在平抑顺差的同时减少对当地经济带来的负面影响,应该采取不同的调整策略。

东部地区经济增长较快,资本量较大,但也有相当部分出口是从事低附加值的劳动密集型产品的生产出口,如纺织品等轻工业产品,利润率低。东部地区有充裕的资本和先进的生产力,可以更好地进行产业转型。当前各级政府也在实施当地的产业结构调整,通过人民币升值已经使得一些利润率较低的行业里的中小企业面临危机,以促进企业转型。下调出口退税一方面可以平抑顺差,减缓人民币升值压力,另一方面也在促进东部地区的产业结构调整。本文的研究结果表明,出口退税调整对东部地区影响更明显。因此,对东部地区应该实行出口退税下调或取消的政策。

中西部地区经济基础差,资本薄弱,生产技术水平相对落后,出口企业大多从事劳动密集型产品生产。这些劳动密集型行业利润率本来就低,人民币升值对中西部地区出口抑制程度较东部地区大,再降低出口退税将会对中西部地区出口带来较大的负影响,大量的中小企业将面临生存危机。这实际上不利于中西部地区的发展,因为中西部地区不像东部地区有那么充足的资本和发达的生产力,让这些本来有些利润的劳动密集型企业面临生存危机,也没有达到促进产业转型的目的。况且,我国的贸易顺差绝大多数来自东部地区,中西部地区只占很少一部分。据统计,2002—2006年我国东部地区贸易顺差占全国贸易顺差总额比重为77.81%。与其降低出口退税来使许多中西部中小企业面临生存危机,不如在中西部地区继续保持原有的出口退税鼓励出口,这样也有利于形成更好的产业梯度,让东部地区劳动密集型为主的企业转移到西部,能够更好地促进西部地区经济发展。因此,对于中西部地区的贸易顺差靠人民币的升值带来的影响已经足够,无需再下调出口退税,这样能够更好地形成合理的产业梯度,同时也不会给调整顺差带来较大压力。

参考文献

[1]王瑞琨.汇率变动的影响和出口方程的估计[J].国际贸易问题,2000(6):48-50.

[2]张旭宏,任翠玉.人民币汇率调整对行业的影响[J].中国科技投资,2006(3):74-75.

[3]卢锋.人民币实际汇率之谜(1979—2005)——中国经济追赶实践提出的挑战性问题[J].北京大学中国经济研究中心讨论稿系列,2006(2):2-41.

[4]Chao C C,Chou W L. Export duty rebates and export performance:Theory and China's experience[J]. Journal of Comparative Economics,2001,29:314-326.

［5］董皓，陈飞翔．我国出口退税政策的鼓励效应［J］．国际贸易问题，2004（7）．

［6］Chien-Hsun Chen，Chao-Cheng Mai，Hui-Chuan Yu．The effect of export tax rebates on export performance：Theory and evidence from China［J］．China Economic Review，2006，17：226-235.

中国外债与经济增长关系的实证研究[①]

随着改革开放的不断推进,我国外债的规模在迅速膨胀,截至 2006 年 6 月底,我国外债余额达到 2979.44 亿美元,外债已越来越成为人们关注的焦点。外债是一把"双刃剑",它与我国经济增长到底是怎样的关系,在短期和长期的均衡中,它是如何进行动态调整的,本文从实证分析角度对此进行探讨。

一、实证分析

(一)指标与数据

本文运用《中国统计摘要 2006》《中国统计年鉴 2006》中 1985—2005 年的数据,选取国内生产总值(GDP)和外债余额(EXD)指标,用于代表中国的经济增长和外债变量。其中国内生产总值 1978—2003 年为经济普查后修订数据,2004 年为经济普查数据。为消除时间序列中的异方差,对国内生产总值和外债余额分别取自然对数,即分别为 lnGDP 和 lnEXD。

(二)方法与结果

1. 平稳性检验

由于时间序列数据回归检验的前提是相关变量是平稳的,否则可能产生伪回归现象,因此,在对变量进行回归分析前,要进行单位根检验以检查各变量的时间序列平稳性。在此,运用 EVIEWS 软件使用 ADF 检验法对 lnGDP 和

---

① 本文作者金雪军、邢自霞,最初发表在《财政研究》2008 年第 1 期。

lnEXD 进行平稳性检验。检验结果如表 1 所示。

表 1　ADF 检验结果

变量	ADF 检验值	5% 的临界值	AIC 值	结论
lnGDP	−1.3047	−3.0294	−3.0684	非平稳
lnEXD	−2.0478	−3.0294	−2.0044	非平稳
ΔlnGDP	−2.5051	−3.0400	−3.2118	非平稳
ΔlnEXD	−2.8911	−3.0400	−2.0240	非平稳
Δ^2lnGPD	−3.3620	−3.0521	−2.9910	平稳
Δ^2lnEXD	−4.3569	−3.0521	−1.5999	平稳

表 2　Johansen 协整检验

特征值	似然比统计量	5% 的临界值	1% 的临界值	零假设
0.5272	16.3126	15.41	20.04	None*
0.1038	2.0812	3.76	6.65	At most 1

注：*（**）分别表示在 5%（1%）的水平上拒绝原假设。似然比统计量显示在 5% 的水平上有 1 个协整方程。

从表 1 可见，lnGDP、lnEXD 的 ADF 检验值均大于 5% 显著性水平的临界值，所以不能拒绝原假设，认为 lnGDP、lnEXD 存在单位根，是非平稳序列。为此，先进行一阶差分，得到 ΔlnGDP、ΔlnEXD，再对其进行 ADF 检验，结果显示 ΔlnGDP、ΔlnEXD 的 ADF 检验值仍大于 5% 显著性水平的临界值，所以不能拒绝原假设，认为 ΔlnGDP、ΔlnEXD 也存在单位根，是非平稳序列。最后对 lnGDP、lnEXD 进行二阶差分，得到 Δ^2lnGDP、Δ^2lnEXD，再对其进行 ADF 检验，结果显示 Δ^2lnGDP、Δ^2lnEXD 的 ADF 检验值小于 5% 显著性水平的临界值，所以拒绝原假设，认为 Δ^2lnGDP、Δ^2lnEXD 不存在单位根，是平稳序列，即 lnGDP、lnEXD 是二阶单整，记为 lnGDP～I(2)，lnEXD～I(2)。

2. Johansen 协整检验

协整是对非平稳经济变量长期均衡关系的统计表述。因为 ADF 检验显示 lnGDP 和 lnEXD 是二阶单整，即 lnGDP～I(2)，lnEXD～I(2)，所以适合协整检验。

运用 EVIEWS 软件对 lnGDP 和 lnEXD 进行 Johansen 协整检验，得到协整检验结果如表 2 所示。

得到的协整方程为：

$$\ln\text{GDP} = -0.4389\ln\text{EXD} - 0.9602 + \varepsilon$$

$$(0.0768)$$

似然比：59.5165

括号内为标准差，根据协整方程，得到残差序列 ε，再对残差序列 ε 进行 ADF 平稳性检验，发现残差序列 ε 是平稳。因此，外债与经济增长之间存在协整关系，即它们之间存在长期的均衡关系。外债对经济增长的弹性为负值，外债每增长一个百分点，将使经济增长减少 0.4389 个百分点。

3. Granger 因果检验

Granger 因果检验方程如下：

$$\ln\text{GDP}_t = \beta_0 + \sum\beta_{1i}\ln\text{EXD}_{t-i} + \sum\beta_{2j}\ln\text{GDP}_{t-j} + \varepsilon_t$$

$$H_0 : \beta_{11} = \beta_{12} = \cdots = \beta_{1i} = 0$$

$$\ln\text{EXD}_t = \beta_0 + \sum\beta_{1i}\ln\text{EXD}_{t-i} + \sum\beta_{2j}\ln\text{GDP}_{t-j} + \varepsilon_t$$

$$H_0 : \beta_{21} = \beta_{22} = \cdots = \beta_{2i} = 0$$

其中，i,j 为滞后期，滞后期的选择根据赤池信息准则 AIC（Akaike Information Criterion）来确定，AIC 值最小的为最佳的滞后期。Granger 因果检验结果如表 3 所示。

从表 3 可见，在 5% 的显著性水平下，"lnGDP 不是 lnEXD 的 Granger 原因"的零假设被接受，而"lnEXD 不是 lnGDP 的 Granger 原因"的零假设被拒绝，说明 lnEXD 与 lnGDP 之间存在单向的 Granger 因果关系，即外债是经济增长的 Granger 原因，而经济增长不是外债的 Granger 原因。

4. 脉冲响应分析

脉冲响应函数用于衡量来自随机扰动项的一个标准差冲击对内生变量当前和未来值的影响。对一个变量的冲击直接影响这个变量，并且通过 VAR 模型的动态结构传导给其他的内生变量。

在 VAR 模型的基础上，建立响应时期数为 10 的脉冲响应函数。VAR 的多图表脉冲响应函数显示如图 1 所示。

图中实线表示响应函数的计算值，实线两侧的虚线是响应函数加（或减）两倍标准差的置信带。

第一个图为经济发展水平 $\Delta^2\ln\text{GDP}$ 对自身的一个标准差的反应。图中曲线的高起点表明 $\Delta^2\ln\text{GDP}$ 对一个标准差信息会产生很强的反应，一开始就产生了剧烈的正响应，达到最大值 0.04 以上，说明经济发展水平与其后几期有着很强的关联性,尤其是第 1 期的关联性最大,随着时间的推移,影响逐渐减弱,到第 5 期基本稳定。说明经济发展水平对其后近几期关联性较大,再逐渐趋向稳定、强度较弱的正响应。

第二个图为经济发展水平 $\Delta^2 \ln GDP$ 对外债 $\Delta^2 \ln EXD$ 的响应。相比于第一图而言,$\Delta^2 \ln GDP$ 对 $\Delta^2 \ln EXD$ 的响应较为平缓,最大的幅度也仅为 0.01 左右,这是由于经济增长取决于许多其他因素,外债只是作为其中的一个影响因素,作用的效用有限。从图中可以发现,在第 1 期,外债对经济增长的影响很弱,在随后的第 2、3 期产生了一定的负响应,接着在第 4、5 期转为正响应,从第 6 期开始就处于稳定状态,说明外债对经济增长的作用具有滞后期,这大概跟外债大多投资于一些大中型工程有关,因而存在一定的投资周期和生产周期,产生滞后效应。同时,一些外债往往用于一些公益项目,使得经济效应较差,在短期内显示不出其积极意义,因而产生一定的负响应,随着时间的推进,这些项目在投产、产生效益后,对经济的发展带来了一定的积极作用,因而形成正响应。

表 3　Granger 因果检验结果

零假设	F 统计值	P 值	滞后期	结论
lnGDP 不是 lnEXD 的 Granger 原因	0.1488	0.9583	4	接受
lnEXD 不是 lnGDP 的 Granger 原因	5.0661	0.0248	4	拒绝

第三个图为外债 $\Delta^2 \ln EXD$ 对经济发展水平 $\Delta^2 \ln GDP$ 的响应。经济发展水平对外债的起初影响比较明显,达到 0.04 左右,说明外债受经济发展水平的正向作用较大,也表明较快的经济发展水平在一定程度上促进了外债的增长。在随后 2 期中,外债对经济增长的响应出现波动,在第 4 期达到基本稳定,说明外债受到经济增长一定程度的影响。

第四个图为外债 $\Delta^2 \ln EXD$ 对自身一个标准差信息的影响。从图中可见,外债对其自身一个标准差信息的响应非常明显,在第 1 期就达到 0.08 左右,说明外债在更多情况下还是受制于自身的先前规模。随后在第 2 期达到负响应的最大值 0.05 左右,在前面 6 期均有较强的波动性,说明外债与自身的滞后值有较长的关联性,这种关联随着时间的延迟,在第 7 期趋于平稳。总体上看,外债 $\Delta^2 \ln EXD$ 对自身标准差信息的正响应较强。

5. 方差分解

VAR 的方差分解能给出随机信息的相对重要性信息,为具体把握信息在国内生产总值增长和外债余额增加的动态变化中的相对重要性,对 $\Delta^2 \ln GDP$

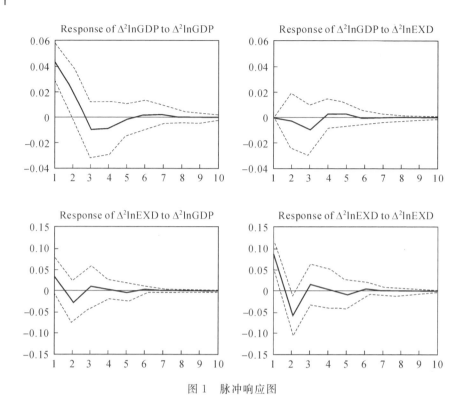

图 1　脉冲响应图

和 $\Delta^2\ln\text{EXD}$ 作方差分解,所得结果如表 4、表 5 所示。

　　表 4、表 5 中 S. E. 所对应的列为相对于不同预测期的变量的预测误差。这种预测误差来源于信息的当期值和未来值。$\ln^2\text{GDP}$ 对应的列表示源于 $\Delta^2\ln\text{GDP}$ 的信息所引起的方差占总方差的百分比,$\ln^2\text{EXD}$ 对应的列表示源于 $\Delta^2\ln\text{EXD}$ 的信息所引起的方差占总方差的百分比,每行结果相加为 100。

　　在表 4 中,第一时期经济增长的所有波动只受其本身的影响,即均来自其自身的信息。从信息对各期预测误差的贡献度来看,外债对经济增长的冲击比较明显,最大达到 81.01。而且从变化趋势来看,外债对经济增长波动的冲击呈逐步增长态势,从最初的 55.71 增加到第 10 期的 78.52。经济增长受自身波动的冲击呈不断下降趋势。

　　表 5 显示,外债受自身波动的冲击较大,在初期受自身波动的冲击 74.33 要大于受经济增长波动的冲击 25.67,而且以后各期基本保持这种态势,最后受经济增长波动的冲击稳定在 36 左右,而受自身波动的冲击最后稳定在 64 左右。

表 4　$\Delta^2 \ln GDP$ 的方差分解

Period	S. E.	$\ln^2 GDP$	$\ln^2 EXD$
1	0.008629	100.0000	0.000000
2	0.013095	44.28725	55.71275
3	0.016871	37.01116	62.98884
4	0.017405	34.99160	65.00840
5	0.026839	24.30186	75.69814
6	0.030848	18.99404	81.00596
7	0.031034	19.42854	80.57146
8	0.032134	21.10060	78.89940
9	0.032740	21.04920	78.95080
10	0.037460	21.48288	78.51712

表 5　$\Delta^2 \ln EXD$ 的方差分解

Period	S. E.	$\ln^2 GDP$	$\ln^2 EXD$
1	0.055164	25.67048	74.32952
2	0.071745	33.60092	66.39908
3	0.078450	35.95683	64.04317
4	0.078690	35.75589	64.24402
5	0.080836	35.73384	64.26616
6	0.080957	35.70104	64.29896
7	0.081946	36.31922	63.68078
8	0.082102	36.45522	63.54478
9	0.085910	35.72962	64.27038
10	0.088858	36.73858	63.26142

Ordering：$\ln^2 CDP$　$\ln^2 EXD$

二、结论及建议

从经济增长和外债的两变量研究中发现，外债与经济增长存在较强的相关关系。在 ADF 单位根检验中得知,lnGDP 和 lnEXD 都是二阶单整序列。在 Johansen 协整检验中发现,外债和经济增长存在协整关系,即有着长期均衡关系,但外债对经济增长的弹性为负值,表明外债对经济增长在我国有一定的副作用。在 Granger 因果检验中显示,外债是经济增长的 Granger 原因,而经济增长不是外债的 Granger 原因。从脉冲响应结果来看,外债主要是受自身规模和还本付息影响。而外债对经济的影响有一定的滞后性,表明外债要产生效益存在较长的时间差。从方差分解来看,经济增长在初期不受外债的影响,但随着时间的推移,外债对经济增长发挥了越来越大的作用,存在一定时滞。

产生上述情形的主要原因是我国在利用外债的过程中,重举借轻使用。一是缺乏科学民主的决策机制。在外债项目立项过程中,有的地方或部门领导为了部门利益和政绩考核的需要,不加理性地考虑宏观需求和偿债能力,盲目举借外债,使得许多投资项目从一开始就注定为"短命"项目。二是缺乏配套资金的注入。现在大多外债项目往往要求有一定的配套资金加以保障,有的地方为了争取外债资金,盲目承诺,虚假申报。因为外债资金多集中于一些贫困地区,但在争取到外债资金后,这些地区却往往由于财政资金匮乏,无法注入申报时承诺的配套资金,使得外债项目成为"半拉子"工程。三是缺乏强有力的监督机制。在外债使用过程中,由于缺乏有效监督机制,资金被挪用或改变用途的现象时常发生,其中比较常见的是短期长用。从而使得项目效益与资金偿还不相配比,陷入借新偿旧的恶性循环。

为此,应从以下几方面入手:一是转变外债管理模式。外债管理模式应从粗放型向集约型、效益型转变,从微观管理型向宏观管理型、直接管理型向间接管理型转变。外债管理机构应改变重借入、轻使用的管理倾向,加强对外债投向的管理和控制,多引导外债向关系国计民生的重点行业和重要项目流动,向我国的产业政策发展战略靠拢。二是建立市场化选择机制。根据项目的性质(公益性、准公益性、非公益性等),引入企业、公民个人、非政府组织等进行公平公开竞标,以代替原来单一的政府参与的执行机制。从而使政府外债项目决策、管理与执行相分离,最大限度地解决项目存在的诸多问题。三是健全外债使用绩效评价机制。针对外债"借、用、盈、还"四个环节相互分离的现实,当务之急是加强对外债使用的考核,完善外债的事前、事中、事后统计核算。建立全方位、多层次的外债监测机制,形成一套行之有效的外债使用效益考核管理体系是重中之重。

两种典型贸易模式下的环境成本研究
——基于浙、粤两省数据的对比分析[①]

摘　要　本文从贸易模式差异的新视角出发研究贸易与环境问题,对分别以浙江省和广东省为代表的"内源型"和"外向型"两种出口模式下出口与环境成本的关系进行对比。研究发现:"外向型"模式下的环境成本对出口具有较强的敏感性,而"内源型"模式下这种关系则较弱;"外向型"模式下,出口对环境的影响程度更大,"内源型"模式下环境成本主要来自非出口行业,受出口影响较小。文章的最后得到了一些促进贸易可持续发展、经济国际化和谐发展的政策启示。

关键词　贸易模式;环境成本;外向型;内源型

一、引　言

改革开放以来,经济国际化的战略在我国得到了大力推行,但是对国际化认知的错位却使得我国区域经济长期沉冗于对进出口、招商引资等数字游戏的追求,忽略对相关经济行为实质效益的度衡(乔生,2004)。在贸易方面,许多地区往往也只专注于进出口数量的提升,而罔顾本域经济的现实与可能,甚至以牺牲当地环境为代价。有人大代表提出,"世界工厂"、"出口明星"取代了"鱼米之乡",江南水乡"花容失色"。在取得贸易快速增长、带动经济发展的同时,必须考虑所付出的环境代价,变"数量型增长"为"质量型增长"。

---

①　本文作者金雪军、卢佳、张学勇,最初发表在《国际贸易问题》2008年第1期。

改革开放以来，各地对外贸易迅速发展，东部地区以优越的地理位置优势和政策优势发展尤其迅猛。以广东省为代表的"外向型"贸易模式同以浙江省"草根经济"为代表的"内源型"贸易模式，成为我国地区国际贸易模式中两面特色鲜明的"旗帜"。本文以浙、粤两省为例，分析不同贸易发展模式下的环境状况，以求从贸易模式视角揭示贸易与环境问题的内涵，从而为我国区域经济国际化的可持续性和谐发展提供参考。

对于贸易与环境问题，一些学者提出了理论假说。Radetzki（1992）、Copeland 和 Taylor（1994）等学者将环境库兹涅茨曲线（EKC）与贸易结合起来，提出了环境质量与贸易之间存在倒 U 形曲线（EKC）假说；Dua 和 Esty（1997）提出"向底线赛跑"和"污染避难所"假说，指出各国会竞相降低各自的环境质量标准以维持或增强竞争力，而且过于严格的环境政策会迫使肮脏产业向环境管制宽松的国家转移。"环境成本转移说"从发展中国家角度出发认为，环境成本可能从进口国发达国家转移到出口国。由于贸易与环境问题在国内还是新兴问题，学者所作的实证研究还不多。李秀香（2004）对我国的出口增长与二氧化碳气体排放量的关系进行了实证研究，认为出口对环境有着显著的影响。许士春（2006）的实证分析结果表明出口增长导致了我国环境污染的增加，但不同行业出口造成的环境污染程度有差异。张梅（2006）对广东省贸易与环境关系进行研究，认为出口对环境污染有显著影响，但环境治理及贸易品结构与环境没有明显关系。

本文对现有文献的发展在于：第一，开辟一个新的研究贸易与环境关系的视角，研究贸易模式与环境污染的关系；第二，利用具有明显贸易模式差异的中国两大外贸强省的数据进行实证分析，进一步比较贸易模式对环境的影响。

二、两种典型的贸易模式

对于贸易模式的概念目前还没有一个统一的界定，学者们从不同角度阐述了对贸易模式的理解。有学者从国际贸易理论出发，认为国家或地区产业内贸易和产业间贸易的比重决定了不同的贸易模式（高敬峰，2004；周帅，2006 等）。也有学者从贸易品结构、贸易方式（加工贸易或一般贸易）、出口企业类型等角度来分析贸易模式的特点（张小蒂、李晓钟，2002；钱方明，2004）。还有一些学者从国家或地区贸易的其他特点来分析贸易模式。我们可以把贸易模式理解为国家或地区贸易的一系列特征的组合。以下采用张小蒂（2002）、钱方明

(2004)对贸易模式的分析,从出口企业类型、贸易方式以及贸易品结构角度来分析贸易模式特点。

1."外向型"贸易增长模式

以广东省为代表的贸易模式主要特点为:外资企业出口在出口中占主导地位、出口中以加工贸易方式为主、产品结构层次高(张小蒂、李晓钟,2002)。由于外商投资企业在出口中起了决定性作用,所以称此种出口贸易模式为"外向型"出口模式。

广东省由于地处南方沿海,毗邻世界贸易中心香港,海上交通便利,是我国最早对外开放的地区,凭借优越的地理位置和政策优势,较早地发展成了外向型经济。最早开放和设立的深圳、珠海和厦门三大经济特区中有两个在广东,吸引了大量的外资涌入,这也是当地"外向型"贸易增长模式形成的主要原因。

在广东省的出口总额中一半以上是由外资企业创造的,从1998年起,广东省的出口企业中外资企业所占比重超过了50%。1995—2002年间平均外资企业出口占到了广东省出口总额的51.8%(如表1),2002年该比重达58.8%,2005年达到64.9%。外资企业投资广东从事加工贸易居多,且大多进行机电产品和设备的加工制造,在广东东莞等地已经形成了笔记本电脑等大型机电产品的生产制造基地。

表1 浙、粤两省贸易方式及外资出口情况对比(1995—2002年平均值)

省份	浙江	广东
外资企业出口占出口总额比重	24.6%	51.8%
加工贸易出口额占出口总额比重	18.2%	72.8%
机电产品出口额占出口总额比重	22.2%	50.2%

数据来源:国研网教育版数据库、《中国统计年鉴》和《中国对外经济贸易年鉴》相关各期。

2."内源型"贸易增长模式

以浙江省为代表的贸易模式主要特点为:民营企业出口占主导(张小蒂、李晓钟,2002),加工贸易比重低(一般贸易为主),产品层次相对较低。由于民营企业主导出口,相对于"外向型贸易模式",我们称这种贸易模式为"内源型"出口模式。

浙江省是我国民营经济最发达的省份,以发挥当地人民勤劳和智慧创造发达生产力的"草根经济"著称。该省自改革开放以来,尤其是90年代以后,出口得到了相当迅猛的发展。从表1可以看出浙江省的出口75%以上是由本土企业创造的,其中以集体私营企业尤为典型。1991—2001年间新获批准拥有进出口经营权的企业共有3061家,占到总数的80%以上。该类企业具有产权明晰、机制灵活、成长性好的特点,在浙江这块民营经济的肥沃土壤上日益发展壮大。浙江省外资企业出口比重相对较低,这与以广东省为代表的"外向型"出口模式形成了强大反差。

另外,浙江省出口以一般贸易为主,加工贸易比重低。由于长期以来从事劳动密集型产品的生产制造,服装、轻纺等行业较为发达,而机电产品制造能力相对较弱。

三、浙、粤两省的出口、环境差异统计对比分析

下面对浙、粤两省的出口与环境相关指标进行统计分析,从而比较其差异。通常用工业"三废"的排放量来反映工业发展所带来的环境代价(马涛等,2005;Muradian,2002),鉴于统计资料上统计口径的统一性和数据时限的长短,选取废气排放量作为度量环境污染程度的指标。李秀香(2004)、张梅(2006)也分别采用二氧化碳和二氧化硫等废气排放量作为排污指标。本文根据浙、粤两省1986—2004年的数据进行统计,所用数据来源于《中国统计年鉴》相关各期。

1.出口情况统计对比

从图1可以看出改革开放以来浙、粤两省出口总额的增长情况。90年代以前两省的水平绝对差距还不是特别大,90年代以后,广东省的出口总额大幅度增加,明显超过浙江省。广东省的出口总额占到全国出口总额的近1/3。

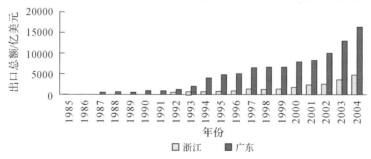

图1　浙、粤两省1985—2004年出口总额

表2显示了两省出口总额的统计指标,广东省出口总额的均值是浙江省的近4倍多。且 t 检验结果都在极高的显著水平上拒绝了两省出口总额均值相等

的原假设,说明两者的出口总额在统计上存在显著的差异,总体上广东省的出口总额要大大超过浙江省。从标准差统计来看,两省的出口总额波动幅度都很大,主要是由于80年代末、90年代初对外贸易井喷式快速发展,广东省的增速尤为迅猛,其标准差是浙江省的3.5倍。

2.环境状况统计对比

本文旨在分析不同贸易模式下出口对环境成本的影响,所以必须对两种模式下的环境成本情况进行比较。从总体角度、相对角度来综合比较两省的环境状况。根据前面的说明,采用地区废气排放总量来从总体角度反映地区环境成本,采用废气排放总量与GDP的比值(单位GDP对应废气排放量)从相对角度反映地区环境成本。

(1)总体环境成本。从废气排放总量来看,两省的排放量明显呈增长趋势,浙江省的排污总量略小于广东省。从统计指标来看(表2),广东省废气排放总量的均值约为浙江省的1.3倍。t检验结果表明了两者的均值存在显著差异。两者的标准差值均较大,广东省略高,说明两省的废气排放总量年度波动幅度较大,从图2可以看出这种波动主要表现为增长,且广东省增长得更快,污染情况的增速也不容小觑。

(2)相对环境成本。相对环境成本考虑了经济总量因素的影响,将排污总量与该地区GDP的比值作为环境状况的一个度量指标。该指标可以在一定程度上反映经济增长所带来的环境代价。

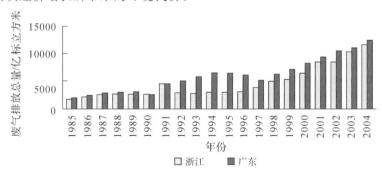

图2 浙、粤两省废气排放总量

表2 浙、粤两省出口与环境情况统计指标(1986—2004年)

指标	最大值	最小值	标准差	均值	均值差异t检验
浙江省出口总额(亿美元)	4812.011	3.991713	1301.167	1043.982	4.8889***
广东省出口总额(亿美元)	15855.95	146.7885	4576.379	4792.975	

续表

指标	最大值	最小值	标准差	均值	均值差异 t 检验
浙江省废气排放总量 (亿标立方米)	11749	2148	2946.938	4837.789	5.4593***
广东省废气排放总量 (亿标立方米)	12543	2402	3017.586	6266.579	
浙江省每亿元 GDP 废气排放量 (亿标立方米/亿元)	4.322625	0.790871	1.281047	1.919093	−2.8343***
广东省每亿元 GDP 废气排放量 (亿标立方米/亿元)	3.59834	0.664895	0.929067	1.569142	

*** 表示 1% 的显著水平。

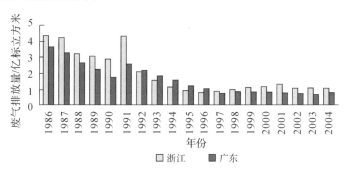

图 3   浙、粤平均每亿元 GDP 废气排放量

从图 3 看出,两省的每亿元 GDP 对应废气排放量总体呈下降趋势。1991
年两省的该指标出现了明显的增长,之后依然继续呈下降趋势。浙江省的相对
排污量略高于广东省。从表 2 的统计指标来看,浙江省相对排污量指标的均值
约为广东省的 1.2 倍,最大和最小值也均略高于广东省,标准差也较广东省偏
大。两者的均值差异也通过了 t 检验,说明两者存在显著差异。因此,从该指标
的统计分析可以看出浙江省经济增长的环境代价较广东省略高。但是随着
GDP 的增长,单位 GDP 的环境代价呈缩小态势。

四、两种贸易模式下出口对环境的影响

前面比较了浙、粤两省的贸易模式,以及其出口状况和环境差异。可以看

出分别以浙、粤两省为代表的"内源型"贸易模式和"外向型"贸易模式,在出口高速增长的同时,所带来的环境成本有明显差异。接下来本文将进一步分析来自出口的冲击对环境影响的大小程度。本文采用时间序列数据,运用向量自回归(VAR)模型和向量误差修正(VEC)模型[①]来分析出口与环境的关系。通过脉冲响应函数和方差分解对来自出口的冲击对环境的影响进行进一步解析。

模型将分别对比两种不同贸易模式下出口对总体环境成本的影响和相对环境成本的影响。总体环境成本和相对环境成本分别采用文章第三部分所使用的相应的废气排放量指标。出口变量用地区出口总额来表示。另外引入地区资本形成额作为控制变量。采用浙、粤两省 1986—2005 年的年度数据,数据来源于《中国统计年鉴》相关各期和《改革开放十七年的中国地区经济》。

表 3　变量说明

变量名称	变量说明
$\ln gdair$	广东省废气排放总量的自然对数
$\ln zjair$	浙江省废气排放总量自然对数
$\ln gdx$	广东省出口总额自然对数
$\ln zjx$	浙江省出口总额自然对数
$\ln gdcap$	广东省资本形成额总量的自然对数
$\ln zjcap$	浙江省资本形成额总量的自然对数
$\ln gdairgdp$	广东省每亿元 GDP 对应废气排放量的自然对数
$\ln zjairgdp$	浙江省每亿元 GDP 对应废气排放量的自然对数
$D\ln gdairgdp$	广东省每亿元 GDP 对应废气排放量的自然对数的一阶差分
$D\ln zjairgdp$	浙江省每亿元 GDP 对应废气排放量的自然对数的一阶差分
$D\ln gdair$	广东省废气排放总量自然对数的一阶差分
$D\ln gdx$	广东省出品总额自然对数的二阶差分
$D\ln gdcap$	广东省资本形成额自然对数的一阶差分
$D\ln zjair$	浙江省废气排放总量自然对数的一阶差分
$D\ln zjx$	浙江省出口总额自然对数的一阶差分
$D\ln zjcap$	浙江省资本形成额自然对数的二阶差分

[①]　根据时间序列模型的原理,若变量之间不存在协整关系,则可以采用 VAR 模型分析;若变量之间存在协整关系,则不能采用 VAR 模型,而应采用 VEC 模型。所以在决定采用 VAR 还是 VEC 模型之前必须先对时间序列进行协整检验(高铁梅,2005)。

1.总体环境成本

（1）模型设定与估计。这个模型主要用来分析当地总体的环境负担与地区出口之间的关系。所以对广东省选用 lngdair、lngdx 和控制变量 lngdcap 进行分析。类似的，对浙江省选用 lnzjair、lnzjx 和控制变量 lnzjcap 三个变量。对时间序列进行平稳性检验以后发现 lngdair、lngdx、lngdcap、lnzjair 和 lnzjx 均为非平稳序列，其中 lngdair、lngdcap、lnzjair、lnzjx 的一阶差分序列为平稳序列，lnzjcap、lngdx 的二阶差分序列为平稳序列。采用差分后的平稳序列进行模型分析。根据 VAR 或 VEC 模型的定义，对广东省和浙江省的总体环境成本与出口的关系分别建立模型如下：

$$
\begin{bmatrix} D\ln gdait \\ D\ln gdx \\ D\ln gdcap \end{bmatrix}_t = \sum_{i=1}^{p} \begin{bmatrix} \lambda_{11i} & \lambda_{12i} & \lambda_{13i} \\ \lambda_{21i} & \lambda_{22i} & \lambda_{23i} \\ \lambda_{31i} & \lambda_{32i} & \lambda_{33i} \end{bmatrix} \begin{bmatrix} D\ln gdait \\ D\ln gdx \\ D\ln gdcap \end{bmatrix}_{t-i} + \begin{bmatrix} \varepsilon_1 \\ \varepsilon_2 \\ \varepsilon_3 \end{bmatrix}_t \tag{1}
$$

$$
\begin{bmatrix} D\ln zjair \\ D\ln zjx \\ D\ln zjcap \end{bmatrix}_t = \sum_{i=1}^{q} \begin{bmatrix} \theta_{11i} & \theta_{12i} & \theta_{13i} \\ \theta_{21i} & \theta_{22i} & \theta_{23i} \\ \theta_{31i} & \theta_{32i} & \theta_{33i} \end{bmatrix} \begin{bmatrix} D\ln zjair \\ D\ln zjx \\ D\ln zjcap \end{bmatrix}_{t-i} + \begin{bmatrix} \mu_1 \\ \mu_2 \\ \mu_3 \end{bmatrix}_t \tag{2}
$$

其中，t 表示年份；p 和 q 分别表示两个模型的滞后期数；λ 和 θ 是待估计的参数矩阵中的元素；ε 和 μ 是随机误差项；其他变量含义如表3所示。经过协整检验[①]，发现模型(1)、(2)中的三个变量之间均不存在协整关系，因此均采用 VAR 估计。我们运用 EVIEWS 4.0 软件进行最优滞后期检验，模型(1)和模型(2)的最优滞后期均为3期。两个模型的结果均通过了稳健性检验（所有的 AR 根都小于1），模型很稳定。

因为 VAR 为结构式而非简化式，单个系数的估计是有偏的，所以单独讨论 VAR 的结果没有意义（屠佳华、张杰，2005）。这里不列出 VAR 模型的估计结果，而是直接分析脉冲响应图。

（2）脉冲响应。脉冲响应函数可以用于衡量来自随机扰动项的一个标准差冲击对内生变量即期和远期取值的影响。从图4可以看出浙、粤两省的废气总排放量对于来自出口的一个标准差冲击的相应情况有明显区别：广东省的废气排放量对于来自出口的正冲击在1期就有较大的正响应，浙江省的废气排放量对于来自出口的正冲击在1期没有响应，1期之后才产生响应。说明广东省的出口对环境的冲击较大，出口的增加会在短期内给环境带来较大的负担。而浙

---

① 限于篇幅，协整检验结果在这里不一一列出。

江省的出口增长,在短期内对环境并没有明显影响。

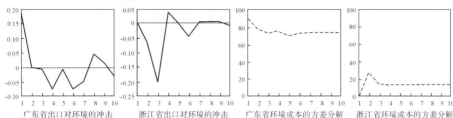

广东省出口对环境的冲击　　浙江省出口对环境的冲击　　广东省环境成本的方差分解　　浙江省环境成本的方差分解

图 4　总环境成本的脉冲响应和方差分解

(3)方差分解。从图 4 的方差分解图可以明显看出广东省的出口对环境成本的解释力在 1 期就约为 90%,随着时间的推移逐渐降低,维持在 75% 左右的水平。而浙江省的出口对环境总成本在 1 期没有解释力,随后逐渐增加,最后稳定在将近 20% 的水平。两者差距甚大。

2.相对环境成本

(1)模型设定与估计。相对环境成本在文章第三部分已有介绍,即单位 GDP 所负担的环境成本。所以模型中主要涉及以下变量 $lngdairgdp$、$lngdx$、$lngdcap$ 以及 $lnzjairgdp$、$lnzjx$、$lnzjcap$。对时间序列进行平稳性检验以后发现 lngdairgdp、lnzjairgdp 和 lnzk 均为非平稳序列,二者的一阶差分序列为平稳序列。采用差分后的平稳序列进行模型分析。根据 VAR 或 VEC 模型的定义,对广东省和浙江省的相对环境成本与出口的关系分别建立模型如下:

$$\begin{bmatrix} D\ln zjairgdp \\ D\ln gdx \\ D\ln gdcap \end{bmatrix}_t = \sum_{i=1}^{k} \begin{bmatrix} \lambda_{11i} & \lambda_{12i} & \lambda_{13i} \\ \lambda_{21i} & \lambda_{22i} & \lambda_{23i} \\ \lambda_{31i} & \lambda_{32i} & \lambda_{33i} \end{bmatrix} \begin{bmatrix} D\ln zjairgdp \\ D\ln gdx \\ D\ln gdcap \end{bmatrix}_{t-i} + \begin{bmatrix} \eta_1 \\ \eta_2 \\ \eta_3 \end{bmatrix}_t \quad (3)$$

$$\begin{bmatrix} D\ln zjairgdp \\ D\ln zjx \\ D\ln zjcap \end{bmatrix}_t = \sum_{i=1}^{q} \begin{bmatrix} \omega_{11i} & \omega_{12i} & \omega_{13i} \\ \omega_{21i} & \omega_{22i} & \omega_{23i} \\ \omega_{31i} & \omega_{32i} & \omega_{33i} \end{bmatrix} \begin{bmatrix} D\ln zjairgdp \\ D\ln zjx \\ D\ln zjcap \end{bmatrix}_{t-i} + \begin{bmatrix} v_1 \\ v_2 \\ v_3 \end{bmatrix}_t \quad (4)$$

t 表示年份;k 和 n 分别表示模型(3)、(4)的滞后期数;λ 和 ω 分别为模型(3)、(4)参数矩阵中的元素,代表变量系数;η 和 v 分别为模型(3)、(4)的随机误差项;其他变量含义如表 3 所示。经过协整检验,模型(3)中三个变量的时间序列存在长期的协整关系,因此不能采用 VAR 模型,而采用 VEC 模型估计;模型(4)中三个变量的时间序列不存在协整关系,因此采用 VAR 模型估计。经过最优滞后期检验,模型(3)和模型(4)的最优滞后期分别为 1 期和 3 期。于是我们运用 EVIEWS 软件进行估计运算,结果通过了稳健性检验。

VAR 和 VEC 模型的估计结果这里略去,理由同前面模型(1)和模型(2)的分析,我们主要关注脉冲响应情况。

(2)脉冲响应。图 5 清晰地展示了浙、粤两省单位 GDP 所负担的环境成本对来自出口的冲击所作出的反应。两省的相对环境成本均在 1 期对出口冲击做出了响应。但是,二者很明显存在较大差异。首先。广东省的单位 GDP 废气排放量对来自出口的冲击在 1 期即作出正的响应,并且幅度较大;浙江省的单位 GDP 废气排放量对来自出口的冲击在 1 期做出的是微小幅度的负响应。说明出口的增加会对广东省单位 GDP 所负担的环境成本有正的影响,但是对浙江省单位 GDP 所负担的环境成本却作用不大,甚至有轻微的负向影响。其次,广东省的单位 GDP 废气排放量对来自出口的冲击始终是正响应,而浙江省则是先负响应后转为正响应。

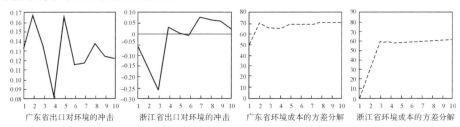

图 5　相对环境成本的脉冲响应和方差分解

(3)方差分解。从图 5 的方差分解图看出,广东省 1 期出口波动对相对环境成本的解释力为 50%。随后逐渐增加稳定在 70% 左右。浙江省的出口波动在 1 期对相对环境成本的解释力几乎为 0,随后迅速增加,稳定在 60% 左右。

3.实证结果分析

从前面实证分析的结果可以看出,浙、粤两省的出口对环境的影响差异主要表现在三个方面:(1)影响方向。广东省的总体环境成本和相对环境成本均在 1 期即对来自出口的冲击做出正向反应;浙江省的总体环境成本在 1 期没有对来自出口的冲击做出响应,其相对环境成本对来自出口的冲击在 1 期做出了轻微的负向反应。浙江省出口冲击带来的 GDP 的增长幅度大于环境成本的增加幅度,于是相对环境成本就表现出了对出口冲击的负反应,而广东省则反之。(2)影响程度。从脉冲响应来看,无论是总体环境成本还是相对环境成本,广东省对来自出口的冲击作出的响应幅度均大于浙江省。说明广东省的出口变动对环境的影响明显比浙江省大。即广东省的出口带来环境负担增加,且影响相对较大;浙江省出口增长对环境总体影响较小,且带来相对环境成本短期小幅降低,长期逐渐增加。从方差分解来看,出口波动对于环境成本波动的解释力,广东省明显比浙江省高,两者差距非常大。虽然这同两省的出口额占 GDP 比重也有关系(浙江省的出口总额占 GDP 比重近几年来维持在 35% 左右,而广东省则基本维持在 70% 左右),但是仍然较大程度反映了出口波动对环境影响在两种贸易模式下的显著差异。(3)环境成本的出口弹性。结合第三、四部分的分析我们还发现广东省的相对环境成本较低,但出口变动对相对环境成本的影响较大;浙江省的相对环境成本较高,但出口变动对相对环境成本影响较小,很大一部分环境成本是由其他经济活动产生。即广东省的相对环境成本对出口的弹性比浙江省高。

显然以广东省为代表的"外向型"贸易模式,出口的增长带来明显的环境成本增加,且出口对环境的影响程度较大;以浙江省为代表的"内源型"贸易模式,出口的增长对环境的影响需要较长时滞,且对环境的影响程度较小,说明了外资企业"环境成本转移"存在的可能性。"环境成本转移说"指的是发达国家向发展中国家出口原材料,在发展中国家加工,将产品加工过程产生的环境成本转嫁到发展中国家,然后再由发展中国家进行产品出口,其往往表现为来料加工贸易。外资企业在中国多以产品加工为主,其出口主要是加工贸易方式。广东省出口中加工贸易占到了 70% 以上,且多为来料加工贸易,这跟"环境成本转移说"的论述非常类似。另外,鉴于加工贸易带来的污染日益严重,去年商务部、海关总署、国家环境保护总局 3 部门联合颁布了《加工贸易禁止类商品目录》,对 804 种产品的加工贸易进行禁止。加工贸易发展带来的环境成本已不容小觑。

浙江省的出口中民营企业占主导地位,且以一般贸易为主,加工贸易比重低。所以外资企业环境成本转移所带来的环境代价不甚明显。虽然浙江省的环境成本对出口的敏感性较弱,但是从第三部分的分析可以看出,浙江省的经济增长同时所产生的环境成本较高,相对环境成本还高于广东省。说明浙江省的环境成本主要不是来自出口行业,而是可能来自国内贸易以及其他重化工业产品的生产,而且非出口行业所带来的污染相当严重。

五、结论及政策启示

当今世界,虽然经济全球化的趋势日益加强,但是我们不能为了追求经济"国际化"一味追求出口等指标的数量性增长,而忽略其所带来的环境成本。只有追求质量性增长,才是"和谐"的发展。本文通过对浙、粤两省的数据对比发现:以广东省为代表的"外向型"出口模式下,环境对出口变动的敏感性较强,且出口对环境的影响程度较大,外资企业的"环境成本转移"假说是成立的。而以浙江省为代表的"内源型"出口模式下,环境对出口变动的敏感性较弱,且出口对环境的影响程度较小。说明浙江省的环境成本主要来自非出口行业。

随着我国经济实力的增强,国际经济谈判地位的提高,在利用外资问题上可以从环境角度出发,有选择性地吸引环境成本较低的外资企业进入。进一步加大对污染性较强的产品加工贸易的限制,严格控制加工贸易带来的环境成本。

浙江省的外资企业出口比重低,但环境污染仍然严重的原因主要是因为本土企业多为中小企业,环保意识差,且难以负担污染处理成本。所以我们在避免外资出口企业"环境成本转移"的同时,也要防止本土企业的"主动的环境成本承担",增强本土企业的经济实力,并且采取有效措施监管。

参考文献

[1]高敬峰.我国对外贸易模式分析[J].北方经贸,2004(1):105-105+108.

[2]李秀香,张婷.出口增长对我国环境影响的实证分析——以 CO_2 排放为例[J].国际贸易问题,2004(7):9-12.

[3]马涛,陈家宽.中国工业产品国际贸易的污染足迹分析[J].中国环境科学,2005(4):508-512.

[4]乔生.我国区域经济国际化:动向与行为调整——以长三角、珠三角地区部分省市为例[J].国际贸易问题,2004(10):20-23.

[5]钱方明.江苏、浙江两省外贸发展模式的比较研究[J].国际贸易问题,2004(10):38-42+52.

[6]史明珠,王建华.对我国垂直专业化贸易影响因素的实证研究[J].国际商务·对外经济贸易大学学报,2006(5):5-8+17.

[7]许士春.贸易对我国环境影响的实证分析[J].世界经济研究,2006(3):63-68.

[8]许士春.贸易与环境问题的研究现状与启示[J].国际贸易问题,2006(7):60-65.

[9]张梅.广东省出口贸易对环境影响的实证分析[J].国际贸易问题,2006(4):107-110.

［10］张小蒂,李晓钟. 中国外贸三强省贸易模式比较分析［J］. 管理世界,2002(12):40-47.

［11］周帅. 中欧商品贸易模式的对比研究及启示［J］. 中州学刊,2006(3):70-72.

［12］Copeland B R,Taylor M S. North-South trade and environment［J］. Quarterly Journal of Economics,1994,109(3):755-787.

理解人民币汇率的均衡、失调、波动与调整[①]

摘 要 本文区分产品市场和资产市场均衡汇率、失调和波动,得出了人民币实际汇率的短期和长期均衡值,发现人民币不存在严重高估和低估,只是产品市场上近期实际汇率低估且程度在加深,而资产市场上高估;产品市场上实际汇率长期波动主要源自相对供给冲击,资产市场上短期波动则主要来自自身调整机制和相对货币供给冲击。政策含义表明:资本账户保持一定管制降低了风险溢价,允许决策者调整短期实际汇率波动,扩大波动幅度,减缓汇率升值预期,消除资产市场上短期失调;长期波动决定因素使得决策者只能以产品市场长期均衡汇率为升值目标汇率,在需求政策效果不明显的情况下,可以考虑供给管理政策,实现内外经济均衡。

关键词 均衡汇率;汇率失调;实际汇率波动

一、引 言

自 2001 年英国《金融时报》撰文称中国操纵低估汇率,向世界输出廉价产品以来,人民币汇率问题备受国内外关注,2005 年 7 月 21 日人民币兑美元汇率小幅度升值进一步引发学者对人民币汇率的关注。毋庸置疑,在中国经济还可以持续高速增长 30 年的前景下,人民币会升值(林毅夫,2005),Jeanneney 和 Hua(2003)发现人民币实际汇率升值不利于技术进步而有利于效率改进。随之而来的问题便是人民币汇率到底应该升值多少? 回答这一问题需要测算人

---

① 本文作者金雪军、王义中,最初发表在《经济研究》2008 年第 1 期。

民币均衡汇率与失调程度,进而确定升值幅度。张晓朴(1999)、张斌(2003)、施建淮(2005)、卢锋(2006)、吴丽华(2006)、孙茂辉(2006)、王曦(2007)等都做过很好的研究,但这些研究仅考虑到单一市场。实际上,产品市场上的实际汇率是由相对供给和相对需求共同作用形成的,而在资产市场上是受名义性和货币性因素影响的。如果将这两个市场混为一体,则无法区分短期和长期效应,根据得到的均衡汇率而进行政策调整(升值政策)就忽略了这两个市场的差别。正如 Krugman 和 Obstfeld(2000)所言:"只有当产品市场和资产市场都处于均衡状态时,整个经济才能均衡。"更容易忽略的是均衡汇率估计过程中计量模型的稳健性问题。Dunaway 等(2006)利用中国的数据检验了该问题,发现模型设定的微小变化、解释变量的定义和样本期限选择都会导致均衡实际汇率出现较大的差别。

另外一个问题是,有研究将与均衡、失调紧密联系的实际汇率波动、稳定问题撇在一边。均衡并不意味着稳定,失调也不意味着波动。经济追赶过程中,从汇率失调向均衡汇率靠拢,应该允许多大幅度的实际汇率短期与长期波动是政策层面优先考虑的问题,因为实际汇率波动会影响均衡汇率水平(Gonzaga 和 Terra,1997);实际波动幅度大小关系到投资者的风险决策、关系到宏观经济稳定、影响到投资者汇率预期。蒙代尔(2002)曾指出:"实际汇率经济学是经济理论中最软的一部分,……实际汇率的大幅摇摆将导致虚假的定价,从而将引发通货膨胀,……实际汇率波动是一个大问题。"Aghion 等(2006)运用 83 个国家,时间跨度为 1960—2000 年的数据,发现实际汇率波动对长期生产率增长具有显著影响,而其程度取决于一国的金融发展水平。具体而言,实际汇率波动会降低金融发展水平低的国家的增长,而对金融发展水平高的国家没有影响。该结论对于金融体系还不完善、金融深化程度不高的发展中国家来说尤其具有参考意义。可见,实际汇率波动性特征具有重要的政策含义:如果汇率持续波动过度,政府就有必要介入市场;若实际汇率波动是由于基本经济面所决定的,则相应的政策反应可能大不相同。如果实际汇率波动同名义汇率体制或国内货币政策不稳定程度相联系,从原则上说,货币当局就能制定政策降低波动。另一方面,如果实际汇率波动来源于外生和结构性冲击,例如外部贸易条件变化,当局就没有多大的政策操作空间来减少波动(Edwards,1986)。

本文在以下几个方面不同于既有研究:(1)本文区分产品市场和资产市场均衡汇率、失调和波动,试图摆脱基本面均衡汇率(FEER)和行为均衡汇率理论(BEER)只关注中长期汇率决定因素的束缚;(2)为克服 Dunaway 等(2006)提出的均衡汇率测算稳健性问题，本文计量模型中加入了控制变量，并充分考虑了 VAR 和 VEC 模型的稳定性、残差检验能否通过，而且在产品市场中只考虑相对供给和相对需求因素，能降低 FEER 和 BEER 模型因遗漏实际汇率形成机制变量而产生的误差，从而不同于既有研究，得出了人民币没有严重高估或低估的结论；(3)引入资本管制下的含风险溢价的实际汇率平价理论来解释均衡、失调与波动，强调短期和长期波动在政策制定方面的重要性。文章结构安排如下：接下来部分为经验分析提供了理论基础；第三部分是区分不同市场的经验分析；第四部分是对经验结果的解释；文章最后在经验结论基础上得出了一些政策含义。

二、理论基础和计量模型

实际有效汇率是加权平均的外部实际汇率指数，是多国加权价格与本国价格之比，计算公式可以表述为：

$$reer = \sum_{i=1}^{n} \omega_i \left(E_{d/i} \cdot \frac{P_i^*}{P_d} \right) \tag{1}$$

其中，$reer$ 表示实际有效汇率，其值变大表示贬值，变小为升值，ω_i 代表第 i 个国家的贸易权重，$E_{d/i}$ 为直接标价法下的名义双边汇率，P_i^* 为第 i 个国家的价格水平，P_d 为本国价格水平。从式(1)可以看出：假定其他国家的价格水平不变或者仅考虑本国情况来计算均衡实际汇率和理解其失调是不符合现实的，正确做法是将多国(或两国)的价格水平变化纳入到理论模型和计量分析中。

Krugman 和 Obstfeld(2000)的 DD-AA 模型从相对需求和相对供给两个角度试图解释实际汇率长期变动的原因。结合图 1，如果本国相对世界需求增加(例如私人需求和政府需求)，均衡点从 E^1 移到 E^2，则本国的相对价格上涨(P^1/P^* 上升到 P^2/P^*)，从而促使实际汇率升值(rer^1 减少到 rer^2)，但在长期中供给随需求增加而增加，价格会回落，长期实际汇率反而贬值。在供给层面，如果本国劳动和资本的生产率提高，则本国商品和劳务的供给相对于需求会增加(在图 1 中表现为相对供给曲线 su 下移)，供给过剩会使得相对价格下降，进而导致长期实际汇率贬值；相反则会致使实际汇率升值。

然而，若本国需求增加来自贸易部门(进出口需求)或者政府开支主要用于可贸易品部门(图 2 中相对需求曲线 de 右移)，则相对于非贸易品部门，该部门价格水平上升(从 E^1 移到 E^2)，实际汇率反而贬值(rer^1 增加到 rer^2)，相反，若非贸易品部门需求增加，则实际汇率升值；若本国需求增加来自于进口需求的增加,则本国价格不变或由于供给增加价格下降,而国外价格水平上升,致使实际汇率贬值。因此,相对需求对实际汇率的影响是不确定的。对于相对供给因素,如果本国劳动和资本生产率的提高来源于贸易品部门,而非贸易品部门生产率增长滞后于贸易品部门,按照 Balassa-Samuelson(1964)效应,实际汇率会升值而不是贬值。①

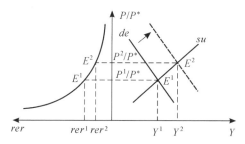

图1　相对供应、相对价格与外部实际汇率

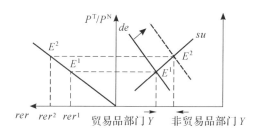

图2　两部门模型、相对供求与内部实际汇率

因而,开放经济条件下,决定实际汇率波动的因素是多国相对价格水平而不仅仅是本国价格水平,产品市场主要通过需求和供给两方力量作用于相对价格。例如,Clarida 和 Gali(1994)通过构建三变量结构向量自回归模型(VAR),识别三种宏观经济冲击,即供给、实际需求和名义需求冲击,并评价每种类型冲击对实际汇率波动的贡献。这样,产品市场实际汇率决定的 VAR 模型或误差修正模型(VEC)可以表示为:

---

①　本国内部实际汇率定义为贸易品价格除以非贸易品价格,即 $P_{贸易品人民币}/P_{非贸易品人民币}$。假设价格是贸易品与非贸易品价格按一定比例构成,则间接标价法下的外部实际汇率可以写成 $rer = E \cdot P^* / P = E \cdot (P^{\beta}_{非贸易品外币} \ P^{1-\beta}_{贸易品外币})/(P^{\alpha}_{非贸易品人民币} P^{1-\alpha}_{非贸易品外人民币} = (P_{贸易品人民币}/P_{非贸易品人民币})^{\alpha}/(P_{贸易品外币}/P_{非贸易品外币})^{\beta} E \times P_{贸易品外币}/P_{贸易品本币}$。因此外部实际汇率与内部实际汇率同方向变化(卜永祥、秦宛顺,2006)。

$$\begin{bmatrix} reer \\ su \\ de \end{bmatrix}_t = ex + \sum_{i=1}^{p} \begin{bmatrix} \lambda_{11i} & \lambda_{12i} & \lambda_{13i} \\ \lambda_{21i} & \lambda_{22i} & \lambda_{23i} \\ \lambda_{31i} & \lambda_{32i} & \lambda_{33i} \end{bmatrix} \begin{bmatrix} reer \\ su \\ de \end{bmatrix}_{t-i} + \begin{bmatrix} \varepsilon_1 \\ \varepsilon_2 \\ \varepsilon_3 \end{bmatrix}_t \tag{2}$$

上式中,$reer$ 表示实际汇率,su 代表相对供给,de 为相对需求,ex 表示外生变量,ε_{it} 为残差,λ_{ik} 为各变量的系数,p 为滞后阶数。该方程所形成的均衡汇率能确保产品市场供求平衡,它是中长期均衡实际汇率而不是短期汇率。

为研究货币市场,将(1)式可以简化为:

$$rer = E \times \frac{P^*}{P} \tag{3}$$

其中,rer 为实际汇率,E 是名义汇率,P^* 代表国外价格水平,P 表示本国价格水平。本国货币市场均衡条件可以表示为:

$$P = \frac{m}{L(i)} \tag{4}$$

其中,m 表示本国货币供给,简化起见,$L(i)$ 表示货币需求函数。同理,国外货币市场均衡条件为:

$$P^* = \frac{m^*}{L(i^*)} \tag{5}$$

结合(3)式~(5)式,并取对数可以得到:

$$\ln rer = \ln E + [\ln m^* - \ln m] + [\ln L(i) - \ln L(i^*)] \tag{6}$$

由以上各式可以看出,当一国货币供应量增加,本国相对价格水平就会上升,实际汇率就会升值;反之,则会贬值。但是,长期中价格水平与货币供给会等比例上升,实际汇率就不会出现波动。然而,若存在短期价格粘性,此时货币供应量增加,由(4)式,为维持货币市场均衡,利率必须下降使得货币需求提高,结合(6)式知,实际汇率贬值。

假设外汇市场上,含风险溢价的利率平价理论成立,则:

$$i = (1-\tau)\left(\frac{E^e - E}{E} + i^*\right) + \rho \tag{7}$$

上式中,E^e 表示预期汇率,τ 为资本控制程度,当 $\tau=0$,资本完全自由流动,传统利率平价理论成立;当 $\tau=1$,存在严格资本管制(无资本流动),利率平价"退化"为 $i=\rho$,利率只与国内风险溢价相关,而与汇率变化无关(金雪军、王义中,2006);ρ 为风险溢价,是投资者对汇率预期变化的风险补偿。由费雪效应,名义利率等于实际利率加上预期通货膨胀率:

$$i = R + \pi^e \tag{8}$$

其中,R 代表本国实际利率,π^e 为预期通货膨胀。同理,国外名义利率也

满足下列等式:

$$i^* = R^* + \pi^{e^*} \tag{9}$$

如果假设相对购买力平价成立,即:

$$\pi^e - \pi^{e^*} = \frac{E^e - E}{E} \tag{10}$$

则结合(7)~(10)式可得:

$$\rho = R - (1-\tau) R^* + \tau\pi^e \tag{11}$$

等式(11)表明:风险溢价与本国实际利率、资本管制程度、本国预期通货膨胀率正相关。相反,如果相对购买力平价不成立,则:

$$R - (1-\tau) R^* + \tau\pi^e = (1-\tau)\left[\frac{E^e - E}{E} - (\pi^e - \pi^{e^*})\right] + \rho \tag{12}$$

在(3)式两边取对数然后微分,并加上预期因素,然后代入(12)式可得到:

$$R - (1-\tau) R^* + \tau\pi^e = (1-\tau)\left(\frac{rer^e - rer}{rer}\right) + \rho \tag{13}$$

其中,rer^e 表示预期实际汇率变动率。可见,即期实际汇率与国内外实际利率、资本管制程度、预期实际汇率和风险溢价相关。如果不考虑风险溢价和资本管制程度给定,本国实际利率与即期实际汇率呈反向变化:利差扩大要求即期实际汇率减少(升值),反之为贬值;利差与预期实际汇率呈正向关系。其中的传导机制可以理解为:本国实际利率上升(下降)会吸引国外资本流入(流出),使得外汇市场上的外汇供给相对外汇需求增加(减少),实际汇率升值(贬值)。进一步,如果资本流入国内被用于消费,则国内在贸易品和非贸易品上的支付和需求能力提升,超额需求抬高了非贸易品价格,而贸易品价格是由世界价格决定的(对于发展中国家来说),从而导致实际汇率升值(Dornbusch,1973)。在货币市场上,本国实际利率上升导致实际货币需求降低,如果名义货币供给保持不变,为保持货币市场均衡,实际货币供给需减少,从而本国价格水平上升,实际汇率升值。

然而,如果引入风险溢价因素,费雪效应表明较高利率意味着较高的通货膨胀率和本国货币贬值预期,国外投资者继续投资本国需要较高的风险溢价作为补偿,结果可能导致资本流出和实际汇率贬值。由以上分析,资产市场(货币市场和外汇市场)上影响相对价格和名义汇率进而决定实际汇率的因素包括相对货币供给、本国与其他国家的实际利率差、汇率预期。因此,资产市场 VAR 模型或误差修正模型可以表示为:

$$
\begin{bmatrix} reer \\ ms \\ ir \\ ee \end{bmatrix}_t = ex + \sum_{i=1}^{P} \begin{bmatrix} \lambda_{11i} & \lambda_{12i} & \lambda_{13i} & \lambda_{14i} \\ \lambda_{21i} & \lambda_{22i} & \lambda_{23i} & \lambda_{24i} \\ \lambda_{31i} & \lambda_{32i} & \lambda_{33i} & \lambda_{34i} \\ \lambda_{41i} & \lambda_{42i} & \lambda_{43i} & \lambda_{44i} \end{bmatrix} \begin{bmatrix} reer \\ ms \\ ir \\ ee \end{bmatrix}_{t-i} + \begin{bmatrix} \varepsilon_1 \\ \varepsilon_2 \\ \varepsilon_3 \\ \varepsilon_4 \end{bmatrix}_t \tag{14}
$$

上式中，ms 为相对货币供给量，ir 为本国与世界利率之差，ee 代表汇率预期。该方程所形成的均衡汇率能保证资产市场均衡，它是短期而不是长期均衡汇率。

三、经验分析

（一）产品市场

1. 单位根检验

数据和变量说明见本文的工作论文版本。[①] 首先对每个变量的数据序列 $reer$、su、de、tot、op 的平稳性特征采用单位根的 ADF 检验方法，分别就每个变量时间序列数据的水平和一阶差分（或二阶差分）形式进行检验，其中，检验过程中滞后期的确定采用 AIC 最小准则，以保证残差值非自相关性。由检验结果可知，所有变量均为一阶单整序列。

2. 协整分析

协整关系在很大程度上依赖于滞后期的选择，文献中一般根据无约束的 VAR 模型确定。由于 VAR 模型的稳定性是判断模型好坏的关键条件，而且随滞后期增长模型稳定性越差，所以当 VAR 模型不符合稳定性条件时的前推 1 期为最长滞后期，然后根据残差检验逐期剔除不显著模型，通过残差自相关、正态性和异方差检验的模型为最终模型。在检验正态性时，如果用 Lutkepohl (1991) 的协方差矩阵正交化方法，检验结果取决于 VAR 模型中变量的顺序，而利用 Urzua(1997) 的残差协方差矩阵的平方根方法可以克服这个局限性。依据上述思路，当滞后期为 7 时 VAR 模型的稳定性条件不满足，比较第 1 期到第 6 期 VAR 模型残差自相关、正态性和异方差检验，最终确定最优滞后期为 4 期（表 1）。

---

① 限于篇幅，本文数据来源和详细处理过程可参见北京大学中国经济研究中心经济发展论坛工作论文版本，论文编号为 FC20070135，网址 http://fed.ccer.edu.cn/paperdownload.asp? paperid=135。也可向作者直接索取。

表 1　VAR(4) 残差检验

自相关检验												
滞后期	1	2	3	4	5	6	7	8	9	10	11	12
LM 统计量	6.64	8.14	2.81	7.33	13.9	9.83	11.5	9.88	3.82	8.41	8.17	4.37
P 值	0.67	0.52	0.97	0.60	0.13	0.36	0.24	0.36	0.92	0.49	0.52	0.89
异方差检验	$\chi^2_{(174)}=150.68(P 值=0.90)$											
J-B 正态性检验	$\chi^2_{(25)}=30.03(P 值=0.22)$											

注:异方差检验时不含交叉项,J-B 正态性检验采用的是残差协方差矩阵的平方根方法,以下同。

表 2　协整检验结果

迹统计量	5%临界值	最大特征值统计量	5%临界值	协整秩
32.51	29.68	21.08	20.97	$r=0$
11.44	15.41	9.294	14.07	$r\leqslant1$
2.141	3.76	2.141	3.76	$r\leqslant2$

为判断变量之间是否存在长期均衡关系,采用 Johansen 提出的方法来检验变量之间的协整关系。考虑协整方程的几种形式,如是否包含截距项和线性趋势。若选择的检验形式为协整变量具有线性趋势而且截距项限制在协整空间里,则线性协整关系是唯一的。

表 2 是协整检验的具体结果,可以得知:迹统计量和最大特征值统计量都表明在 5%的显著性水平下存在着一个协整关系①。

进一步得到协整向量系数的估计值,由此可以写出协整方程:

$$reer= -0.33su+0.26de+4.59 \tag{15}$$
$$\quad\ (0.27)\quad\ (0.29)$$

其中,括号内为标准误。相对供给因素每增加 1 个百分点在长期中会导致实际汇率升值 0.33%;相对需求因素每增加 1 个百分点在长期中会引起实际汇率贬值 0.26%。利用 HP 滤波法提取变量的长期均衡值,将相对供给和相对需求变量代入协整方程(15)中可以得到人民币长期均衡实际汇率(施建淮、余海

---

① 而 Wang(2005)利用 1983—2004 年的年度数据发现实际汇率、相对供给、相对需求没有长期协整关系。

丰,2005),并用下列公式计算人民币实际汇率的失调程度:

$$实际汇率的长期失调=\frac{实际汇率-长期均衡实际汇率}{长期均衡实际汇率} \tag{16}$$

图3和图4分别给出了实际汇率与长期均衡实际汇率的时序图和实际汇率的失调程度。可以看出,1994年1季度到1995年3季度为人民币实际汇率低估阶段,此阶段低估程度逐渐缩小、接近均衡汇率。具体看,1994年第1季度低估程度高达21.67%,而1995年3季度仅为0.13%;1995年第4季度到2002年第1季度是人民币实际汇率高估阶段,此阶段高估集中在东亚金融危机前后,而且失调程度随危机影响消退而逐渐接近均衡汇率,其中最高程度是1997年第2季度和第4季度的7.53%,最低是2002年第1季度的0.11%;2002年第2季度到2006年第2季度为低估阶段,而且失调程度有扩大趋势,2002年第2季度仅低估0.67%,而在2006年第2季度低估达到7.64%,与美国等国家宣称的人民币30%~40%的低估程度相差很远。从某种程度上也印证了林毅夫(2007)的人民币汇率不存在严重低估的观点。

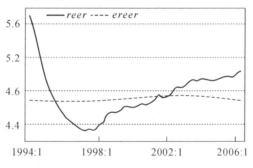

图3 实际汇率(reer)与均衡汇率(ereer)

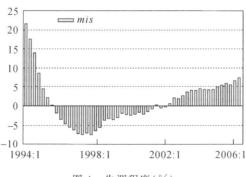

图4 失调程度(%)

3.误差修正模型

由于存在着协整关系,根据Granger定理,一定存在描述实际汇率由短期波动向长期均衡调整的误差修正模型。为得到可靠结果，要求 VEC 模型的稳定性条件满足，自相关性、异方差和正态性检验都能通过。由此，可以建立如下模型：

$$\Delta reer = -0.13ec + 0.03\Delta reer_{t-1} + 0.0002\Delta reer_{t-2} + 0.002\Delta reer_{t-3}$$
$$\quad\ (-2.91)\qquad (0.17)\qquad\qquad (0.001)\qquad\qquad (0.02)$$
$$\quad + 0.26\Delta reer_{t-4} + 0.16\Delta su_{t-1} + 0.10\Delta su_{t-2} - 0.05\Delta su_{t-3}$$
$$\qquad\ \ (1.75)\qquad\quad (1.59)\qquad\quad (0.88)\qquad\ (-0.47)$$
$$\quad + 0.03\Delta su_{t-4} + 0.09\Delta de_{t-1} + 0.06\Delta de_{t-2} + 0.14\Delta de_{t-3}$$
$$\qquad\ \ (0.37)\qquad\quad (0.76)\qquad\quad (0.50)\qquad\quad (1.21)$$
$$\quad + 0.12\Delta de_{t-4} + ex$$
$$\qquad\ \ (1.39)$$

$$(17)$$

其中，$ec_{t-1} = reer_{t-1} + 0.33su_{t-1} - 0.26de_{t-1} - 4.59$，$ex$ 表示外生变量，括号内为 t 值，Δ 为差分算子。从误差修正模型中可以看出，误差修正系数显著但值很小，每年只能调节 13% 左右的汇率失调，调节速度很慢。因此，实际汇率从短期偏离到恢复长期均衡所用的时间较长。因为误差修正模型的估计系数难以解释（许雄奇、张宗益，2006），而相对供给和相对需求滞后变量的系数并不显著只能说明两者对实际汇率并没有形成显著的滞后影响。

4. 脉冲响应

脉冲响应函数可以用于衡量来自随机扰动项的一个标准差冲击对内生变量即期和远期取值的影响。而广义脉冲响应函数可以不考虑变量的顺序而得到唯一的脉冲响应函数曲线。由图 5 和图 6 基于误差修正模型的脉冲响应曲线可以得知：滞后 1～10 个季度内，当出现相对供给一个标准差的正向冲击时，影响是正向的，即相对供给的一个标准差新息会使得实际有效汇率增加（贬值），而在此后的滞后期内，实际汇率受到一个正向标准差的相对供给冲击后，冲击效应为负，即相对供给的一个标准差新息会使得实际汇率减少（升值）；当出现相对需求的一个标准差的正向冲击后，实际汇率即期就减少（升值），随滞后期增长，相对需求对实际汇率的冲击效应逐渐减弱，甚至无影响。

可见，在短期和中期内，相对供给冲击导致实际汇率贬值，而长期内使得实际汇率升值；相对需求冲击在短中期内会使得实际汇率贬值，但在较长的时期内影响甚微。因此决定人民币长期实际汇率波动的因素是相对供给冲击。

5. 方差分解

基于误差修正模型的方差分解可以分析内生变量预测误差是由哪些变量所引起的，以及各占的百分比。在计算预测方差分解之前，必须采用 Choleski

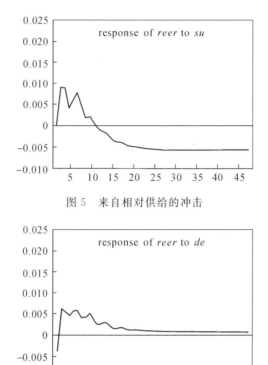

图 5 来自相对供给的冲击

图 6 来自相对需求的冲击

正交化处理,以消除残差项之间的同期相关和序列相关。由方差分解具体结果(图 7)可观察到在短期,实际汇率主要是从它自身的方差变动得到解释,但随滞后期增长,解释力越弱。在 1～16 个季度内,相对供给因素比相对需求因素更能解释实际汇率波动,在 17、18、19 季度两者作用相当,供求力量达到平衡,在此后阶段,相对供给因素的方差变动解释实际汇率波动的力度明显高于相对需求因素。

(二)资产市场

1. 单位根检验

数据和变量说明同前文。由检验结果可知,所有变量均为一阶单整序列。

2. 协整分析

如同产品市场,当滞后期为 7 时 VAR 模型的稳定性条件不满足,比较第 1 期到第 6 期 VAR 模型残差自相关、正态性和异方差检验,最终确定最优滞后期为 4 期(表 3)。

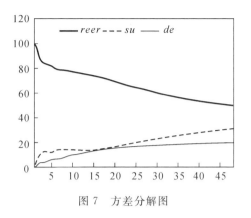

图7　方差分解图

表3　VAR(4)残差检验

自相关检验												
滞后期	1	2	3	4	5	6	7	8	9	10	11	12
LM 统计量	11.9	8.0	9.3	21.2	11.6	10.5	12.8	21.7	24.8	14.8	16.2	9.5
P 值	0.75	0.95	0.90	0.17	0.77	0.84	0.69	0.15	0.07	0.54	0.44	0.89
异方差检验	$\chi^2_{(350)} = 328.90(P 值 = 0.78)$											
J-B 正态性检验	$\chi^2_{(55)} = 62.61(P 值 = 0.22)$											

表4　协整检验结果

迹统计量	5%临界值	最大特征值统计量	5%临界值	协整秩
44.37	47.86	24.32	27.58	$r = 0$
20.06	29.80	14.59	21.13	$r \leqslant 1$
5.46	15.49	4.01	14.26	$r \leqslant 2$
1.45	3.84	1.45	3.84	$r \leqslant 3$

考虑协整方程的几种形式,如是否包含截距项和线性趋势,可知选择的检验形式为协整变量具有线性趋势而且截距项限制在协整空间里,则线性协整关系是不存在的。表4是协整检验的具体结果,可以得知:迹统计量和最大特征值统计量都表明在5%的显著性水平下不存在协整关系,即实际汇率与相对货币供给、汇率预期、利差没有长期均衡关系。

3.脉冲响应

由于不存在协整关系,不能用误差修正模型而只能用 VAR 模型进行分析。

图 8 是基于 VAR 模型的广义脉冲响应函数曲线。可以看出,相对货币供给、汇率预期和利差对实际汇率的冲击没有长期效应,只是在短期和中期内作用明显,而且波动性比图 5 和图 6 中的相对供给和相对需求强烈。

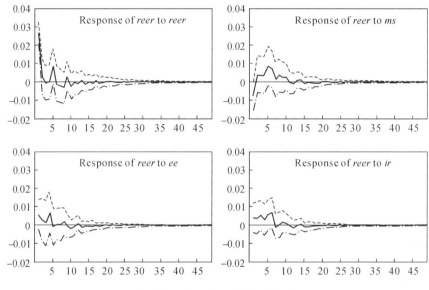

图 8 资产市场脉冲响应曲线

4. 方差分解

由基于 VAR 模型的方差分解具体结果(图 9)可观察到:解释实际汇率波动的因素中,相对货币供给作用最大,其次是汇率预期,解释力最弱的是利差。

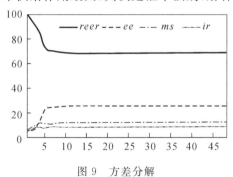

图 9 方差分解

5. 短期均衡实际汇率

由于不存在长期均衡关系,只有短期效应,我们可以用简单的 OLS 方法得到短期方程,进而将该方程作为短期均衡方程。因为相对货币供给和利差之间的相关系数为 0.17,在样本区间内可以避免多重共线性问题。从资产市场脉冲响应曲线可知实际汇率受到自身冲击的影响,再考虑到汇率变动的 J 曲线效应[①],注意回归模型中包含实际汇率滞后期变量。首先将所有变量进行回归,剔除不显著变量,就可以得到如下方程:

$$reer = 0.91^* reer_{t-1} + 0.09^* ms + 0.02^{**} ee + 0.004^{**} ir + 0.52^*$$
$$(0.019) \quad (0.009) \quad (0.012) \quad (0.002) \quad (0.09) \tag{18}$$

其中,*、** 表示 1% 和 5% 的显著性水平,括号内为标准误。从表 5 中可以看出,该模型较好地模拟了实际汇率在资产市场上的关系。根据方程(18),实际汇率滞后 1 期每增加(贬值)或减少(升值)1 个百分点,实际汇率自身贬值或升值 0.91%;相对货币供给每增加(减少)1 个百分点,实际汇率贬值(升值)0.09%;汇率预期和利差对实际汇率影响较小,但方向为正,即预期汇率升值(贬值),即期汇率就会升值(贬值),利差扩大会导致实际汇率贬值。

表 5　残差检验和模型效果

滞后期		1	2	3	8	9	10
序列自相关 LM 检验(P 值)		0.36	0.62	0.49	0.23	0.15	0.10
ARCH 效应检验(P 值)		0.79	0.27	0.27	0.26	0.36	0.42
正态性检验	J-B=1.32			(P 值=0.52)			
调整后	R^2=0.988			DW=1.74		F 值=957.7	

在得到短期方程的基础上,将解释变量再代入方程(18)就可以得到短期均衡实际汇率,再如同公式(16)便可得到实际汇率短期失调程度。由图 10,资产市场上实际汇率与短期均衡汇率基本接近,2006 年第 2 季度仅高估 0.33%,所以图 11 所得到的失调程度绝对值是较小的。具体来看,1994 年第 2 季度到 1997 年第 4 季度为高估阶段(除 1994 年第 3 季度和 1995 年第 2 季度为低估),1998 年第 1 季度到 2001 年第 3 季度为低估阶段(除 1998 年第 2 季度、1999 年第 1 季度和 2000 年第 4 季度为高估),2001 年第 4 季度到 2006 年第 2 季度为高估阶段(除 2005 年第 1 季度为低估)。总体来看,最高的高估程度是 2001 年第 4 季度的 1.38%,最低的高估程度是 1999 年第 4 季度的 0.08%,而最高的低估程度是 1998 年第 3 季度的 0.97%,最低的低估程度是 0.04%。

---

①　Gonzaga 和 Terra(1997)的理论和经验研究表明:实际汇率波动影响均衡汇率水平,而价格稳定又影响实际汇率波动,所以可以将实际汇率波动自身作为解释变量。

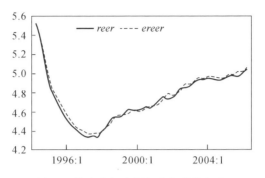

图 10　资产市场实际汇率与均衡汇率

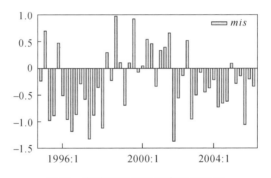

图 11　资产市场实际汇率失调程度

四、计量结果的比较分析

(一)均　衡

产品市场具有长期均衡实际汇率。相对供给增加中短期内致使实际汇率贬值而长期中导致实际汇率升值,因为中短期内相对供给增加会降低相对价格使得实际汇率贬值,而长期中由于 Balassa-Samuelson 效应,贸易品部门生产率相对于非贸易部门生产率提高使得两部门相对价格下降,实际汇率升值。卢锋(2006b)通过估算我国贸易品与非贸易品部门劳动生产率,发现人民币实际汇率存在巴拉萨－萨缪尔森效应。而同 Wang(2005)的观点相近,导致实际汇率贬值的因素为相对需求的上升,这与我国内需不足,经济增长靠外需拉动的现实紧密联系在一起。国外需求的增加使得中国出口增加,导致在本国价格既定的条件下国外价格水平上升或者本国价格上升幅度小于国外价格上升幅度,从而实际汇率贬值。然而,资产市场上不存在长期均衡实际汇率,只有短期均衡汇率方程。在形成均衡汇率的因素中,与理论一致,相对货币供给增加会导致实际汇率贬值,反之升值,预期汇率贬值会使得即期汇率贬值,反之升值,而与经典理论不一致的是:利差的增大会引起实际汇率贬值而不是升值[①]。

若存在资本管制(资本流入和流出限制),本国提高利率并不一定会刺激资本流入,相反提高了本国的风险溢价,投资者将高利率看成是对高风险的补偿而选择退出本国市场(由公式 11 和 13),资本撤出会降低本国需求或供给而使得价格下跌、实际汇率贬值。即使资本流入,若流入到贸易品部门而不是非贸易品部门,则会增加贸易品部门需求,提高相对价格,从而导致实际汇率贬值。从这一点可以看出,资产市场上运用利率政策能否抑制实际汇率升值,在很大程度上取决于资本管制程度。资本控制程度越高,用国内宏观政策实现外部平衡的空间就越大。因而中国应该充分利用现有的资本账户管制程度,实现人民币汇率逐渐升值目标。

图 12 中 fdi 表示外商直接投资,$nfdi$ 代表非 fdi,等于证券投资+银行贷款及其他+净误差与遗漏,cz 为总净资本流入,纵轴单位为亿美元。可以看出,除 2003 年和 2004 年外,其余年份里与利差紧密联系的非 FDI 表现为净流出。在净流入到中国的资本中,FDI 占绝大部分,而王义中、金雪军(2006)的研究结果表明:在 1983—2003 年的绝大多数年份里,外商直接投资流入到可贸易品部门的比例高于流入到不可贸易部门的比例。因此,净资本流入及其结构都说明利差扩大短期内并不导致实际汇率升值。

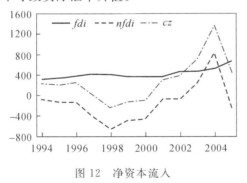

图 12 净资本流入

① 本文的结论是基于短期分析,另外一篇文章中(王义中、金雪军等,2007)表明:长期中,利率提高会导致实际汇率升值。

(二)失调与超调

从绝对量来看,产品市场长期均衡实际汇率的失调程度大于资产市场短期均衡实际汇率的失调程度,在某种程度上说明产品市场上实际汇率向均衡汇率调整的速度较慢(结合 VEC 模型),资产市场上调整速度较快。相对于资产市场,产品市场缺乏及时准确的信息,价格调整不可能向资产市场那样迅速,生产成本调整和工资变动都需要比较长的时间,因而价格具有粘性(潘国陵,2002)。在粘性价格作用下,如果即期汇率对外部冲击做出过度调整,即资产市场上即期汇率偏离均衡汇率,出现"汇率超调"。由广义脉冲响应图和方差分解图,短期内货币供给增加会导致实际汇率贬值,实际汇率对货币供给变化做出过度反应,出现"超调",但由于滞后 1 期实际汇率对其自身影响较大,所以具有自我调整机制,即使存在"超调",从"超调"或者说短期偏离回归到均衡的调整速度很快,即期实际汇率与短期均衡汇率基本接近,将这种现象称为"超调的速调"①。

产品市场上实际汇率失调具有阶段性。1994 年 1 季度到 1995 年 3 季度为低估阶段,而且低估程度逐渐减轻、接近均衡汇率。1993 年我国外汇体制改革,人民币名义汇率大幅度贬值大大增强了中国产品在国际市场上的价格竞争力,廉价产品不断供给到国外,增加了国外供给,降低其价格水平,导致人民币实际汇率不断升值。随升值幅度加大,1993 年大幅度贬值的扭曲效应得到纠正,实际汇率回归到均衡汇率;从 1995 年第 4 季度到 2002 年第 1 季度的高估阶段与90 年代中期开始中国劳动生产率持续提高(卢锋,2006)和东亚金融危机冲击分不开,虽然在危机中,一些国家的名义汇率大幅度贬值,人民币名义汇率保持稳定,但这些国家货币贬值对相对供给和相对需求都产生了重要影响,使得实际汇率没有偏离均衡汇率太远,所以没有出现如施建淮、余海丰(2005)估计的20%左右的高估程度;2002 年第 2 季度到 2006 年第 2 季度为低估阶段,其程度有扩大趋势。随中国加入 WTO,经济开放程度进一步提高,国外需求不断增加,相对需求的加大使得实际汇率不断贬值(由等式 15),而均衡汇率要求实际汇率升值,这样导致低估程度不断扩大。

资产市场上,一方面随相对货币供给不断增加,人民币贬值预期增强,另一

---

① 存在疑问的是:资产市场管制较多而产品市场管制较少,而资产市场是均衡的,产品市场是粘性的。可以从两个方面来理解:首先,直观上看产品市场管制很少,但并没有太多证据证明;产品市场调整更多依赖于价格机制,而资产市场来自名义汇率和预期机制,即使存在管制,这两种机制会促使资产供给和需求在短期实现均衡。

方面净国外资本源源流入中国,外汇供给增加,在名义汇率波动幅度较低的情况下,预期人民币实际汇率升值的压力越来越强。因此,资产市场上人民币实际汇率失调程度(是高估还是低估)取决于两种相反预期作用的大小。如果相对货币供给所引起的贬值预期强度高于由资本流入所致的升值预期,则人民币实际汇率低估;相反则高估。可以预见,随外汇储备不断累积和经济快速增长,相对货币供给明显增加,相对价格上升使得实际汇率升值,而盯住美元的政策使得资产市场高估程度不断提高。此外,由于实际汇率存在自我调整机制,而实现途径是汇率预期的增强或减弱,所以一旦预期汇率偏离均衡汇率也会引起失调。从 2001 年开始,预期人民币汇率升值的因素不断增多,加上产品市场低估所致的资本不断流入,资产市场高估在所难免。

由等式(13),若保持既定的资本管制程度和通胀预期,实际利差下降,风险溢价也随之降低,会导致实际汇率升值而偏离均衡汇率,出现高估;相反,风险溢价上升,则会出现低估。图 13 是根据等式(7)计算得到的中国风险溢价程度,其中资本控制程度遵从金雪军、王义中(2006)为 0.59[①]。可知,从 1994 年到 2006 年,风险溢价有一个下降趋势,从而可以解释资产市场的失调状况。

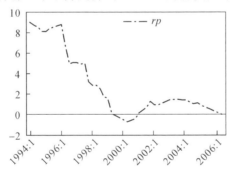

图 13　风险溢价(rp)

值得注意的是,从 2002 年第 4 季度开始(2005 年第 1 季度除外),产品市场上实际汇率低估而资产市场上表现为高估。资产市场上实际汇率高估容易诱使资本流入,外债增多,从而诱发资本账户危机(或持续顺差)。产品市场上实际汇率低估会增加产品相对需求和供给,经常账户顺差扩大,外汇储备增多,从而内生出人民币实际汇率升值压力。从这个层面来说,人民币升值压力的根源

---

① 在样本区间内,因为资本控制程度是不断变化的,此处用固定的资本管制程度只能粗略地说明中国风险溢价在不断下降的趋势,准确度量有待进一步研究。

和"双顺差"在于产品市场实际汇率低估和资产市场实际汇率高估。同理，如果产品市场上实际汇率高估，而资产市场上低估，则会产生实际汇率贬值压力；如果两个市场上同时高估（或低估），则一个市场上存在贬值压力（或升值）而另一个市场上存在升值（或贬值）压力，其结果可能是相互抵消。

（三）波　动

不同市场对应的实际汇率波动根源也不相同。对产品市场的冲击以及影响长期产出水平的冲击是实际需求和供给冲击；对货币市场的冲击是名义和货币冲击（Chadha 和 Prasad，1997）。Edwards（1986）分析 1972—1983 年 30 个国家的情况，区分短期和长期实际有效波动来源（长期波动用年度数据，短期波动用季度数据），认为货币性因素在解释实际汇率波动中起主要作用，而实际或结构因素主要解释长期波动。

我们的经验结果表明：相对供给和相对需求因素主要解释实际汇率长期波动，而相对供给起主导作用。实际汇率自身调整、相对货币供给、汇率预期和利差能解释短期波动，而前三者起主要作用。换个角度说，实际汇率长期波动源自产品市场，短期波动来自资产市场。因此可以说，人民币实际汇率短期波动是一种货币现象，名义冲击和货币冲击对波动影响较大，而长期波动是实体经济增长的反映，生产率冲击或供给冲击对波动影响较大。

五、总结和政策建议

在区分产品市场和资产市场的基础上，本文得出了长期和短期两种不同的人民币均衡汇率。经验结果表明：（1）长期均衡来自相对供给和相对需求因素，而相对供给起决定性作用，短期均衡来自实际汇率自身、相对货币供给、预期和利差，其中前两者的作用比较明显。（2）从两个市场上近期实际汇率的失调程度看，产品市场上实际汇率是低估的，均衡要求人民币实际汇率升值，而资产市场上实际汇率是高估的，均衡要求贬值。这种看似的矛盾性恰恰构成了人民币升值压力和"双顺差"的来源。（3）人民币实际汇率短期波动是资产市场上的一种货币现象，名义冲击和货币冲击对波动影响较大，而长期波动是产品市场上实体经济增长的反映，生产率冲击或供给冲击对波动影响较大。

理解了人民币均衡汇率的形成机制、失调和波动，就能更好地制定人民币汇率升值策略。当经济增长内生出实际汇率升值压力时，均衡汇率期限结构的差别就有重要的政策意义。具体的政策建议包括:(1)以产品市场长期均衡汇率为升值目标汇率,由短期逐步向该汇率调整,并采取措施保持资产市场均衡。因为实际汇率短期波动来源于名义性和货币性冲击,因而政府可以动用政策措施消除资产市场高估以维持均衡。同时为消除汇率升值预期,短期内增大汇率波动幅度的区间是必要的,这种波动是基于短期均衡的波动。就长期波动而言,其决定因素使得决策者只能以长期汇率为升值目标汇率。当然,这种渐进式的政府主导型升值方式在很大程度上要依赖于资本账户管制程度。(2)人民币汇率失调并不是一直保持高估或低估,个别时间接近均衡汇率,现阶段调整名义汇率并不意味着未来人民币实际汇率一直保持在均衡状态,可以说失调是一种常态,均衡是一种偶态。适度低估可以维持出口和经济持续增长,过度低估才会导致通货膨胀上升、福利水平降低和外债风险增加等问题,而且在东亚区内各国汇率存在着系统性低估,人民币调整力度过大(过度升值)短期内在东亚区丧失的优势就越多(陈志昂、王义中,2005)。人民币汇率并没有存在着严重的低估,关注焦点应该放在产品市场低估程度扩大的趋势上,它主要源于相对供给或生产率冲击内生出实际汇率升值而没有升值,因而在需求政策效果不明显的情况下,可以考虑供给管理政策,实现内外经济均衡。名义汇率升值政策固然可以减缓产品市场失调程度,但加剧了资产市场高估程度,结果进一步刺激资本流入和外债增加,资本账户持续顺差。因而名义汇率渐进式的升值要同消除资产市场高估的政策措施相结合。(3)人民币名义汇率升值没有必要硬盯住均衡汇率进行调整,调整力度和成本同资本账户开放程度以及经济可承受程度相关,更多的应该同整体经济以及发展中国家竞争力协调进行,同时减缓外部压力、加强区域合作。既然短期实际汇率是均衡的、短期波动是可控的,与其重视向长期均衡汇率接近,不如放宽短期波动,稳定短期投机预期,集中力量稳定实际汇率长期波动幅度。这种稳定是一篮子货币基础之上的稳定,是实际有效汇率的稳定,是在长期均衡实际汇率基础上的稳定,一方面降低了风险,另一方面保持了对外竞争力。简而言之,人民币汇率调整应该以产品市场长期均衡汇率作为短期汇率调整的依据和升值目标汇率,同时扩大名义汇率波动幅度、维持实际汇率长期波动性稳定。在长期波动性稳定的基础上保持均衡更优于在均衡的基础上保持稳定。

参考文献

[1] 陈志昂,王义中. 论人民币汇率的双重均衡[J]. 管理世界,2005(5):

37-45.

[2] 金雪军,王义中.人民币汇率升值的路径选择[J].金融研究,2006(11):70-82.

[3] 卢锋,韩晓亚.长期经济成长与实际汇率演变[J].经济研究,2006(7):4-14.

[4] 卢锋,刘鎏.我国两部门劳动生产率增长及其国际比较(1978—2005)——巴拉萨-萨缪尔森效应与人民币实际汇率关系的重新考察[J].经济学(季刊),2007(2):357-380.

[5] 林毅夫.论经济学方法[M].北京:北京大学出版社,2005.

[6] 林毅夫.关于人民币汇率问题的思考与政策建议[J].世界经济,2007(3):3-12.

[7] Robert A M,Paul.货币稳定与经济增长[M].张明,译.北京:中国金融出版社,2004.

[8] 潘国陵.国际金融理论与数量分析方法[M].上海:上海三联书店、上海人民出版社,2002.

[9] 卜永祥,秦宛顺.人民币内外均衡论[M].北京:北京大学出版社,2006.

[10] 施建淮,余海丰.人民币均衡汇率与汇率失调[J].经济研究,2005(4):34-45.

[11] 孙茂辉.人民币自然均衡实际汇率:1978—2004[J].经济研究,2006(11):92-101.

[12] 王曦,才国伟.人民币合意升值幅度的一种算法[J].经济研究,2007(5):27-41.

[13] 王义中,金雪军.外商直接投资、实际汇率升值与政策选择——基于中国的经验研究[J].数量经济技术经济研究,2006(8):78-89.

[14] 王义中,金雪军,陈志昂,罗知.中国经济会重蹈日本覆辙吗?基于汇率升值视角[J].第四届中国金融学会论文,2007.

[15] 吴丽华,王锋.人民币实际汇率错位的经济效应实证研究[J].经济研究,2006(7):15-28.

[16] 许雄奇,张宗益,康季军.财政赤字与贸易收支不平衡:来自中国经济的经验证据(1978—2003)[J].世界经济,2006(2):41-50,96.

[17] 张斌.人民币均衡汇率:简约一般均衡下的单方程模型研究[J].世界经济,2003(11):3-12.

[18] 张晓朴. 人民币均衡汇率研究[M]. 北京:中国金融出版社,1999.

[19] Aghion P, Bacchetta P, Ranciere R, Rogoff K. Exchange rate volatility and productivity growth: The role of financial development[J]. NBER Working Paper,2006.

[20] Balassa B. The purchasing power parity doctrine: A reappraisal[J]. Journal of Political Economy,1964,72(6): 584-596.

[21] Chadha B, Prasad E. Real exchange rate fluctuations and the business cycle: Evidence from Japan[J]. IMF Staff Papers, 1977, 44 (3): 328-356.

[22] Clarida R, Gali J. Sources of real exchange rate fluctuations:How important are nominal shocks[J]. Carnegie-Rochester Conference Series on Public Policy 1994,41:1-56.

[23] Dornbusch R. Money, devaluation and non-traded goods [J]. American Economic Review,1973,63(1):871-880.

[24] Dunaway S,Leigh L, Li X. How robust are estimates of equilibrium real exchange rates:The case of china[J]. IMF Working Paper,2006.

[25] Edwards S. Real exchange rate variability:An empirical analysis of the developing countries case[J]. NBER Working Papers, 1986.

[26] Gonzaga G M, Terra M C. Equilibrium real exchange rate, volatility,and stabilization[J]. Journal of Comparative Economics,1996,54 (1): 77-100.

[27] Jeanneney S G, Hua P. Real exchange rate and productivity in China[J]. Nanjing Business Review, 2005,16(4):441-464.

[28] Krugman P R, Obstfeld M. International economics:Theory and policy[M]. 6th ed. Massachusetts: Addison Wesley Longman,2000.

[29] Lutkepohl H. Introduction to multiple time series analysis[M]. NewYork:Springer-Verlag, 1991.

[30] Urzua C M. Omnibus tests for multivariate normality based on a class of maximum entropy distributions[J]. Advances in econometrics,1997, 12(12):341-358.

[31] Wang T. Sources of real exchange rate fluctuations in China[J]. Journal of Comparative Economics,2005,33(4): 753-771.

技术引进对我国 R&D 投入总量和结构的影响[①]

摘　要　改革开放以来,我国的技术引进总额不断提高,R&D 投入也迅速增加。在现有文献的基础上,本文从总量和结构两个角度探讨技术引进对 R&D 投入的影响,得出如下结论:从总量上看,R&D 投入促进了技术引进,技术引进却没有有效带动 R&D 投入的增加,但两者之间存在着长期稳定的关系;从结构上看,则要根据不同的分类标准具体分析,技术引进对 R&D 投入结构的影响存在不确定性。

关键词　技术引进;R&D 投入;总量与结构;协整分析

引　言

科学技术是第一生产力,对一国经济的持续健康发展至关重要。技术引进和 R&D 投入均是提高一国技术水平的有效手段。改革开放以来,我国的 R&D 投入和技术引进总额都不断增加。其中 R&D 投入由 1987 年的 74 亿元增加到 2003 年的 1539.6 亿元,是 1987 年的 21 倍;技术引进总额从 1980 年的 1.16 亿美元增加到 2002 年的 173.89 亿美元,更是 1980 年 150 倍。因此,随着技术引进总额不断增加,外来引进的技术如何影响本国 R&D 投入总量和结构,这个问题日益被人们所关注。早期经济增长理论在封闭经济条件下,通过内生化 R&D 投入研究一国的技术进步。然而在开放经济条件下,技术引进显然影响着一国的 R&D 投入,最终作用于技术进步。所以,从技术引进的角度分析

---

①　本文作者金雪军、欧朝敏、李杨,最初发表在《科研管理》2008 年第 1 期。

R&D 投入既有相当的现实意义,也有一定的理论意义。本文试图从总量和结构两个方面探讨技术引进如何影响 R&D 投入,结构安排如下:首先简要介绍国内外研究现状和采用的模型;然后从总量上分析技术引进总额如何影响 R&D 投入,运用协整分析这一工具研究两者之间的长期关系;接着分析技术引进对 R&D 投入结构的影响;最后得出本文的结论和建议。

1 简要回顾和模型

1.1 简要回顾

技术引进和 R&D 投入之间的关系,一直是经济增长理论研究的焦点之一。Evenson 和 Westphal[1](1995)对此做了详尽的综述。Mytelka[2](1987)认为技术引进替代了 R&D 投入,Bell 和 Pavitt[3](1997)则认为技术引进促进了 R&D 投入的增加。以上文献都未涉及政府政策等宏观因素对两者之间关系的影响。近来,政府政策等宏观因素在两者关系中的作用逐渐被经济学家所重视,比如 Aradhna[4](2000)利用 1980—1981 年和 1989—1990 年两个时期中印度 48 个行业的数据,讨论了政府政策对两者之间关系的影响。作者提出:放松管制大大增强技术引进对 R&D 投入的作用。国内研究技术引进和 R&D 投入之间关系的学者相对较少。宣海林和郑鸣[5](2001)探讨了跨国公司在华设立研发机构对我国技术引进战略的冲击,认为这将加强技术垄断和技术转移限制,制约我国对先进技术的获得。周浩[6](2003)通过专利竞赛模型得出以下结论:技术引进与应用性研发投入是互补或替代关系,需视两者的相对大小而定,双方的关系呈阶段性变化。从现有文献看,国内尚没有学者定量分析技术引进对 R&D 投入总量的影响。除了对 R&D 投入总量展开研究外,一些学者对我国 R&D 投入结构也进行了探索。比如王英[7](1999)从过程结构、来源结构和分配结构等三个方面分析了我国 R&D 投入情况,认为我国的 R&D 投入结构不合理。郝立勤和赖于民[8](2002)利用 2000 年云南省 R&D 资源清查数据,分析云南省 R&D 投入结构,也得到类似结论。目前,从技术引进的角度分析 R&D 投入结构的文献几乎没有。

1.2 模型与数据

本模型把技术引进和 R&D 投入有机联系起来,是文章分析的基础。

Tsuyoshi[9](2001)分析了学习型 R&D 投入的利润函数,认为一个公司主要通过提高劳动生产率来获取利润,而劳动生产率的提高依赖于知识技能的积累。知识技能可以通过外部引进和自己研发两个途径获得,自己研发需要投入资金即 R&D。其基本思想是把公司的收益看作是一个生产过程,技术引进和自己研发是这一过程的两个投入要素。Tsuyoshi 采用 C-D 生产函数描述这个过程,表示为:

$$Y = A \times TE^a \times R^{1-1/\beta} \tag{1}$$

其中 Y 表示收益,R 表示 R&D 投入,TE 表示技术引进总额,A 表示其他因素的影响,且 $A>0$,$\alpha>0$,$\beta>1$。对 Y 求 R 的一阶偏导为:$\dfrac{\partial Y}{\partial R} = A \times \left(1-\dfrac{1}{\beta}\right) \times TE^a \times R^{-1/\beta}$,根据系数的大小可知 $\dfrac{\partial Y}{\partial R}>0$,即随着研发投入增加,公司的收益也随之增长。对 Y 求 E 的二阶偏导我们可以得到:$\dfrac{\partial^2 Y}{\partial R^2} = A \times \left(1-\dfrac{1}{\beta}\right) \times (-1/\beta) TE^a \times R^{-1/\beta}$,二阶偏导 <0,说明随着研发投入增加,公司收益的增长速度减慢。同理可得:随着技术引进的增加,公司的收益随之增长,但增长的速度放慢。根据经济人假说,企业投入 R&D 是为了实现利润最大化。R&D 投入的利润函数如下所示:

$$\Pi = Y(R) - R \tag{2}$$

其中 Π 表示利润,利润最大化的条件是利润对 R&D 投入的一阶偏导数为 0,整理后可得:

$$R = A^\beta \times (1-1/\beta)^\beta \times TE^{a\beta} \tag{3}$$

于是我们得到了技术引进和 R&D 投入之间的关系式,对 R 求导数,整理得:

$$\frac{\mathrm{d}R}{R} = a\beta \frac{\mathrm{d}TE}{TE}$$

这样得到本文的另一关系式,它将 R&D 投入和技术引进的增长率联系起来。

在中国科技统计网上[①],仅公布了 1987 年以来历年的 R&D 投入数据。对于 1979—1986 年的 R&D 投入,本文拟通过自回归趋势模型外推获得。根据 AIC,SC 最小化原则,发现最优的滞后期为 1。对自回归趋势模型回归得到:

---

① 网址为:http://www.sts. Org. cn/.

$$R_t = 0.458975 + 1.207399R_{t-1} \quad R^2 = 0.995 \quad DW = 1.949 \qquad (5)$$
$$\quad (0.036) \qquad (54.231)$$

利用(5)式,可以外推得到 1979—1986 年的 R&D 投入。

1995—2002 年高技术产业 R&D 投入的数据来源于 2002 年、2003 年《中国高技术产业统计年鉴》,2003 年的高技术产业 R&D 投入则通过中国科技统计网获取[1]。将 1995—2003 年的 R&D 投入总量减去投入高技术产业的 R&D,便能得到其他产业的 R&D 投入。

技术引进总额的数据相对齐全。文章中 1979—1997 年的技术引进总额摘引至《中国科技统计年鉴》,1998—2002 年的技术引进总额是通过《中国对外经济贸易年鉴》取得,2003 年的数据来源于中华人民共和国商务部网站上《2003年技术引进统计分析》一文[2]。

2 技术引进对 R&D 投入总量的影响

2.1 变量的平稳性检验

对于涉及时间序列的回归,我们应该首先检验该序列的平稳性以避免产生伪回归。检验时间序列平稳性的方法有三种,分别是 DF 检验,ADF 检验和 PP 检验。在 DF 检验中,常常因为序列存在高阶滞后相关而破坏了随机扰动项是白噪声的假设。因此,一般采用 ADF 检验和 PP 检验,本文采用 ADF 检验,运用 EVIEWS3.1 进行运算。考虑到对时间序列取对数不会改变其时序性质,且有利于得到平稳时间序列。因此,本文首先把数据对数化,得到 LTE(对数后的技术引进总额)和 LR(对数后的 R&D 投入)。进行 ADF 检验之前需要确定最优滞后期,根据 AIC 和 SC 最小化准则,选择好最优滞后期。检验结果见表 1。

表 1 ADF 单位根检验结果

变量	检验形式(C,T,K)	ADF 检验统计量	5%临界值
LTE	$(C,T,1)$	−1.864	−3.622
ΔLTE	$(C,N,0)$	−9.394	−1.957

---

① 网址为:http://www.sts.Org.cn/.

② 网址为:http://www.Mofoom.gov.cn/.

续表

变量	检验形式(C, T, K)	ADF 检验统计量	5%临界值
LR	($C, T, 1$)	-2.958	-3.612
ΔLR	($C, N, 0$)	-6.243	-2.997

注:检验形式(C, T, K)分别表示单位根检验方程的常数项、时间趋势和滞后阶数,N 是指不包括 C 和 T。Δ 表示差分算子。表中所列是临界值为 5%置信水平下 ADF 检验 Macknnon 检验值。

由表 1 可知,在 5%的置信水平下,历年技术引进总额和 R&D 投入总额的水平序列都不平稳,而一阶差分序列都平稳。本文继续分析两者的 Granger 因果关系。

2.2 Granger 因果检验

Granger 因果检验由计量经济学家 Granger 在 1969 年定义的因果关系及其检验的基础上发展起来。检验技术引进总额和 R&D 投入之间的 Granger 因果关系就是估计以下回归:

$$TE_t = C_1 + \sum_{i=1}^{n} \theta_i \times TE_{t-i} + \sum_{j=1}^{n} \beta_j \times R_{t-j} + u_{1t} \tag{6}$$

和 $$R_t = C_2 + \sum_{i=1}^{n} \lambda_i \times R_{t-i} + \sum_{j=1}^{n} \eta_j \times TE_{t-j} + u_{2t} \tag{7}$$

如果接受 $H_{01}: \beta_1 = \beta_2 = \cdots = \beta_n = 0$,就说明 R_t 不是 TE_t 的 Granger 原因,反之则称 R_t 是 TE_t 的 Granger 原因;如果接受 $H_{02}: \eta_1 = \eta_2 = \cdots = \eta_n = 0$,就说明 TE_t 不是 R_t 的 Granger 原因,反之则是。因为只有平稳时间序列才能进行 Granger 因果检验,因此我们不能用技术引进总额和 R&D 投入总额的水平序列,只能对一阶差分序列进行检验。在进行检验之前要确定最优滞后期,根据 AIC 和 SC 最小化准则,确定最优滞后期为 3。Granger 因果检验的结果见表 2。

表 2   Granger 因果检验结果

原假设	F 统计量	P 值
R&D 投入不是技术引进总额的格兰杰原因	4.362	0.02
技术引进总额不是 R&D 投入的格兰杰原因	2.498	0.10

可见,对于拒绝两个原假设犯第一类错误的概率分别为 0.02 和 0.10,这表示在 98%的置信水平上,我们可以拒绝原假设"R&D 投入不是技术引进总额的

格兰杰原因",即 R&D 投入是技术引进总额的格兰杰原因。在技术水平与国外仍存在较大差距的情况下,企业增加 R&D 投入,自身技术水平提高,对先进技术的吸收能力增强。因此,为了更快地提高技术水平,企业会积极引进技术,表现为技术引进总额增加。但在 95% 的置信水平上不能拒绝原假设"技术引进总额不是 R&D 投入的格兰杰原因",即技术引进不是企业 R&D 投入的格兰杰原因。我国企业重引进,轻吸收。引进技术后并没有相应增加 R&D 投入进行消化,技术引进自然无法有效带动 R&D 投入的增加。

2.3 协整分析

由前文可知,技术引进总额和 R&D 投入的水平时间序列都不平稳,它们之间是否存在长期的稳定关系?这需要借助协整分析这个工具。关于协整检验的研究有两种主要的方法:一是 Engle 和 Granger 提出的基于协整回归残差的 ADF 检验;二是 Johansen 和 Juselius 提出的基于 VAR 方法的协整系统检验。由于第二种方法可以明确地检验出协整向量的数目,因此本文采用 Johansen 方法。在进行协整检验之前,根据 AIC,SC 最小化原则,利用无约束 VAR 模型的残差分析确定最优滞后期为 3,协整检验结果见表 3。

表 3　Johansen 协整检验结果

特征值	零假设	备择假设	似然比统计量	1% 临界值
0.763	$r=0$	$r=1$	32.024	20.04
0.014	$r\leqslant 1$	$r=2$	0.317	6.65

说明:r 代表协整向量数。

由表 3 可见,只有第一个似然比统计量大于 1% 水平下的临界值。因此,只有第一个原假设被拒绝,即有且只有一个协整关系。R&D 投入与技术引进总额之间所对应的长期方程为:

$$r = 0.563 \times TE + 288.02 \qquad (8)$$
$$(0.255)$$

协整结果说明 R&D 投入与技术引进总额之间存在正的长期关系,且技术引进总额每增长 1%,R&D 投入增加 0.563%。从长期看,随着国际技术分工不断深化,我国不可能掌握全部先进技术。因此,既要增加 R&D 投入,立足于自力更生,又要引进先进技术,博采众人之长。

3 技术引进对 R&D 结构的影响

中国是一个发展中国家,R&D 投入不足将长期存在。面对这种状况,我们除了努力增加 R&D 投入总量外,更应该思考如何合理配置稀缺的 R&D 资源。在总量一定的情况下,只有通过调整 R&D 投入的结构才能最大化其效果。

R&D 投入的结构可以从不同的角度划分:从执行主体看,可以分为高校、科研机构和企业执行的 R&D;从投入产业的技术含量看,可以分为投入高技术产业和其他产业的 R&D;从具体研究内容看,则可分为用于基础研究、应用研究和试验发展的 R&D。参照发达国家 R&D 结构的变迁过程和我国的实际情况,目前,我国的 R&D 结构不甚合理,主要表现为:企业执行的 R&D 过少,投入高技术产业以及基础研究的 R&D 过少,而用于试验发展的过多。前文我们已经得到,在 90% 的置信水平上技术引进带动了 R&D 投入的增加,且两者之间具有长期稳定关系。下文将进一步分析技术引进与各类 R&D 投入结构之间的关系,以便合理配置稀缺的 R&D 资源。

3.1 技术引进总额对高技术产业和其他产业 R&D 投入的影响

我们分别用 HR 和 NHR 表示高技术产业和其他产业的 R&D 投入,考虑到时间序列的平稳性,这里采用(4)式作为计量的基础,分析 HR、NHR 和 TE 增长率之间的关系。将 HR,NHR 历年的增长率作为因变量,TE 历年的增长率作为自变量回归得到:

$$\Delta NHR/NHR = 0.186 + 0.065 \times \Delta TE/TE \tag{9}$$

$$\Delta HR/HR = 0.389 - 0.073 \times \Delta TE/TE \tag{10}$$

回归结果符合预料,技术引进总额增长率每增加 1% 会增加 0.065% 投入其他产业的 R&D 增长率,减少 0.073% 投入到高技术产业的 R&D 增长率。出于维护自身利益和技术垄断地位的考虑,技术转让方不一定向我们转让先进技术,更多地转让一些成熟的、次先进技术。因此,不会导致高技术产业为了消化、吸收转让的技术而增加 R&D 投入。随着我国与发达国家技术水平差距日益缩小,专利保护制度日趋严厉,这种现象将更为明显。我国目前投入高技术产业的 R&D 本来就偏少,如果希望通过技术引进来改变这种状况,实证检验表明只会加剧这种不合理。

3.2 技术引进总额对 R&D 投入具体内容的影响

企业引进技术是为了以更快的速度产生经济效益。因此,整体上看,引进技术只会导致企业将相对更多的 R&D 投入产生利润更快的试验发展上,相对减少其他方面的投入。我国 R&D 结构失衡的表现之一就是实验发展投入比重过高。从这个意义上讲,技术引进会通过增加试验发展投入比重继续恶化 R&D 结构。技术引进对基础研究的影响要从两个方面考虑:一方面,技术引进显然不会导致企业增加基础研究投入,所以它会减少基础研究比重;另一方面,按照技术引进方式的不同,我们可以把引进的技术分为成套设备、关键设备等"硬件"以及专利技术、技术服务、咨询等"软件"。引进后者与引进前者相比,会导致公司将更多的 R&D 投入应用研究而不仅仅是试验发展。在我国技术引进总额中,用于引进"软件"的比重越来越大,而用于引进"硬件"的比重日趋减少,前者的比重已经大大超过后者。这会导致企业把更多的资源用于应用研究而不只是试验发展。同时,随着企业技术水平的提高,自然会进行自主性研发,这也会导致更多的资源投入应用研究上。因此,政府就能把更多的资源用于基础研究。两相比较,技术引进从长期看会增加基础研究的比重。但从短期看则会减少基础研究比重,这种现象在我国现阶段尤为明显。从这个意义上讲,技术引进通过减少基础研究比重将继续加剧我国基础研究投入过少的不合理结构。

3.3 技术引进对 R&D 执行主体结构的影响

技术引进主要由企业执行,因此,总的说来只会减少高校和科研机构的研发比重,相应增加企业的研发比重,这有利于改变我国企业研发投入不足的不合理结构。从长期动态的角度看,技术引进将有助于高校和科研机构增加研发。因为只有企业用于应用研究的投入增加了,国家才能把更多的资源投入基础研究上,而基础研究显然更多地是由高校和科研机构来承担。这将增加两者的研发比重,这种现象已经在高校身上出现。高校执行的研发比重从 1994 年的 12.6% 逐步下降到 2000 年的 8.6%,又逐渐回升至 2003 年的 10.5%。因此,技术引进在短期内会表现为减少高校研发比重,从而恶化 R&D 结构。从长期看,将有助于增加高校研发比重,尤其是对基础研究的投入,从而优化 R&D 结构。对于科研机构而言,除了受上述影响外,由于在科技体制改革中,大量科研机构被撤销或划入企业,所承担的研发比重正逐年下降。

4　结论和建议

通过以上理论和实证分析,我们可以得出以下结论,并提出相应建议:

(1)从总量上看,R&D 投入促进了技术引进,技术引进却没有有效带动 R&D 投入,但两者之间存在着长期稳定的关系。长期看来,技术引进总额每增加 1%,我国 R&D 投入便会增加 0.563%。并且在 90% 的置信水平上技术引进带动了 R&D 投入的增加,没有完全接受原假设。因此,我们要完善技术引进,引导企业增加 R&D 投入以更好地消化先进技术,促进两者良性互动。

但是技术引进与 R&D 结构之间的关系,则需要具体情况具体分析:

(2)从 R&D 投入产业的技术含量看,技术引进增长率每增长 1% 会减少 0.073% 投入高技术产业的 R&D 增长率,增加 0.065% 投入其他产业的 R&D 增长率。发展高技术产业对一个国家至关重要,但只通过技术引进无法增加该行业的 R&D 投入。针对这种情况,我们应该增加对高技术产业的研发投入,以增强科技实力,抢占科技发展制高点。其次,我们要制定配套政策,提高高技术产业技术引进的技术含量。

(3)从 R&D 投入执行主体来看,技术引进会增加企业执行的研发比重,减少科研机构的研发比重。对于高校而言,短期内会减少其研发比重,但长期看会增加其研发比重,尤其是基础研究的比重。为了部分抵消技术引进所导致科研机构、高校研发比重减少的负面影响,我们应该建立产—学—研互动的机制,密切企业、高校和科研机构三者之间的联系,使后两者从企业研发增加中获益。

(4)从 R&D 投入的具体内容来看,技术引进会增加用于试验发展的比重,短期内减少基础研究的比重,但长期看会增加基础研究的比重。在基础研究、应用研究和试验发展中,基础研究的外部性最强,企业不会承担。但基础研究对一国科技发展后劲来说至关重要,我国政府应该继续加大对基础研究投入的力度,改变投入过少的局面。

参考文献

[1]Evenson R E,Westphal L E. Technological change and technology strategy[J]. Handbook of Development Strategy,1995,3(5):2209-2299.

[2]Mytelka L K. Licensing and technology dependence in the Andean Group[J]. World Development,1987,6(4):447-459.

［3］Bell M，Pavitt K. Technological accumulation and industrial growth：Contrasts between developed and developing countries［J］. Technology Globalisation and Economic Performance，1997(3)：83-127.

［4］Aradhna A. Deregulation technology imports and in-house R&D efforts：An analysis of the Indian experience[J]. Research Policy,2000,29(9)：1081-1093.

［5］宣海林,郑鸣. 跨国公司在华设立研发机构对我国技术引进战略的冲击及对策[J]. 国际贸易问题,2001(7)：11-15.

［6］周浩. 技术引进、研发外溢和二次创新[J]. 当代经济科学,2003(5)：59-64,94.

［7］王英. 中国 R&D 投资结构的合理性问题[J]. 研究与发展管理,1999(4)：19-23.

［8］郝立勤,赖于民. 云南省全社会 R&D 投入现状分析与对策研究[J]. 科学学研究,2002(4)：393-396.

［9］Tsuyoshi N. International knowledge spillover and technology imports：Evidence from Japanese chemical and electric equipment industries［J］. Journal of the Japanese and International Economics，2001，15（3）：271-297.

国际银行业并购对中国银行业
并购策略选择的启示
——以汇丰银行为例①

摘 要 开展国际并购是国际银行业做大做强的重要方式,本文简要分析了国际银行业并购的动因及作用,总结和分析了汇丰银行的并购概况、动因、策略和方法。根据中资银行当前的并购形势及未来发展,作者在六个方面就中资银行展开国际并购的策略选择提出了自己的建议。

关键词 国际银行业;并购;汇丰银行;中资银行;并购策略

自我国 2001 年 12 月加入 WTO 以来,中资银行尤其是中资国有商业银行,采取了包括以注资为核心的财务重组、引进境外战略投资者和在海内外上市等一系列积极有效的改革措施。随着公司治理机制的逐步完善和竞争力的提高,中资银行逐步把眼光转向了海外,海外并购将成为今后一个时期中资银行参与国际竞争、提高自身竞争力和迈向国际一流银行之路的重要途径。研究和剖析国际活跃银行的并购策略和方法,无疑对中资银行业开展国际并购具有重要借鉴价值。

一、国际银行业并购的动因及作用分析

银行并购(M&A of Banking)是指在市场竞争机制的作用下,并购银行为获取被并购银行的经营控制权,有偿购买被并购方的部分或全部产权,以实现

---

① 本文作者金雪军、李楠,最初发表在《国际金融研究》2008 年第 2 期。

资产经营一体化(曹军,2005)。国际银行业并购的动因和作用主要体现在以下几个方面。

（一）追求价值最大化是现代商业银行并购的基本动因

从银行并购历史看,推动银行并购的主体来自股东、经营者和政府。推动银行并购,股东可在全球范围内寻求增长与盈利机会,增加银行的市场价值,增加预期收益,实现价值最大化;经营者为了谋求个人利益的最大化,甚至许多银行总裁的个人计划越来越支配着银行并购战略的实施;政府则是在垄断与竞争中寻求平衡点。并购可增强银行的资本实力,降低成本,扩大规模。规模大小对银行获得竞争优势具有极其重要的影响,银行规模越大就越有可能赢得更广泛的客户信任,大大提高市场占有率,有效扩充银行的整体价值,从而成为银行并购的最基本动因。

（二）成为全能银行的发展目标是银行并购的最佳选择

在激烈的金融竞争中,向客户提供全面而丰富的金融产品和全面的金融服务,是国际大银行必备的基本功能,也是国际一流银行的发展目标。成为全能化的国际一流银行是应对激烈竞争和立于不败之地的最佳选择。

（三）实现地域的多元化和分散风险是银行并购的直接推动力

当前,世界经济的发展呈现出一种此消彼长的发展态势,并购可使银行经营实现地域的多元化,获取价值被低估或具有巨大发展潜力的银行,增强对市场的控制能力和对风险的掌控能力,并随不同国家和地区经济周期的起伏,分散国别风险、地区风险,享受到不同国家和地区经济发展所带来的成果。

（四）实现协同效应,增加银行价值

并购能有效发挥综合协同效应,如实现财务协同效应、财务差异效应、生产协同、经营协同、人才、技术、产品等的协同,增加银行的价值,提高长期获利的机会。

（五）银行并购可以使银行有效避税

包括未被充分利用的税收减免;动用现金收购会使普通收入转变为资本利得,从而享受较低的税率;被收购银行机构所有者以其普通股交换收购银行的股票,其增值部分可以享受不纳税的好处。

国际银行业并购所具有的上述动因和益处,对推动银行做大做强具有十分重要的和不可替代的作用,也吸引着越来越多的银行通过并购实现规模、效益和价值的增长。而英国汇丰银行通过国际并购实现了由一家地区银行跻身国际一流银行行列的发展历程,给了我们许多有益的启示。

二、汇丰银行的并购路径和策略

香港上海汇丰银行有限公司于 1865 年在香港和上海同时成立,1991 年更名为汇丰控股(现汇丰银行是汇丰控股的创始成员和亚太地区的旗舰)。汇丰控股是世界规模最大的银行及金融服务机构之一,曾连续多年排名世界第一。根据英国《银行家》2007 年全球 1000 家大银行排名,无论按市值还是按一级资本排序,汇丰控股均名列世界第三。

(一)汇丰银行的并购路径

从 1959 年并购有利银行和中东英格兰银行以来,经过近半个多世纪的全球化并购扩张,汇丰银行现已脱胎换骨,成为机构网络遍及全球、全面提供商业银行、投资银行、保险及私人银行等金融服务,在香港、伦敦、纽约、巴黎等地上市的全球性银行控股集团。目前,汇丰在全球 82 个国家和地区拥有 10000 个分支机构,其中:欧洲有 3300 多个,香港和亚太地区有 600 多个,北美有 4000 多个(其中有 1600 个位于墨西哥),南美有 1900 多个。汇丰银行具体并购时间、并购内容见表 1。

表 1　汇丰银行并购路径一览表

时间(年)	并购内容
1959	收购有利银行和中东英格兰银行
1965	收购了香港第二大银行——恒生银行(Hang Seng Bank)51% 的股权,其后增至 62.14%
1980	以 3.14 亿美元的代价收购了美国纽约州第一大银行——Marine Midland 银行 51% 的股权(1987 年全额收购)
1981	收购赤道控股有限公司(Equator Holdings Limited)的控制性股权
1983	收购了美国财政债券的主要交易商卡洛尔·麦肯蒂与麦金西公司(Carroll McEntee & MeGinley)51% 的股份

时间（年）	并购内容
1987	收购英国老牌银行米特兰银行 14.9% 的股权，1992 年 6 月全面收购米特兰银行
1996	收购 JP 摩根的清算业务及罗切斯特地区的第一联邦储蓄贷款协会
1997	收购阿根廷罗伯士集团（Banco Roberts）
1997	参股的 Banco O'Higgins 与 Bank de Santiago 合并成为智利最大的私营商业银行
1997	收购巴西有着 1300 家分行的巴西巴马兰特银行（Bamerindus），1999 年更名为汇丰银行巴西有限公司
1997	收购墨西哥瑞丰集团 19.9% 的股权
1998	收购德国著名私人银行 Guyerzeller 的少数股权，使之成为全资附属公司
1999	收购马耳他第一大商业银行 Mid-Med Bank Plc 银行（70.03%）的控股权
1999	收购纽约市第三大存款吸收行和主要私人银行—纽约共和银行（Republic New York Corporation）
1999	收购欧洲著名私人银行 Safra 共和控股（Safra Republic Holdings）
1999	收购韩国汉城银行 70% 的股权
1999	收购美国利宝银行集团
2000	以 110 亿美元收购了法国商业信贷（Credit Commercialde France，CCF），后在巴黎交易所挂牌
2000	收购泰国京华银行（75.02%）
2001	收购土耳其第五大银行 Demir bank TAS
2001	收购上海银行 8% 的股权
2002	收购平安保险（10%，2002 年；19.9%，2005 年；2007 年因上市被摊薄至约 16.8%）
2002	收购在墨西哥拥有最大个人客户群的 Mexican Grupo Financiero Bital 金融集团
2002	收购安达信下属私人税收顾问业务
2003	收购了美国著名金融公司"家庭国际"（Household International，Inc）
2003	以 13 亿美元收购了百慕大银行，后在百慕大证券所上市
2003	与平安集团联手全面收购福建亚洲银行（27%），2004 年易名平安银行

续表

时间(年)	并购内容
2003	收购英国莱斯银行旗下巴西业务
2003	收购波兰 Polski Kredyt Bank SA
2003	由旗下恒生银行以 17.26 亿元购入兴业银行 15.98% 的股权,2007 年因兴业银行上市被摊薄至约 12.78%
2004	收购印度 UTI Bank(14.62%,2004 年;4.99%,2006 年)
2004	收购英国马莎百货旗下 Marks and Spencer Retail Financial Services Holdings Limited
2005	收购了交通银行 19.9% 的股权
2005	收购美国 Metris Companies Inc.
2005	收购伊拉克 Banca Nazionale del Lavoro(70.1%)
2005	收购越南科技商业银行(10%,2005 年;20%,2007 年)
2006	收购深圳市商业银行 89.24% 股权
2006	收购巴拿马 Groupo Banistmo
2006	收购阿根廷 Banca Nazionale del Lavoro

资料来源:作者根据有关资料整理而成。

(二)汇丰银行并购的策略及方法

1. 跨国并购成为汇丰银行实现从区域到全球扩张的重要手段

在 20 世纪 50 年代中期以前,汇丰银行海外经营战略主要是通过在其他国家和地区开设分行的方式扩展业务。然而,这一方式不但耗资巨大,而且业务发展十分缓慢,经过多年的发展汇丰依然是一个地区银行。从 20 世纪 50 年代中期开始,汇丰银行调整经营战略,改为通过并购当地银行的方式在全球扩张业务,不断谋求在产品和地理范围上的多元化经营。为此,汇丰实施了一个三分天下的业务发展战略,即以中国香港为传统市场的亚太市场、以英国为新大本营的欧洲市场和以美国为基地的美洲市场,三大市场在其利润收入中各占 1/3。汇丰的重心也从中国内地逐渐转移到以中国香港为中心的亚太、欧美地区。20 世纪 90 年代以来,汇丰通过收购英国、德国、美国、法国的银行,扩大了汇丰在欧洲的经营基础,收购巴西、阿根廷、墨西哥、韩国的银行,拓展了在新兴市场国家的市场。2001 年开始,通过收购中国上海银行、平安保险、兴业银行(通过恒生银行收购)、交通银行的部分股权进军中国市场。通过一系列跨国并购,汇丰在亚洲、美洲、欧洲均衡布局的国际化战略得以实现。

2.全球均衡布局、风险均衡分散是汇丰银行并购策略的重要特点

汇丰在国际化的过程中,一直把通过全球并购以实现全球均衡布局、风险均衡分散的理念贯穿于整个发展战略的始终。汇丰在立足香港、服务亚太的同时,首先寻找对集团发展具有重要战略意义的市场,如英国、美国、南美及欧盟、中国等,以实现全球化的均衡布局,从而有效分散国家和地区风险,成为其盈利持续增长和控制全球风险的有效途径。在亚洲金融危机期间,汇丰最大限度地分散了金融危机及香港泡沫经济破灭的影响,并分享到美、欧经济稳定增长以及新兴市场国家经济发展的成果,使得汇丰集团在亚洲的业务遭到挫折之时,在全球其他地方的业务平衡了这种损失;在亚洲的业务开始恢复时,其在全球其他地方的业务继续保持着盈利的势头。根据2006年年报,汇丰集团资产的30%左右分布在新兴市场(以亚太为主),30%左右分布在北美,40%左右分布在欧洲。汇丰全年利润的50%来自新兴市场,20%来自北美,30%来自欧洲,其全球均衡布局战略收到了巨大成效。

3.并购目标符合汇丰银行的发展战略

在并购过程中,汇丰的并购目标是有选择性的,它只是并购那些在其管理层看来有价值的对象,这一对象必须符合汇丰银行的发展战略,并能有效控制并购的成本收益比。

(1)被并购的对象能够配合集团的发展战略和阶段性目标。庞约翰说:"我们经常会遇到来自世界各地的收购机会。我们采用非常严谨的标准决定是否适宜进行某项收购:我们寻求在策略上能配合现有业务,并能创造长远价值的收购项目。即使收购的业务具有增值潜力,收购条件亦须完全符合我们的甄选标准。"如通过收购米特兰银行,汇丰不但奠定了自身在英国的主要清算行地位,而且成功地帮助汇丰将集团总部从香港迁回到了英国的伦敦;收购美国利宝银行,使汇丰拥有了纽约州最大的银行服务网络;并购法国CCF,帮助汇丰在欧洲大陆的零售银行业务上站稳了脚跟,使汇丰名正言顺地进入了欧元区,而且能够配合集团的财富管理、工商及金融机构业务,以及资产管理等服务,便于其在全球推广"增值管理"和"卓越理财"的经营方针。

(2)并购目标具有未来盈利的潜质。汇丰银行的并购策略十分注重被并购对象的未来盈利前景,包括被并购对象的市场地位和品牌价值,特有的网络、客户、产品优势、服务经验以及发展前景。如汇丰选择在1992年全面收购米特兰的时机比较成熟,因为米特兰银行1992年可望恢复盈利,如等米特兰银行恢复

盈利之后,收购价肯定会大幅提高。在受东南亚金融危机影响期间,来自香港汇丰的盈利大幅萎缩,但英国米特兰银行却为汇丰带来了 16 亿美元的利润,成为集团最大的盈利来源地。庞约翰曾表示,汇丰的收购目标必须符合汇控的业务策略,收购项目必须在首年达至增加每股赢利,以及在 3~4 年的时间内,超越集团所动用的资金成本。同时,收购项目也要为集团带来客户群或产品扩展的机会,并希望集团可在整合新收购业务的同时,能带来额外的附加值。因此,汇丰银行通过有选择地收购,弥补了集团本身的业务增长,大大巩固了自身在国际金融市场上的地位。

4. 精准把握并购时机,积极展开国际并购

从并购时机看,汇丰十分善于捕捉并购机会。如新兴市场处在周期性震荡或并购目标处在危机时期,汇丰就以低谷套利的折价并购,且获利丰厚。1965年,恒生银行因过快膨胀和扩张,造成流动资金不足,引致挤提风潮,汇丰银行乘机以 5100 万港元收购了其 51% 的股权,不仅以极低廉的价钱购入最宝贵的资产和业务,而且消灭了一个强有力的竞争对手,还确立了汇丰在香港零售业中的垄断地位。20 世纪 90 年代的"墨西哥金融危机"波及整个拉美地区,汇丰乘机收购了濒临倒闭的巴西主要银行 Bamerindus。亚洲金融危机后,汇丰把握住亚洲许多国家正在推进的金融改革、开放金融市场的机会,收购了韩国最大商业银行之一——汉城银行 70% 的股权,使得汇丰在东北亚地区建立了重要据点。2001 年,汇丰趁土耳其爆发政治金融危机时收购了 Demir Bank TAS 银行,拓展了在土耳其的市场。

汇丰在欧美等成熟市场的收购,大多发生在该地区经济增长出现短时滑坡之后的恢复期。如在接连遭受了 1994 年"墨西哥金融危机"和 1998 年"俄罗斯金融危机"后,美国利宝银行陷入了严重的亏损之中,汇丰以 97.36 亿美元收购了利宝集团旗下的纽约共和银行及其子公司 SRH,组成美国第 15 大、纽约州第 3 大银行,对利宝银行的收购,奠定了汇丰在美国市场的根基。凭借亚洲新兴市场的利润与高估值支持,汇丰在 2002—2003 年完成了对美国第 2 大消费金融银行家庭国际的收购。家庭国际当时在全美消费金融领域的排名仅次于"花旗",在 45 个州拥有 1300 家分支机构。同样,汇丰银行及时抓住米特兰银行等待援手的机会,及时收购了米特兰银行,完成了其梦寐以求的"三分天下"的棋局,被传媒称为是汇丰的"帝国还乡战"。汇丰多年来精心部署的国际化战略从此大致完成。

5. 并购战术灵活巧妙

汇丰在并购战术的运用上也十分灵活,主要表现在出资方式和股权份额上。在出资方式上,汇丰主要以股票和现金方式筹集并购资金。汇丰银行由于在多地上市,资金相对充裕,收购其他银行只是发行股票或证券,自己并不需要付出全额现金。如并购纽约共和银行及其子公司 SHR 银行的集资方式采用了三种办法:一是向市场配股集资 30 亿美元以筹集约 1/3 的资金,二是通过发行债券获取 1/3 的资金,三是以内部现金支付约 1/3 的费用。汇丰收购家庭国际银行就更省钱,实际上它并没有拿什么资金,而是通过新发行的 13.38% 的股本与收购家庭国际的股东换股就将家庭国际银行据为己有。1992 年,汇丰银行对米特兰银行的总收购价为 36.9 亿英镑,其中,以股票支付 26.88 亿英镑,债券支付 4.13 亿英镑,初始投资的现金支付仅为 5.5 亿英镑。在收购法国 CCF 中,汇丰支付的 125 亿美元的报价中,现金仅为 30 多亿美元,其余 80 多亿美元用的依然是汇丰的股票。在并购股权份额上,汇丰很多时候并不是一次性全面收购,而是以"蚕食"的方式,遵循以参股、控股到全面收购的过程,最终实现全面控股。

6. 良好的人才储备为并购打下了坚实的基础

汇丰展开的一系列并购,具有国际视野和了解当地情况的人才为成功并购提供了重要保障。在一项收购完成后,汇丰就有一支 400 多人的被称为"特种部队"的"国际事务官"(Interna-tional Officers)团队开始发挥作用。由国际事务官组成的空降部队立即进驻被收购对象进行改造,使汇丰总是在最短的时间里将收购变为盈利。由数百人组成的国际事务官团队,被视为汇丰高级管理人员的摇篮。这些"国际事务官"在输送优秀管理人才、培育和传播汇丰文化以及实施汇丰的扩张战略方面建立了赫赫战功。这些人员不仅熟悉全面的银行业务、工作流程,被称为金融通才,而且喜欢接受在其他国家和地区工作的挑战,愿意学习当地文化、语言及风俗习惯,因而使以并购为利器在全球扩张的汇丰,较少给人以"入侵者"的形象。这支队伍不但负有在最短时间内把汇丰收购的对象顺利收购过来的使命,还要把收购对象扭亏为盈,同时把汇丰的企业文化种子传播到每个集团成员中。这支特种部队在汇丰的并购史上扮演了重要角色,从而使汇丰的战略得到充分有效的贯彻执行。

7. 整合和统一银行品牌,提高汇丰品牌的整体价值

汇丰银行在并购中确立了以收购当地银行并保留其品牌及经营特色的外延扩展模式作为其发展战略,致使汇丰旗下最多有 78 个不同的品牌。使用旧

品牌可以模糊外来者的形象,有助于客户的和业务的稳定,在当时具有一定的积极作用。但分散的品牌经营在全球性的金融竞争中分散了品牌的整体力量,弱化了汇丰银行的品牌竞争力和整体价值。从1998年开始,汇丰对旗下的78个不同品牌全部进行改造,采用HSBC为名称,六角形标记为徽标,突出了"环球金融,地方智慧(The World's Local Bank)"的核心理念。"环球金融"强调汇丰是一家国际银行,无论是投资还是服务,汇丰都具有全球经验,这给人们以安全感;"地方智慧"则拉近了客户与银行的距离,体现了汇丰对客户的重视。透过品牌的宣传,汇丰本土化和人性化的"地方智慧"加上全球通行的"环球金融",使其成为区别于其他银行的重要身份标志,从而创造出"环球金融,地方智慧"的品牌形象。对品牌的整合和统一,使得汇丰品牌形象更加突出,品牌价值也水涨船高。根据2007年《商业周刊》全球顶级品牌排名,汇丰银行在全球排名第23位,在银行类中排名仅次于花旗居第2位,品牌价值高达135.63亿美元。

三、中国银行业的并购形势及现状

自20世纪80年代以来,国际银行业并购浪潮风起云涌,并发展成为一个全球性现象。经过股改上市的中资银行如中国银行、中国建设银行、中国工商银行也在国际金融市场中成功展开了并购。如2006年12月,中国银行斥资9.65亿美元(约合人民币75亿元)收购新加坡飞机租赁有限责任公司100%的股份。中国建设银行收购了美国银行(亚洲)100%的股权;2007年11月与香港丽新发展有限公司签署协议,以13.69亿港元(可作调整)的作价,收购丽新发展旗下子公司——华力达40%的股份。2006年12月,中国工商银行买入印尼的哈利姆(Halim)银行90%股权;2007年8月,又以5.83亿美元收购澳门诚兴银行79.93%的股权;2007年11月,工行又宣布将支付约366.7亿南非兰特(约54.6亿美元)的对价,收购南非标准银行20%的股权,成为该行第一大股东。2007年7月,国家开发银行以22亿欧元认购巴克莱银行3.1%的股份。其他诸如中信银行、中国民生银行等股份制商业银行海外并购的消息也不断见诸报端,似乎一个中资银行海外并购的高潮就要到来。

经过不断的改革和发展,中资银行不但融取了巨额的资金,而且其效益不断提升。2007年上半年,中国银行业金融机构实现税后利润2544.3亿元,相当于2006年全年利润的84%。根据银监会公布的数据显示,截至2007年9月末,中国银行业金融机构境内本外币资产总额突破了 50 万亿元,达 50.62 万亿元,比上年同期增长 20.3%。全国银行业不良贷款率从 2002 年末的 23.6% 下降到 6.45%。中资银行正日益迈向实力雄厚、符合国际监管标准的国际化、现代化商业银行行列。截至 2007 年 9 月末,在全球前十大上市银行市值排名中,中国工商银行、中国建设银行、中国银行分列第一、第五和第六位。中资银行的公司治理、盈利能力、竞争实力等都有了较大的提高。但与此同时,中资银行国际化业务所占的份额较低,如工行境外利润和资产分别占总利润和总资产的 3% 左右;建行更低,大约在 2%~2.5% 之间;海外业务规模最大的中行,除港澳地区的贡献外,其他境外市场的经营贡献不过 3%~4%。这些都决定了中资银行具有向国外扩张的内在动力。"追随客户"也是国内银行走出国门的一个直接动因,国内银行跟随国内企业走向国际市场已成形势发展的必然。此外,人民币的国际化也推动着国内银行走出国门,这些都为中资银行实施跨国并购战略创造了重要条件。

中国的政策环境也鼓励中资银行实施"走出去"战略。2006 年,银监会就明确发出"鼓励中资银行走出去"的政策导向,对中资银行拓展海外业务给予政策支持。中国人民银行行长周小川也曾表明了对中资银行海外并购行为的政策支持:"鼓励有条件的商业银行设立和发展境外机构,包括探索采取并购方式参股境外金融机构。"有关专家表示,中资银行利用手头的资金到海外进行资产收购,不仅可以避免汇率市场的风险,还可以帮助国家减缓外汇压力,海外并购具有缓解人民币升值压力、缓解流动性过剩等宏观经济效应。股权分置改革、《上市公司收购管理办法》、《公司法》、《证券法》的修改,以私募基金为代表的金融资本的活跃,都使并购在经济资源配置中扮演着越来越重要的角色。此外,欧美各主要国家对外国银行设立分行有较多的限制,也在客观上迫使国内银行通过并购方式开展国际化经营。近年来,中行、工行、建行等中资银行大都成立了相关的并购部门(团队),为中资银行的国际化战略布局。由此看来,主、客观条件和内外环境已使中资银行具备了走向国际金融市场的环境和条件,中资银行"走出去"开展海外并购已是大势所趋。

四、中资银行跨国并购的策略选择

(一)并购战略要与中资银行的明确定位和整体战略一致

当前,中国大型商业银行还缺乏清晰的定位和明确的发展战略,同质化竞争严重，规模不小但盈利能力不强等矛盾突出，特别是在公司治理、风险控制以及核心竞争力建设等方面，同国际先进银行有着很大差距。中资银行由于不同的历史发展路径、文化特点、决策模式、管理风格等，具有不同的资源优势和业务优势，决定了它们在国际化的发展道路上具有不同的发展战略和模式。因此，中资银行首先必须明确自身清晰的市场定位和中长期发展战略，使并购成为服从、服务和推动自身整体战略发展的有效手段，只有这样，才能真正解决在哪里并购、何时并购以及并购谁的问题。

（二）并购目标必须具有潜质，与自身能实现优势互补

管理大师吉姆·科林斯说："选择和谁一起登山，比选择登哪座山更重要。"如何选择合适的并购对象、能否在并购中得到真正的价值成为并购中的第一道坎。并购的主要目的，是为了取得策略成长所需的资源、人才、市场、客户、产品、网络等或是突破被并购国的限制或障碍。常见的并购案来源，是"收件夹（Inbox）并购案"，也就是主动送上门来或者被介绍来的对象，但它们并不见得符合银行的成长策略，难以换来想要的成长动能。中资银行要考察并购对象是否符合自身的战略，是否能增强自身的竞争优势，是否能优化价值活动或价值链，是否有足够的增值空间等，要根据自身的发展战略设定并购条件，并根据所需条件主动寻找案源、过滤案源，让战略引导收购，不能等市场上浮现潜在的被并购标的后，才考虑自己究竟可以做多少让步，才考虑有没有出手的必要。正如中国银行董事长肖钢所讲，并购主要考虑的是收购对象"是否对集团的发展战略形成优势互补"。

（三）并购地区可采取梯次扩展战略

当前，中资银行国际化所面临的经营环境更加陌生、复杂，经营成本和风险也更大，必须在并购地区的选择上有所侧重：一是以我国香港、新加坡为并购试点基地，掌握并购技能，提升整合能力，同时，利用这一基地尽快培养跨国经营的国际化并购经营管理人才。二是在新建（Green Field Investment）基础上，积极关注和拓展政治相对稳定、同中国经贸关系密切、经济发展增长迅速、转轨过程已经基本完成、能够形成一定规模和范围经济的（如南美、南非、独联体、俄罗斯、东欧、中东等）新兴市场国家和地区，抓住这些国家和地区推行金融自由化的有利时机率先进入。三是有目的、有计划、有选择地以日本、韩国、东盟为并购的区域重点，并购具有潜质的中小银行、专业银行等，逐步积累经验，建立局

部优势。四是在全球著名的欧美金融中心设立分支机构,主要职能是收集同业及客户等相关信息,研究和分析并购目标整体情况,为在欧美成熟的金融市场上展开并购做好充分的准备。

(四)研究和运用不同的并购形式组合

除独立设置机构进行布局外,中资银行应通过充分研究、论证和评价,灵活选择整体并购、投资控股并购、交叉持股、换股、股权有偿转让、现金并购、资产置换并购、二级市场并购等多种形式。上述形式具有不同的特点和适用条件,可根据自身情况选用。当前我国已开展跨国并购的中资银行都是上市银行,上市银行可以通过发行股票、债券等方式筹集并购资金。在并购时,可参照策略性参股、获取第一大股东地位控股最后再全面收购的模式,在了解、消化和磨合的过程中逐步等待机会实现对并购银行的全面整合,这样也可避免出现消化不良或因方式不当而激起管理层、政府甚至民众的敌对情绪。此外,通过并购建立子行是打入国际金融市场最便捷、最有效的途径,这样可以直接利用被并购银行的市场影响力、信誉、客户基础、营销网络以及长期建立起来的完整的运作制度和人才体系,迅速打开地区市场,减少新设投资可能带来的经营失败风险,成长性更快。

(五)建立国际化的人才储备队伍

中资银行开展国际并购,最大的挑战其实是缺少国际并购方面的人才。中资银行应未雨绸缪,建立一支支撑和推动中资银行国际化的全职人才队伍,通过在全球(行)以及从大学毕业生中招收具有多种文化背景、不同工作和岗位经验、不同专业和知识结构的复合型人才,有计划地在国内外各个岗位轮岗、培训等,锻炼各个方面的综合能力,并使其个人职业发展规划与国际化并购战略有机结合,真正打造一支具有国际视野、业务娴熟、了解银行核心价值观及银行发展战略的国际型、战略型、战术型、专家型、通才型人才队伍,为国际化并购打下坚实的基础。同时,中资银行应广开视野,广纳人才,通过建立科学的人才选拔机制、合理的薪酬机制等,延揽国际知名职业经理人。此外,中资银行应把投资银行人才队伍和商业银行队伍有机结合,使二者在并购中发挥协同和相互促进的作用。

(六)统一银行品牌并重塑新的企业文化

1.适时统一银行品牌。21世纪是品牌的世纪,品牌已经成为银行无形资产和竞争力的重要体现。虽然中资银行打造世界级品牌尚待时日,但中资银行的品牌价值也呈现出大幅增长的态势(表2)。由东方较弱品牌并购西方较强品牌,往往蕴含着诸多矛盾冲突,因此,中资银行可采取不同的策略。对于中国银行、中国工商银行等具有较高知名度的中资银行,采用一步到位的方式,在并购后直接取代原有品牌,打造自身的国际品牌。其他中资银行可采取两步走的策略:第一步是对被并购品牌进行分析和评估,在损失大大高于收益时,可继续使用被并购银行品牌,以避免并购带来的银行品牌贬值及业务的流失;第二步是在时机成熟时,再以自己的品牌取而代之。

表 2　2007 年中国 500 最具价值品牌(银行类排名)

名次	总排名	品牌名称	品牌拥有机构	品牌价值 (亿元)
1	2	中国工商银行	中国工商银行股份有限公司	805.46
2	15	中国银行	中国银行股份有限公司	438.24
3	23	交通银行	交通银行股份有限公司	367.28
4	24	招商银行	招商银行	289.60
5	44	中国建设银行	中国建设银行股份有限公司	170.38
6	71	中国民生银行	中国民生银行股份有限公司	84.90
7	166	北京银行	北京银行股份有限公司	39.53
8	199	上海银行	上海银行	34.12

资料来源:参见参考文献[7]。

2.重塑新的企业文化。银行并购在顺利实现经营协同效应和财务协同效应的同时,还应最大限度实现文化协同效应,以获取更大的竞争优势,顺利完成并购后的整合。中资银行可借鉴汇丰"环球金融,地方智慧"的经营理念,把自身的企业文化理念、核心价值观等与当地文化相结合,把母公司的战略、文化、人员、业务、产品、管理等有效植入被并购银行,重塑新的文化共同体。管理大师德鲁克曾指出:"与所有成功的多元化经营一样,要想通过并购来成功地开展多元化经营,需要有一个共同的团结核心,必须有共同的文化或至少要有文化上的姻缘。"为此,在整合中,应保持开放的文化与开放的心态,彼此包容、良性沟通、有机结合,加强对被并购方内部经营、管理、高管以及文化的尊重、吸纳和包容,逐步建立起一种基于共同核心价值观和信念为一体的新的企业文化。

参考文献

[1] 曹军.银行并购问题研究[M].北京:中国金融出版社,2005.

[2] 刘诗平.汇丰金融帝国——140 年的中国故事[M].北京:中国方正出版社,2006.

[3] 吴桦.银行并购与中国银行业发展[M].北京:中国财政经济出版社,2003.

[4] 杜丽虹.从亚太到全球,10 年增长 10 倍:看"汇丰"如何当买家[J].证券市场周刊,2007(3):31.

[5] (英)斯蒂芬·I.戴维斯.银行并购:经验与教训[M].郑先炳,李晓欣,译.北京:中国金融出版社,2003.

[6] 乔海曙,王军华.品牌经营:银行竞争的战略制高点[J].财经理论与实践,2005(6):27-30.

[7] 世界品牌试验室.2007 年《中国 500 最具价值品牌》排行榜[EB/OL].(2006-05-29)[2008-02-12].http:/brand.icxo.com/meeting2007/brand2007_jr.htm.

[8] 张金鑫.并购谁:并购双方资源匹配战略分析[M].北京:中国经济出版社,2006.

[9] 何芳,何安定,余蓉蓉,等.我国商业银行并购探讨[J].新金融,2005(12):41-43.

[10] 陈飞鸿.汇丰银行的快速成长与并购[EB/OL].http://news.cnfol.com/ 060529/101,1600,1855751,00.shtml.(2007-03-01).

[11] 严恒元.汇丰集团:战略购并美国[N].2005-12-11.

[12] 路妍.跨国银行国际竞争力研究[M].北京:中国社会科学出版社,2007.

[13] 娄涛,梁冰.银行并购的企业文化差异与整合[EB/OL].www.jamoo.net.

[14] 刘兆琼,李利明.汇丰银行:外资银行在中国取得成功的标本[EB/OL].(2006-12-03)[2008-02-12].http://www.sina.com.cn/money/bank/bank_yhpl/20061203/15543130243.shtml.

[15] 李石凯.汇丰控股"环球金融,地方智慧"发展战略剖析[J].金融与经济,2005(1):33-34.

[16] 林绍婷. 并购不是偶然捡到的便宜[J]. 全球商业经典,2007(8):16.

[17] 宋燕华,郭琼. 银行境外收购,冒险者的游戏[J]. 财经·金融实务, 2007(11):14-18.

[18] 葛兆强. 银行并购、商业银行成长与我国银行业发展[J]. 国际金融研究,2005(2):30-36.

[19] 黎稚平. 品牌与高利润战略:统一 78 个"汇丰"[N]. 21 世纪经济报道,2004-11-25.

[20] 朱海莎. 跨国并购与我国商业银行海外业务的发展[J]. 金融论坛, 2005(12):27-32+62.

我国外债规模影响因素的定量研究[①]

摘　要　外债是一国经济中的重要组成部分。随着外债规模的日趋攀升，外债也越来越引起人们的关注。本文运用 1985—2005 年的时间序列数据，采用因子分析法，探讨了我国外债的主要影响因素，得出外债水平主要取决于经济发展和还本付息状况的结论。在此基础上，本文提出改进外债使用绩效的建议。

关键词　因子分析；外债规模；影响因素

我国自 1981 年恢复发行外债以来，外债规模迅速膨胀，截至 2006 年 6 月底，我国外债余额达到 2979.44 亿美元。巨额外债的利用，有效地缓解了我国建设资金的不足，建设了一批对我国经济发展产生重大作用的工业项目和基础设施项目，解决了经济发展中的部分瓶颈问题，促进了我国经济结构和产业结构的调整，对我国经济发展起到了积极的推动作用。然而，在外债显现有利一面的同时，也日益露出暗藏的风险。为更清楚地认识外债这把"双刃剑"，本文将就 1985 年至 2005 年间我国外债发展状况及其影响因素进行实证研究。

关于外债规模影响因素的研究，McFadden 等（1985）运用 93 个国家 1971—1983 年期间的数据进行实证分析后得出：债务负担、资本收益率、真实 GDP 增长率和债务流动性是外债规模的重要影响因素，而汇率的变化则显得不是很重要。Aylward 和 Thorne（1998）调查了许多国家偿债的状况，强调一个国家偿债的历史对其外债规模具有影响，并以此来预测欠债的可能性。Detragiache 和 Spilimbergo（2001）研究发现，流动性因素对外债规模的影响举足轻重，他们指出可以使用短期债务比例、本国外汇储备的水平来评价一国外

①　本文作者金雪军、邢自霞，最初发表在《财贸经济》2008 年第 5 期。

债规模是否过大。Reinhart、Rogoff 和 Savastano(2003)的研究则着重强调历史因素对外债规模的影响。他们认为,只要通过观察一个国家偿债的历史,就能大致推算出一国外债规模的大致变动范围。而国内关于外债规模影响因素的研究很少,仅有一篇文章,魏朗等(2004)也只是用简单的线性回归得出:经济增长、财政收入、财政支出会影响政府的主权外债规模。相对而言,我国在此方面的研究比较滞后,且只是停留于简单的相关分析。本文将在借鉴国内外学者研究经验的基础上,多层面考虑影响外债规模的诸多因素,并运用因子分析法提取出关键变量,揭示影响我国外债规模的内在因子。

一、因子分析模型

本文选用因子分析法来探讨外债的主要影响因素。因子分析是用较少的几个相互独立的因子变量来替代原有变量的大部分信息。在此,我们建立因子模型(I):其中,原有变量为:$y_1, y_2, y_3, \cdots, y_n$,是均值为零,标准差为 1 的标准化变量。因子变量为:$f_1, f_2, f_3, \cdots, f_m$,$m$ 小于 n,用矩阵表示为(II):

$$
\begin{cases}
y_1 = \alpha_{11} f_1 + \alpha_{12} f_2 + \cdots + \alpha_{1m} f_m + \alpha_1 \varepsilon_1 \\
y_2 = \alpha_{21} f_1 + \alpha_{22} f_2 + \cdots + \alpha_{2m} f_m + \alpha_2 \varepsilon_2 \\
y_3 = \alpha_{31} f_1 + \alpha_{32} f_2 + \cdots + \alpha_{3m} f_m + \alpha_3 \varepsilon_3 \\
\quad \vdots \\
y_n = \alpha_{n1} f_1 + \alpha_{n2} f_2 + \cdots + \alpha_{nm} f_m + \alpha_n \varepsilon_n
\end{cases}
\tag{I}
$$

$$
\begin{bmatrix} y_1 \\ y_2 \\ y_3 \\ \vdots \\ y_n \end{bmatrix} =
\begin{bmatrix}
\alpha_{11} & \alpha_{12} & \cdots & \alpha_{1m} \\
\alpha_{21} & \alpha_{22} & \cdots & \alpha_{2m} \\
\alpha_{31} & \alpha_{32} & \cdots & \alpha_{3m} \\
\vdots & \vdots & \cdots & \vdots \\
\alpha_{n1} & \alpha_{n2} & \cdots & \alpha_{nm}
\end{bmatrix}
\begin{bmatrix} f_1 \\ f_2 \\ f_3 \\ \vdots \\ f_n \end{bmatrix}
\begin{bmatrix} \alpha_1 \varepsilon_1 \\ \alpha_2 \varepsilon_2 \\ \alpha_3 \varepsilon_3 \\ \vdots \\ \alpha_n \varepsilon_n \end{bmatrix}
\tag{II}
$$

即:$y = Af + \alpha\varepsilon$,其中 $A = \alpha_{ij}$ 为因子载荷阵,α_{ij} 为因子载荷,是第 i 个原有变量在第 j 个因子变量上的负荷。ε 为特殊因子,表示原有变量不能被因子变量所解释的部分,类似于多元回归分析中的残差部分。

二、外债规模影响因素的实证分析

这里选取具有代表性的指标如下:外汇收入(INC),外债还本付息额

（REP），进出口总额（TRA），进出口差额（BAL），外汇储备（RES），财政收支差额（DEF），金融机构存款余额（DEP）。这些指标数值均取自《中国统计年鉴》1985—2005 年的各项统计数据。[①]

在进行因子分析前，由于各项数据的单位量纲不同，为此，需要对数据进行标准化处理，以消除不同量纲的影响。首先将各项指标数据化为 Z 分数，即将各指标值减去该指标的平均数，然后除以该指标的标准差，标准化后的指标平均值为 0，标准差为 1。这一过程用 SPSS11.5 软件完成，结果如表 1 所示。

因子分析是从原有众多变量中勾勒出几个代表性的因子变量，为此，有个潜在前提：即原有变量之间具有较强的相关性。相反，若不存在较强的相关关系，则无法从中提取少量具有共性的公共因子变量。所以在做因子分析前，先对原有变量的相关性进行分析。得到的相关矩阵如表 2 所示，相关系数的结果表明，各变量之间的相关系数值都比较大，均在 0.3 以上，说明适合做因子分析。

表 1　标准化处理后的各项指标值

年份	INC	REP	TRA	BAL	RES	DEF	DEP
1985	−0.85186	−1.50900	−0.86559	−0.92161	−0.70302	0.95679	−0.91999
1986	−0.84480	−1.43440	−0.84929	−0.90580	−0.70566	0.87908	−0.90737
1987	−0.80152	−0.75246	−0.83331	−0.77429	−0.70173	0.89777	−0.8939
1988	−0.77045	−1.11843	−0.80991	−0.84401	−0.69966	0.83154	−0.88337
1989	−0.76164	−0.99149	−0.79931	−0.82250	−0.68961	0.80835	−0.84445
1990	−0.71762	−0.11779	−0.75477	−0.50561	−0.66405	0.81988	−0.80707
1991	−0.67830	0.35129	−0.70192	−0.49744	−0.61506	0.73549	−0.75997
1992	−0.61874	0.35285	−0.64185	−0.59192	−0.62553	0.71529	−0.69754
1993	−0.58306	0.70281	−0.57360	−1.04370	−0.61743	0.68316	−0.62619
1994	−0.43384	1.40388	−0.28457	−0.48134	−0.47710	0.42139	−0.50055
1995	−0.30333	0.01813	−0.18565	−0.02588	−0.37572	0.41488	−0.34544
1996	−0.19067	−0.40876	−0.16554	−0.21189	−0.23064	0.46325	−0.17505
1997	−0.02674	−0.01819	−0.07566	0.91718	−0.06992	0.41404	−0.01497
1998	−0.02591	0.20990	−0.07938	1.03482	−0.04654	0.09768	0.13919
1999	0.03650	0.77194	0.01726	0.46709	−0.00172	−0.66699	0.29072
2000	0.30664	−1.70351	0.31473	0.26030	0.04856	−1.36306	0.46478
2001	0.39810	0.51104	0.40706	0.19725	0.26348	−1.38659	0.69429
2002	0.70233	0.94496	0.69875	0.51269	0.60595	−1.97587	1.01054
2003	1.25369	0.17319	1.30483	0.30705	1.14493	−1.77589	1.44076
2004	2.03736	2.26314	2.09969	0.58516	2.09833	−0.98988	1.82731
2005	2.87385	0.35090	2.77802	3.34444	3.06214	−0.98031	2.50828

[①]　由于数据统计局限，从 2000 年开始，外债还本付息项的数据均为债务还本支出；此外，从 2000 年起，财政支出中包括国内外债务付息支出。

表 2 相关矩阵

	INC	REP	TRA	BAL	RES	DEF	DEP
INC	1.000	0.480	0.998	0.853	0.994	−0.766	0.986
REP	0.480	1.000	0.501	0.332	0.466	−0.373	0.486
TRA	0.998	0.501	1.000	0.837	0.990	−0.772	0.985
BAL	0.853	0.332	0.837	1.000	0.851	−0.592	0.844
RES	0.994	0.466	0.990	0.851	1.000	−0.708	0.966
DEF	−0.766	−0.373	−0.772	−0.592	−0.708	1.000	−0.854
DEP	0.986	0.486	0.985	0.844	0.966	−0.854	1.000

表 3 适宜性检验 KMO 测度值(KMO and Bartlett's Test)

KMO 抽样性适当性参数		0.758
Bartlett 球形检验	卡方近似值	341.318
	去能因子	21
	显著性值	0.000

另外,KMO 测度值的计算结果为 0.758(如表 3 所示)。一般认为,当 KMO 测度值的计算结果在 0.7 以上时,表明对观测量做因子分析是适合的。

在相关系数矩阵的基础上,得到引资特征根及方差贡献率,如表 4 所示。变量的相关系数矩阵有两大特征根:5.613、0.760,它们一起解释了标准差的 91.048%(累计方差贡献率),这说明前两个成分反映了原始数据所提供的大部分信息。

表 4 因子特征值、方差贡献率及累计方差贡献率

主成分变量	未旋转之初始因子			旋转后之主因子		
	特征值	方差贡献率(%)	累计方差贡献率(%)	特征值	方差贡献率(%)	累计方差贡献率(%)
1	5.613	80.187	80.187	5.072	72.459	72.459
2	0.760	10.861	91.048	1.301	18.589	91.048
3	0.437	6.244	97.292			
4	0.182	2.599	99.891			
5	0.005	0.066	99.956			
6	0.003	0.038	99.995			
7	0.000	0.005	100.00			

为更形象地表明该成分反映的信息量,可以采用碎石图,如图所示。从碎石图可见,前两个成分反映了绝大部分信息,尤其是第一个成分。为此,基于过程内特征值大于 1 的原则,使用主成分分析法,提取相应的两个主成分量:F_1、F_2。为加强公共因子对问题的分析解释能力,先对提取的两个主因子分量 F_1、F_2 建立原始因子载荷矩阵,如表 5 所示。为使变量与因子间的关系更为明显,运用方差最大化正交旋转,对载荷矩阵进行因子旋转,得到旋转后的载荷矩阵如表 6 所示。

表 5　未旋转的因子载荷矩阵

	主成分	
	1	2
INC	0.989	−0.062
REP	0.542	0.837
TRA	0.989	−0.036
BAL	0.868	−0.208
RES	0.974	−0.070
DEF	−0.819	0.062
DEP	0.994	−0.057

表 6　旋转后的因子载荷矩阵

	主成分	
	1	2
INC	0.953	0.272
REP	0.232	0.970
TRA	0.944	0.297
BAL	0.888	0.094
RES	0.942	0.259
DEF	−0.793	−0.215
DEP	0.956	0.278

从表 6 可知,公共因子 F_1 在 INC、TRA、BAL、RES、DEF、DEP 上载荷值都较大,而 F_2 在 REP 上载荷值都较大。由于 INC、TRA、BAL、RES、DEF、DEP 是反映经济发展水平的指标,因而定义 F_1 是反映经济发展水平的公共因子;而 REP 是外债还本付息额指标,因而定义 F_2 是反映外债还本付息的公共因子。由此可见,外债主要受经济发展水平和外债还本付息两个因素的影响。如右图。

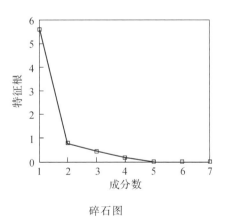

碎石图

三、结论及建议

从分析结果来看,外债规模主要取决于经济发展水平和自身还本付息状况。在我国经济获得长足发展的今天,外债规模也迅猛攀升。在经济转型时期,我国经济发展中存在着一系列问题,经济结构矛盾比较突出,为此,要防范由于经济增长放缓而有可能导致的外债风险。同时,我国外债偿债风险在日益加大,到 2005 年底,我国外债负债率为 12.6%,偿债率为 3.1%,债务率为33.6%,短期外债与外汇储备之比为 19.07%。虽然上述债务警戒指标均在国际标准安全线之内,但从近几年外债所表现出的新特点来看:流量成倍增加,总规模增长迅速,短期外债占比继续攀升。与此同时,外债还本付息的压力在逐步加大,2004 年偿还外债本金 207.51 亿美元,较上年增长了 45.96 亿美元,增长达到了 28.45%,而付息也达到了 30.82 亿美元。可见,外债风险不容忽视。

为此,在当前我国外债规模已日趋膨胀的情况下,应着重提高外债的结构质量和使用质量。一是优化外债的结构配置。在外债来源结构上,应以外国政府贷款和国际金融组织贷款为主,适当减少国外商业银行贷款的比重。国际经验表明,国外商业银行贷款比重越高,越不利于控制外债风险。例如,拉美国家在国外商业银行贷款比重达到 80% 以上时,外债风险已难以避免。在外债期限结构上,当一国短期外债比重在 20% 以上时,也很容易爆发外债危机。为此,在国内资金相对充裕的环境下,应着重考虑长期外债的借入。二是提升外债使用效益。当前,我国在外债利用上,存在明显的重举借轻使用迹象。许多地方为争取到国债资金,在没有进行充分的可行性分析的情况下,就盲目申报,或为了追求政绩建设劳民伤财的形象工程,大大降低了外债的使用效益。因此,在外债的利用上,首先要建立外债使用效益的评价机制,调整外债的使用结构,从根本上转变"重引进、轻管理,重数量、轻质量,重政绩、轻效益,重借款、轻还款"的现象,重点支持关系国计民生的基础教育、能源交通、生态环境等。

参考文献

[1]McFadden, Daniel, Richard Eckaus, Gershon Feder, et al. Is there life after debt? An econometric analysis of the creditworthiness of developing countries[J]. World Bank:Washington,1985.

[2] Aylward, Thorne R. An econometric analysis of countries' repayment performance to the international monetary fund[J]. IMF Working Paper,1998.

[3] Reinhart C, Rogoff K, Savastano M. Debt intolerance[J]. Brookings Papers on Economic Activity,2003:1-76.

［4］魏朗,周军.中国政府主权外债实证研究［J］.西南民族大学学报·人文社科版,2004(4):132-134.

［5］Detragiache,E. Spilimbergo A. Crises and liquidity:Evidence and interpretation［R］. IMF Working Paper,2001,1(2):629-679.

［6］李文科.外管局警示短债风险［N］.财经时报,2006-04-24.

［7］刘星,阎庆民.区域性外债规模的实证分析［J］.金融研究,2003(5):90-98.

［8］焦继文,王福重.一种基于 VAR 视角下的国际利率风险的测度公式［J］.统计研究,2006(8):49-52.

汇率升值、紧缩性政策与经济波动

——中国经济会重蹈日本覆辙吗?[①]

摘 要 本文以日元升值过程中的"双盯住政策"(盯住外汇市场和盯住实际汇率)为基础,研究汇率升值压力下中国宏观经济政策操作方式。经验结果表明:短期内,提高利率紧缩经济不仅可以实现被动式升值,而且能有效控制通胀率,而主动性大幅度升值可能会陷入类似日本经历的困境。若利率政策在短期内难以达到理想效果,人民币汇率主动式小幅度升值能有效抑制通胀;长期中,"紧缩性盯住"(降低货币供给、提高利率和其他措施)并不一定会带来经济衰退。为避免"流动性陷阱","紧缩性盯住"优于日本式的"扩张性盯住"。文章最后给出了中国经济不会重蹈日本覆辙的一些政策建议。

关键词 汇率升值;泡沫经济;VAR 模型;利率

一、引 言

日本经济在 20 世纪 60 年代快速发展,政府采取进口自由化政策试图抑制日元升值(菊地悠二,2002:85)。1971 年,布雷顿体系瓦解,固定汇率制转为浮动汇率制,日元兑美元名义汇率大幅度升值。1985 年 9 月份签订"广场协议",日元兑美元汇率从 1985 年的 239 日元兑 1 美元升值到 1986 年的 169 日元兑 1 美元。此后,日本开始出现泡沫经济:资产价格快速上涨、经济过热以及货币供给和信贷规模增加。日经指数从 1986 年开始加速上升,1989 年到最高 38915

---

① 本文作者金雪军、王义中,最初发表在《金融研究》2009 年第 2 期。

点,为 1985 年 12598 点的 3.1 倍。城市土地价格 1990 年 9 月达最高,几乎是 1985 年同期的 4 倍(Okina 等,2001)。随后,泡沫经济破灭,出现通货紧缩,经济不断下滑(图 2)。

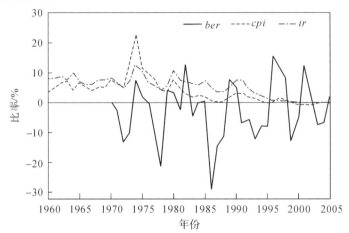

图 1 汇率(*ber*)、利率(*ir*)和通胀率(*cpi*)

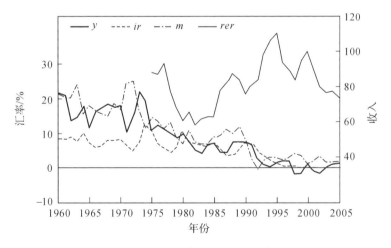

图 2 收入(*y*)、货币(*m*)和实际汇率(*rer*)

探究日本出现泡沫经济的原因和影响机制,Summers(2007)指出:为避免 20 世纪 80 年代后期日元的进一步升值,日本政府推行了错误的宽松货币和财政政策引起了较大的资产泡沫和信贷膨胀。Bernanke 和 Gertler(1999)的模拟结果则表明:如果 1988 年日本将目标利率从 4% 提高到 8%,泡沫经济就不会出现①。Mckinnon 和 Ohno(2001)则认为日元升值是导致日本通货紧缩和低利率流动性陷阱的主要原因。具体来看,外汇市场上,日本中央银行借助于直接干预和利率手段使得利率、通胀率和名义汇率变动率保持着高度一致的变化趋势(图1),1985 年"广场协议"之前尤其如此。为减轻"广场协议"后日元快速升值对经济的负面影响,日本中央银行降低利率,提高货币供给增长率,并将政策目标放在维持汇率稳定、通过扩张性政策刺激国内需求和纠正外部经济不平衡上②(附录表1)。

透过日元汇率升值过程中的政府政策行为,不难发现存在着"双盯住政策"。首先在外汇市场上,通过利率调整,外汇市场干预,使名义汇率变动率同通胀率保持一致。不妨将这种政策称为"盯住外汇市场"。而如果本国货币在外汇市场上面临升值压力,在保持与国外一定的通胀差距条件下,通过扩张性货币政策(降低利率和扩大货币供给),试图降低本国货币实际价值缓解名义汇率升值,而实现了实际汇率不升值(或贬值),其实质就是政策的目标放在"盯住实际汇率"上③。尤其在泡沫经济期间,日本中央银行以实际汇率稳定(保持价格和名义汇率稳定)为政策目标,阻止日元升值(附录表1)④。

反思和总结日元汇率升值过程中的"双盯住政策"对人民币升值路径选择

①　问题在于当时日本的通胀率并不高,1989 年日本中央银行曾试图提高贴现利率紧缩经济,但没有成功劝说政府实施紧缩性政策。此外,由于日本财务省负责外汇市场干预,而日本中央银行仅是外汇市场交易的一个主体。因而,某些时候外汇市场干预并不受货币政策影响。日本中央银行政策效果可能会降低,政策意图可能会被误读(Okina,等,2001)。

②　张斌、何帆(2004)总结日本和德国货币升值的国际经验发现:一个经济大国的崛起,往往伴随着货币升值。为缓解升值压力,日本政府实行的是扩张性货币政策,但没有抵挡住长期内日元升值。然而,德国政府将国内产出与价格稳定放在首位,通过独立的货币政策和资本自由流动,使得德国马克自由浮动。

③　Mckinnon 和 Ohno(2001)认为实质汇率稳定是指有关国家同意实行长期的名义汇率目标,但短期内不一定做到牢牢钉住。它们将共同缓解压力,防止即期汇率显著偏离长期基准值。与他们建议不同的是,日本在泡沫经济期间,试图联合其他国家干预外汇市场维持汇率稳定(见附录表1),从而将通胀控制在一定范围内,这种政策的实质就是试图达到实际汇率变动目标。

④　Calvo 等(1995)认为短期内,政策制定者一般不会盯住名义变量,如果实际变量同经济增长直接相关,政策制定者在执行货币和汇率政策时盯住实际目标。实际汇率目标制是指控制实际汇率水平,要么使得其在面对国内外冲击时固定不变,要么改变其水平。本文所指的"盯住"不同于"钉住",前者突出经济主体对市场的关注程度,而后者强调了汇率水平的固定不变。

具有参考意义。中国面临着和日本 20 世纪 60—80 年代相似的境况①：经常账户顺差,资产价格上涨(股票和房地产),美国施加升值压力,而政策措施也类似于"双盯住政策"。Mckinnon(2007) 观察到:由于中国资本市场不发达,所以人民银行不能用单一货币规则和泰勒规则,而只能实施外部货币锚政策,控制国内物价水平。在人民币升值过程中,实行通胀目标制,即中美通胀率之差部分就为人民币兑美元汇率升值程度。这种政策的理论基础就是利率平价理论:维持中美既定利差,协调通胀差距和汇率预期变化率。同时,为抑制外汇市场上名义汇率升值压力和国内经济过热现象,中央银行屡次提高银行存款准备金率,紧缩国内信贷和货币供给。

可以看出,日本实行的是"扩张性盯住"(降低利率、银根放松),而中国推行"紧缩性盯住"(提高利率、银根紧缩)。在经济持续高速增长和经济转轨过程中,日本的"扩张性盯住"致使经济下滑,而中国"紧缩型盯住"能否真正起作用,该政策实施的前提条件是什么,中国经济会不会重蹈日本经济覆辙? Mckinnon (2006)给出的药方是稳定人民币兑美元的中心汇率,以降低远期汇率的不确定性,解除通货紧缩威胁和避免落入流动性陷阱。然而,这个方案并不具有可操作性。因为中国政府面对着美国政府的政治压力,维持固定汇率不现实;日本设法保持日元稳定,将货币政策目标定在汇率上其结果是通货紧缩和经济下滑,而保持人民币稳定政策会使得名义汇率偏离均衡汇率越来越大,升值预期会进一步增强,经济大起大落在所难免。本文特色是考察汇率升值背景下"双盯住政策"的效果。结构安排如下:第二部分为"双盯住政策"提供了一个理论基础;第三部分采用 VAR 或 VEC 模型对该政策进行经验分析;第四部分是总结性评论。

二、理论基础和计量模型

(一)盯住外汇市场

假设外汇市场上,非抵补利率平价成立,则:

---

① 麦金农(Mckinnon,2007)认为日本当时经济情况和中国当前经济相似。日本在 20 世纪 60 年代左右,实现对美国贸易顺差和本国储蓄增加,美国对日本保持着"排日风潮"的高压态势。可参见北京大学中国经济研究中心 http://www.ccer.edu.cn/cn/ReadNews. asp? NewsID=8209。

$$i = \frac{E^e - E}{E} + i^* \qquad (1)$$

上式中,E^e 表示预期汇率,E, i, i^* 分别表示名义汇率、名义利率和国外名义利率。由费雪效应,名义利率等于实际利率加上预期通货膨胀率:

$$i = R + \pi^e \qquad (2)$$

其中,R 代表本国实际利率,π^e 为预期通货膨胀率。同理,国外名义利率也满足下列等式:

$$i^* = R^* + \pi^{e*} \qquad (3)$$

如果假设相对购买力平价成立,即:

$$\pi^e - \pi^{e*} = \frac{E^e - E}{E} \qquad (4)$$

再假设套利会使得国家间的实际利率相等,即 $R = R^*$,则结合(1)~(4)式可得:

$$\pi^e - \pi^{e*} = i - i^* = \frac{E^e - E}{E} \qquad (5)$$

等式(5)表明:本国与国外利率差等于预期通胀率,又等于预期汇率变动率。但在实际操作过程中,中央银行不可能在每个时点上保持严格的均等关系,更多是维持住三者间的短期变化关系。比如说,伴随经济增长过程中的预期汇率升值压力,当本国与关键货币国的通货膨胀差距上升,本国可以提高本国与他国的相对利率,以使得信贷和经济紧缩抑制通胀,而此时要求名义汇率升值。因此,为研究三者之间的短期动态关系,可以构建如下 VAR 模型:

$$\begin{bmatrix} ber \\ \pi \\ ir \end{bmatrix}_t = ex + \sum_{i=1}^{p} \begin{bmatrix} \lambda_{11i} & \lambda_{12i} & \lambda_{13i} \\ \lambda_{21i} & \lambda_{22i} & \lambda_{23i} \\ \lambda_{31i} & \lambda_{32i} & \lambda_{33i} \end{bmatrix} \begin{bmatrix} ber \\ \pi \\ ir \end{bmatrix}_{t-i} + \begin{bmatrix} \varepsilon_1 \\ \varepsilon_2 \\ \varepsilon_3 \end{bmatrix}_t \qquad (6)$$

上式中,ber 表示预期汇率变动率,π 代表两国间通货膨胀差距,ir 为本国与关键货币国的利率之差,ex 表示外生变量,ε_{it} 为残差,λ_{ik} 为各变量的系数,p 为滞后阶数。上述进入 VAR 模型的变量都应该是平稳的。

(二)盯住实际汇率

外部实际汇率定义为:

$$RER = E \times \frac{P^*}{P} \qquad (7)$$

其中,RER 为实际汇率,E 是名义汇率,P^* 和 P 分别代表国外价格水平和本国价格水平。遵照 Obstfeld(1998),本国货币市场均衡条件可以表示为:

$$\frac{M}{P}=Y^{\varphi}e^{-\lambda i} \tag{8}$$

其中,M 表示本国货币供给。同理,国外货币市场均衡条件为:

$$\frac{M^*}{P^*}=Y^{*\varphi}e^{-\lambda i^*} \tag{9}$$

结合(7)~(9)式,并取对数(以小写字母表示)可以得到:

$$rer=ner-(m-m^*)+\varphi(y-y^*)-\lambda(i-i^*) \tag{10}$$

上式中,ner 为名义汇率对数值。由各式可以看出,当一国货币供应量增加,本国相对价格水平就会上升,实际汇率就会升值;反之,则会贬值。但是,长期中价格水平与货币供给会等比例上升,实际汇率就不会出现波动。然而,若存在短期价格粘性,此时货币供应量增加,由(8)式,为维持货币市场均衡,利率必须下降使得货币需求提高,结合(10)式知,实际汇率贬值;利差提高导致实际汇率升值,因为本国实际利率上升(下降)会吸引国外资本流入(流出),使得外汇市场上的外汇供给相对外汇需求增加(减少),实际汇率升值(贬值)。进一步,如果资本流入国内被用于消费,则国内在贸易品和非贸易品上的支付和需求能力提升,超额需求抬高了非贸易品价格,而贸易品价格是由世界价格决定的(对于发展中国家来说),从而导致实际汇率升值(Dornbusch,1973)。而且在货币市场上,本国实际利率上升导致实际货币需求降低,如果名义货币供给保持不变,为保持货币市场均衡,实际货币供给需减少,从而本国价格水平上升,实际汇率升值;如果本国劳动和资本的生产率提高,则本国商品和劳务的供给相对于需求会增加,供给过剩会使得相对价格下降,进而导致长期实际汇率贬值;相反则会致使实际汇率升值。然而,如果本国劳动和资本生产率的提高来源于贸易品部门,而非贸易品部门生产率增长滞后于贸易品部门,按照 Balassa-Samuelson(1964)效应,实际汇率会升值而不是贬值。因此,(10)式中,m 和 y 对实际汇率的影响方向是不确定的。

由上述理论方程可以得知,为抑制实际汇率升值,中央银行的目标是保持相对货币供给、相对收入、利差和实际汇率的均衡关系。由于上述理论模型不能有效区分影响实际汇率的长期效应和短期效应,所以货币供给、收入和利率对实际汇率影响方向难以准确确定。又因为协整分析可以判断变量之间的长期关系,而 VAR 或 VEC 模型能描述变量间的短期动态关系,从既有研究来看,Macdonald 和 Taylor(1994)发现汇率、相对货币供给、相对收入和利差之间存在着协整关系。Choudhry 和 Lawlar(1997)运用加元兑美元汇率得出了同样的结论。因此,在建立协整方程基础上,可以运用 VAR 或 VEC 模型刻画这几个变量之间的关系：

$$
\begin{bmatrix} rer \\ m \\ ir \\ y \end{bmatrix}_t = ex + \sum_{i=1}^{p} \begin{bmatrix} \lambda_{11i} & \lambda_{12i} & \lambda_{13i} & \lambda_{14i} \\ \lambda_{21i} & \lambda_{22i} & \lambda_{23i} & \lambda_{24i} \\ \lambda_{31i} & \lambda_{32i} & \lambda_{33i} & \lambda_{34i} \\ \lambda_{41i} & \lambda_{42i} & \lambda_{43i} & \lambda_{44i} \end{bmatrix} \begin{bmatrix} rer \\ m \\ ir \\ y \end{bmatrix}_{t-i} + \begin{bmatrix} \varepsilon_1 \\ \varepsilon_2 \\ \varepsilon_3 \\ \varepsilon_4 \end{bmatrix}_t \tag{11}
$$

上式中，m 为相对货币供给，y 表示相对收入，ex 表示外生变量。上述进入 VAR 模型的变量都应该是平稳的。

三、经验分析

（一）盯住外汇市场

1.数据说明

东亚金融危机前后，预期人民币汇率贬值或升值增强。尤其是在 2001 年英国《金融时报》撰文称中国操纵低估汇率，向世界输出廉价产品以来，人民币汇率问题备受国内外关注。结合汇率预期变化规律，限于数据可得性，此处的样本期限为 1999 年 1 月到 2006 年 12 月。数据来源及处理见附录 1。首先对每个变量的数据序列 ber、cpi、ir 的平稳性特征采用单位根的 ADF 检验方法，分别就每个变量的时间序列数据的水平和一阶差分（或二阶差分）形式进行检验，其中，检验过程中滞后期的确定采用 AIC 最小准则，以保证残差值非自相关性。由检验结果附录表 2 可知，所有变量均为一阶单整序列。

2.协整分析

协整关系在很大程度上依赖于滞后期的选择，文献中一般根据无约束的 VAR 模型确定。由于 VAR 模型的稳定性是判断模型好坏的关键条件，而且随滞后期增长模型稳定性越差，所以当 VAR 模型不符合稳定性条件时的前推 1 期为最长滞后期，然后根据残差检验逐期剔除不显著模型，通过残差自相关、正态性和异方差检验的模型为最终模型（金雪军、王义中，2008）。在检验正态性时，如果用 Lutkepohl(1991)的协方差矩阵正交化方法，检验结果取决于 VAR 模型中变量的顺序，而利用 Urzua(1997)的残差协方差矩阵的平方根方法可以克服这个局限性。依据上述思路，当滞后期为 6 时 VAR 模型的稳定性条件不满足，比较第 1 期到第 5 期 VAR 模型残差自相关、正态性和异方差检验，最终确定最优滞后期为 5 期(表 1)①。

表 1　VAR(4)残差检验

					自相关检验							
滞后期	1	2	3	4	5	6	7	8	9	10	11	12
LM 统计量	13.8	13.4	15.6	3.91	4.85	8.01	11.4	8.80	8.03	3.69	2.02	9.63
P 值	0.13	0.14	0.08	0.92	0.85	0.53	0.25	0.46	0.53	0.93	0.99	0.38
异方差检验	$\chi^2(180)=208.9$						(P 值$=0.10$)					
J-B 正态性检验	$\chi^2(25)=30.1$						(P 值$=0.20$)					

注:异方差检验时不含交叉项,J-B 正态性检验采用的是残差协方差矩阵的平方根方法,以下同。

为判断变量之间是否存在长期均衡关系,采用 Johansen 提出的方法来检验变量之间的协整关系。附录表 4 报告了协整方程的几种形式,如是否包含截距项和线性趋势,从中可以看出,选择的检验形式为协整变量具有线性趋势而且截距项限制在协整空间里,则变量间不存在协整关系。表 2 是协整检验的具体结果,可以得知:迹统计量和最大特征值统计量都表明在 5% 的显著性水平下不存在协整关系,这说明预期汇率变动率、通胀和利差之间没有长期均衡关系。

表 2　协整检验结果

迹统计量	5%临界值	最大特征值统计量	5%临界值	协整秩
17.70	29.80	9.51	21.13	$r=0$
8.19	15.49	6.32	14.26	$r\leqslant1$
1.87	3.84	1.87	3.84	$r\leqslant2$

3.脉冲响应

脉冲响应函数可以用于衡量来自随机扰动项的一个标准差冲击对内生变量即期和远期取值的影响(变量为一阶差分平稳)。而广义脉冲响应函数可以

---

① 在具体的软件实现过程中,如果用 EVIEWS3.1 版本,VAR 模型最优滞后期的选择一般按 AIC 和 SC 最小准则,但此时得到的滞后期并不能保证 VAR 模型的稳定性条件得到满足,残差检验也不一定能通过,因而得到的结果并不是十分可靠。而我们的结果在 EVIEWS5.1 版本下实现,此时要保证 AIC 或 SC 最小,以及 VAR 模型的稳定性条件得到满足,残差检验(自相关性、正态性和异方差性)通过。

不考虑变量的顺序而得到唯一的脉冲响应函数曲线。为充分刻画短期内的动态效应，采用累积脉冲响应形式。由图 3 基于 VAR 模型的脉冲响应曲线可以得知：当出现通胀的一个标准差的正向冲击时，影响是负向的，即通胀差距的一个标准差信息会使得汇率预期变动率减少(即升值)，而汇率变动受到一个正向标准差的利差冲击后，冲击效应也为负，即利差的一个标准差信息会使得预期汇率变动减少(升值)；当出现汇率变动的一个标准差的正向冲击后，通胀上升，而利差的一个标准差信息会使得预期通胀降低；预期汇率变动的一个标准差信息使得利差提高，而通胀的标准差信息先使得利差降低而此后提高。

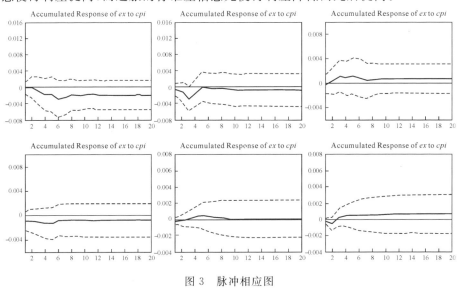

图 3　脉冲相应图

金雪军、王义中(2006)区分"政府主导型"和"市场主导型"升值，并得出了人民币汇率升值的最优路径和相对应的货币政策。实际上，开放经济条件下，本国名义汇率升值方式有两种。被动式升值主要是借助于相关的宏观政策工具，在外汇市场上主要是通过利差调整来实现名义汇率升值和缩短与美国的通货膨胀差距，此时汇率成为政策目标。由"蒙代尔不可能三角"，如果要保持汇率稳定和资本自由流动，本国货币政策就会失去独立性。所以资本账户保持一定的管制，允许决策者能够扩大短期名义汇率的波动幅度，缓解升值压力。而主动式升值则是直接调整名义汇率，此时汇率成为政策工具。进一步，利用脉冲相应图的分析结果可以将外汇市场上三个变量之间短期关系总结为(向下箭头表示减少或降低，对应于表示升值，双箭头表示引导方向)：$ex\downarrow\Rightarrow cpi\downarrow$ 和 $ex\downarrow\Rightarrow ir\downarrow$；$ir\uparrow\Rightarrow ex\downarrow$ 和 $ir\uparrow\Rightarrow cpi\downarrow$。如果用利率作为政策工具(被动式升值),控制通胀为政策目标,则 $ir\uparrow \Rightarrow ex\downarrow \Rightarrow cpi\downarrow$ 和 $ir\uparrow \Rightarrow cpi\downarrow$,显然提高利率能够实现汇率升值和控制通货膨胀,但汇率升值可能有通货紧缩效应;如果主动调整汇率(主动式升值),则 $ex\downarrow \Rightarrow cpi\downarrow$ 和 $ex\downarrow \Rightarrow ir\downarrow \Rightarrow cpi\uparrow$,所以调整汇率要么会使得通胀迅速降低,由利率平价理论要么使得利率降低而通胀上升,这同 1985 年"广场协议"后,日元汇率主动式升值所致的结果大致相符①。

4. 方差分解

基于 VAR 模型的方差分解可以分析内生变量预测误差是由哪些变量所引起的,以及各占的百分比。在计算预测方差分解之前,必须采用 Choleski 正交化处理,以消除残差项之间的同期相关和序列相关。由方差分解具体结果(表3)可观察到:相对于通胀差距,利差更能解释预期汇率变动,而在解释通胀变动的因素中,利差也起着较大作用,这进一步证实利率工具确实能有效实现被动式升值和控制通货膨胀,但预期汇率变动更能影响通胀率。

表 3 方差分解结果

变量	ex			cpi			ir		
时期	ex	cpi	ir	cpi	ex	ir	ir	ex	cpi
1	100.0	0.00	0.00	100.0	0.04	0.00	97.7	0.86	1.4
2	99.7	0.06	0.24	99.5	0.48	0.00	95.8	0.79	3.4
3	93.5	1.38	5.17	98.5	1.36	0.16	85.2	0.94	13.8
4	89.5	2.49	7.98	98.3	1.51	0.21	83.6	2.09	14.3
5	87.7	2.35	10.00	98.1	1.69	0.22	83.7	2.54	13.7
6	85.8	4.07	10.17	97.7	1.83	0.52	83.4	2.99	13.6
7	85.6	4.27	10.16	97.4	2.07	0.52	83.4	3.03	13.6
8	84.9	4.96	10.14	97.4	2.10	0.52	83.5	3.05	13.4

① 沃尔克和行天丰雄(1996:252)写道:"在此次会议中(注:广场会议),最令我吃惊的事情就是当时的日本大藏大臣、后来成为首相的竹下登主动提出允许日元升值(注:原文为贬值,疑有误)百分之十几。他比我们想象的要大方得多。行天丰雄解释说,日本对当时美国日益上升的保护主义压力感到惊恐,准备接受一次日元的大幅度升值,以期哪些压力得以转移。……对欧洲人来说,日元升值越多,他们对自己的竞争地位就越感到放心。"

(二)盯住实际汇率

1. 数据说明

自1994年外汇体制改革以来，人民币汇率保持着较小的波动幅度，中央银行试图将通货膨胀控制在一定范围内，实现实际汇率变动目标。因此，此处的样本期限为1994—2006年，限于数据可得性，采用季度形式。数据说明及处理见附录2。由检验结果附录表3可知，所有变量均为一阶单整序列[①]。

2. 协整分析

协整分析前先根据无约束VAR模型确定最优滞后期，按前面同样方法，考虑到模型的稳定性、残差检验和正态性(表4)，最优滞后期为4。

表4　VAR(4)残差检验

					自相关检验						
滞后期	1	2	3	4	5	6	7	8	9	10	11	12
LM统计量	10.7	7.2	9.3	19.7	15.8	8.9	22.1	19.0	8.5	12.6	25.5	13.5
P值	0.82	0.97	0.90	0.23	0.46	0.92	0.14	0.27	0.93	0.70	0.06	0.64

异方差检验	$\chi^2(330)=323.2$		(P值=0.59)
J-B正态性检验	$\chi^2(55)=59.8$		(P值=0.31)

附录表5说明选择的检验形式为协整变量具有线性趋势而且截距项限制在协整空间里，则变量间存在唯一的协整关系。表5是协整检验的具体结果(分别以rer和y为因变量[②])，可以得知：迹统计量和最大特征值统计量都表明在5%的显著性水平下存在唯一的协整关系，这说明实际汇率、相对货币供给、

[①] 本文在此没有细分外生性和内生性货币供给。事实上，有学者主张货币供给内外共生性，例如黄达(1997:79)，正如崔建军(2006:84)所言："站在国民经济运行的高度考察货币供给的性质，将货币供给既视为内生变量，又视为外生变量，是完全合理的。"

[②] 这四个变量之间存在唯一的协整关系，也是说无论以哪一个变量为因变量都可以得到一个协整方程。实际上可以写出以每个变量分别为因变量的4个协整方程，但并不是说有4个协整关系。基于研究目的，此处只报告了以rer和y为因变量的协整方程。

相对收入和利差之间存在长期均衡关系①。

以 rer 为因变量的协整方程如下：

$$rer=1.50+2.32m-2.16y-0.13ir \qquad (12)$$
$$(0.43) \quad (0.78) \quad (0.03)$$

以 y 为因变量的协整方程为：

$$y=0.69+1.08m-0.06ir-0.46rer \qquad (13)$$
$$(0.17) \quad (0.02) \quad (0.23)$$

其中,括号内为标准误②。从(12)式可以看出,相对货币供给增加导致实际汇率增加(贬值),而相对收入增加和利差增加会使得实际汇率减少(升值)③;由(13)式,相对货币供给增加导致相对收入增加,而利差扩大会使得相对收入减少,实际汇率升值(减少)导致相对收入增加,表明汇率升值在长期中并不会导致经济下滑④。因此,若实行"扩张性盯住"(货币供给增加、利率降低),则相对收入增加,可能会出现经济泡沫;若实行"紧缩性盯住"(货币供给降低、利率提高),则相对收入减少,但如果实际汇率升值,相对收入又会增加。因此,紧缩经济一方面不仅可以实现升值目标,另一方面不会导致经济衰退。

表5 协整检验结果

迹统计量	5%临界值	最大特征值统计量	5%临界值	协整秩
49.24	47.86	27.95	27.58	$r=0$
21.29	29.80	11.01	21.13	$r\leqslant1$
10.28	15.49	9.66	14.26	$r\leqslant2$
0.62	3.84	0.62	3.84	$r\leqslant3$

---

① 根据匿名审稿人的建议,我们用银行间同业拆借利率表示中国利率水平,1994年到2002年的季度同业拆借利率数据来自谢平、罗雄(2002),其他数据取自中国人民银行网站。结果表明等式(12)和(13)式中,自变量对因变量影响的方向没有变化,只是估计系数出现较小差异。也就是说,估计结果是稳健的。

② 为了方便,此处得到的变量符号不同于脉冲响应图和方差分解图中的变量。协整方程中为原始变量,而脉冲响应图和方差分解图中的变量是一阶差分平稳变量。

③ 王义中(2007)的经验结果表明:短期内利率提高会导致实际汇率贬值。

④ 施建淮(2007)的结论表明:短期内,实质汇率对产出的冲击是紧缩性的,但考虑中国经济的国际金融联系,实质汇率冲击对中国产出变动的解释力和影响程度明显变小,而美国利率冲击对中国产出变动有更大的影响,其影响超过了人民币实质汇率冲击的影响。然而,该文没有考虑实际汇率对产出的长期影响。本文经验结果支持短期"紧缩性升值"和长期"扩张性升值"理论。

3.误差修正

由于存在着协整关系，根据 Granger 定理，一定存在描述实际汇率由短期波动向长期均衡调整的误差修正模型。由表 6 可知，VEC 模型的稳定性条件满足，自相关性检验、异方差检验和正态性检验都能通过。以实际汇率为因变量的误差修正模型中，误差修正系数显著符号为正、值很小，说明从短期偏离向长期均衡调整的力度很小，即汇率失调不能通过上 1 期来自我调整。以相对收入为因变量的误差修正模型中，协整关系对相对收入起到反向修正作用，每 1 时期能调整 20.4% 的失调，调节速度较快，说明收入在短期内均衡可以由上 1 期来调节，从侧面说明汇率升值在长期中对经济并不会产生太大的负面影响，关键要看升值路径的选择、升值速度和相应的宏观经济措施是否合理。

表 6　VEC 模型整体效果检验及误差修正系数

	自相关检验											
滞后期	1	2	3	4	5	6	7	8	9	10	11	12
LM 统计量	8.5	8.5	11.4	22.9	16.5	15.6	14.4	20.5	11.1	12.5	17.2	17.6
P 值	0.93	0.93	0.79	0.12	0.42	0.48	0.57	0.20	0.80	0.71	0.37	0.35

异方差检验	$\chi^2(350)=345.7$		（P 值=0.55）
J-B 正态性检验	$\chi^2(55)=61.4$		（P 值=0.26）
以 rer 为因变量	误差修正系数=0.041		（t 值=2.11）
以 y 为因变量	误差修正系数=-0.204		（t 值=-2.94）

4.脉冲响应

图 4 报告了基于误差修正模型的广义脉冲响应图。给收入一个正向冲击后，实际汇率在第 20 期内大幅波动，此后保持稳定；给利差和货币供给一个正向冲击后，实际汇率在第 10 期内出现高于收入冲击的大幅度波动，而且在第 10 值达到最大值，然后不断降低。王义中（2007）结合资本管制下的利率平价理

论,认为短期内本国提高利率并不一定会刺激资本流入①,相反提高了本国的风险溢价,投资者将高利率看成是对高风险的补偿而选择退出本国市场,资本撤出会降低本国需求或供给而使得价格下跌、实际汇率贬值。比较而言,利差的一个正向冲击更能导致实际汇率波动,其次是相对货币供给。

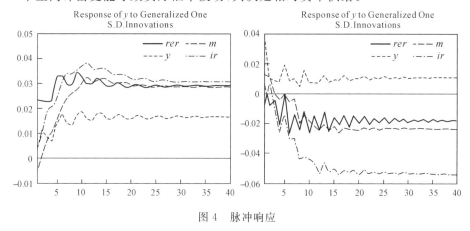

图 4　脉冲响应

给相对货币供给、实际汇率、利差的一个正向冲击后,在第 15 期内相对收入都会出现很大波动,此后波动幅度减小。相比较而言,实际汇率的正向冲击,相对收入的波动最小,相对货币供给次之,而利差的正向冲击会使得相对收入出现较大的波动。

5.方差分解

由基于误差修正模型的方差分解具体结果(图 5)可观察到在短期实际汇率主要是从它自身的方差变动得到解释,但随滞后期增长,解释力越弱。在解释短期实际汇率的因素中,其主要作用的是利差,其次是相对货币供给,最后是相对收入;相对收入主要从利差的方差变动中得到解释,且随滞后期增长,解释力越强,而实际汇率和相对货币供给方差变动对相对收入波动具有一定解释力。

───────────

①　此处结论并没有相关实证研究支持,然而,导致资本流入的因素有很多,比如说预期汇率升值、中国国内较高的资本回报率等等。一般情况下,对于存在资本管制的国家来说,国外资本并不能在中国国内自由兑换和存放银行获取利息,而利率提高政策更多地向经济主体显示紧缩性政策预期,对于投资者来说是个"利空消息"。因此,可以推断:国外资本(游资)流入中国更多地并不是出于赚取利息收入的考量,而可能是预期获得较高的资产价格收益。从这一层面来看,若要控制国外游资流入中国的速度和规模,在当前情形下,对流入资本征收类似智利当年的资本税是可取的。

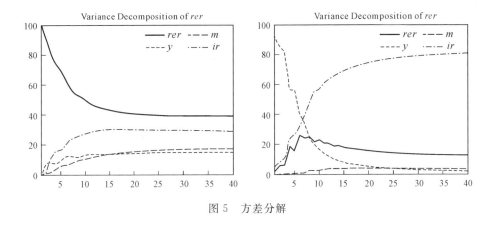

图 5　方差分解

四、总结性评论

由经验分析结果可以得出以下结论：(1)"双盯住政策"中，利率起主导作用。短期内，提高利率紧缩经济不仅可以实现被动式升值，而且能有效控制通货膨胀率，而主动性升值可能会陷入类似日本经历的困境①。由于利率更能解释通胀和预期汇率的变化，因而"盯住外汇市场政策"的有效实施取决于利率政策效果。(2)长期中，降低货币供给和提高利率会使得实际汇率升值，因为前两者会对产生经济紧缩效应，而后者会有利于经济增长，因而，"盯住实际汇率政策"的效果取决于它们之间作用大小的相互比较。换句话说，"紧缩性盯住"并不一定会带来经济衰退。当然，"盯住实际汇率"政策效果某种程度上还要依赖于政策目标是扩张性的还是收缩性的。应该说，为避免"流动陷阱"，"紧缩性盯住"还是优于日本式的"扩张性盯住"。(3)短期内，实际汇率波动和相对收入变化更多地从利率波动得到解释，其次是货币供给。(4)"盯住外汇市场"政策的方差分解结果显示，短期内，人民币汇率升值和利率提高都能减低通胀率，且前者的效果甚于后者。

要回答中国经济会不会重蹈日本覆辙，关键在于政策是否运用妥当。汲取日本政府在日元升值过程中错误的政策教训，人民币在走向升值过程中要做到以下几点：(1)"扩张性盯住"与"紧缩性盯住"的最大区别在于实现汇率升值的方式不同，日本的政策错误是在于主动式升值下采用"扩张性盯住"，中国要不

---

① 本文直观得到的结论是被动式升值能实现既定经济目标和避免经济衰退，而并没有进一步证明主动性升值会导致相反的结果。这一结论需要进一步探讨。

走日本的错误道路,应该在被动式升值采取"紧缩性盯住",该政策会不会导致经济衰退的一个前提条件在于名义汇率升值过程中,要保持同国外稳定的通胀差距,盯住实际汇率实际上就是要盯住通货膨胀。并且在适当时候减轻钉住美元的程度,以增强货币政策自由度。(2)防止人民币汇率过度升值①。从均衡汇率角度看,人民币汇率并不存在美国、日本等国家所宣称的严重低估,只是近期存在低估程度扩大趋势(金雪军、王义中,2008)。Cheug 等(2007)指出均衡汇率模型估计人民币汇率的缺陷,克服模型条件自相关后,其结果表明人民币汇率的低估程度非常小。(3)短期内,不能推行类似日本的资本账户完全自由化,保持一定的资本控制程度是必要的,这样可以减缓紧缩性政策所致的资本流入冲击。同时,扩大名义汇率波动幅度,不能将人民币名义汇率作为政策调整工具,而只能以"紧缩性盯住"作为货币政策目标。(4)通过提高利率,降低货币供给(提高准备率、窗口指导)紧缩经济(或其他紧缩经济的手段)来实现升值目标,但若市场预期强烈,利率的小幅度提高并不能有效调控经济,利率大幅度提高可能会导致经济衰退,因而适度利率是必要的。而且紧缩性货币政策要与其他宏观政策相配合。从日本财务省和日本中央银行失败的合作中吸取教训,在汇率升值过程中,宏观政策的多方面合作更有利于经济运行。当然,如果出现结构性通货膨胀,在政策实施过程中可以考虑增加一些结构性操作内容。例如利率工具的调控,在工业企业利润高达 30% 的条件下,投资持续高速增长很难避免,因而不断微调利率的办法值得商榷。如果有针对性地提高产能风险大的部门的利率,而其他部门的利率水平不变,效果可能更好(韩康,2007)。然而,如果短期内利率政策没有较好地控制通胀率,可以考虑用小幅度的"主动式升值"直接抑制通货膨胀。

参考文献

[1] 崔建军.中国货币政策有效性问题研究[M].北京:中国金融出版社,2006.

[2] 黄达.宏观调控与货币供给[M].北京:中国人民大学出版社,1997.

[3] 韩康.中国宏观调控遭遇刚性制约[J].社会科学报,2007(11):26-27.

---

① 菊地悠二(2002:110)写道:"由于日元过度升值。日本神话暂时破灭了,但人们还期待着潜在的成长力。因为通过放松管制,进行结构调整,经济复苏还是可能的。然而后来所暴露出来的金融体制的缺陷,造成日本贬值后的'抛售日本',使日本经济的潜在增长力笼罩在阴影中,失去了被践踏的、能成长的麦苗活力,出现了战后最大的危机"。

[4] 金雪军,王义中.人民币汇率升值的路径选择[J].金融研究,2006(11)：70-82.

[5] 金雪军,王义中.理解人民币汇率的均衡、失调、波动与调整[J].经济研究,2008(1)：46-59.

[6] 菊地悠二.日元国际化[M].北京：中国人民大学出版社,2002.

[7] 施建淮.人民币升值是紧缩性的吗[J].经济研究,2007(1)：41-55.

[8] 徐高.中国的资本外逃：对1999年到2006年月度数据的分析[J].北京大学中国经济研究中心讨论稿,2007.

[9] 沃尔克,行天丰雄.时运变迁[M].北京：中国金融出版社,1996.

[10] 谢平,罗雄.泰勒规则及其在中国货币政策中的检验[J].经济研究,2002(3)：3-12＋92.

[11] 张斌,何帆.如何应对经济崛起时期的汇率升值压力[J].国际经济评论,2004(3)：10-13.

[12] Balassa B. The purchasing power parity doctrine：A reappraisal[J]. Journal of Political Economy,1964(72)：584-596.

[13] Bernanke B,Gertler M. Monetary policy and asset price volatity[R]. New Challenges for Monetary Policy,Federal Reserve Bank of Kansa City,1999.

[14] Calvo G A,et al. Targeting the real exchange rate：Theory and evidence[J]. Journal of Development Economics,1995(47)：97-133.

[15] Choudhry T,Lawlar P. The monetary model of exchange rates：Evidence form Canadian floating of the 1950s[J]. Journal of Macroeconomics,1997(19)：349-362.

[16] Lutkepohl H. Introduction to multiple time series analysis[C]. New York：Springer-Verlag,1991.

[17] Mckinnon R. China's exchange rate trap：Japan redux[C]. AEA Meetings,2006.

[18] Mckinnon R. Why China should keep its dollar peg[J]. International Finance,2007(10)：43-70.

[19] Mckinnon R,Kenichi O. The foreign exchange origins of Japan's economic slump and low interest liquidity trap[J]. The World Economy,2001(24)：279-315.

[20] Macdonald R，Taylor M P. The monetary approach to the exchange rate：Long-Run relationships，short-run dynamics and how to beat a random walk[J]. Journal of International Money and Finance,1994(13)：276-290.

[21] Obstfeld M. EMU：Ready，or not? ［EB/OL］. （2008-05-16）. http：//elsa. berkeley. edu/～obstfeld/graham. pdf,1998.

[22] Urzua C M. Omnibus tests for multivariate normality based on a class of maximum entropy distributions［C］. Advances in Econometrics, Greenwich,Conn. , JAI Press,1997(12):341-358.

[23] Summers L H. A Japanese lesson for China[EB/OL]. （2008-06-25）. http：//www. latimes. com/,2007.

[24] Cheug Y-W,Chinn D W, Fujii E. The overvaluation of Renminbi undervaluation[J]. NBER Working Paper,2007:12850.

[25] Okina K,et al. The asset price bubble and monetary policy Japan's experience in the late 1980s and the lessons［J］. Monetary and Economic Studies at the Bank of Japan,2001,19(11):395-450.

附录 1:数据说明

经验分析的样本区间为 1999 年 1 月到 2006 年 12 月,人民币兑美元名义汇率、远期汇率和利差数据都来自徐高(2007),通胀率数据来自 IFS(国际货币基金组织国际金融统计)。名义汇率预期变动率＝(远期汇率－即期汇率)/即期汇率,该变量记为 ber。中国利率为存款利率,国外利率为 1 年期伦敦同业拆借美元利率,利差变量记为 ir。通胀率差距为中国消费者物价指数增长率与美国消费者物价指数增长率之差,该变量记为 cpi。为降低异方差性,对这三个变量取自然对数,因为值都很小,$x \approx \ln(1+x)$。

附录 2:数据来源

经验分析的样本区间为 1994 年第 1 季度到 2006 年第 2 季度,无特别说明所有数据均来自 IMF 的《国际金融统计》(IFS),如果数据含季节趋势,将其进行季节调整。实际有效汇率按公式(6)计算,并取自然对数,记为 rer,其中包括:美国、加拿大、澳大利亚、日本、德国、法国、意大利、荷兰、英国、中国香港、印度尼西亚、韩国、马来西亚、新加坡、泰国、俄罗斯。样本区间内,这 16 个国家(地区)与中国的进出口贸易额占中国与世界的进出口贸易额的平均比重为73.4%(注:IMF 公布的实际有效汇率指数值只包括工业国家,所以本文没有采用)。贸易权重以中国分别与这 16 个国家(地区)的进出口贸易额的比重表示,国内外价格水平以消费者物价指数代表,并将环比指数转换成 2000 年第 1 季度为 100 的定基指数。名义汇率以各国(地区)公布的官方汇率为准,将澳大利亚和英国的直接标价法转换成间接标价法,1999 年之后的欧洲各国货币以 1 欧元=6.5596 法郎=1.9558 德国马克=1936.3 意大利里拉=2.2037 荷兰盾的比例兑换(欧洲中央银行 1998 年 12 月 31 日公告)。

为统一口径,货币供给以 IMF 公布的货币和准货币之和表示,并取对数,但数据获取有限,1994—1998 年法国、德国、意大利和荷兰以 M2 替代,1999—2006 年以流通中现金+定期存款+其他存款替代。相对货币供给权重为各国家或地区与中国贸易额的比重,变量记为 m;世界名义利率以伦敦银行同业拆借利率表示,中国名义利率以 1 年期存款利率表示,变量记为 ir;考虑到 1997—1998 年东亚金融危机的结构性冲击,模型中引入虚拟变量。计算相对 GDP 过程中,用同期名义汇率将各国家或地区 GDP 转化为统一单位,权重同计算实际有效汇率时一样。除新加坡 1994 年第 1 季度到 2002 年第 4 季度的用年度数据分解,其他国家数据均为季度原始数据。中国 GDP 季度数据来自 1996 年第 1 期—2006 年第 1 期《中国人民银行统计季报》和国家统计局网。

附录 3:相关表格

附录表 1 "广场协议"后日本中央银行公告

时间	公告内容(摘选)
1986.1.29	日本中央银行期望其措施(降低利率)能够刺激国内需求增长,以纠正外部经济不平衡。在未来货币政策实践中,中央银行将密切关注外汇市场发展动向。
1986.3.7	当前情形下,日本中央银行决定降低官方贴现率是合理的。期望政策措施能够抑制汇率过度波动,以及通过刺激国内需求纠正外部经济不平衡。
1986.4.19	日本中央银行期望其措施能获得更加稳定的汇率波动幅度,结合政府扩张性政策促进国内需求,纠正外部经济不平衡。

续表

时间	公告内容（摘选）
1986.10.31	日本中央银行期望其政策措施能维持经济增长，汇率稳定是极其重要的。同时，密切关注银根放松动态，保持价格稳定。
1987.2.20	日本中央银行期望其政策措施，结合银根放松，将有助于汇率保持稳定和国内需求的稳定增长。最近，日本同美国达成协议在外汇市场上进行合作，并同几个工业国家一起提高外汇市场的稳定性。

资料来源：Okina，et.al（2001）

附录表 2　单位：根检验

变量	检验类型（C,T,L）	ADF 统计量	临界值（1％、5％、10％）
ber	$(C,T,1)$	-3.0912	$-4.0586、-3.4583、-3.1552$
ir	$(0,0,3)$	-0.8794	$-2.5903、-1.9444、-1.6144$
cpi	$(0,0,2)$	-1.81967	$-3.5022、-2.8929、-2.5836$
$Dber$	$(0,0,3)$	-6.5165^{***}	$-2.5906、-1.9444、-1.6144$
Dir	$(0,0,1)$	-4.8129^{***}	$-2.5901、-1.9443、-1.6145$
$Dcpi$	$(0,0,1)$	-8.3846^{***}	$-2.5901、-1.9443、-1.6145$

注：检验结果用 Eviews 软件计算得出。检验类型（C,T,L）分别表示单位根检验方程包括常数项、时间趋势和滞后阶数，0 表示无时间趋势。D 表示差分算子。*（**，***）表示在10％（5％、1％）的显著性水平上拒绝原假设，以下同。

附录表 3　单位根检验

变量	检验类型（C,T,L）	ADF 统计量	临界值（1％、5％、10％）
rer	$(C,T,4)$	-2.8198	$-4.1756、-3.5130、-3.1869$
ir	$(C,T,4)$	-2.0204	$-4.1756、-3.5130、-3.1869$
m	$(C,T,3)$	-2.7336	$-4.1706、-3.5107、-3.1855$
y	$(C,T,4)$	-2.0204	$-4.1756、-3.5130、-3.1869$
$Drer$	$(0,0,3)$	-5.3829^{***}	$-2.6174、-1.9483、-1.6122$
Dir	$(0,0,3)$	-2.1004^{**}	$-2.6174、-1.9483、-1.6122$
Dm	$(C,0,2)$	-2.7374^{**}	$-3.5812、-2.9266、-2.6014$
Dy	$(0,0,3)$	-2.1004^{**}	$-2.6174、-1.9483、-1.6122$

附录表4　协整关系个数

数据趋势		无	无	线性	线性	二次方程
方程形式		无截距 无趋势	截距 无趋势	截距 无趋势	截距 趋势	截距 趋势
协整关 系个数	迹统计量	0	0	0	0	0
	最大特征值	0	0	0	0	0

注:检验协整关系个数的显著性水平为5%,以下同。

附录表5　协整关系个数

数据趋势		无	无	线性	线性	二次方程
方程形式		无截距 无趋势	截距 无趋势	截距 无趋势	截距 趋势	截距 趋势
协整关 系个数	迹统计量	1	1	1	2	1
	最大特征值	1	0	1	0	0

中国 FDI 发展地区差异的收敛性分析[①]

摘　要　1986—2004 年间,总体而言我国 FDI 发展不存在 σ 收敛,存在 β 收敛,也存在一定程度的俱乐部收敛。以 1993 年为界,在不同时段 FDI 发展的地区差异呈现出不同的收敛性特征。原因主要在于,我国地区经济增长不平衡、地区内部的市场、人力资本等环境不同。本文最后给出了促进我国 FDI 地区协调发展的相关对策建议。

关键词　FDI;地区差异;收敛

一、引　言

改革开放以来,进入我国的外商直接投资(FDI)大量增加,1993 年成为仅次于美国的世界第二大外资流入国,2002 年成为世界第一大外资流入国。2003 年我国吸引外资达 570 亿美元,创历史性最高,占亚太地区外资流入量的一半以上[②]。FDI 对经济发展的促进作用从我国东部沿海地区的快速崛起可以得到很好的印证。根据国际货币基金会的经济学家曾旺达(Wangda Tseng)和哲布克(Harm Zebregs)的研究,中国在 20 世纪 90 年代 10.1% 的平均经济增长率中,FDI 所起的贡献作用在 3% 左右。然而,FDI 在我国各个地区的分布却极不平衡,历年来,东部地区一直都是我国吸引 FDI 的主要聚集区位,比重大多在 85% 以上,其中东部地区 1991 年 FDI 比重占全国总体的 93.67%,为历年来最

---

①　本文作者金雪军、金建培、卢佳,最初发表在《财贸经济》2009 年第 1 期。

②　Prospects for FDI Flows,TNC Strategies and Promotion Police. Global Investment Prospects Assessment,UNCTAD, Apr. 4,2004.

高点,而西部地区 FDI 占全国比重基本在 5% 以下。如此悬殊的地区差距不得不引起我们的重视。

以往的研究多侧重于 FDI 的微观主体需求影响因素的探讨,对于 FDI 发展地区差距测算、变化态势及其产生原因研究不足,对 FDI 的地区协调发展的探讨则不太充分。本文主要分析我国 FDI 发展地区差异的变化态势,运用 σ 收敛、β 收敛和俱乐部收敛理论进行实证检验,然后对 FDI 发展收敛性特征产生原因进行剖析,并提出相关对策建议。

二、中国 FDI 发展地区差异演变态势

在进行收敛性检验之前,本文先描述了我国 FDI 发展地区差距的演变状况。描述地区差距大小的主要指标是变异系数,其计算公式为:

$$V = \frac{\sqrt{\sum_{i=1}^{n}(X_i - \overline{X})^2/n}}{\overline{X}} \tag{1}$$

其中 X_i 表示 i 地区的 FDI 金额,$\overline{X}$ 表示各地区 FDI 总额的平均值,n 表示地区数量。根据以上公式可测算出 1986—2004 年中国地区 FDI 发展的变异系数,其中包括全国[①]及东、中、西部地区。本文所引用的数据全部来自《中国统计年鉴》相关各期和《新中国五十年统计资料汇编》。

从图 1 可以很明显看出,全国整体的 FDI 地区差距最大,西部地区次之,东部地区再次,中部地区的 FDI 地区差距最小。其中东部地区 FDI 差距的变化趋势同全国整体的地区差距变化趋势最为相近,两者波动近乎一致。中部和西部地区变化趋势较为一致,在 1995 年以后略有区别。这从某种程度上也可以说明,东部地区 FDI 发展地区差距在全国 FDI 地区差距中起到了决定性作用。以 1993 年为界,可以将全国整体和东部地区 FDI 发展的地区差距演变分为两个阶段:1993 年以前,以 1986 年的地区差距最大,之后地区差距以较快速度缩小,在 1990 年有小幅变大,之后又快速缩小;1993 年起变化缓慢,稳中有降。中部和西部地区的 FDI 差距都是 1988 年达到最大,之后开始缩小,1993 年以后变化缓慢,西部地区差距稳中略降,中部地区是稳中略升。

---

① 本文统计未包括香港、台湾、澳门地区,重庆市作为四川省内部城市考虑。

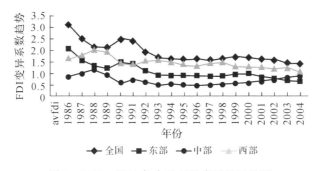

图 1   1986—2004 年中国 FDI 发展地区差距

三、中国 FDI 发展地区差异的收敛性

在探讨经济增长的过程中,主要有三类不同的收敛方式:σ 收敛、β 收敛和俱乐部收敛。σ 收敛指地区经济增长指标的标准差随时间变化而减小;β 收敛是指落后地区的经济增长速度快于富裕地区;俱乐部收敛是指初期经济发展水平接近,主要结构特征(如制度、区位以及自然条件等)相似的国家和地区收敛于同一均衡增长率,即落后地区与发达地区各自内部存在收敛,但它们之间却不存在收敛。σ 收敛、β 收敛分别从总量(绝对)和增量(相对)两个角度对经济增长地区差异的变化进行分析。本文将 σ 收敛、β 收敛和俱乐部收敛的概念用来分析我国 FDI 发展地区差距,检验我国地区 FDI 的发展是否存在收敛性。

(一)FDI 发展地区差距的 σ 收敛检验

检验是否存在 σ 收敛,主要是通过对 σ 收敛指数的测算来进行的。按照下面的计算公式(2),若 $\sigma_{t+1} < \sigma_t$,则存在 σ 收敛。

$$\sigma = \sqrt{\sum_{i=1}^{n}(\ln X_i - \ln \overline{X})^2 / n} \tag{2}$$

其中 $\ln X_i$ 表示 i 地区 FDI 总额的自然对数值,$\ln \overline{X}$ 表示 i 地区 FDI 总额的自然对数值的平均值,n 表示地区数量。根据(2)式的测算,计算出 1986—2004年我国 FDI 发展地区差异的 σ 收敛指数。由图 2 可以看出,我国 FDI 发展地区差异总体上不存在 σ 收敛。全国整体和西部地区的 σ 收敛状况很类似,σ 收敛指数的变化基本上处于波动状态,没有明显的收敛或发散趋势。东部地区和中部地区的收敛状况较为类似,1986—1993 年期间主要表现为 σ 收敛,1993—2004 年则变化缓慢,不存在 σ 收敛。

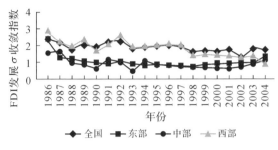

图 2　1986—2004 年中国 FDI 发展的 σ 收敛状况

(二)FDI 发展地区差距的 β 收敛检验

β 收敛可以划分为 β 绝对收敛和 β 条件收敛。β 绝对收敛意味着所有地区的 FDI 增长都收敛于相同的稳态,无论各地区的其他各个影响经济增长要素的初始状况如何。β 条件收敛认为各个经济单位的 FDI 增长速度不仅取决于初期 FDI 水平,而且还要受到其他因素的影响。

$$\Delta Y_{it} = \alpha + \beta y_{i0} + \varepsilon_{it} \tag{3}$$

(3)式即为检验 β 绝对收敛的检验模型。对于地区而言,如果(3)式中的估计系数 β 为负且在统计上显著,则说明地区 FDI 发展存在 β 收敛,即 FDI 总量较少的地区的 FDI 增长比 FDI 总量较多地区更快;如果该系数为正,且从统计上来看显著,则不存在 β 收敛,FDI 增长呈现发散趋势。本文为简化起见,只分析 β 绝对收敛情况。

表 1 显示了运用模型(3)进行 β 收敛检验的结果:1986—2004 年期间,$\beta = -0.0363327 < 0$,在 1% 水平上显著,说明我国 FDI 发展的地区差异存在 β 收敛。鉴于前面对变异系数的测算,我国 FDI 地区差异演变可以 1993 年为界分为两个时段,分别对这两个时段进行 β 收敛检验。结果两个阶段表现出了不同的 β 收敛特征:1986—1993 年间,FDI 地区差异存在 β 收敛,且 $\beta = -0.1151245$,在 1% 水平上显著;1993—2004 年间,$\beta = 0.1134685 > 0$,且在 1% 水平上显著,说明该时段并不存在 β 收敛,而是存在发散趋势,即 FDI 越充裕的地方 FDI 增长越快,FDI 越缺乏的地方 FDI 增长越慢——"两极分化"。

表 1　FDI 发展地区差异 β 收敛检验结果

	1986—2004 年	1986—1993 年	1993—2004 年
α	6.750981***	3.914517***	4.383441
β	−0.0363327***	−0.1151245***	0.1134685***
R^2	0.6226	0.9841	0.3564

*** 表示 1% 的显著水平。

(三)FDI 发展地区差距的俱乐部收敛检验

"俱乐部收敛"理论认为,由于经济体系中存在多重稳态均衡增长路径,只有初期经济发展水平接近、主要结构特征相似的国家和地区才会收敛于同一稳态,落后地区与先进地区可能各自内部存在着收敛,但它们之间却不存在收敛。通过前面的 β 收敛检验,1993 年以后 FDI 地区差异开始出现发散,但是根据俱乐部收敛的概念,很可能在各经济发展水平和特征相近的地区内部存在收敛。本文以 1993 年为分界点,分地区检验其 FDI 发展差距的收敛性,结果如表 2 所示。1986—2004 年期间,东部和西部地区内部的 FDI 发展存在相当显著的收敛性,中部地区没有表现出收敛性。1986—1993 年期间,三大地区都表现出显著的 FDI 发展地区差异收敛性。1993—2004 年间,东部和中部地区没有表现出收敛性,西部地区表现出显著的收敛性。说明我国 FDI 发展地区差异存在一定程度的俱乐部收敛特征,经济发展水平和特征相近的地区一定程度上容易缩小 FDI 发展的差距。

综合前面的分析,对 1986—2004 年我国 FDI 发展地区差异的收敛性特征总结如下:(1)1986—2004 年,我国 FDI 发展地区差异不存在 σ 收敛。只有 1986—1993 年间东部和中部地区表现出一定程度的 σ 收敛特征。1993—2004 年全国整体和各地区都不存在收敛。(2)1986—2004 年,我国 FDI 发展地区差异存在显著的 β 收敛,但收敛系数较小,收敛速度慢;1986—1993 年,存在 β 收敛,且收敛系数较 1986—2004 年大得多,收敛速度较快;1993—2004 年,不存在 β 收敛,且表现出显著的发散趋势。(3)1986—2004 年间,FDI 地区差异不存在 σ 收敛,却存在 β 收敛。说明从增量(相对)角度,地区 FDI 增长差距在缩小,但是地区间的总量(绝对)差距却依然没有明显的缩小趋势。(4)我国的 FDI 发展地区差异表现出一定程度的俱乐部收敛特征。1986—2004 年间东部和西部地区内部都表现出明显的收敛性特征,西部地区并不存在收敛。1993—2004 年西部地区存在收敛,而东部和中部地区都没有表现出收敛性特征。

表2 FDI发展地区差异俱乐部收敛检验结果

年份	东部地区			中部地区			西部地区		
	1986—2004	1986—1993	1993—2004	1986—2004	1986—1993	1993—2004	1986—2004	1986—1993	1993—2004
α	17.9446***	9.8407***	17.4141*	2.4487	1.4439**	0.0684	0.3934*	0.6687	0.3277*
β	-0.0430***	-0.1187***	0.0603	-0.0049	-0.1083***	0.2824	-0.0514***	-0.1148***	-0.0422***
R^2	0.7947	0.9915	0.1211	0.0010	0.8357	0.2173	0.9633	0.9034	0.7606

注:* 表示10%的显著水平,*** 表示1%的显著水平。

四、中国 FDI 发展地区差异收敛性成因分析

(一)地区经济增长差距的作用

FDI 增长的地区差异表现出的收敛性特征,同地区之间的经济增长差异的变化特点很可能存在密切的关系。我们对 1986—2004 年 FDI 的变异系数和 GDP 增长率的变异系数进行回归分析,结果如下:

$$fdiby = 1.2732 \quad + \quad 2.2609 gdpgrby + \varepsilon$$
$$R^2 = 0.6862 \quad \bar{R}^2 = 0.6677$$

$fdiby$ 和 $gdpgrby$ 分别表示 FDI 的变异系数和 GDP 增长率的变异系数,$gdpgrby$ 的系数 2.2609 在 1% 的水平上显著。以上结果说明,当地区经济增长的差异变化 1% 时,FDI 的地区差异变化 2.26%。这意味着 FDI 的地区差距要大于地区经济增长差距。可以认为地区经济增长差距的变化也是引起 FDI 地区差距变化的一个重要原因。

(二)地区间空间相互作用的变化

随着区域分工和区域经济一体化的发展,区域之间的经济联系越来越紧密,相邻地区的经济会有相互影响。地区之间的这种相互影响对地区之间的 FDI 发展差距应该有一定的影响。王立平等(2006)指出了我国地区间的 FDI 存在明显的地理溢出效应,即相邻地区的相互作用会对 FDI 的流入产生影响。例如,江苏省吸引 FDI 的数量居全国前列,而与之相邻的内陆省份安徽会受到其经济的带动作用,在引进外资方面能够得到一些便利。

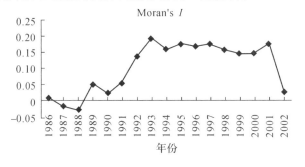

图 3　FDI 空间相互作用程度

本文计算出我国 1986—2004 年的 FDI 空间相互作用程度的情况如图 3 所

示。1986—1993年期间总体上 Moran's I 指数呈现正向大幅增大的趋势,即地区之间 FDI 流入方面的正的相互影响越来越大,FDI 相对充裕的地区对周边地区的拉动越来越大,这也正好解释了 1986—1993 年期间我国 FDI 地区差异呈现出收敛性。1993—2004年,地区间正的空间相互作用大幅减弱,Moran's I 指数由 0.2 降到 0.05 左右,FDI 充裕地区对周边地区的拉动作用大幅减弱,恰好可以解释 1993—2004 年间我国 FDI 发展不再呈现 β 收敛态势。

(三)地区自身的环境因素

我国各个地区的经济发展水平、劳动力情况、基础设施以及国家的优惠政策支持等环境都不一样,许多地区之间还存在较大差距。根据 FDI 的区位理论以及以往研究,影响 FDI 发展的地区环境主要有当地工资水平、基础设施状况、经济发展水平、人力资本水平、产业集聚情况和优惠政策等因素。我们选取当地职工平均工资水平(W)、交通运输仓储及邮电通信产值占 GDP 比重(BASIC)、当地人均 GDP 水平(PGDP)、每百万人口中高校学生数量(EDU)、第二、三产业增加值占 GDP 比重(INDUS)以及国家对外开放优惠政策指数(POLI)[①]这几个变量分别代表以上几种影响 FDI 的因素,运用 1986—2004 年各地区的面板数据进行分析,通过 hausman 检验,选用随机效应模型进行估计,所得结果如下。

表 3　影响 FDI 发展的地区环境因素

变量	W	BASIC	PGDP	EDU	POLI	INDUS
回归结果	−233.7311***	−57.36288	128.2834*	130.9632***	22.72195	54.44372

注: * 表示 10%的显著水平, *** 表示 1%的显著水平。

从表 3 可以看出,当地的平均工资水平越低,对 FDI 的吸引力就越大,劳动力成本低廉一直是我国吸引 FDI 的一项优势;当地人民消费能力越强(市场基础越好),越有利于 FDI 的发展;当地的人力资本水平越高,也越有利于 FDI 的发展。东部地区在市场环境、人力资本水平等方面都有着比中西部地区大很多的优势,中西部地区在劳动力成本方面拥有较大的优势,但是这一点并没有使得大量的 FDI 西进,许多来自中西部的大量廉价劳动力流向东部地区,很大程

[①]　对国家批准设立的各个不同等级的对外开放的开发区赋以不同的权数,根据每个地区所拥有各种不同开发区的个数,求加权平均值,得出该地区的优惠政策指数。张学勇,金雪军,章宁宁. 贸易开放、FDI 优惠与中国地区经济增长[J]. 国际贸易问题,2006(12).

度缓解了东部地区劳动力成本上升的局面,因此东部地区的 FDI 发展良好;FDI 的良好发展带动当地经济发展,促进一系列投资环境的改善,形成良性循环。

值得注意的是,1986—2004 年国家优惠政策对 FDI 的影响并不显著。刘荣添(2005)、闻媛(2005)等也得出了类似的结论。通过对统计数据的分析,我们进一步发现,我国 FDI 的优惠政策大体上可以分为 3 次大的举措:(1)80 年代初对东部沿海地区的开放,造成了地区差距的显著拉大;(2)1992 年对中西部部分城市的开放优惠政策,1993 年西部地区吸引外资的量由 1992 年的 21.48 亿元上升到 110.07 亿元,占全国的比重由 3.54% 上升到 6.99%,但从 1994 年开始西部地区引进的 FDI 就在不断下降;(3)2000 年起施行西部大开发优惠政策,西部地区的 FDI 总额不仅没有上升反而有所下降,该政策在之后几年对西部地区吸引 FDI 影响也不显著。可见,中央的 FDI 优惠政策无论在东部地区,还是在中、西部地区的引资初始阶段均起着重要的作用,尤其是对中西部地区初期引资的影响力较大。但从长期效应看,已逐渐呈弱化趋势。

五、对策建议

我国 FDI 发展地区差距较大已是长久以来形成的事实,要想改变不可能一蹴而就。本文认为我们在促进区域 FDI 协调发展方面还可以做出以下努力:

第一,充分突出各个地区的产业优势,使得 FDI 发挥集聚效应,形成良性循环。加快协调地区经济发展的步伐,将"西部大开发""中部崛起"等政策进一步落到实处。第二,提高区域开放程度,加强区域经济合作。浙江、江苏等东部发达省份可以加大同邻省安徽、江西的经济合作,从而增强经济发达地区的辐射效应,使得地区之间 FDI 发展的空间溢出效应更大。第三,加大中西部地区的人才引进力度,大力支持中西部地区高校的发展。同时实施产业导向政策,将劳动密集型的工业尽量向中西部地区转移,更好地发挥中西部地区的劳动力优势和自然资源的优势。第四,鉴于优惠政策对区域 FDI 的发展作用已经弱化,在我国对外开放新的发展阶段中,各地区应把注意力放在基础设施和人才基础等环境条件的改善上,而不应过度地开展区域间优惠政策的竞争。

参考文献

[1]刘荣添,林峰.我国东、中、西部外商直接投资(FDI)区位差异因素的 Panel Data 分析[J].数量经济技术经济研究,2005(7):25-34.

［2］贺灿飞，魏后凯.信息成本、集聚经济与中国外商投资区位［J］.中国工业经济，2001(9):38-45.

［3］王立平，彭继年，任志安.我国 FDI 区域分布的区位条件及其地理溢出程度的经验研究［J］.经济地理，2006(2):265-269.

［4］闻媛.税收差别政策与外商直接投资——税收优惠政策调整对 FDI 影响分析［J］.经济理论与经济管理，2005(11):23-26.

非对称金融全球化、
次贷危机与全球新型金融危机①

摘　要　非对称金融全球化意味着发展中国家比发达国家要承担更高的成本和更大的风险,它是次贷危机和全球新型金融危机产生的深层次全球制度性原因,是中国未来和平崛起过程中面临的国际体系框架。借助实现机制和途径,中国可在非对称金融全球化中进行角色转换,从被动风险承担者转变为主动分散者,成为虚拟经济与实体经济协调发展的大国。

关键词　非对称金融全球化;次贷危机;全球新型金融危机

自 2007 年发达国家发生次级贷款危机以来,危机影响范围不断扩大、程度不断加深,导致全球经济下滑,很多发展中国家的外汇储备大幅度缩水,货币贬值,出现金融动荡。许多研究从微观机理层面探讨次贷危机的微观原因。如 Alexander 等(2002)注意到在次级抵押债券市场中贷款者与第三方之间的代理人问题,理论模型显示涉及第三方的贷款比直接贷款更易导致违约[1]。而且借款人和财产的风险越大,其损失就越大,即使次贷借款者比优质贷款者早抵押,损失也是较大的[2]。Immergluck 和 Smith(2005)的结论表明:相比优质贷款而言,次级贷款更易导致抵押品难以赎回[3]。更为突出的问题是,次贷产品被优质贷款市场分割[4-5]。在宏观层面,Bianco(2010)将次贷危机归于许多因素综合作用的结果,包括低利率政策、房地产泡沫、次贷产品的风险溢价降低、新型贷款公司的出现、监管的放松、证券化、信贷评级等[6]。Dooley 和 Hutchison(2001)采取事件研究法研究次贷危机影响新兴市场的传导机制[7]。Longstaff

①　本文作者金雪军、王义中,最初发表在《浙江大学学报(人文社会科学版)》2010 年第 5 期。

（2010）的经验结果进一步表明：次贷危机通过流动性和风险溢价渠道而不是信息传导渠道传递到其他市场[8]。Duchin（2010）等还分析了次贷危机对公司投资的影响[9]。

国内学者孙立坚等（2007）进行了一系列研究，整理和归纳了国外学术界对次级住房抵押贷款问题的最新研究成果[10-11]。张宇和刘洪玉（2008）介绍了美国住房金融体系的发展历史和现状特点，重点分析了公共住房政策在美国住房金融体系中的体现，以及次级抵押贷款危机的原因和应对措施，总结了美国住房金融体系的经验和教训，认为次贷危机产生的直接原因是金融机构过分自信，过度拓展次贷业务，而根本原因在于政府监管缺位[12]。本文在以下方面不同于既有文献：在关于次贷危机的研究方面，更多研究关注金融创新功能和消费信贷证券化产品，也有研究关注美国的低利率政策，但没有从金融全球化视角探究美国能够实施该政策的制度背景，而本文从非对称金融全球化出发，提供了一个新的分析视角；既有研究将次贷危机与发展中国家的新型金融危机隔离开分析，而本文将次贷危机与全球新型金融危机统一在同一个分析框架内。

一、非对称金融全球化：概念、表现和经济后果

（一）概　念

金融全球化是指不同国家的金融市场融为全球一体化市场的过程[13]，具体表现为资本流动、货币体系、金融市场、金融机构、金融协调和监管的全球化[14]。金融全球化能够促使不同国家的投资者在国际资本市场上配置风险，发展中国家能够借助国际资本市场解决国内资本短缺问题，从而促进经济增长。而非对称金融全球化指在金融全球化过程中，由于金融脆弱性和风险溢价等原因，发达国家与发展中国家之间的风险分散机制不对称，在国际货币体系中的地位不对等，在金融市场功能、金融制度建设和金融资本规模上的"势力"不对称等。它意味着发展中国家比发达国家要承担更高的成本和更大的风险，也意味着发展中国家丧失金融业的主导权。

纵观金融全球化发展史，1870—1914年是第一次全球化和资本（私人资本为主）完全自由流动时期，其间，大部分国家实行金本位制，所以发达国家难以向发展中国家转嫁金融风险。随后，两次世界大战期间，贸易和资本流动规模非常小。第二次世界大战后到20世纪60年代末期，主要发达国家（如法国、意

大利)实施资本控制,限制资本跨国流动,金融全球化受到抑制。自20世纪70年代初开始至90年代初(冷战结束),主要发达国家放松资本管制,金融自由化程度加深,但"冷战思维"限制了资本的跨国流动。冷战结束后,资本、信息、技术等的全球化带来了全球性经济增长(即双赢增长),尤其是新兴市场国家的经济高速增长。而另一方面,依附于经济全球化的金融全球化却出现了"差异化增长",也即非对称金融全球化。

(二)表　现

1.不对称的成本和收益。随着全球经济和金融一体化程度加深,发展中国家经常账户的逆差往往伴随着资本账户的逆差和储备流失,从而发生金融危机。20世纪90年代的墨西哥危机、巴西危机以及东亚金融危机等无不说明保持经常账户顺差和充足外汇储备对发展中国家金融和货币稳定具有十分重要的意义。东亚金融危机爆发后,各国外汇储备迅速枯竭,名义汇率大幅贬值。危机后,东亚发展中国家在整顿国内金融结构的基础上,收窄了汇率波幅,以低估的汇率保持经常账户顺差,稳定资本和外汇市场,吸引资本回流,增加国际储备,促使经济出现了稳定增长[15]。东亚国家这种低汇率、高储备政策是自身金融脆弱性的要求。相对于发达国家较为完善的金融体系、丰富的金融产品和金融创新来说,发展中国家的金融业还相对落后,规模较小,经济易受金融投机资本冲击。金融脆弱性要求发展中国家保持资本账户一定程度的管制,将汇率低估以获取贸易顺差,累积外汇储备抵御和防止金融投机资本冲击,避免金融危机。

在金融全球化过程中,正因为金融脆弱性,发展中国家不但难以获得收益,反而要承受其成本。沙奈(2000)认为:"金融全球化的一个主要原动力就是通过操纵在'新兴'金融中心进行的金融投资,实现让他人支付一部分发达资本主义国家退休人口社会保障的目的。为此它们就需要建立起稳定的和经常性的'获取'利益的机制:向发展中国家特别是向那些工业化起步较晚但至少有所作为的国家提出打开和放宽金融市场,允许这些国家的银行与国际银行建立直接联系,允许后者在当地立足。这些发展中国家是否可以从中获得好处呢? 它们是否无论如何必须靠这种手段求生存呢? 在我们看来答案是否定的。"[16]

金融全球化需要考虑货币、资产和要素价格的灵活性,以及法律和监管等制度运行的质量。具备国际化货币、浮动汇率制度和合理监管制度的国家才能成功融入全球金融市场[17],而发展中国家不具备这三个条件,但很多国家也都已经实现了金融自由化。Prasad 等(2010)的研究表明,尽管从总体上看,金融全球化对发展中国家是有益的,但显然存在着一条金融全球化的门槛。只有当国内金融体系稳定性和货币资信得到加强时,发展中国家放松资本管制,采取浮动汇率制才能获益[18]。反观发达国家,其金融体系和金融结构较为完善,美国差不多每隔十年就会发生一次金融领域的混乱,但美国强大的风险吸收能力使得每次危机都成为美国金融业自我调整、自我完善的最佳试验事件。东亚金融危机后,各国普遍恢复相对固定的汇率制度,采取低汇率、高储备政策以稳定货币和金融,以牺牲本国福利获得宏观经济稳定的做法,正是不对称金融全球化的写照和结果。

2. 国际货币体系中的不对等地位。货币风险溢价表示投资者持有本币而非外币资产要求的额外收益,反映金融资产收益与财富所有者的收入和消费所受的其他冲击之间的相关性。如果遵循利率平价理论,货币风险溢价等于国内外利差减去预期汇率变动率。与发达国家相比,发展中国家的利率和价格波动通常较大。发展中国家累积的以美元计价的短期外债增加,汇率波动风险对其产生的影响就越大,会导致持有发展中国家资产所有者要求更多的补偿,即追求高溢价[19]。然而,美元和欧元是国际价值标准,在商品、服务贸易以及大多数国际资本流动中作为计价货币,加上美国经济在世界经济中的"领导者"地位,在高端技术上所占有的优势能使投资者对美国经济形成良好预期,从而促使投资者降低持有美国资产以及其他发达国家资产的风险溢价。很显然,发展中国家资产的高风险溢价和发达国家资产的低风险溢价影响国际资本流动方向和规模,影响发达国家与发展中国家在金融全球化过程中的相对地位。

非对称金融全球化还表现为发达国家与发展中国家在国际货币体系中的不对称地位。具体而言,发达国家主导着国际货币体系,美元和欧元是世界贸易和大宗商品计价结算货币。美元、日元、欧元、英镑和法郎占国际债券和货币发行的97%,其中美元和欧元占84%[20]。尽管日本是世界第二大工业化国家,但在东亚地区的一般贸易和亚洲内部的贸易往来中,主要是以美元而不是日元计价的[21]。美元、欧元等发达国家货币是发展中国家外汇储备中最主要的币种(表1)。2005 年各国官方外汇储备结构中美元所占比重为 66.4%,欧元为24.4%,英镑和日元都为 3.7%,瑞士法郎 0.1%,而其他货币总共只占1.8%[22]。与之相对应的是,许多发展中国家本国货币不能用于国际借款,只能用"强货币"融资,从而导致国内投资存在币种上的不匹配(获得人民币的投资项目需要美元融资),期限结构上的不匹配(长期项目需短期贷款融资),这被称为国际金融体系的"原罪"[23]。"原罪"会导致这些国家产出和资本流动大幅度波动、信用等级下降和货币政策难以保持独立性。这更加重了发达国家和发展中国家在金融全球化过程中不对称的成本和收益。

表1　发展中国家发行债券的货币构成　　　　　　　　单位:%

货币	2003	2004	2005	2006	2007
美元	76.9	71.1	69.4	71.8	65.2
欧元	21.0	24.6	21.8	19.7	19.8
英镑	0.8	2.1	1.0	0.9	3.2
日元	0.8	0.9	1.9	1.5	1.6
巴西里拉	0.0	0.3	1.7	1.2	2.2
新索尔	0.0	0.0	0.2	0.0	1.1
卢布	0.0	0.0	0.0	1.1	1.1
发达国家货币	99.6	98.9	95.6	94.3	91.2
发展中国家货币	0.4	1.1	4.4	5.7	8.8

资料来源:The World Bank,"Global Development Finance,"2008-06-05,http://econ.worldbank.org/,2010-04-19。

3.金融资本的不对称"势力"。非对称金融全球化还表现为国际资本流动及其规模的非对称性。例如发达国家间资本可以自由流动且金融投资和投机资本规模巨大,而发展中国家之间资本不完全流动且金融资本规模很小。图1表明,从1982到2006年,发达国家金融资源在全世界所占份额逐步提高,而贸易份额呈下降趋势,2000年以后尤其明显[24]。而图2表明,全球FDI流入规模中,发达国家占了较大比例,发展中国家则较小[24]。而表2说明,外汇市场交易中投机性交易占很大比重[25]。

表2　外汇市场交易动机份额　　　　　　　　　单位:%

交易动机	公司	机构资产管理者	银行	总计
投机性	13.15	16.55	34	63.7
技术性	—	3.3	30	33.3
基础性	2.85	0.15	—	3
合计	16	20	64	100

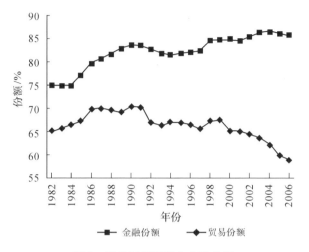

图 1　发达国家贸易和金融份额

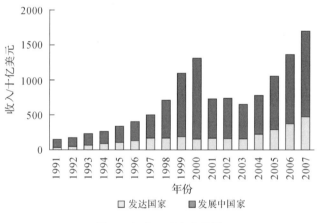

图 2　全球 FDI 流入规模

4.其他非对称性。非对称金融全球化还表现为金融市场规模的非对称性。世界金融中心、世界货币市场和债券市场都集中在发达国家;区域金融一体化程度的非对称性,最明显的例子是亚洲区域金融合作还缺乏有效的框架和机制,而欧洲区已形成欧元体系。

(三)经济后果

按照经济学理论,国际金融市场扩张、国际资本流动加快、金融机构及业务跨境交易等金融全球化趋向能够使不同国家生产、消费、贸易和金融风险分散,资金能够配置到资本稀缺国家,从而提高所有国家的福利水平。尽管发展中国家金融自由化程度在不断提高,参与国际金融市场的交易活动也日益增多,但非对称的金融全球化意味着发达国家可以任意将金融风险分散给世界其他国家,这从各国持有的外汇储备资产规模(包括次贷产品)就可见一斑,而发展中国家只能是金融风险被动的承担者。最鲜明的例证就是在东亚金融危机后,发达国家私有部门的私人资产流入东亚国家购买东亚国家出售的实物资产和股权,从而加剧了这些资本未来回撤风险,而东亚国家的政府和银行购买美国、欧盟和日本政府及机构的证券,将发达国家金融资产风险转嫁到自身。因此,非对称金融全球化意味着发达国家和发展中国家在金融危机和金融风险面前的不对等地位,发达国家能够主动重新配置全球范围内的金融资源和金融风险,而发展中国家只能被动接受。

二、非对称金融全球化与全球新型金融危机

在金本位制和布雷顿森林体系时代,各国国内货币发行受中央银行所拥有的黄金储备的约束,所以不会出现因为货币供给过多而导致的过高通货膨胀。但在布雷顿森林体系之后,美元逐渐充当国际贸易和商品交易媒介,成为各国外汇储备的重要组成部分。美元在国际货币体系中的主导地位被 McKinnon(2001)称之为"国际美元本位制"[26]。正因为非对称金融全球化,美元主导着不同于布雷顿森林体系的国际货币制度和大宗商品市场,所以美国能够将其发放信用货币的范围拓展到全球,结果导致全球范围内的流动性泛滥。很多研究都表明,美国货币政策影响国际资本市场[27],影响新兴市场国家的宏观经济波动[28]。庞大的货币供给量压低了美元汇率和利率水平。Kim(2001)的经验研究证明,美国扩张性货币政策会促使美国之外国家的经济繁荣,其传导机制主要是世界低利率渠道而不是贸易渠道[29]。低利率会导致企业融资成本降低,投资和消费增加,从而使产品市场流动性充足,同时也推高了房地产价格和股票价格指数,与此相关的证券化产品也大量充斥于美国国内和其他国家,使得投资者(企业、个人、机构投资者)的虚拟财富增加,但这种虚拟资产不是以生产和投资者均衡消费为基础的,而是资产市场(或金融市场)流动性膨胀的结果。同时,与之伴随的是大宗商品尤其是石油、粮食价格的疯狂上涨。两者一结合就出现了全球范围内的通货膨胀,而这需要紧缩经济。美联储提高利率,产品市场上企业融资成本提高,企业面临着流动性紧缩,而在资产市场上会导致资产价格(房地产和股票)下跌,住房抵押贷款居民的还款成本增加,企业和个人投

资者都面临着流动性约束，同时房价下跌又弱化了未来收益预期，进而导致住房抵押贷款违约率上升，银行信用危机和挤兑行为出现，银行也面临着流动性约束，次贷危机由此爆发。

正因为非对称金融全球化，发达国家有较为完善的资本市场和投资产品，而发展中国家相对缺乏，资本才会从穷国流向富国，"特里芬悖论"才演变为"新特里芬悖论"。"特里芬悖论"认为布雷顿森林体系的稳定完全建筑在对美元的信任上，而布雷顿森林体系的构架使这一信任难以长期维持。"新特里芬悖论"则表现为美国经常账户逆差要依赖于发展中国家资本的输入，而发展中国家的储备主要来自美国的赤字。美国要保证其国际货币本位和国际金融风险中介地位，必须要以其国际投资地位为基础，保证其经常账户的平衡。但美国净债务国地位不断加深，经济增长乏力，显然无法支持这一地位，最终要迫使美元贬值，以均衡风险。在欧盟和日本无法吸收美国需求冲击时，美国就会采取压迫发展中国家货币相对升值的方法改善经常账户。这既有可能使美国无法得到国际收支融资，也可能导致发展中国家经济不稳定，使美国风险投资资本受损，进而导致全球经济和金融动荡。

正因为非对称金融全球化和美元本位制，美国能把美元负债输送到主要贸易伙伴，而后者把产品销售到美国。随后，美国的贸易伙伴将其贸易盈余（如东亚地区的巨额贸易顺差、中东国家的石油美元等）重新投资于以美元计价的资产，从而使美元回流美国。这在一定时期内有助于改善美国的国际收支[30]。但是，美国贸易伙伴的贸易盈余大量增加，美元储备资产也随之增加，从而导致这些国家内部银行信用膨胀，股票、房地产等资产价格暴涨，并经历从繁荣到衰退的泡沫破灭过程，对该国银行体系和政府财政造成打击，出现金融动荡，甚至金融危机。

正是因为非对称金融全球化，以及金融风险分散与承担的非对称地位，发展中国家需要通过自身贸易顺差累积的外汇储备抵御金融危机，但这会加剧发达国家尤其是美国经常项目的逆差以及全球经济不平衡，这又进一步增强了美元贬值预期。再加上美国低利率和欧洲中央银行为抑制通胀的高利率政策，美元贬值在所难免。流入东亚的高额外汇储备被这些国家主要用于购买看似高质量的美国政府和机构债券，这固然能够对美国资产价格下跌起一定缓解作用，但其自身价值易受到美元的波动影响。美元大幅度贬值，则这些国家的外汇储备财富也会大幅度缩水，外汇储备抵御和防范金融危机的功能大大降低。另一方面，美元贬值也使国际大宗商品价格尤其是石油价格大幅度上涨，在全球能源供求不平衡的条件下,能源价格上涨势必会造成全球通货膨胀水平提高。紧接着所有国家会采取紧缩性宏观经济政策应对通胀,美国次贷危机虽然限制了美国紧缩性货币政策的实施,但次贷危机将美国和世界经济拖入下降轨道,流入发展中国家的资本开始回撤,资产价格下降。资本流动的逆转使全球资产市场开始进行深度调整,发展中国家持有的外汇储备大幅度下降,本国货币紧跟贬值。在实体经济方面,经济下滑会导致财政赤字和经常项目逆差。如果发达国家经济尤其是美国经济能够维持稳定增长,美元从贬值转换为升值通道,则美元资产的吸引力会提高,美元从发展中国家回流,发展中国家持有的外汇储备也会出现大幅度减少。

因而,伴随着发达国家金融资本回流、金融资源和金融风险在全球范围内重新配置和发展中国家外汇储备规模及其价值增长的不可持续性,发展中国家防范和抵御金融危机的能力下降,经济就易受投机资本的攻击,金融危机就会出现。此次危机不同于以往的金融危机,它是"全球新型金融危机",是在非对称金融全球化背景下,以美国为首的发达国家次贷危机和以发展中国家外汇储备缩水为特征的金融危机的混合体。

以往的金融危机是发展中国家或发达国家自身经济发展缺陷或外部冲击的结果,而全球新型金融危机是非对称金融全球化累积、对称流动性从膨胀转换为紧缩的结果。以往的金融危机多表现为局部危机,要么是发达国家,要么是发展中国家出现金融危机。但全球新型金融危机不仅出现在发达国家,而且发展中国家也会出现,只不过全球新型金融危机具有非对称性,在发达国家表现为银行危机和信用危机,而在发展中国家更多地表现为汇率危机和资产泡沫破灭危机。以往的金融危机为单一危机,要么是货币危机,要么是银行危机,而全球新型金融危机表现为综合性危机,是货币危机、银行危机、信用危机和能源危机的结合体,是一种系统性危机和全面危机,单个危机的影响看似较小而综合性危机影响较大,资产价格会大幅度下跌,消费和投资会降低,经济进入下降轨道。从这一角度看,对于危机的处理方式,我们不能总是孤立地对单个危机提供旧式的解决方案,而应该把其他危机考虑在内。以往的金融危机和能源危机"脱钩",而全球新型金融危机伴随着能源危机。全球新型金融危机对实体经济的影响力度更大,作用机制更复杂。

三、非对称金融全球化与中国的角色转换

在非对称金融全球化中,发达国家可以将金融风险随意分散到发展中国

家,而发展中国家只能是被动的风险接收者和承担者。中国作为发展中国家的大国,经济改革成果的一个明显特征就是实体经济国际竞争力和总体规模大大提升,已经跃居世界前列,但虚拟经济相对落后,金融制度建设滞后,抵御和防范金融风险的能力还较弱。中国"强实体、弱金融"的现实决定了中国在非对称金融全球化中的被动地位,只能成为全球金融风险的被动承担者,受到国际金融危机影响有其必然性。从长期目标来看,中国要真正融入世界经济金融环境中,需要改变非对称金融全球化中处于被动地位的现状,成为主动的金融风险分散者。如果将视野拓展到全球,中国金融体系的完善及风险防范问题实质上就是改变中国在非对称金融全球化中的被动地位问题。未来的中国金融体系应该具有开放性特征,能在全球范围内分散金融风险。只有这样,中国才能和平崛起为实体经济和虚拟经济协调发展的大国。

次贷危机引发的全球金融危机在全球传播,使每个国家认识到必须超越国家层面,从全球市场层面来行动,执行规则降低金融风险。胡锦涛主席、温家宝总理提倡建立公平、公正、包容有序的国际金融体系,已经折射出中国在非对称金融全球化中的被动地位和领导人的重视。由此可见,随着我国经济金融开放程度的提高,要降低国际金融危机对中国经济发展的影响,要使实体经济与虚拟经济协调发展,不能仅从国家层面来解决,诉求于全球制度性框架和规则的重建,诉求于非对称金融全球化下中国的角色转换,才是最优选择。因此,我们要思考:中国如何在非对称金融全球化下防范和抵御金融危机?如何增强金融领域自身的抗风险、吸收风险的能力?如何提升在非对称金融全球化中的地位?如何转换在非对称金融全球化过程中的角色,从被动的金融风险分散与承担者转变为主动的分散者,成为实体经济和虚拟经济协调发展的真正经济大国?要解决上述问题需借助如下机制和途径:

1. 完善国内金融体系,夯实金融基础工程。非对称金融全球化最重要的特征就是发展中国家国内的金融脆弱性,薄弱的金融业基础设施建设使得抵御金融风险和金融危机的能力较低。因此,完善国内金融体系和夯实国内金融基础工程是非对称金融全球化下转换角色的最重要一环。具体来说,要继续推进金融体制改革,优化金融业结构,发展创新金融产品和服务,形成多种所有制和多种经营形式并存、结构合理、功能完善、高效安全的现代金融体系。

2. 逐步推进人民币国际化,增加黄金储备。非对称金融全球化最为突出的一个表现或者原因就是发达国家主导的国际货币体系,而人民币游离在国际货币和国际大宗商品定价权体系之外。只有人民币成为国际货币,成为其他国家外汇储备的一部分,中国才能在国际资本市场和商品市场取得主动权和主导权。考察国际货币演变历史可以发现,美元和欧元之所以能成为世界储备货币,很大程度上是由其黄金储备决定的。换言之,拥有黄金储备越多,在国际货币体系中的发言权就越大。因此,人民币要实现国际化,需要改变目前黄金储备只占1%的局面,增加黄金储备,走"先区域化,后国际化"道路。

3.逐步推进资本账户自由化,加强短期国际资本流动管理。非对称金融全球化下,相对于发达国家规模巨大的金融资本,发展中国家金融市场易受短期资本流动冲击而出现金融动荡。因此,需要加强和改善对短期资本流动的管理,稳步推进资本账户开放,有效防御国际资本对本国金融市场的冲击,维护经济和金融稳定。

4.坚持政府监管和金融业发展的"双轨制"。转换非对称金融全球化角色,需要坚持政府对金融业的监管,抵制金融业的过度市场化和自由化,这样能保持货币发行权和货币主权,保持货币政策和其他宏观经济政策执行渠道顺畅。同时,逐步放开中小企业融资和民营银行准入限制,走市场化路线。

参考文献

[1] Alexander W P,et al. Some loans are more equal than others third-party originations and defaults in the subprime mortgage industry[J]. Real Estate Economics,2002,30(4):667-697.

[2] Capozza D,Thomson T. Optimal stopping and losses on subprime mortgages[J]. Journal of Real Estate Finance and Economics,2005,30(2):115-131.

[3] Dan I,Smith G. Measuring the effect of subprime lending on neighborhood foreclosures[J]. Urban Affaris Reiview,2005,40(3):362-389.

[4] Order R,Grenadier S R,et al. On the economics of subprime lending[J].Journal of Real Estate Finance and Economics,2005,30(2):167-196.

[5] Nichols J,Grendier S R,et al. Borrower self-selection,underwriting costs,and subprime mortgage credit supply[J]. Journal of Real Estate Finance and Economics,2005,30(2):197-219.

[6] Bianco K M. The subprime lending crisis causes and effects of the mortgage[EB/OL]. (2010-04-19)[2010-06-13]. http://business.cch.com/bankingfinance/focus/news/Subprime_WP_rev.pdf.

[7] Dooley M，Hutchison M. Transmission of the U. S. subprime crisis to emerging markets：Evidence on the decoupling-recoupling hypothesis[J]. Journal of International Money and Finance,2009,28(8)：1331-1349.

[8] Longstaff F A. The subprime credit crisis and contagion in financial markets[J]. Journal of Financial Ecoomics,2010,97(3):436-450.

[9] Duchin R,Ozbas O，Sensoy B A. Costly external finance,corporate investment,and the subprime mortgage credit crisis[J]. Journal of Financial Ecoomics,2010,97(3):418-435.

[10] 孙立坚,周赟,彭述涛."次级债风波"对金融风险管理的警示[J].世界经济,2007(12):22-31.

[11] 孙立坚,彭述涛.从"次贷危机"看现代金融风险的本质[J].世界经济研究,2007(10):26-33.

[12] 张宇,刘洪玉.美国住房金融体系及其经验借鉴[J].国际金融研究,2008(4):4-12.

[13] Arestis P，Basu S. Financial globalization：Some conceptual problems[J]. Eastern Economic Journal,2003,29(3)：183-190.

[14] 戴相龙.关于金融全球化问题[J].金融研究,1999(1):1-6.

[15] 陈志昂,王义中.基于金融脆弱性的东亚新重商主义[J].浙江学刊,2005(1):181-189.

[16] [法]弗朗索瓦·沙奈.关于金融全球化的若干问题[J].齐建华,胡振良,译.当代世界与社会主义,2000(4):39-44.

[17] Torre A D L，Yeyati E L，Schmukler S L. Financial globalization unequal blessings[J]. International Finance,2002,5(3):335-357.

[18] Prasad E,Rogoff K，Wei S J,et al. Effects of financial globalization on developing countries：Some empirical evidence[EB/OL]. (2010-04-19) [2010-06-15]. http://www. imf. org/external/np/res/docs/2003/031703. pdf.

[19] Goyal R，Mckinnon R. Japan's negative risk premium in interest rates:The liquidity trap and the fall in bank lending[J]. The World Economy,2003,26(3):339-363.

[20] Wyplosz C. Financial instability in emerging market countries：Causes and remedies[EB/OL]. (2004-07-01)[2010-06-15]. http://www. wyplosz. eu/fichier/Fondad_santiago_04. pdf,2008-11-04.

[21] [美]麦金农. 东亚美元本位、浮动恐惧和原罪[J]. 王宇,译. 经济社会体制比较,2003(3):3-20.

[22] Lim E G. The Euro's challenge to the dollar different views from economists and evidence from COFER(Currency Composition of Foreign Exchange Reserves) and other data[EB/OL]. (2010-04-19)[2010-06-10]. http://www. imf. org/external/pubs/ft/wp/2006/wp06153. pdf.

[23] Eichengreen B, Hausmann R. Exchange Rate and Financial Fragility [EB/OL]. (2010-04-19)[2010-06-10]. http://www. nber. org/papers/w7418. pdf.

[24] Lane P R, Milesi-Ferretti G M. The drivers of financial globalization[J]. American Economic Review,2008,98(2):327-332.

[25] Menkhoff L, Tolksdorf N. Financial market drift:Decoupling of the financial sector from the real economy? [C]. Berlin:Springer-Verlag Telos,2000.

[26] Ronald I. The international dollar standard and the sustainability of the U. S. current account deficit[J]. Brookings Papers on Economic Activity, 2001(1): 227-239.

[27] Thomas M, Robert J, et al. U. S. Monetary policy indicators and international stock returns:1970—2001[J]. International review of financial analysis,2004,13(4):543-558.

[28] Bartosz M. External shocks, U. S. monetary policy and macroeconomic fluctuations in emerging markets[J]. Journal of Monetary Economics,2007,54(8):2512-2520.

[29] Kim S. International transmission of U. S. monetary policy shocks: Evidence from VAR's[J]. Journal of Monetary Economics, 2001, 54 (8): 339-372.

[30] 管清友. 流动性过剩与石油市场风险[J]. 国际石油经济,2007(10):1-11.

人民币汇率风险溢价波动的状态转换研究①

摘　要　基于马尔科夫状态转换方法的自回归条件方差模型,对人民币汇率风险溢价在 2002 年 1 月至 2010 年 10 月间的波动行为进行研究后发现,偏离非抛补利率平价的人民币兑美元汇率风险溢价波动存在明显的状态转换行为。在全球金融危机期间的 2007 年 9 月至 2008 年 8 月以及 2010 年 7—10 月,汇率风险溢价处于高波动状态,其余时间段处于低波动状态。进一步比较宏观经济变量在高、低两种波动状态下的波动性后发现,汇率、利率、物价水平等货币性因素的波动性在两种状态下存在显著差异,而生产和消费等非货币因素的波动性并不存在显著差异,而且资本管制和汇率稳定政策能够降低人民币汇率风险溢价的波动性。

关键词　人民币汇率;非抛补利率平价;汇率风险溢价;SWARCH 模型

风险溢价是指投资者在投资风险资产时,为补偿投资回报的不确定性所要求的额外收益。Cochrane 指出,"发现金融资产价格波动与风险溢价波动的互动关系是当代金融学研究内容的重大革新"[1]。在投资货币资产时,由于汇率变动,投资者因持有本币资产而非外币资产所要求的额外回报,就是该国货币的风险溢价或称之为汇率的风险溢价。利率平价理论表明,一国货币的风险溢价等于国内外利差与预期汇率变动率之差。

各国货币在国际货币体系中的不平等地位能够通过汇率风险溢价对国际资本流动方向和规模产生影响,进而影响宏观经济运行[2]。20 世纪 80 年代,日本国内经济增长率保持较高水平,但 20 世纪 90 年代中期之后,日本经济增长

---

①　本文作者金雪军、陈雪,最初发表在《浙江大学学报(人文社会科学版)》2011 年第 5 期。

率降低,出现所谓的"失去的十年"①,对此的一种解释是日本积累了大量的净美元资产再加上日元升值存在可能性,使得美元资产持有者面临高风险而需获得高的风险补偿。与之对应的是,日元资产存在负的风险溢价,日本金融机构愿意牺牲部分收益来持有日元资产,日本利率短期被挤压到零,出现了流动性陷阱,致使日本央行无力刺激经济和阻止通货紧缩[3]。亚洲金融危机时期,泰国、印尼、马来西亚等国的央行在面对资本大量流出和本币贬值压力时,为了增强本币资产的吸引力,都选择了调高银行利率,但最终仍无力放缓本币贬值速度,这主要是由于外国居民对持有危机国的资产存在信心危机。

由此可见,汇率风险溢价涉及到投资者的预期和投资选择行为,尤其在重大经济危机冲击期间作用更为显著,而波动程度的高低则直接影响到宏观经济的稳定。因此,对人民币汇率风险溢价的时间序列特征进行更准确的描述,是发现汇率风险溢价与宏观经济运行状况关系的基础。

一、文献回顾

对汇率风险溢价的研究是以非抛补利率平价(Uncovered Interest Rate Parity,简称 UIP)假说的不成立,即"UIP 假说偏离"为前提的,这是发现汇率风险溢价存在的事实基础。

非抛补利率平价理论认为两国利率的差额应等于预期汇率变化的差额,预期汇率的变化受到两国间利率差异的影响。风险中性的投资者通过在国际资本市场套利最终使高利率货币在未来贴水,低利率货币在未来升水。在理性预期假设成立时,通过对即期汇率变化率与利差进行回归,以所得系数是否显著等于 1 来检验 UIP 假说是否成立[4]。诸多的实证研究表明,该系数显著不为 1。Fama 和 Eugene 研究了比利时法郎、加元、法国法郎、意大利里拉、日元、荷兰盾、瑞士法郎、英镑和德国马克的走势后发现,该系数的估计值为 0.58,标准差为 0.13[4]。Froot 和 Thaler 的实证研究发现,有少数系数回归的结果大于 0,但也远远小于 1[5]。McCallum 使用美元兑日元、马克和英镑的月度汇率数据得出的回归系数为 −3[6]。国内也有研究对人民币兑美元汇率是否符合 UIP 假说进行了实证检验。桂咏评的研究表明,在 2004—2006 年的全样本区间和汇

---

① "失去的十年"是指 1985—1995 年日元升值、日本出现经济萧条的十年。可参见 Hayashi F, Prescott E C. The 1990s in Japan: A Lost Decade[J]. Review of Economic Dynamics,2002,5(1):206-235。

改前后两个子样本区间内,人民币兑美元汇率都不满足 UIP 假说,系数显著小于 1,当人民币利率上升时,由于风险溢价的存在,投资本币资产会承担更多的风险[7]。

另一种方法是通过计算 UIP 假说的偏离值 w_t 来检验 UIP 假说是否成立[8],w_t 是一个时间序列变量①。如果 UIP 假说成立,在资本完全流动的情况下,$E(w_t) = 0$。但如果投资者是风险厌恶的,国内外资产无法完全替代,则 $E(w_t) \neq 0$,此时风险溢价存在,投资者在外汇市场上套利会受到影响。当 $E(w_t) > 0$ 时,说明投资国内资产存在一个正风险溢价,即投资者对于持有本币资产需要额外的风险补偿。而当 $E(w_t) < 0$ 时,说明投资国内资产存在负的风险溢价,投资者愿意牺牲部分收益来持有本币资产。这种方法较为直观,并能获得汇率风险溢价的时间序列值,因此,本文采用此方法对人民币汇率风险溢价进行计量。

UIP 假说不成立之所以伴随着汇率风险溢价的出现,众多研究认为其作为汇率波动中利率差异无法解释的部分,与投资者对风险的定价有关。对这一问题的研究主要从三个视角展开,其一是基于随机贴现因子的研究框架,认为汇率风险溢价与跨期消费配置有关,可表示为两国定价核高阶距项之差[9]。Verdelhan 等人利用 Campbell 和 Cochrane 提出的习惯偏好模型[10],发现反周期的风险溢价和顺周期的利率都具有内生性。在国内经济衰退时,消费接近于习惯消费值,定价核的波动较大,代表性投资者的风险规避程度增强,若本国投资者的风险规避程度强于外国投资者,汇率波动与国内的消费增长冲击相关,本国投资者期望在汇率收益中得到正的超额收益。因此,在经济周期出现衰退,市场利率较低时,货币市场投资的超额收益率会随着利率差异的增加而提高,这样 UIP 偏离的现象就可以得到解释[11][12]。

其二是从货币政策冲击角度来研究汇率的风险溢价,这也是该领域的研究热点之一。Alvarez 等人的研究表明,货币供应量持续性的增长通过改变风险溢价使汇率的变化符合随机游走模型[13]。Chinn 和 Meredith 研究了汇率风险溢价与货币政策规则之间的关系,发现在利率工具用于控制产出缺口和通货膨胀水平时,UIP 假说偏离出现是货币政策对汇率反应的结果[14]。Backus 等人发现,当货币政策对投资者在跨期投资决策中所要求的风险补偿有所考虑时,

---

① w_t 可通过 $w_t = i_h - i_f + s_{t+1} - s_t$ 计算得出,其中 $i_h - i_f$ 表示国内外利差,s_t 为即期汇率(采用直接标价法)在 t 期的对数值。

汇率利率关系会偏离 UIP 假说[9]。

其三是从制度变革角度对汇率风险溢价进行探讨。风险溢价会随着金融自由化的出现而降低吗？Francis 等人通过对 UIP 假说进行了验证,发现三个拉美国家的货币超额收益率和波动性在金融自由化后显著提高,而土耳其和五个亚洲国家的货币超额收益率在改革后大幅降低[15]。Baharumshah 等人分析了亚洲 10 个新兴市场国家货币对日元的实际利差在金融自由化前后是否发生变化,结果表明实际利率平价假说在金融自由化之后成立[16]。而汇率风险溢价的结构变化是否具有内生性呢？Goh 等人采用状态转换的 ARCH 模型,发现在 1978—2002 年期间,马来西亚的利率市场化、货币危机、汇率管制、经济衰退等会使偏离 UIP 的汇率风险溢价发生结构性变化,随着金融市场化程度的提高和政治经济局势的稳定,风险溢价的波动程度会逐渐降低[8]。

国内学者对汇率风险溢价研究还在起步阶段。国内学者陈蓉和郑振龙通过对人民币 DF 和 NDF 市场上不同期限的美元/人民币远期汇率定价偏差的研究,发现人民币的风险溢价和系统性风险为正,而美元的风险溢价为负[17]。郑振龙和邓弋威基于随机贴现因子的框架探讨了外汇风险溢价与宏观经济波动的关系,发现外汇风险溢价取决于两国经济波动的相关程度,当经济危机爆发时,汇率风险溢价将表现出巨大的波动[18],但该研究中仅使用了美元对日元和英镑的汇率数据,对人民币的外汇风险溢价并未进行深入研究。从研究方法上看,赵华和燕焦枝采用状态转换 GARCH 模型刻画了汇改前后人民币汇率的波动特征[19],但并未分析人民币汇率风险溢价波动的状态转换问题。

人民币汇率风险溢价是汇率研究中一个较新的话题,对其波动行为特征目前尚未有深入研究。Bekaert 的研究表明汇率风险溢价的时变动态特征会打破国内外利差与汇率预期变动率之间的等式关系[20]。发现人民币汇率风险溢价波动的时变动态特征是进一步探寻汇率风险溢价的形成因素及其与宏观经济运行之间关系的基础。本文采用状态转换的 ARCH 模型,发现偏离非抛补利率平价的人民币风险溢价存在高、低两种波动状态这种时变特征,并进一步分析了这种时变特征与宏观经济运行之间的关系。

二、模型的原理与估计方法

Hamilton 提出的基于马尔科夫状态转换的自回归条件异方差模型(Switching Regimes Autoregressive Conditional Heteroskedasticity Model,简

称为 SWARCH 模型)被广泛应用于金融计量领域,用于刻画数据波动的集中程度是否存在状态转变的行为。SWARCH 模型与标准的单状态自回归条件异方差模型(Autoregressive Conditional Heteroskedasticity Model,简称为 ARCH 模型)相比,具有如下优点:首先,模型的条件方差可以在不同状态之间进行转换;其次,状态转换的时点是根据数据自身特征,通过马尔科夫一阶过程来决定的,而不是主观设定的[21]。

可采用 SWARCH(q,p,s) 模型对偏离 UIP 假说的汇率风险溢价 w_t 的行为特征进行刻画,该模型的具体形式如下:

$$dw_t = a_0 + \sum_{j=1}^{q} a_q dw_{t-j} + \mu_t \tag{1}$$

$$\mu_t = \sqrt{g_{st}} \hat{\mu}_t \tag{2}$$

$$\hat{\mu}_t = h_t \varepsilon_t \tag{3}$$

$$h_t = \alpha_0 + \sum_{i=1}^{p} \alpha_i \tilde{\mu}_{t-i}^2 \tag{4}$$

$$\mu_t \mid I_{t-1} \sim N(0, h_t) \tag{5}$$

其中 a_0 和 $a_j(j = 1,2,\cdots,q)$ 分别表示条件均值方程中的截距项和自回归项的系数,如果不存在序列相关,则条件均值方程中的自回归项系数 $a_j = 0(j = 1,2,\cdots,q)$;$\alpha_0$ 和 $\alpha_i(i = 1,2,\cdots,p)$ 分别表示条件方差方程中的截距项和自回归项的系数,为了保证非负方差,参数 α_0 和 α_i 均大于等于 0;I_{t-1} 是在 $t-1$ 时刻可得到的信息集;ε_t 为独立同分布的标准正态分布。

为了说明宏观经济波动及制度性因素的变化是否会对人民币汇率风险溢价波动产生内生性的结构影响,本文将汇率风险溢价波动的过程分为两种状态——高波动状态和低波动状态,即状态 1 和状态 2,用变量 $s_t = i(i = 0,1;t = 1,2,\cdots,T)$ 表示。g_{st} 是捕捉状态变换信息的基本变量,用 g_1 代表状态 1,g_2 代表状态 2。可令 g_1 标准化后等于 1,g_2 即为 g_1 的倍数,$\hat{\mu}$ 符合标准的 $ARCH(p)$ 阶过程。

状态变量 s_t 的取值变化服从马尔科夫一阶过程,状态转换概率矩阵为:

$$p = \begin{bmatrix} p_{11} & p_{21} \\ p_{12} & p_{22} \end{bmatrix} \tag{6}$$

其中 $p_{ij} = Pr(s_t = j \mid s_{t-1} = i),(i,j = 1,2)$ 表示由状态 $s_{t-1} = i$ 转移到状态 $s_t = j$ 的概率[22]。因此,等式 $p_{11} + p_{12} = 1$ 和 $p_{21} + p_{22} = 1$ 成立,所以只需估计状态转换矩阵中的 p_{11} 和 p_{22}。

本文使用最大似然估计法对 SWARCH 模型进行估计,其中对数似然函数为：

$$L = \sum_{t=1}^{T} \ln f(dw_t \mid dw_{t-1}, dw_{t-2}, \cdots, dw_{t-q+1}) \tag{7}$$

Hamiltom 和 Susmel 提出的递推方法可对各种状态下的概率值进行估计[21]。先对已知模型参数赋予初始值，通过数值优化算法得到参数的最大似然估计值。在估计模型参数和转换概率矩阵时，可以得到两种不同的条件概率，分别是事前(ex-ante)概率和事后平滑(smoothed)概率。本文使用 Hamilton 提出的全样本空间($t=1,2,\cdots,T$)和事后平滑概率 $P(s_t = j \mid dw_t, dw_{t-1}, \cdots, dw_{t-q+1})$对模型进行估计。

通过 SWARCH 模型对汇率风险溢价的波动状态进行内生性的状态分解，与通常使用的 ARCH 模型相比，能够区分高低两种波动，可以使波动持续性的估计值降低，对数据的波动特征进行更精确的描述。对波动性高、低两种状态内生性的区分，是进一步探讨汇率风险溢价在两种状态下宏观经济波动特征的客观依据。

三、经验分析

(一) 数据处理与统计描述

本研究采用的样本区间为 2002 年 1 月至 2010 年 10 月。国内利率 i_h 选取我国一个月期银行间同业拆借市场的月度平均利率，该指标市场化程度高，能够反映资金市场的供求情况。国外利率 i_f 选取同期伦敦银行同业拆借市场的月度平均利率。因为美元是重要的国际货币，为了能更好地反映美元在国际市场的供求情况，本文选用了伦敦同业拆借市场利率，而不是美国联邦基金利率。人民币兑美元的名义即期汇率 S_t 选取了月度期末数①。偏离 UIP 假说的人民币汇率风险溢价由 $w_t = i_h - i_f + \ln S_{t+1} - \ln S_t$ 计算得出。

表 1 列出了国内外利差 $i(i=i_h-i_f)$、汇率变化率 $s(s=\ln S_{t+1}-\ln S_t=s_{t+1}-s_t)$ 和偏离 UIP 假说的汇率风险溢价 w 的描述性统计结果及序列相关性指标。在样本区间内，国内外利差 i 和偏离 UIP 假说的汇率风险溢价 w 的均值都

① 一个月期银行间同业拆借市场利率和人民币兑美元的名义即期汇率来自国泰安 CSMAR 数据库(http://www.gtarsc.com)。伦敦银行同业拆借月度利率来自英格兰银行网站(http://www.bankofengland.co.uk)。

小于 0,而人民币兑美元名义汇率变化率的均值大于 0,这三个变量都拒绝了正态性 J-B 检验,呈现正偏尖峰的特征,并存在序列相关性且系数递减速度缓慢,在滞后 24 阶后,仍然具有显著的自相关现象。对每个变量取平方后,人民币汇率风险溢价 w 和国内外利差 i 仍然存在较强的序列相关性,汇率变化率 s 的序列相关性有所减弱。

表 1 i、s 和 w 的统计性描述与序列相关性检验结果

类别		i	s	w
均值		-0.0126	0.0021	-0.0105
标准差		0.0141	0.0042	0.0142
偏度		1.0718	2.3728	1.3120
峰度		3.2892	9.1453	4.5865
J-B		20.6627	263.7469	41.1370
(P-value)		(0.0000)	(0.0000)	(0.0000)
序列 自相关 系数	$\hat{\rho}_{1,1}$	0.907	0.3920	0.8420
	$\hat{\rho}_{1,2}$	0.864	0.3690	0.7690
	$\hat{\rho}_{1,3}$	0.817	0.4070	0.7430
	$\hat{\rho}_{1,10}$	0.475	0.056	0.3940
	$\hat{\rho}_{1,20}$	0.03	-0.142	0.0740
	$Q_1(24)$	644.15	92.08	505.00
	(P-value)	(0.00)	(0.00)	(0.00)
序列 自相关 系数 (平方项)	$\hat{\rho}_{2,1}$	0.713	0.199	0.4050
	$\hat{\rho}_{2,2}$	0.671	0.191	0.3290
	$\hat{\rho}_{2,3}$	0.62	0.164	0.4640
	$\hat{\rho}_{2,10}$	0.27	-0.039	0.0490
	$\hat{\rho}_{2,20}$	-0.025	-0.083	-0.0720
	$Q_1(24)$	325.34	18.972	83.5440
	(P-value)	(0.00)	(0.753)	(0.00)

注:$\hat{\rho}_{1,i}$ 表示样本序列第 i 阶自相关系数。$\hat{\rho}_{2,i}$ 表示样本平方项序列第 i 阶自相关系数。Ljung-Box 的 $Q_1(24)$ 和 $Q_2(24)$ 统计量分别用于检验样本水平项与平方项在滞后 24 阶的相关性。

表 2 列出了对 i、s 和 w 进行单位根检验的 ADF 和 PP 统计量。结果表明当存在常数项时,只有汇率变化率呈现平稳特性,汇率风险溢价 w 才为一阶单整的非平稳时间序列。对后者取一阶差分后,$\mathrm{d}w$ 在 1% 的显著性水平下是平稳的。

表 2　i、s 和 w 的平稳性检验结果

类别	ADF test	PP test
$i(c)$	0.15	−0.60
$s(c)$	−2.75*	−7.35***
$w(c)$	−0.26	−1.36
$\mathrm{d}w(c)$	−16.31***	−17.89***

注:单位根检验均含常数项;*、** 和 *** 分别表示在 10%、5% 和 1% 的显著性水平下拒绝序列含有单位根的原假设。

从图 1 可以看出,利差变化比汇率变化具有更强的波动性,这说明利差对汇率走势的影响并不强,汇率风险溢价 w 是影响汇率未来走势的重要因素。w 虽然是非平稳的时间序列,但它的一阶差分 $\mathrm{d}w$ 通过了 ADF 和 PP 的单位根检验,显著平稳,呈现尖峰右偏特征,拒绝 J-B 正态性检验(表 3)。$\mathrm{d}w$ 波动聚集的特性是否存在内生性的结构变化,将用标准的单状态 ARCH 模型和 SWARCH 模型分别进行估计①。

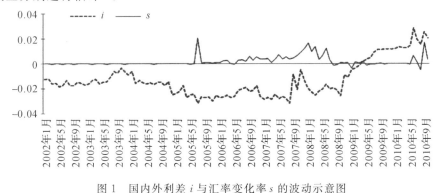

图 1　国内外利差 i 与汇率变化率 s 的波动示意图

①　本文使用 Eviews 5.0 对单状态的 ARCH 模型进行了估计,在 Guass10.0 的环境下编写程序代码对 SWARCH 模型进行了估计,程序代码可与笔者联系索要。

表 3　dw 统计性描述与序列相关性检验

类别		dw
均值		0.0003
标准差		0.0073
偏度		1.1431
峰度		7.5568
J-B		112.6267
（P-value）		0.0000
序列自相关系数	$\hat{\rho}_{1.1}$	−0.4500
	$\hat{\rho}_{1.2}$	0.0200
	$\hat{\rho}_{1.3}$	0.1050
	$\hat{\rho}_{1.10}$	−0.0110
	$\hat{\rho}_{1.20}$	−0.1220
	$Q_1(24)$	0.0126
	（P-value）	0.0470

（二）计量检验结果

从表 4 中单状态 ARCH 模型的估计结果可以看出，在三个不同期的 ARCH 模型中，条件均值方程常数项 a_0 显著异于 0，说明在样本期内，汇率风险溢价的变动值大于 0，始终处在一个上升的趋势中，条件方差模型的均值项估计值均显著为 0，但 ARCH(1)项的系数 α_1 大于 0，说明扰动项的方差与前一期的值显著相关。三个方程 ARCH 项系数之和（Persistence＝$\sum_{i=1}^{3}\alpha_i$）都在 0.76 左右，波动持续性较高，这种波动的高持续性意味着利用状态转换的模型可以对波动的特征给予更好的表达。

表 4　标准 ARCH 模型与 SWARCH 模型的估计结果

系数	ARCH(1)	ARCH(2)	ARCH(3)	SWARCH(0,1,2)
a_0	0.001	0.0006	0.0009	0.0004
	(0.11)	(0.08)	(0.00)	(−0.308)

续表

系数	ARCH(1)	ARCH(2)	ARCH(3)	SWARCH(0,1,2)
α_0	0.0000	0.0000	0.0000	5e-0.06
	(0.00)	(0.00)	(0.00)	(0.00)
α_1	0.764811	0.8696	0.9373	0.47
	(0.00)	(0.00)	(0.00)	(0.00)
α_2		−0.1075	−0.1273	
		(0.00)	(0.00)	$g_2=11.7$
α_3			0.0386	(0.00)
			(0.40)	
Persistence	0.76	0.76	0.77	0.47
log likelihood	362.44	365.00	365.68	377.17

注:SWARCH(0,1,2)模型参数的估计结果具体如下:$dw_t = 0.0004 + u_t$,$u_t = \sqrt{g_s}\tilde{\mu}_t$,$\tilde{\mu}_t = h_t v_t$,其中,$v_t \sim I.I.d.$,$h_t = (5.5e-0.06) + 0.47\mu_{t-1}^2$;$g_1 = 1$;$g_2 = 11.7$。

在对 SWARCH(0,1,2)模型进行估计时,假设条件方差具有高波动和低波动两种状态($s=2$)。SWARCH(0,1,2)模型的对数似然函数值为 377.17,高于 ARCH 模型中的最大值 365.68,说明 SWARCH 模型对数据的拟合程度更高。g_2 的估计值为 11.7,说明状态 2 即高波动时期的风险溢价波动性是状态 1 低风险时期风险溢价波动性的 11.7 倍。状态转换概率矩阵的估计值如下:

$$\hat{p} = \begin{bmatrix} 0.7765 & 0.3721 \\ 0.2235 & 0.6279 \end{bmatrix}$$

这意味着当汇率风险溢价处在低波动时期时,下一期仍是低波动状态的概率是 0.7765;而处在高波动状态时,下一期仍是高波动状态的概率是 0.6279。所以状态 1 的持续期近似为 $(1-0.7765)^{-1} \approx 4.5$ 个月,而状态 2 的持续期近似为 2.7 个月。风险溢价低波动状态的持续性高于高波动状态。SWARCH(1)的系数 α_1 为 0.47,低于单状态模型的 ARCH 项系数,这也印证了 Lamoureux 和 Lastrapes 的观点——通过状态转换对波动性进行内生性的结构分解会使波动持续性的估计值降低[23]。

(三)状态转换的事实分析

图 2 是偏离 UIP 假说的人民币汇率风险溢价波动的平滑概率图,从中可以

看出汇率风险溢价的波动性在高、低状态之间不断转换。根据平滑概率 $Pr(s=1,2)$ 的大小,假设平滑概率大于 0.5 的持续期在 3 个月以上(包括 3 个月)时,汇率风险溢价就处在高波动状态。从图 2 中可以观察到在 2007 年 9 月至 2008 年 8 月和 2010 年 7—10 月这两个时期人民币汇率风险溢价处于高波动状态,其余的大部分时间段均处在低波动状态。这种状态转换主要是由国内外各种宏观经济因素及货币政策、汇率政策和资本管制强度的此消彼长造成的。

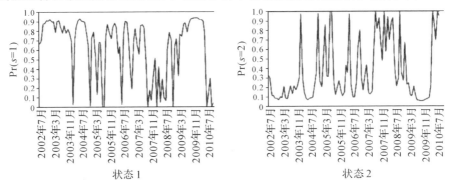

图 2   高、低波动状态的条件概率图

四、进一步分析

为了说明由 SWARCH 模型区分的汇率风险溢价的高、低波动状态下宏观经济波动的特征是否存在显著差异,本文使用统计软件 SPSS 16.0 对两种状态下的汇率、通货膨胀率及代表宏观经济波动中的生产、消费指标进行了均值和方差的差异性检验[①],结果见表 5。

表 5   宏观经济指标在汇率风险溢价高、低两种波动状态下的均值和方差比较

变量	类别	高波动状态	低波动状态	P 统计量
汇率变化率	均值	0.0056	0.0009	0.001
	方差	0.0059	0.0025	0.000

---

①   汇率为人民币兑美元的名义汇率月末值;通货膨胀水平用全国居民消费价格指数(CPI)表示;宏观经济的生产和消费状况分别采用工业增加值增长速度的月度变化值和社会消费品零售总额增长速度的月度变化值,因为 GDP 仅按季度公布,所以选择了这两个经济指标来表示宏观经济的波动状况,数据均来自国泰安 CSMAR 数据库。

变量	类别	高波动状态	低波动状态	P 统计量
汇率变化率	均值	0.0324	0.0225	0.000
	方差	0.0121	0.0091	0.035
CPI	均值	104.358	101.799	0.004
	方差	2.7534	2.0033	0.000
工业增加值增速变化	均值	0.0321	-0.0099	0.376
	方差	0.2630	0.1843	0.981
社会消费品零售总额增速变化	均值	-0.0011	0.0011	0.738
	方差	0.0210	0.0314	0.128

注：对方差齐次性采用 F 统计量进行检验；对均值是否存在显著性差异，采用 T 统计量进行检验。表中的 P 统计量是相应的 F 检验与 T 检验的显著性概率；变化率指取对数后的变化率；增速变化为增速比率的一阶差分值。

对人民币汇率风险溢价波动性的状态转换的事实分析可从以下四个方面进一步展开：

1. 汇率市场化程度

两个汇率风险溢价的高波动状态均出现在 2005 年汇率市场化改革之后。具体来看，在 2005 年汇率改革之前，人民币兑美元的汇率水平基本维持在 8.27，国内外利差虽然小于 0，但由于国际资本流动存在管制，偏离 UIP 假说的汇率风险溢价波动较弱，一直处在低波动时期。在 2005 年 7 月汇率制度改革之后，人民币汇率进入了升值周期。在 2007 年第 4 季度之前，月升值幅度一直在 1% 以下，美国次贷危机爆发以后，美元走势疲软，人民币对美元汇率在 2007 年末到 2008 年 3 月这段时间内，月升值幅度增至 1%。在 2008 年下半年到 2010 年 5 月这段时间里，国际市场需求萎缩对中国的出口影响巨大，人民币升值的幅度开始放缓，央行重新采取盯住美元的汇率政策，人民币兑美元汇率维持在 6.82 的水平附近，此时人民币汇率风险溢价由负值转为正并持续上升回到低波动状态。自 2010 年 5 月开始，由于欧债危机的出现，美元再次走强，国际社会对人民币市场化进程进一步施压，一次汇率波动有所增加，汇率风险溢价又进入了高波动状态。从表 5 可以看出，在样本区间内，汇率变化率在高波动状态时的均值和方差在 1% 的显著性水平下高于低波动状态，说明人民币汇率风险溢价的高波动状态是伴随着汇率波动性的提高即人民币汇率市场化程度的增强而出现的。

2. 利率、通胀率水平与货币政策

从汇率风险溢价的两个高波动状态所在时期的宏观经济环境来看,第一个时期是在 2006 年出现资产价格泡沫和通货膨胀压力之后,央行在 2006—2008 年 7 次调高存款基准利率,国内外利差缩小,我国紧缩性货币政策的收紧幅度强于其他主要发达国家的货币政策收紧幅度;在 2008 年之后,为了刺激经济发展,我国央行又 4 次调低该利率,货币政策的大幅调整,使偏离 UIP 假说的汇率风险溢价在 2007 年 9 月进入高波动状态。第二个时期是出现在次贷危机之后的经济恢复期,发达资本主义国家为实现经济复苏纷纷采取量化宽松的货币政策,导致了国际市场上流动性充裕,国内外利差逐渐降低,甚至从 2009 年 4 月开始,国内货币市场利率已大于同期的国外利率,这吸引了外国资本大量流入,国内物价通胀压力剧增,我国央行逐步收紧银根,使我国先于其他发达国家采取了退出刺激经济的宽松货币政策,汇率风险溢价在 2010 年 7 月开始进入了高波动状态。据表 5 所示,在样本区间内,利率变化率在高波动状态时的均值和方差在 5%的显著性水平下高于低波动状态,说明人民币汇率风险溢价的高波动也是伴随着利率的高波动。而通货膨胀率水平在高波动状态时的均值和方差在 1%的显著性水平下高于低波动状态,说明汇率风险溢价的高波动状态出现在 CPI 水平上升和波动程度的增加时,面对通货膨胀的压力,被动型的货币政策表现出不稳定性是汇率风险溢价高波动状态出现的诱因。

3. 宏观经济因素

Verdelhan 发现当一国资本市场完全开放时,汇率风险溢价具有反经济周期的特性,与生产和消费状况负相关[11]。但表 5 的统计显示,我国的工业增加值和社会消费品零售总额增速变化分别代表的非货币因素即宏观经济中的生产、消费状况在汇率风险溢价波动的高、低两种状态下都不存在显著差异。这说明我国资本市场尚未完全开放,货币因素对汇率风险溢价的影响作用大于实体经济中周期性因素的影响。

4. 资本管制程度

徐明东、解学成和 Huang 等人用我国资本管制强度指数对资本管制程度进行度量后发现,我国自 2001 年底加入 WTO 以来,资本管制强度开始放松,至 2007 年资本管制强度指数处于历史最低值;在金融危机爆发后,从 2007 年下半年开始又加强了对短期资本流入的管制,但到 2009 年该指数又有所回落[24][25]。从时间区间上可以推断,我国资本管制的强弱与汇率的风险溢价波动负相关,管制的放松增加了汇率风险溢价的波动程度。

我国汇率风险溢价的高波动状态都出现在汇率市场化程度增强与资本管制程度减弱之后,当汇率大幅调整,资本项目开放的进程有所加快时,汇率升值预期和国际宽松的货币政策等因素会增加国际资本流入,加剧国内资金市场的震荡,使物价上升,利率波动不稳定。在这种情况下,我国"被动"地先于发达国家采取紧缩性的货币政策或者紧缩幅度更大的货币政策,会使偏离 UIP 假说的人民币汇率风险溢价进入高波动状态。

五、总结与启示

本文采用 Hamiltion 和 Susmel 提出的基于马尔科夫状态转换的自回归条件方差模型对 2002 年 1 月至 2010 年 10 月期间偏离 UIP 假说的人民币汇率风险溢价的波动行为进行研究后发现,汇率风险溢价存在明显的波动性状态转换行为——在金融危机期间的 2007 年 9 月至 2008 年 8 月和 2010 年 7—10 月两个时期偏离 UIP 假说的汇率风险溢价处于高波动状态,其余时间段处于低波动状态。本文进一步对高、低两种波动状态下宏观经济指标进行比较后发现:在汇率风险溢价的高波动状态时,货币性因素包括汇率、利率、物价水平及其波动性都显著增加;但非货币因素如生产和消费的波动性在两种状态下并不存在显著性差异。资本管制和汇率稳定政策能够降低人民币汇率风险溢价的波动性。

汇率风险溢价是从投资者风险偏好角度对资本国际流动趋势、方向进行判断的重要因素,汇率风险溢价波动状态的结构性变化与汇率政策、货币政策和资本管制程度的时机选择密不可分。在发现汇率风险溢价行为波动特征的基础上,探讨我国资本市场开放进程、汇率制度改革及货币政策效果实施三者间的相互配合,具有十分重要的现实意义。从当前国内外经济环境来看,当人民币汇率的风险溢价大于零时,本币投资具有更高的收益率,会吸引更多的资金进入本国,如果汇率的市场化程度较小,就无法通过非抛补套利机制抑制资金流入的动机,资本的大量流入会抵消货币政策的紧缩性效果。"被动"紧缩型政策会促使风险溢价进入高波动状态,资产持有者会要求更高的风险补偿,这会进一步强化人民币的升值预期。

参考文献

[1]Cochrane J H. Asset Pricing[M]. Princeton:Princeton University

Press,2000.

[2]金雪军,王义中. 非对称金融全球化、次贷危机与全球新型金融危机[J]. 浙江大学学报(人文社会科学版),2010(5):135-143.

[3]Goyal R，McKinnon R. Japan's negative risk premium in interest rates:The liquidity trap and the fall in bank lending[J]. The World Economy,2003,26(3):339-363.

[4]Fama E，Eugene F. Forward and spot exchange rates[J]. Journal of Mone-tary Economics,1984,14(3):319-338.

[5]Froot K A，Thaler R H. Anomalies:Foreign exchange[J]. The Journal of Economic Perspectives,1990,4(3):179-192.

[6]McCallum B T. A reconsideration of the uncovered interest parity relationship[J]. Journal of Monetary E-conomics,1994,33(1):105-132.

[7]桂咏评. 中国外汇干预有效性的协整分析:资产组合平衡渠道[J]. 世界经济,2008(1):13-22.

[8]Goh S K,Lim G C，Olekalns N. Deviations from uncovered interest parity in Malaysia[J]. Applied Financial Economics,2006,16(10):745-759.

[9]Backus D K,Federico G，Christopher T,et al. Monetary policy and the uncovered interest parity puzzle[EB/OL]. (2011-05-12)[2011-06-01]. http://www. nber. org/papers/w16218. pdf.

[10]Campbell J Y, Cochrane J H. By force of habit:A consumption-based explanation of aggregate stock market behavior[J]. Journal of Political Economy,1999,107(2):205-251.

[11]Verdelhan A D. A habit-based explanation of the exchange rate risk premium[J]. Journal of Finance,2010,65(1):123-145.

[12]Bansal R，Shaliastovich I. Long-Run risks explanation of forward premium puzzle[EB/OL]. (2011-05-12)[2011-06-01]. http://faculty. fuqua. duke. edu/~rb7/bio/FPEZAug23. pdf.

[13]Alvarez F,Atkeson A，Kehoe P J. Time-Varying risk,interest rates and exchange rates in general equilibrium[J]. Review of Economic Studies,2009,76(3):851-878.

[14] Chinn M D, Meredith G. Monetary policy and long horizon uncovered interest parity[J]. IMF Staff Papers,2004,51(3):409-430.

[15]Francis B,Hasan I, Hunter D. Emerging market liberalization and the impact on uncovered interest rate parity[J]. Journal of International Money and Finance,2002,21(6):931-956.

[16]Baharumshah A Z,Hawa C T, Fountas S. A panel study on real interest rate parity in East Asian countries:Pre-and Post-Liberalization era [J]. Global Finance Journal,2005(16):69-85.

[17]陈蓉,郑振龙.结构突变、推定预期与风险溢酬:美元/人民币远期汇率定价偏差的信息含量[J].世界经济,2009(6):64-76.

[18]郑振龙,邓弋威.外汇风险溢酬与宏观经济波动:基于随机贴现因子的研究框架[J].世界经济,2010(5):51-64.

[19]赵华,燕焦枝.汇改后人民币汇率波动的状态转换行为研究[J].国际金融研究,2010(1):60-67.

[20]Bekaert G. The time variation of risk and return in foreign exchange markets:A general equilibrium perspective[J]. Review of Financial Studies,1996,9(2):427-470.

[21] Hamilton J D, Susmel R. Autoregressive conditional heteroskedasticity and changes in regime[J]. Journal of Econometrics,1994,64(12):307-333.

[22] Hamilton J D. A new approach to the economic analysis of nonstationary time series and the business cycle[J]. Econometrica,1989,57(2):357-384.

[23]Lamoureux C G, Lastrapes W D. Persistence in variance,structural change and the GARCH model[J]. Journal of Business and Economic Statistics,1990,8(2):225-234.

[24]徐明东,解学成.中国资本管制有效性动态研究:1982—2008[J].财经研究,2009(6):29-40.

[25] Huang Y. China's asymmetric market liberalization:The great ascendancy and structural risks[J]. Asian-Pacific Economic Literature,2010,24(6):65-85.

汇率波动影响金融稳定的传导机制研究[①]

摘　要　厘清汇率波动影响金融稳定的传导机制有助于理解宏观经济不稳定的来源。构建汇率波动通过贸易、资本流动和资产价格渠道影响金融稳定的研究假说,并用37个国家的面板数据,基于PVAR模型进行经验分析后发现,汇率波动通过上述三个渠道影响金融稳定的作用大于两者之间的直接关系,且通过资本流动和资产价格影响金融稳定更加强烈,而贸易渠道相对较弱。因此,应注重资本账户开放的节奏,避免汇率波动通过资本渠道冲击国内金融稳定。

关键词　汇率波动;金融稳定;PVAR 模型;传导渠道

一、引　言

自20世纪70年代以来,全球有93个国家先后爆发了117起系统性金融危机,45个国家出现了51起局部性银行危机[1]。Bordo 等强调:"现在随机挑出一个国家爆发金融危机的概率比在1973年增加了一倍。"[2]金融危机频发,金融不稳定成为常态,危机对实体经济的破坏巨大,促使理论界和实务界日益关注金融稳定问题。

通过考察1992年欧洲汇率体系危机、1994年墨西哥金融危机、1997年东南亚金融危机和1998年俄罗斯卢布危机能够发现:金融危机与汇率波动紧密联系。汇率频繁波动不仅成为各国宏观经济不稳定的重要原因,也成为国内政

① 本文作者金雪军、钟意,最初发表在《浙江大学学报(人文社会科学版)》2013 年第2期。

策调整的根源[3]。大量事实表明,汇率大幅度波动一旦波及金融体系,就会导致破坏力巨大的金融危机[4],究其原因,主要在于汇率波动对金融风险反应具有时效性和敏感性[5]。

本文要解决的核心问题是:汇率波动通过何种渠道影响金融稳定?我们首先分析理论机理,突出贸易收支、资本流动和资产价格渠道,运用世界 37 个国家的数据,采用面板数据向量自回归(PVAR)方法进行经验检验。既有研究注重从单一渠道进行理论研究,而本文侧重在统一框架中运用 PVAR 模型进行经验分析。本文的创新之处在于,运用的计量方法是 PVAR 模型,它将各变量直接视为内生变量,能够克服变量之间的内生性问题。本文首次在统一框架中运用 PVAR 研究汇率波动影响金融稳定机制问题,得出了更加丰富的结论。

二、文献回顾及理论假说

一个稳定的金融体系可以有效地分配资源和承受各种外在冲击,阻止各种冲击对实体经济和金融机构产生不良影响[6],而金融不稳定容易导致金融危机[7]。合理的汇率波动水平及灵活、弹性的汇率制度对于一国的金融稳定尤其重要。汇率波动一旦超过一定的频率和幅度将会转变成灾难,且往往导致币值不稳定,进而引起金融体系的不稳定[8],因此,货币稳定是金融稳定的前提和基础[9]。

一般来说,国外资本流入东道国主要依赖三种途径:一是通过贸易渠道使东道国经常账户盈余,国外资金通过贸易收支方式进入;二是通过直接投资流入东道国实体经济中;三是通过银行信贷流入东道国资本市场。由于国外资金流入本国并不是使用本国货币,而是使用国际上自由兑换的货币,大多为美元,这就涉及汇率问题。汇率波动也会通过这三条渠道传导到东道国金融体系中,冲击东道国的金融稳定。

根据传统国际经济学理论,在满足马歇尔—勒纳条件下,汇率贬值将改善贸易收支,而汇率升值则不利于贸易收支。但汇率贬值并不会立即改善贸易收支状况,因为有 J 曲线存在。实证研究大多较好地证明了这一点,即实际汇率波动会影响贸易收支[10-13],而贸易收支变化与金融稳定也存在关联。一般规模和持久性的经常账户失衡在过去不断累积,可能会威胁到金融稳定[14]。一种普遍现象是在金融危机之前,该国通常会出现持续的经常项目逆差[15]。出口疲软以及由此产生的经常账户赤字往往在危机之前出现[16],且经常账户赤字往往在金融危机之前盛行[17],因此,许多银行危机产生往往出现在大规模的经常账户赤字的国家[18]。但持续的经常账户逆差并不必然导致货币危机产生,它往往需要一定的"催化剂"。如果一国汇率波动范围过于狭窄,在遭遇长期贸易逆差条件下,该国汇率将被迫维持在较高水平,导致汇率高估,而汇率高估容易成为国际游资攻击对象[19],一旦该国外汇储备不足,就会演变成货币危机,危机进一步深化,波及该国金融体系,导致金融不稳定,金融危机就可能产生。Obstfeld 和 Rogoff 通过对美国和其他经济体的宏观经济指标如经常项目余额、外汇储备等进行考察,认为全球贸易失衡和金融危机是紧密相连的[20]。Whelan 通过区分美国总对外资产和净对外资产来检查美国经常账户,认为经常账户赤字在 2008 年金融危机中起到重要作用[21]。Kaminsky 和 Reinhart 通过研究发现:在 20 世纪 80 年代至 90 年代,国际收支危机和银行危机之间的联系越来越紧密[16]。银行危机在先,往往可预示国际收支危机;而货币危机又反过来加深银行危机。国内学者刘莉亚和任若恩等也得出类似结论[22]。显然,汇率波动可以通过贸易收支对东道国金融稳定产生影响。基于以上分析,本文提出假设 1:

假设 1:汇率波动可以通过贸易渠道对东道国金融稳定产生影响。

其次,汇率波动会通过资本流动渠道影响东道国金融稳定。通常情况下,资本流入往往和汇率上升相关联[23],一方面,汇率升值预期促使资本大量流入,而另一方面,资本流入又导致汇率上升[24]。大规模的资本流动往往和实际汇率升值以及经常账户恶化相联系[25]。而大规模的资本流动与金融危机爆发之间存在着直接联系。国际资本大量流入会加剧东道国的金融不稳定,这是因为巨大且不断变化的资本流动增加了对金融市场不稳定的担忧[26]。国际资本持续、大规模流入东道国,在加剧东道国金融深化、扩大东道国金融体系规模以及提高东道国金融市场效率的同时,也会导致东道国金融体系波动剧增以及金融市场动荡频繁发生等问题,资本流动与金融稳定的相互关联得以明显增强。此外,由于国际资本的大量涌入、东道国金融中介的"过度借贷症"[27]和投机性投资的信用量增大,东道国金融市场泡沫不断扩张,金融体系的脆弱性加剧。尤其是在东道国银行的资产负债结构呈现不合理的状态时,大规模的国际资本流入使该国银行的流动性出现大幅波动,银行贷款膨胀和收缩交替出现,引起信贷风险不断膨胀[28]。一旦遭受游资攻击或者资本流入逆转的影响,该国金融领域潜在的问题就会纷纷浮现,整个市场信心受到极大打击,外资大量抽逃,金融不稳定状况不断攀升,乃至爆发金融危机。因此,大量学者都认为国际资本的流动对东道国的金融稳定是有害的,短期国际资本的流动危害更大。例如,

Reinhart 分析了 1960—2007 年间 181 个国家的资本流动情况,发现在新兴市场国家,资本流动往往伴随较高概率的金融和经济危机[29]。Joyce 和 Nabar 通过模型分析了资本流动突然停止、银行危机和投资占 GDP 比重的关系,最后得出结论:新兴市场国家更容易从外部遭受危机,并更容易遭受资本流动突然停止和银行危机,且它们遭受的资本流动突然停止一般都是以银行危机的形式爆发的[30]。Cardarelli 等利用 1987—2007 年间 52 个国家出现的 109 起大规模私人资本净流入事件,通过研究发现:超过三分之一的完成事件遭遇资本流入突然停止或者货币危机,说明资本流入突然停止并不是罕见的现象,尤其是在 2006 年 87 起完成事件中,34 起遭遇资本流入突然停止,13 起遭遇货币危机[25]。Radelet 和 Sachs 认为引起亚洲金融危机的核心在于 20 世纪 90 年代吸引到该地区的大量资本流动,国际资本流动逆转引发金融危机[31]。我国学者金洪飞和李子奈也持有类似的观点[32]。显然,汇率波动可以通过资本流动渠道对东道国金融稳定产生影响。基于以上分析,本文提出假设 2:

假设 2:汇率波动可以通过资本流动渠道影响东道国金融稳定。

最后,汇率波动会通过资产价格渠道影响东道国金融稳定。实际上关于汇率波动与资产价格之间关系的理论研究早已有之,利率平价理论首创从两国资本市场中的资产价格关系来研究汇率波动[33]。继利率平价理论之后,Dornbusch 和 Fischer 提出了"流量导向模型",从另一方面构建了汇率和资产价格的关系[34]。流量导向模型认为:汇率波动与股票价格之间存在正向因果关系,即本币贬值将会导致股价上升。同时,汇率变动也可能通过进口商品价格的变化引发本国通货膨胀,从而引起股价波动。许多实证结果也较好地支持汇率波动与资产价格之间存在关联[35-37]。

而资产价格的波动往往也影响金融稳定,资产价格的高涨和破灭可能会导致系统的金融风险[38]。股票等资产价格波动之所以和金融危机存在密切联系,其根本原因是商业银行的信贷扩张行为助长了股票等资产价格的节节攀升,从而提高了银行的信贷风险,进而导致银行危机乃至金融危机[39]。信贷增长过快往往预示着银行危机[40],大规模的信贷扩张往往导致金融不稳定[41]。从长期的因果关系来看,资产价格波动驱动了银行信贷的扩张[42]。这是因为随着金融自由化不断深入,在本币高估的前提下,国外资本大量流入东道国,资本流入在弥补东道国经常项目差额的同时,东道国外汇储备不断增加,东道国中央银行外汇资产上升,在国内金融市场投放大量本币资产,导致国内金融资产的进一步扩张[28],而商业银行信贷的扩张会导致市场利率不断走低,利率的逐步走低又会导致国内金融资产价格不断上涨，进而使银行贷款大量流向这些不断上涨的风险资产，从而推动该国金融资产价格进一步上涨。如此，银行信贷的扩张促进该国资产价格不断上涨，而不断上涨的资产价格又反过来促进银行信贷的扩张，资产泡沫逐渐形成。一旦实体部门或金融部门遭受游资冲击或者意外事件冲击，资产泡沫开始破裂，资产价格迅速下跌，股市、楼市开始崩盘。而资产价格下跌后，大面积的企业违约使银行不良资产比率迅速上升，银行资本金遭到损失，为了符合资本金要求，银行只能紧缩贷款并且抛售抵押资产，这些行为又加剧了资产价格的下跌，并进一步扩大了银行的资本金损失[43]。一些银行开始倒闭，金融体系不稳定凸显，最终演变成金融危机。Mendoza 和 Terrones 考察了 1960—2006 年间 48 个发达国家及新兴国家出现的 49 次信贷泡沫，发现自 1960 年以后，这些国家都经历了经济扩张，实际汇率贬值，资本流入/经常账户赤字以及资产价格泡沫。他们注意到很多信贷泡沫（但不是全部）之后就发生银行危机，并且还证实了信贷泡沫可以很好地预测金融危机[44]。Schularick 和 Taylor 也得出了类似的结论[45]。故从历次金融危机过程可以看出，无论是发达国家还是发展中国家，严重的银行问题都与资产价格的巨大波动有密切联系[16]。因此，汇率波动可以通过影响资产价格，进而影响东道国金融稳定。基于以上分析，本文提出假设 3：

假设 3：汇率波动可以通过资产价格渠道影响东道国金融稳定。

三、数据和变量描述

（一）样本选取

基于数据的可获取性以及样本国家的代表性，本文总计选取了 37 个国家作为统计样本，其中选取的发展中国家样本大多经历过金融危机，时间跨度为 1999 年第一季度到 2010 年第四季度。之所以选取季度数据，是因为之后金融稳定状况指数的计算需要大量详尽的数据，而使用季度数据扩大了数据样本空间，并且估计出的指数更能真实反映金融稳定在短时间内的变动情况。本文采用的相关数据主要来自国际货币基金组织的 IFS 和 BOT 数据库、BvD 系列 CountryData 统计数据库、BvD 系列 Bankscope 统计数据库、国际清算银行、国泰安 CSMAR 数据库以及世界银行数据，还有一部分数据来自样本国家统计局或中央银行。

（二）变量说明

关于金融稳定的度量,目前并未统一,但较有说服力的度量方法就是估计金融稳定状况指数(Financial Stability Conditions Index,FSCI),具体测度下文会进行详细说明。关于各国汇率波动(VER)的度量问题,方法有多种,最新的方法主要是 ARCH/GARCH 法。Pagan 和 Schwert[46] 及 Hsieh[47] 的研究表明,GARCH(1,1)模型能更加精确地反映汇率的实际波动。因此,本文首先从国际清算银行和国际货币基金组织的 IFS 数据库获取各样本国 1999 年 1 月至2010 年 12 月的实际有效汇率数据,之后根据 GARCH(1,1)模型计算这段时间各国的汇率波动率,再进行季度平均求出各国实际有效汇率的季度波动值,以此来衡量各国的汇率波动(VER)。

基于之前的理论分析可知,汇率波动可以通过贸易渠道、资本流动渠道及资产价格渠道对各国金融体系产生冲击,从而影响各国的金融稳定。对于贸易渠道(CA),本文选取各国的经常账户余额除以该国 GDP 来度量;资本流动渠道涉及长期资本流入(FDI)和短期资本流入(HM),长期资本流入是根据各国吸收的 FDI 除以该国 GDP 来衡量的,而短期资本流入大多为热钱,基于大多数学者的方法,本文对热钱的计算公式是基于国家统计局信息中心的估计方法来进行估计的①:热钱＝外汇储备增量－FDI－商品和服务贸易顺差,计算出的热钱除以该国 GDP 来度量短期资本流入;至于资本价格渠道(SP),则根据各国1999 年 1 月至 2010 年 12 月的股票价格指数,运用 GARCH(1,1)模型计算这段时间各国股指波动率,再进行季度平均求出季度股票指数波动率。为了消除变量间的自相关和多重共线性问题,需要对各变量取自然对数。但由于样本数据存在负数,因此需要把坐标轴向上平移 1 个单位,然后对样本变量取对数,这样做并不影响实证结果。

（三）金融稳定状况指数的度量

实际上,金融稳定状况指数是根据货币状况指数(MCI)发展演变而来的。货币状况指数是短期利率和汇率的加权平均数,最早是用来度量通货膨胀的工

---

① 关于热钱的计算方法主要有三种,包括直接法、间接法和混合法。在本文中实际使用间接法来估计热钱,和国家统计局信息中心估计热钱的方法同步。更多、更详细的热钱计算方法参见张明《中国面临的短期国际资本流动:不同方法与口径的规模测算》,载《世界经济》2011 年第 2 期,第 39-56 页。

具。Goodhart 和 Hofmann 在 MCI 的基础上加入了房产价格和股票价格，构造了金融状况指数（FCI），用来反映未来通货膨胀的压力。他们的研究结果表明 FCI 与未来通货膨胀高度相关，可以作为中央银行判断未来通货膨胀的重要指标[48]。Jan Willem van den End 根据银行业风险预警模型，在 FCI 基础上加入金融机构偿付能力和金融机构股票价格指数波动两个变量，构造了能全面反映整个金融体系（包括金融机构和金融市场在内）的金融稳定状况指数（FSCI）[49]。显然，金融稳定状况指数试图利用一个综合指数反映一国未来金融稳定状况，以提示金融体系可能遭受的风险。它的度量公式如下：

$$\text{FSCI}_t = \sum \omega_{i,t} \left(\frac{\Gamma_{i,t} - \overline{\Gamma}_{i,t}}{\Gamma_{i,t}} \right) t$$

其中 FSCI_t 为 t 时刻的金融稳定状态指数；$w_{i,t}$ 为 t 时刻 Γ_i 变量的权重；$\Gamma_{i,t}$ 为 t 时刻 Γ_i 变量的取值；$\overline{\Gamma}_{i,t}$ 为 t 时刻 Γ_i 变量的长期趋势值或者均衡值；$(\Gamma_{i,t} - \overline{\Gamma}_{i,t})/\overline{\Gamma}_{i,t}$ 为 t 时刻 Γ_i 变量对其长期趋势值或者均衡值的相对偏离程度。当 FSCI 的数值先大幅上升后又大幅下降时，表明该国正在经历金融危机。Jan Willem van den End 将 FSCI 应用于荷兰、美国、日本、丹麦、挪威、瑞典和芬兰等国家，并且为指数设置了上下波动的边界，结果证实 FSCI 能够很好地反映这些国家金融体系的实际状况[49]。

显然，计算 FSCI 的关键在于计算权重 $w_{i,t}$，选取的权重越好，代表 FSCI 指数越精确。从现有的文献来看[48]，确定权重的方法有三种：通过简化的总需求方程推导出权重 $w_{i,t}$；通过广义脉冲响应函数来确定各变量的权重 $w_{i,t}$；通过因素分析法来确定各变量的权重 $w_{i,t}$。显然，通过简化的总需求方程推导出权重 $w_{i,t}$ 更符合实际，本文也基于该方法来测度权重 $w_{i,t}$。

根据 Goodhart 和 Hofmann 使用的简化总需求方程，它包括了不同滞后期的实际产量缺口、实际利率缺口、实际有效汇率缺口、实际房地产价格缺口和实际股票价格缺口等变量，可以表示为[48]：

$$y_t = \alpha_1 + \sum_{l=1}^{s_1} \gamma_l \, y_{t-l} + \sum_{j_1=1}^{m_1} \lambda_{j_1} X_{1,t-j_1} + \cdots + \sum_{j_k=1}^{m_k} \lambda_{j_k 1} X_{k,t-j_k} + \eta_t$$

其中 y_t 为 t 时刻的产量缺口（相对值）；X 为 Γ_i 变量在 t 时刻不同滞后期的相对偏离值；γ 为 t 时刻不同滞后期产量缺口的系数；λ 为 Γ_i 变量相对偏离值在 t 时刻不同滞后期的系数。

通过简化的总需求方程（Reduced form Aggregate Demand Function）进行推导。这种方法首先从简化的总需求方程获得 FSCI 指数中各变量不同滞后期的回归系数，然后按变量将系数加总。那么，每个变量的加总系数占所有变量

加总系数绝对值之和的比重,即为该变量在 FSCI 指数中的权重。即:

$$\omega_i = \frac{\sum coefficient(X_{i,t,\cdots,n})}{\sum \mid \sum coefficient(X_{i,t,\cdots,n}) \mid}$$

其中 ω_i 为 Γ_i 变量的权重;$X_{i,t,\cdots,n} = (\Gamma_{i,t,\cdots,n} - \overline{\Gamma}_{i,t,\cdots,n}/\overline{\Gamma}_{i,t,\cdots,n})$,为 Γ_i 变量对其长期趋势值或者均衡值的相对偏离值;$coefficient(X_{i,t,\cdots,n})$ 为 Γ_i 变量相对偏离值不同滞后期的回归系数。

本文根据 Goodhart 和 Hofmann 所使用的简化总需求方程,增加一个反映金融机构资产负债状况以及国家货币政策变动的变量——金融机构新增国内信贷规模,参与计算金融稳定状况指数。由于本文研究汇率波动与金融稳定之间的关系,因此实际有效汇率没有加入计算金融稳定状况指数。本文结合 IMF 编制的金融稳定指标以及其他学者的研究[50-51],选取国家外汇储备量作为一个重要因素来计算金融稳定状况指数。此外,商业银行的正常平稳运行也会影响金融稳定,结合《巴塞尔协议》的要求以及 IMF 编制的金融稳定指标,本文选取商业银行的资本充足率作为另一个重要因素参与计算金融状况指数。自此,货币政策行为、资产价格变动、财政冲击、外来冲击、供给冲击和商业银行正常平稳运行等因素对金融稳定的影响,都被纳入这个分析框架。由于 FSCI 指数所反映的是不同时期的金融稳定状态对其均衡值的偏离,因此需要获取上述变量的长期趋势(或均衡值)的偏离值。为此,对这些变量进行了 Hodrick-Prescott 滤波处理,以获得这些变量在不同时期对于其长期趋势(或均衡值)的相对偏离值(或称缺口)。

四、计量模型及实证结果

(一) 计量模型

VAR 模型是当前流行的一种时间序列分析法的动态模式,不需要先验的经济理论基础,也不需要考虑变量内、外生及因果关系的问题,而是将各变量直接视为内生变量,以该变量及其他变量滞后项为解释变量,由一组回归方程来表示变量间的互动关系。

面板数据向量自回归(PVAR)模型可以写成下面的形式:

$$y_{i,t} = B_0 + \sum_{j=1}^{k} B_j y_{i,t-j} + \eta_j + \varphi_t + \varepsilon_{i,t}$$

$y_{i,t}$ 是一个包含所有内生变量的向量。在分析过程中,根据脉冲响应函数的收敛情况,经试验后选用了滞后三阶的模型:

$$y_{i,t} = \alpha_i + \beta_t + \gamma y_{i,t-1} + \delta y_{i,t-2} + \theta y_{i,t-3} + \varepsilon_{i,t}$$

其中 $y_{i,t} = \{\ln FSCI_{i,t}^1, \ln VER_{i,t}^2, \ln CA_{i,t}^3, \ln FDI_{i,t}^4, \ln HM_{i,t}^5, \ln SP_{i,t}^6\}$ 是 6×1 维向量,i 代表样本国家,t 代表季度数(以 1999 年第 1 季度为 1),γ、δ、θ 均是 $6 \times$ 6 维的系数矩阵,α_i 是 6×1 维的个体效应向量,β_t 是 6×1 维的时间效应向量,第 $I(I = 1, 2, 3, 4, 5, 6)$ 个方程的扰动项 $\varepsilon_{i,t}^I$ 满足 $E(\varepsilon_{i,t}^I \mid \alpha_{i,t}^I, \beta_{i,t}^I, y_{i,t-1}, y_{i,t-2}, y_{i,t-3},$ $\cdots, y_{i,t-6})$。本文的模型仅对具有相同斜率系数的所有样本单位施加了约束,而对 $y_{i,t}$ 的无条件均值和方差没有施加任何限制。

估计分为两步:

1. PVAR 估计。由于面板数据模型包含时间效应和个体效应,首先运用横截面上的均值差分消除时间效应 β_t,采用向前均值差分消除个体效应 α_i,以避免由于个体效应和回归元素相关而造成系数有偏估计。在消除时间效应和个体效应后,使用 GMM 方法得到模型系数的有效估计。为了避免有限样本偏差,本文只选取 $y_{i,t-1}$ 作为工具变量。

2. 脉冲响应函数估计。脉冲响应函数所描述的是系统中某一变量的一个正交化新息(shock)对其他变量的影响。本文考察的是汇率波动与金融稳定的关系,所以把 lnFSCI、lnVER 设定为主要观察变量,而 lnCA、lnFDI、lnHM 和 lnSP 是根据汇率波动通过上述传导渠道冲击金融稳定而插入的参与变量。由于 Choleski 分解对变量的排序极其敏感,一旦确定排列顺序,就意味着后面变量同期和滞后期都受到前面变量的影响,而前面变量只会受到后面变量滞后期的影响,经过理论验证,六个变量的排列排序为{lnFSCI, lnVER, lnCA, lnFDI, lnHM, lnSP}。本文中 Monte-Carlo 模拟给出的脉冲响应函数在 90% 的置信区间内。

（二）实证结果及分析

1. 变量的平稳性检验

进行面板向量自回归分析（PVAR）之前,首先必须确认所选取变量 lnFSCI、lnVER、lnCA、lnFDI、lnHM 和 lnSP 是否平稳,故需要对 37 个国家所选取变量进行面板单位根检验。

为了使检验结果更加可信,我们同时使用了 LLC、Hardi、IPS、FADF、FPP 五种检验方法对各变量的水平值进行单位根检验。运用 LLC、IPS、FADF、FPP

四种不同的面板单位根检验方法得到的结果都表明各变量的水平值不存在单位根，说明这六个变量都是平稳的。由表1可知，变量lnCA、lnHM和lnFDI的水平值运用Hardi单位根检验方法，在5%的显著性水平下存在单位根，lnFSCI、lnVER和lnSP拒绝了原假设，得出不存在单位根的结论。此外，lnHM和lnFDI在LLC检验中不能拒绝存在单位根的原假设，lnCA在FPP检验中不能拒绝存在单位根的原假设。但是，我们仍认为变量lnFSCI、lnVER、lnCA、lnFDI、lnHM和lnSP不存在单位根，变量是平稳的[①]。在变量不存在单位根的支持下，进一步建立面板的向量自回归(PVAR)模型就有了基础。

表1　面板单位根检验结果

变量	LLC		Hardi		IPS		FADF		FPP	
	统计量	p 值	统计量	p 值	统计量	p 值	统计量	p 值	统计量	p 值
lnFSCI	-7.99971	0	-2.46621	0.9932	-14.7472	0	397.567	0	501.498	0
lnVER	-4.20424	0	-3.99058	1	-11.7078	0	287.494	0	200.789	0
lnCA	-2.99856	0	10.065		-4.16423	0	122.689	0	85.1154	0.1773
lnHM	2.41139	0.99	5.32778	0	-3.06889	0	114.64	0	130.873	0
lnFDI	6.4813	1	6.85448	0	-4.53025	0	133.762	0	153.065	0
lnSP	-2.45642	0	-1.98889	0.9766	-9.13657	0	213.572	0	148.04	0

注：滞后阶数选择采用Schwarz法则自动选择，最大滞后阶数为5；窗宽采用Newey-West方法自动选择，最大窗宽值为3。

2. PVAR分析

本文根据AIC和SC准则，同时结合模型的有效性和稳定性条件，将PVAR估计的最优滞后阶数定为3[②]，估计结果如表2所示。通过利用Stata11.0对下面六个变量的面板数据进行PVAR分析，其中$t-1$、$t-2$、$t-3$分别代表变量滞后第一、二、三期。

从表2的估计结果来看，两个主要变量金融稳定状况指数(lnFSCI)和汇率波动(lnVER)的直接关系是一种并不全部显著的关系，这从第2列和第3列中可以看出。就金融稳定状况指数(lnFSCI)和汇率波动(lnVER)的关系来看，不

[①] 这里所得到的不完全一致的结论，恰好说明了计量方法的不同会造成实证结果存在偏差是一个不容置疑的事实。

[②] 具体最优阶数的计算公式参见连玉君《中国上市公司投资效率研究》，(北京)经济管理出版社2009年版。

考虑变量的显著性,它们之间的统计系数也是有正有负,在滞后第一期和第三期为负,在滞后第二期为正,汇率波动对金融稳定状况指数的直接影响并不全部显著。而反过来,金融稳定状况系数对汇率波动的直接影响也并不全部显著,相关系数也是有正有负,在滞后第二期为正,滞后第一、三期为负,统计系数也不全部显著。这也再次证明了现实生活中汇率波动是常态,并不总是直接影响各国金融稳定状况,只有在一定的外部冲击条件下才会产生作用。

至于其他的变量如 lnCA、lnFDI、lnHM、lnSP 对 lnFSCI 的相关关系,从表2 可以发现,在 1% 的显著性水平下,lnSP 对 lnFSCI 存在显著的正相关关系,说明资产价格波动对各国金融稳定产生了直接影响。至于 lnFDI、lnHM 和 lnFSCI 的直接关系基本相同,统计系数都在滞后第一期和第二期为正值,在滞后第三期为负值。这也说明了资本流动与金融危机从酝酿到产生的全过程,在资本流入的前两期,金融稳定指数不断攀升,金融不稳定程度也在加深;到第三期,金融危机爆发,资本大量抽逃,该国金融体系崩溃。至于 lnCA 与 lnFSCI 的直接关系,统计系数并不显著,无法证明它们之间存在关联。此外,从第 5~7 列可以看出,汇率波动(lnVER)可以直接影响贸易收支、资本流入和资产价格波动,进一步验证了前面的假设。

表 2 PVAR 分析结果

变量	lnFSCI(t)	lnVER(t)	lnCA(t)	lnFDI(t)	lnHM(t)	lnSP(t)
lnFSCI($t-1$)	0.492524***	−0.00214	0.00298	0.0057	−0.0171***	0.03043
	(5.77167)	(−0.13174)	(0.53937)	(1.20259)	(−2.39488)	(0.75464)
lnVER($t-1$)	−0.084119*	1.00163***	−0.03775***	0.00877*	0.32325	−0.09684
	(−1.77829)	(21.362)	(−2.41445)	(−1.81972)	(1.1949)	(−1.0198)
lnCA($t-1$)	0.49893	0.06197	1.37563***	−0.07612	0.05567	−1.2874
	(1.3381)	(0.26837)	(14.2601)	(−0.78763)	(0.22458)	(−1.3765)
lnFDI($t-1$)	0.17368***	0.09005	−0.0314	1.29243***	0.09933*	−0.06235
	(2.08964)	(1.21849)	(−0.97253)	(25.275)	(1.79886)	(−0.17368)
lnHM($t-1$)	0.011603	0.07427*	0.01245	0.00312	1.382***	−0.41092***
	(0.17135)	(1.7943)	(1.03648)	(0.17623)	(22.5868)	(−2.1043)
lnSP($t-1$)	0.078972***	0.00719	−0.01011	0.00413	0.00424	1.2933***
	(4.64343)	(0.48834)	(−1.51817)	(0.94697)	(0.4163)	(35.517)
lnFSCI($t-2$)	0.17067***	0.02788*	−0.00411	−0.00277	0.00678	0.02733
	(2.783766)	(1.9545)	(−1.04186)	(−0.6273)	(0.68363)	(0.5608)

续表

变量	lnFSCI(t)	lnVER(t)	lnCA(t)	lnFDI(t)	lnHM(t)	lnSP(t)
lnVER($t-2$)	0.078263	−0.22199***	0.02946**	0.00509***	−0.0113*	2.0428***
	(1.1147)	(−3.26989)	(1.9939)	(2.42902)	(−1.85388)	(0.3228)
lnCA($t-2$)	−0.5676	−0.11379	−0.32527***	0.05637	−0.008	1.7097**
	(−1.51475)	(−0.44213)	(−3.86676)	(0.63654)	(−0.0379)	(1.95346)
lnFDI($t-2$)	0.03785	−0.0859	0.02544	−0.2495***	−0.09453	1.0081***
	(0.21697)	(−0.89857)	(0.81107)	(−4.08455)	(−0.756)	(2.0713)
lnHM($t-2$)	0.088066*	−0.10254	−0.00633	0.0046	−0.33727***	0.7429***
	(1.91292)	(−1.5846)	(−0.39896)	(0.18558)	(−4.38696)	(2.593)
lnSP($t-2$)	0.065788***	−0.015145	0.01163	−0.00081	−0.00919	−0.47223***
	(2.95159)	(−0.77501)	(1.37558)	(−0.1651)	(−0.77377)	(−9.0359)
lnFSCI($t-3$)	0.01397	→0.021864	0.00107	0.00029	−0.0021	−0.02147
	(0.26098)	(−1.1601)	(0.315)	(0.06358)	(−0.22455)	(−0.4048)
lnVER($t-3$)	−0.00229	−0.02002	−0.01008*	−0.0095	−0.00115***	0.0593*
	(0.04819)	(−0.52218)	(−1.7997)	(−1.1142)	(−2.068278)	(1.67978)
lnCA($t-3$)	0.24534	0.0976	−0.14091***	−0.00968	−0.12749	−0.71019
	(1.17148)	(0.8547)	(−3.47288)	(−0.20888)	(−1.32361)	(−1.6361)
lnFDI($t-3$)	−0.12351	0.03637	−0.01604	−0.19736***	−0.0038	−0.84463***
	(−1.25557)	(0.63459)	(−0.77665)	(−5.56546)	(−0.05692)	(−2.7112)
lnHM($t-3$)	−0.10757*	0.05684	0.00476	0.00325	−0.19678***	−0.42598***
	(−1.88917)	(1.51012)	(0.45844)	(0.228)	(−5.635)	(−2.2306)
lnSP($t-3$)	0.01728	0.01087***	−0.00272	−0.00192	0.0413	−0.00129
	(0.91216)	(2.07234)	(−0.76416)	(−0.66353)	(0.71227)	(−0.04117)

注：***、**、*分别代表在1%、5%、10%水平下显著；括号内为 t 统计值。

表 2 中的统计结果对变量间的直接关系进行了分析，但要明确变量 lnCA、lnFDI、lnHM、lnSP 对 lnFSCI 的动态相关关系，特别是 lnVER 通过 lnFDI、lnHM、lnSP 三种路径对 lnFSCI 的动态关系，表 2 的统计并不全面，因此需要通过面板脉冲响应函数进一步说明它们之间的动态关系。

3. 面板脉冲响应函数分析

上面通过对六个变量的面板数据进行脉冲响应分析，给出了各变量之间的正交化脉冲响应函数①。我们可以清晰地发现,虽然汇率波动与各国金融稳定状况指数之间的关系依然很复杂,但两者之间的关系更为明显,其互动关系也变得十分明晰。

(1) 汇率波动与各国金融稳定状况指数的直接关系

就 lnVER 与 lnFSCI 之间的关系来看,面对 lnVER 的一个正交化信息,lnFSCI 从同期到第六期的脉冲值都为正(0.0001,0,0.0012,0.0008,0.0005,0.0002,0.0001),并且在第二期达到最大,累计脉冲值为 0.0028。即从整体上看,汇率波动与金融稳定状况指数呈现同方向变动,但影响系数并不大。但反过来,就 lnFSCI 与 lnVER 的关系来说,面对 lnFSCI 的正交化新息,lnVER 在同期没有影响(脉冲值为 0),其余六期脉冲值均为负(−0.001,−0.001,−0.0003,−0.0001,0,−0.0001),其滞后六期的累积效应为负值(−0.0025),数值也较小。把它们之间的累计脉冲效应值相加,几乎为 0。这也说明了两者的直接关系并不明显,需要加入其他参与变量从展开的角度进行考察。

(2) 汇率波动与各国金融稳定状况指数的间接关系

加入 lnCA、lnFDI、lnHM 和 lnSP 四个参与变量后,lnVER 与 lnFSCI 之间的互动关系逐渐变得清晰起来。汇率波动与各国金融稳定状况指数之间的关系具有清晰完整的作用路径,从脉冲响应函数可以分析出多条汇率波动对金融稳定状况指数的作用路径。

其一,lnVER→lnCA→lnFSCI 路径

随着 lnVER 的一个正交化新息,lnCA 在同期为正(脉冲值为 0.0001),之后第一至第六期脉冲值均为负(−0.0011,−0.0017,−0.0023,−0.0026,−0.0027,−0.0026),并在第五期达到最大。滞后六期的累积效应为 −0.013,显然汇率波动与贸易收支之间存在反方向的变化,即汇率升值导致经常项目顺差,汇率贬值导致经常项目逆差,初期脉冲值为正完全是 J 曲线影响所致。随着 lnCA 的改变,lnCA 的信息又会对 lnFSCI 产生影响。lnCA 的正交化新息在当期就对 lnFSCI 产生正的影响,脉冲值为 0.0001,之后第一期和第二期脉冲值为 0.0002 和 0,其他三至六期脉冲值均为负(−0.0001,−0.0002,−0.0004,−0.0004),滞后六期的累积效应值为 −0.0009。这表明各国经常账户的改变对金融稳定产生负的影响,一国经常账户逆差越大,代表该国的金融不稳定程度越高。显然从整体来看,各国有效汇率波动可以通过 lnVER→lnCA→

---

① 限于篇幅,本文没有提供脉冲响应图形,如果有需要,可向作者索取。

lnFSCI 路径反方向影响各国金融稳定,汇率高估导致实际有效汇率升值,汇率升值产生经常账户逆差,经常账户逆差导致金融稳定状况指数增加,金融不稳定上升。

其二,lnVER→lnFDI→lnFSCI 路径

随着 lnVER 的一个正交化新息,lnFDI 在同期没有影响(脉冲值为 0),之后第一期至第六期脉冲值均为正,数值分别为 0.0002、0.0006、0.0009、0.001、0.0009 和 0.0007,并在第四期达到最大。滞后六期的累积效应为 0.0043,汇率波动与外商直接投资流入同方向变动,显然汇率波动会促进跨国公司对外直接投资。随着 lnFDI 的改变,lnFDI 的新息又会对 lnFSCI 产生影响。lnFDI 的正交化新息在同期对 lnFSCI 产生正的影响,脉冲值为 0.0001,之后第一期至第六期脉冲值为正,数值分别为 0.0004、0.0006、0.0007、0.0007、0.0006 和 0.0005,第三和第四期达到最大,滞后六期的累积效应值为 0.0035。这表明 FDI 流入对金融稳定产生正的影响,一国 FDI 流入越大,金融稳定状况指数越大,代表该国的金融不稳定程度越高。实证结果也证明了 FDI 同样是不稳定的,与 FDI 相关的资本流动也可能恶化东道国的国际收支和金融稳定,加剧金融危机[52-54]。显然从整体来看,各国有效汇率波动可以通过 lnVER→lnFDI→lnFSCI 路径正方向影响各国金融稳定。

其三,lnVER→lnHM→lnFSCI 路径

随着 lnVER 的一个正交化新息,lnHM 在同期脉冲响应值为负(脉冲值为 −0.0008),之后除了第一期脉冲值为负以外(−0.0001),其他第二至第六期脉冲值均为正(0.0005,0.0011,0.0016,0.0019,0.0021),滞后六期的累积效应为 0.0071。显然从整体来看,汇率波动导致热钱流入产生同方向的变化,即随着有效汇率的不断升值,热钱大量流入本国。随着 lnHM 的改变,lnHM 的新息又会对 lnFSCI 产生影响。lnHM 的正交化新息在当期对 lnFSCI 不产生影响,脉冲值为 0,之后第一至第六期全为正值,脉冲值分别为 0.0005、0.0014、0.0014、0.0012、0.0007 和 0.0002,在第二、三期达到最大,滞后六期的累积效应值为 0.0054。这表明在热钱流入的初期,该国的金融系统还处于稳定的状况,但随着热钱的不断涌入,该国的金融稳定状况系数不断增大,产生金融不稳定。和汇率波动通过 FDI 渠道影响金融稳定这条路径相比较,显然汇率波动通过热钱渠道影响各国的金融稳定更为明显。从整体来看,各国有效汇率波动可以通过 lnVER→lnHM→lnFSCI 路径正方向影响各国金融稳定。

其四,lnVER→lnSP→lnFSCI 路径

随着 lnVER 的一个正交化新息,lnSP 在同期脉冲响应值为正(脉冲值为0.0155),之后第一至第六期脉冲值均为正,数值分别为 0.0177、0.015、0.0119、0.01、0.0087 和 0.0075,并在第一期达到最大,滞后六期的累积效应为 0.0708。显然,汇率波动导致股市波动产生同方向的变化,汇率高估导致股市高涨,资产价格也同时上涨,进一步验证了假设 3。随着 lnSP 的改变,lnSP 的新息又会对 lnFSCI 产生影响。lnSP 的正交化新息在当期对 lnFSCI 不产生影响,脉冲值为 0,之后第一至第六期全为正值,脉冲值分别为 0.0067、0.006、0.0065、0.0059、0.0051 和 0.0041,脉冲值在第一期达到最大,滞后六期的累积效应值为 0.0343。这表明股市波动也会带动各国金融稳定状况同方向的变化。显然从整体来看,各国有效汇率波动可以通过 lnVER→lnSP→lnFSCI 路径正方向影响各国金融稳定。

在一国发生汇率高估的情况,该国的实际有效汇率就会上扬,带动股市同方向变化,资产价格同时上涨。而一旦该国发生资本流动逆转现象,资产价格泡沫就开始破裂,实际有效汇率开始贬值,股市、楼市崩盘。而资产价格下跌后,大面积的企业违约使银行不良资产比率迅速上升。一些银行开始倒闭,金融危机开始爆发,危机可能进一步蔓延到实体经济,形成全面的经济危机。

(3)汇率波动与各国金融稳定状况指数的综合关系

通过上述脉冲响应函数的分析可以知道,汇率波动与各国金融稳定状况指数之间存在直接和间接两种作用,但很显然,他们之间的直接关系明显小于它们之间的间接作用。这也再一次证明了汇率波动可能影响各国的金融稳定状况,但往往通过外部冲击传导至该国金融体系,影响该国的金融稳定状况。

从汇率波动的传导路径来看,通过资本流动路径和资产价格路径冲击各国金融稳定的机制更加强烈,而通过贸易路径冲击各国金融稳定的机制较弱。这也说明了政府如果要维护本国金融体系的稳定,就需要监管本国的资本流入状况和控制本国资产价格波动状况。

4. 面板方差分解分析

为了更清楚地刻画和度量各国汇率波动对金融稳定状况的影响,我们进一步采用了方差分解的方法,获得了不同方程的冲击反应对各个变量波动的方差贡献率构成。方差分解给出对模型中变量产生影响的每个随机扰动的相对重要的信息,利用面板模型的方差分解,可以进一步说明影响因素的大小,以此评价每一个结构冲击对内生变量变化的贡献度。表 3 给出了第 10 个预测期的方

差分析结果。

表 3　面板方差分解结果

变量	S	lnFSCI	lnVER	lnCA	lnFDI	lnHM	lnSP
lnFSCI	10	0.9052	0.0005	0.0125	0.0282	0.0017	0.0519
lnFSCI	10	0.001	0.9873	0.0002	0.0016	0.0082	0.0016
lnCA	10	0.0014	0.0481	0.8113	0.114	0.0108	0.0143
lnFDI	10	0.0016	0.0024	0.0323	0.9516	0.0036	0.0085
lnHM	10	0.01	0.0053	0.2918	0.2707	0.4215	0.0006
lnSP	10	0.0158	0.0243	0.024	0.1017	0.003	0.8312

从第 10 个预测期对各方程分析的结果可以看出:六个变量的波动均主要来自于自身。除此之外,lnFSCI 的变动主要来源于外商直接投资的流入以及资产价格波动。在第 10 个预测期,外商直接投资流入对各国金融稳定状况的影响达到 2.82%,而资产价格波动对各国金融稳定状况的影响达到 5.19%,贸易收支变动对各国金融稳定状况的影响达到 1.25%。相对于中间渠道变量,汇率波动反而对各国金融稳定状况的影响是最小的,仅有 0.05%,从而验证了前面的结论,即汇率波动对各国金融稳定状况的直接影响并不明显。

五、结　论

本文利用 37 个国家的统计数据,核算各国的汇率波动和金融稳定状况,使用 PVAR 模型实证分析汇率波动和金融稳定之间的关系。实证结果表明:一是汇率波动与金融稳定之间存在并不十分明显的互动关系。如果仅仅从两者的直接关系来看,它们之间并不存在强有力的联系,但加入其他参与变量之后,两者之间的作用机制变得明显起来。显然,汇率波动需要通过贸易渠道、资本流动渠道以及资产价格渠道传导冲击各国的金融稳定,所产生的影响均大于它们的直接联系。二是无论是从脉冲响应函数还是方差分解来看,汇率波动通过资本流动渠道和资产价格渠道传导冲击各国金融稳定的机制更加强烈;相对而言,通过贸易渠道传导冲击各国金融稳定的机制相对较弱。

基于上面的研究分析,在当前资本自由流动背景下,资本流动不利于东道国的金融稳定,尤其是短期资本流动,并且还会引起该国资产价格波动加剧,进一步恶化该国的金融稳定状况。因此,一方面需要各国政府加强对资本流动的监管,尤其是短期资本流入的监管,鼓励长期性实业资本流入,大力抑制热钱流进本国;另一方面,各国政府尤其需要注重资本账户开放的节奏,避免汇率波动通过资本渠道冲击国内金融稳定。

当然,因数据可获取性的限制,本文所选取的样本国家较少,选取的时间跨度不长,且样本国家过多地集中在发达国家,发展中国家样本数量不足,可能导致本文的研究结果不够全面。可以展望,随着计量方法的不断改进以及样本数据的不断更新,对该问题的研究将更具有普遍意义,而这也成为笔者以后的研究方向。

参考文献

[1] Laeven L,Klingebiel D. Managing the real and fiscal effects of banking crises[EB/OL]. (2012-05-11)[2012-07-01]. http://www-wds. world-bank. org/external/default/ WDSContentServer/IW3P/IB/2002/03/22/ 000094946_020307040331 5/Rendered/PDF/multi0page. pdf♯page=41.

[2]Bordo M,Eichengreen B, Klingebiel D, et al. Is the crisis problem growing more severe? [J]. Economic Policy,2001,16(32): 51-82.

[3]Purvis D. Public sector deficits,international capital movements,and the domestic economy:The medium-term is the message[J]. The Canadian Journal of Economics,1985,18(4):723-742.

[4]Mishkin F S. Global financial instability:Framework,events,issues [J]. Journal of Economic Perspectives,1999,13(4):3-20.

[5]McKinnon R I, Pill H. International overborrowing:A decomposition of credit and currency risks[J]. World Development,1998,26(7):1267-1282.

[6]Wellink A H E M. Current issues in central banking[EB/OL]. (2012-05-11)[2012-07-01]. http://www. bis. org/revi-ew/r021120a. pdf.

[7]Bernanke B,Gertler M. Financial fragility and economic performance [J]. Quarterly Journal of Economics,1990,105(1):87-114.

[8]Schwartz A J. Why financial stability depends on price stability[J]. Economic Affairs,1995,15(4):21-25.

[9]Padoa-Schioppa T. Central banks and financial stability:Exploring a Land in between[EB/OL]. (2012-05-11)[2012-07-01]. http://www. ecb. de/ events/pdf/conferences/tps. pdf.

[10]Arize A C,Thomas O,Slottje D J. Exchange rate volatility and foreign trade：Evidence from thirteen LDC's[J]. Journal of Business and Economic Statistics,2000,18(1)：10-17.

[11]Boyd D,Caporale G M,Smith R. Real exchange rate effects on the balance of trade：Cointegration and the marshall-lerner condition [J]. International Journal of Finance and Economics,2001,6(3)：187-200.

[12]Singh T. India's trade balance：The role of income and exchange rates[J]. Journal of Policy Modeling,2002,24(5)：437-452.

[13] Sauer C, Bohara A K. Exchange rate volatility and exports：Regional differences between developing and industrialized countries [J]. Review of International Economics,2001,9(1)：133-152.

[14]Obstfeld M. Financial flows,financial crises,and global imbalances [J]. Journal of International Money and Finance,2012,31(3)：469-480.

[15] Milesi-Ferretti G M，Razin A. Current account reversals and currency crises：Empirical regularities[EB/OL]. (2012-05-11)[2012-07-15]. http://www. tau. ac. il/～razin/mfr. crisnber. pdf.

[16] Kaminsky G L，Reinhart C M. The twin crises：The causes of banking and balance of payments problems[J]. American Economic Review，1999,89(3)：473-500.

[17]Sarlin P，Marghescu D. Visual predictions of currency crises using selforganizing maps [J]. Intelligent Systems in Accounting，Finance and Management,2011,18(31)：15-38.

[18]Laeven L，Valencia F. Systemic banking crises,a new database[EB/OL]. (2012-05-11)[2012-07-15]. http://www. imf. org/external/pubs/ft/wp/2008/wp08224. pdf.

[19]姜波克,王军. 货币投机的微观分析和政策含义[J]. 金融研究,1998(3)：7-12.

[20]Obstfeld M，Rogoff K. Global imbalances and the financial crisis：products of common causes[EB/OL]. (2012-05-11)[2012-07-15]. http://economics. harvard. edu/faculty/rogoff/files/Global _ Imbalances _ and _ Financial_Crisis. pdf.

[21]Whelan K. Global imbalances and the financial crisis[EB/OL].

(2012-05-11)(2012-07-30). https://www.ucd.ie/t4cms/wp10₁3.pdf.

[22]刘莉亚,任若恩.银行危机和货币危机共生关系的实证研究[J].经济研究,2003(10):40-49.

[23]Goldberg L, Kolstad C. Foreign direct investment, exchange rate variability and demand uncertainty[J]. International Economic Review,1995,36(4):297-320.

[24]Lipschitz L,Lane T D, Mourmouras A. Capital flows to transition economies: Master or servant[EB/OL]. (2012-05-11)[2012-07-30]. http://journal.fsv.cuni.cz/storage/1054_s_202_222.pdf.

[25]Cardarelli R, Elekdag S, Kose M A. Capital inflows:Macroeconomic implications and policy responses[J]. Economic Systems, 2010, 34 (4): 333-356.

[26]Aizenman J,Jinjarak Y, Park D. Capital flows and economic growth in the era of financial integrationand crisis,1990—2010[EB/OL]. (2012-05-11) [2012-07-30]. http://www.nber.org/papers/w17502.pdf? new_window=1.

[27]McKinnon R, Pill H. Financial deregulation and integration in East Asia[M]. Chicago:The University of Chicago Press,1996.

[28]鄂志寰.资本流动与金融稳定相关关系研究[J].金融研究,2000(7):80-87.

[29] Reinhart C M, Reinhart V R. Capital flow bonanzas: An encompassing view of the past and present[EB/OL]. (2011-05-11)[2012-07-30]. http://www.nber.org/papers/w14321.pdf? new_window=1.

[30]Joyce J P, Nabar M. Sudden stops,banking crises and investment collapses in emerging markets[J]. Journal of Development Economics,2009,90(2):314-322.

[31]Radelet S, Sachs J. The onset of the East Asian financial crisis[EB/OL]. (2012-05-11)[2012-08-01]. http://www.nber.org/chapters/c8691.pdf.

[32]金洪飞,李子奈.资本流动与货币危机[J].金融研究,2001(12):43-50.

[33]Keynes J M. The forward market in foreign exchanges[EB/OL]. (2011-05-11) [2012-08-01]. http://www.s.fpu.ac.jp/oka/english/keynessraffaeng3.pdf.

[34]Dornbusch R, Fischer S. Exchange rates and the current account

[J]. American Economic Review,1980,70(5):960-971.

[35]Santis G D, Gerard B. How big is the premium for currency risk? [J]. Journal of Financial Economics,1998,49(3):375-412.

[36]Amare T, Mohsin M. Stock prices and exchange rates in the leading Asian economies: Short versus long run dynamics[J]. Singapore Economic Review,2000,45(2):165-181.

[37]Santis D,Gerard G B, Hillion P. The relevance of currency risk in EMU[J]. Journal of Economics and Business,2003,55(5):427-462.

[38] Borio C E V, Lowe P W. Asset prices, financial and monetary stability: Exploring the nexus[EB/OL]. (2012-05-11)[2012-08-01]. http://www. bis. org/publ/work114. pdf.

[39] Kindleberger C P M. Panics and crashes[M]. New York: Basic Books,1978.

[40]Kauko K. External deficits and non-performing loans in the recent financial crisis[J]. Economics Letters,2012,115(2):196-199.

[41]Bordo M D, Meissner C M. Does inequality lead to a financial crisis? [EB/OL]. (2012-05-11) [2012-08-01]. http://www. nber. org/papers/w17896. pdf? new_window＝1.

[42]Hofmann B. Bank lending and property prices: Some international evidence[EB/OL]. (2012-05-11)[2012-08-01]. http://repec. org/mmfc03/Hofmann. pdf.

[43]Allen F, Gale D. Bubbles crises and policy[J]. Oxford Review of Economic Policy,1999,15(3):9-18.

[44] Mendoza E G, Terrones M E. An anatomy of credit booms: Evidence from macro aggregates and micro data[EB/OL]. (2012-05-11)[2008-08-15]. http://www. nber. org/papers/w14049. pdf? new_window＝1.

[45]Schularick M, Taylor A M. Credit booms gone bust: Monetary policy,leverage cycles and financial crises,1870-2008[EB/OL]. (2012-05-12) [2012-08-15]. http://www. nber. org/papers/w15512. pdf? new_window＝1.

[46]Pagan A R, Schwert G W. Alternative models for conditional stock volatility[J]. Journal of Econometrics,1990,45(1):267-290.

[47]Hsieh D A. Modeling heteroscedasticity in daily foreign-exchange

rates[J]. Journal of Business and Economic Statistics,1989,7(3):307-317.

[48]Goodhart C,Hofmann B. Asset prices and the conduct of monetary policy[EB/OL]. (2012-05-11)[2012-08-15]. http://repec. org/res2002/Goodhart. pdf.

[49]J. W. van den End. Indicator and boundaries of financial stability[EB/OL]. (2012-05-11)[2012-08-20]. http://www. dnb. nl/binaries/Working%20Paper%2097_tcm46-146754. pdf.

[50] Gersl A. Financial stability indicators: Advantages and disadvantages of their use in the assessment of financial system stability[EB/OL]. (2012-05-11)[2012-08-20]. http://www. cnb. cz/en/financial_stability/fs_reports/fsr_2006/FSR_2006_article_2. pdf.

[51]Miguel A M. A financial stability index for Colombia[J]. Annals of Finance,2010,6(4):555-581.

[52]Claessens S,Dooley M, Warner A. Portfolio capital flows:Hot or cold[J]. The World Bank Economic Review,1995,9(1):153-174.

[53]Krugman P. Bubble,boom,crash:Theoretical notes on Asia's crisis[EB/OL]. (2011-05-11)[2012-08-20]. http://www. nber. org/chapters/c6164. pdf.

[54]姚枝仲,何帆. FDI 是否会带来国际收支危机[J]. 经济研究,2004(11):37-46.

量化宽松货币政策研究综述①

摘 要 2008年金融危机之后,西方主要发达国家相继推出了量化宽松货币政策,一方面对严重受损的金融体系进行紧急救助,防止出现系统性风险,另一方面实现对经济的扩张性作用,防止经济陷入衰退。量化宽松释放了大量的流动性,成为全球金融体系的不稳定因素。当前全球经济增长乏力,贸易保护主义抬头等问题伴随量化宽松带来的不确定性,给世界经济发展蒙上了阴影。鉴于量化宽松的重要性,本文将在传统货币政策的基础上,对量化宽松政策的理论基础、传导机制及有效性等方面的研究进行梳理,并在此基础上着重总结了量化宽松实施和退出所带来的溢出效应及对中国的影响等方面的相关工作,并在总结基础上提出了政策建议。

关键词 量化宽松政策;量化宽松;有效性传导渠道;溢出效应

一、引 言

量化宽松货币政策在2008年金融危机后被广泛应用,在对抗金融危机引发的经济衰退中起到了积极的作用,量化宽松也成为金融危机以来全球经济的一大特征。量化宽松的首次大规模应用则是在2008年的美国次债危机引发全球性金融危机之后。2008年9月随着多家大型金融机构破产并被美国政府接管,金融危机开始失控,并向欧盟、日本等世界主要金融市场迅速蔓延,最终演变成了全球性的金融危机。2008年11月25日,联储首次公布将购买机构债和MBS,标志着首轮量化宽松政策(QE1)的开始。QE1通过购买政府房利美、房

① 本文作者金雪军、曹赢,最初发表在《浙江社会科学》2016年第11期。

地美、联邦住房贷款银行与房地产有关的直接债务及相关的抵押贷款支持证券(MBS)向受损金融系统注入大量流动性。到 2010 年 4 月止美联储的资产购买总额达到了 1.725 万亿美元。QE1 的主要目标是紧急救助金融新体系,重建金融机构信用,稳定信贷市场。QE1 后美国经济并未出现明显的复苏迹象,失业率高企,为此美联储实行了第二、三、四轮量化宽松政策,其目的为促进经济增长。后三轮量化宽松政策主要是购买美国中长期国债,并承诺在通胀水平低于 2% 的条件下将保持 0.25% 以下的超低利率。在四轮量化宽松刺激下,美国经济在 2014 年末出现复苏迹象。

在美国率先实行量化宽松政策之后,西方主要发达国家紧随其后。英国,日本,欧元区等先后实行量化宽松,通过资产购买、国债购买、创新贷款制度等向经济注入大量流动性。由于经济持续低迷,量化宽松释放的流动性并未进入实体经济领域,并且通过全球金融体系向新兴市场国家流动,给新兴市场国家带来的输入性通胀、资产价格泡沫,对经济稳定性造成了不利影响。而由于各国的经济形势、经济结构、政策空间等各不相同,西方各经济体在推出各自版本的量化宽松政策时表现出了不同的特点。美联储在将隔夜拆借利率下调到 0~0.25% 之间后,直接向金融机构和非金融机构购买资产,而日本央行则主要通过以银行为主的金融机构进行救助,以实现对实体经济的影响。英国央行的量化宽松政策使得英国各商业银行能够以很低的成本进行融资,但融资前提是需要增加贷款的规模。而欧洲央行直到 2015 年 1 月才推出量化宽松政策,其措施也相对保守,这是由于欧元区各成员国经济状况及利益各不相同,其量化宽松政策也必然是各国利益协调平衡后的结果。

通常各国实行的不同于传统货币政策的扩张性货币政策被统称为非传统货币政策,包括量化宽松、信贷宽松、本质宽松等都是对其中一类的指代。如美联储主席伯南克(Bernanke,2009)说明了量化宽松和信贷宽松之间的区别:虽然两个政策的执行结果都是对央行资产负债表的扩展,但量化宽松侧重于资产负债表的负债部分,信贷宽松则侧重资产负债表的资产部分。而实际上由于美国率先实行了量化宽松这一非传统货币政策,量化宽松已经成为非传统货币政策的代名词。

二、量化宽松政策的理论基础

量化宽松政策的实施通常是中央银行在实行零利率或近似零利率政策后,

已经无法通过利率杠杆等传统工具来实现货币政策目标,因而需要通过更为直接的干预方式来向经济注入流动性。量化宽松货币政策作为一种特殊的货币政策,其理论基础来源于传统货币政策的研究,从某种角度来看,量化宽松政策可以看做是一种特殊的公开市场操作。

(一)零利率下限和流动性陷阱

传统货币政策对经济产生作用的主要渠道是利率,而由于零利率下限和流动性陷阱等原因,传统货币政策传导渠道失效。下面主要介绍零利率下限和流动性陷阱以及两者对货币政策有效性的影响。

零利率下限即名义利率不能低于零。当名义利率接近于零的时候,央行将无法通过降低利率的方式来扩张经济,传统货币政策在利率接近于零的时候将失去对经济的调控能力。Fisher(1896)最早提出了零利率下限问题并指出如果一种商品可以无成本地持有,那么以这种商品计价的利息就不能为负。对于货币而言,这就意味着,如果持有货币是没有成本的,将货币借出却收到负的利息,那么没有人愿意将货币借出。

与零利率下限类似的理论是流动性陷阱理论,指的是当利率下降到某一水平时,投资者就会产生利率上升而债券价格下降的预期,此时投资者就会放弃债权而无限制地持有货币,导致货币的需求弹性无穷大。此时即使增加货币供应,也难以促使银行增加信贷,从而导致货币政策无法宽松而失去扩张经济的能力。

流动性陷阱和零利率下限虽然是两个不同的理论,但至少在两点上两者存在一致性,即两者都先假定了货币政策只能透过利率对经济产生影响,同时两者都同样得出货币政策在流动性陷阱下失去经济刺激的能力的结论。流动性陷阱在 20 世纪 90 年代的日本和 2008 年后的金融危机中有具体的体现。在这两次经济危机中,相关国家在一开始就实行了降息的策略,将名义利率降到接近于零,然而利率的下降并没有对实体经济产生扩张性的刺激作用,借贷、投资、消费等持续萎缩。

(二)金融危机对传统货币政策的挑战

金融危机前发达经济体中货币政策的普遍共识是货币政策目标应是实现稳定的低通货膨胀,即通胀目标制,中间目标是银行间市场短期利率。在通常情况下,这一短期利率对其他市场利率以及整体经济的效果也被认为是较为明确可靠的。短期利率水平需要参考各种各样的宏观经济信号,而这一决策过程可以由泰勒规则描述(Eggerts-son 和 Woodford,2003)进行近似。

本次危机对于传统货币政策在事后清理方面的效果也提出了严重挑战(Joyce 和 Miles,2012)。首先,根据传统的泰勒规则,当经济体面临深度经济衰退时,短期名义利率应该降到零以下,但受到零利率下限限制,传统货币政策工具在利率降到零以后将失效。其次,由于金融体系以及私人部门所持有的大量资产在金融危机期间严重贬值,信贷市场对金融机构和借款人偿债能力可信度需要进行重新评估,导致官方利率和市场利率传统上较为稳定可靠的联动关系被打破,传统货币政策的利率传导渠道受阻。故在危机之后,发达经济体央行在通胀目标之外增加了货币政策对于金融稳定的作用的关注,事前预见并控制金融风险正逐渐成为新的货币政策共识。

(三)理论模型

量化宽松在流动性释放的经济刺激方面的措施有别于传统货币政策,用于研究传统货币政策传导机制的经济模型难以用于量化宽松的研究。近几年中有不少经济学家在传统经济模型的基础上进行扩展,以包容对量化宽松货币政策的研究。

Gertler 和 Karadi(2011)在金融加速器模型的基础上,结合商业周期理论,并加入央行资产负债表约束,构建了一个用于分析量化宽松货币政策的 DSGE 模型。模型核心是带有名义价格刚性的 DSGE 模型,为了容纳量化宽松操作,在模型中增加了金融中介部门,并假设该金融中介能够在家庭及非金融部门之间进行资金的转移。模型设置了六类经济主体,除家庭、金融中介、非金融产品生产商、资本生产商、完全竞争的零售商等五个外,还设置了央行用于执行传统以及非传统货币政策。在该模型的框架下评估了央行量化宽松效果,发现量化宽松在利率接近于零时仍能够提升社会福利,并将该结果解释为央行信贷规模的扩大抵消了私人信贷规模减小。

Vasco Cúrdia 和 Michael Woodford(2009)则将信贷摩擦引入 DSGE 模型,并对改进后泰勒法则下的均衡对一系列冲击的反应进行了比较,研究结果表明加入利差调整能够有效地改进标准的泰勒法则。此后 Vasco Cúrdia 和 Michael Woodford(2010)将央行的资产负债表引入标准新凯恩斯模型中,并考虑了银行准备金供给变化、央行获得的资产变化以及支付给准备金的利率变化等政策维度与传统利率政策之间的关系。他们认为当金融市场遭到破坏时,央行的量化宽松政策是无效的,而以资产购买为目标的政策有效。虽然购买非流动性资产并不是传统利率政策的完美替代,但该操作能在零利率约束时增进社会福利。Tobias Adrian 和 Hyun Song Shin(2010)重新考虑了金融中介在货币经济学中的角色,并探索了金融中介通过他们决定风险价格的角色以驱动经济周期的假说。他们发现,短期利率对金融中介机构资产负债表规模有着至关重要的影响。

此外 Nobuhiro Kiyotaki 和 John Moore(2012)提出了流动性冲击模型,用于解释量化宽松货币政策的传导机制。在假设货币流动性高于其他资产的基础上,将货币引入到完全竞争框架内。该模型认为企业投资与股市表现密切相关,当外生的流动性冲击导致资产价格下跌,股价下挫的情况下,导致企业的融资成本增加,融资难度加大,从而导致企业投资下降,产出萎缩。此时央行通过量化宽松货币政策,在金融市场上通过大规模的资产购买,稳定资产价格,降低企业的融资成本,促进企业发展,利于经济恢复内生性增长。

(四)量化宽松政策传导渠道

近年来量化宽松的实践及相应的经济表现证明此类货币政策在刺激经济方面的有效性,这说明量化宽松货币政策存在有效的传导渠道。一般认为,量化宽松主要通过以下几条传导渠道实现对经济的刺激。

1. 资产组合再平衡渠道

央行通过量化宽松改变了资产负债表的结构,通过主动持有流动性差、风险高的资产,向经济注入足够的流动性。这种改变央行资产负债表结构,重新配置央行资产的方式称作资产组合再配置。在此操作下,民众持有的资产由于收益率和资产价格的改变,基于效用最大化原则将对其资产组合进行优化,改变社会的资产结构。由此带来的对资产价格和资产收益率的影响称为资产组合再平衡效应。

在研究资产组合再平衡传导机制是否存在的实证研究中,Gagnon(2012)基于资产组合再平衡传导机制来进行实证研究,证明了资产组合再平衡传导机制在量化宽松传导中的作用。Diana 和 Wayne(2011)认为量化宽松对长期利率的影响较大;而 Stroebel 和 Taylor(2011)则发现量化宽松的效果并不明显。而从理论角度看,资产组合再配置效应是否存在受特定条件约束,Eggertsson 和 WoodFord(2010)在一个无生命限期模型基础上证明,在央行持有的资产具有完全可替代性的情况下,央行的资产组合变化并不影响个人的经济决策,从而也不会对经济产生任何影响,从而认为资产组合再平衡效应难以存在,同时他们认为在典型家庭的资产定价模型中,资产的价值依赖于典型家庭收入的边际效用,并不依赖于家庭持有的资产数量,这说明资产再平衡效应即使存在也是微乎其微的。

然而在实际经济条件下,资产的完全替代性条件通常难以成立。Vasco Cúrdia 和 Michael Woodford(2011)通过构建 DSGE 证明当资产不是完全替代,且经济各部门存在一定约束的条件下,资产组合再平衡效应存在。Arvind Krishnamurthy 和 Annette Vissing-Jorgensen(2011)在量化宽松对利率的影响一文中认为,由于回购协议经常要求用美国国债作为抵押,美国国债的价值将超出其未来现金流收益的折现值,从而影响社会的资产结构。David Miles(2011)认为央行购买长期国债的资产组合再平衡效应作用于经济的渠道主要有两个:一是通过压低国债收益率,降低期限溢价和风险收益率,缓解信贷约束。二是通过增加银行的流动性资产提高银行信贷的可获得性,促进投资增长。

2. 通胀预期传导渠道

通胀预期传导渠道的基础在于如果央行的可信承诺能够改变公众对于未来通胀的预期,那么即使在零利率下限情况下,扩张性的货币政策仍然能够产生作用。Paul Krugman(2000)认为只要市场预期央行将持续执行扩张性货币政策的承诺是可信的,那么不论经济是否处于流动性陷阱,扩张性的货币政策都能够起到作用。其通过建立一个包括货币、价格、产出以及利率在内的简化跨期模型对零利率条件下货币政策的作用进行分析,并认为只要央行能够实现对通胀目标的管理,货币政策就能够发生作用,并刺激经济走出流动性陷阱。

通胀预期管理对扩张性货币政策的作用得到了许多学者的赞同。Marc P. Giannoni 和 Michael Woodford(2005)等人认可了通胀预期的管理在优化货币政策实施效果方面的重要性,认为有效的通胀预期管理可以大幅提高央行货币政策执行的有效性。Gauti B. Eggertsson 和 Michael Woodford(2010)等讨论了零利率条件下的最优货币政策,认为政策是否有效与政策的可信性及自身的性质密切相关,所以通胀预期管理是解决零利率约束下货币政策有效性的关键。Svensson L. E. O.(2001)认为货币政策的目标路径为经济提供了最好的名义锚。只要央行设定的目标是可信的,其设定价格水平目标就意味着长期的通货膨胀预期将独立于现期的通胀甚至通缩,因此为经济提供了自动的激励机制,同时认为预期管理应该是央行制定货币政策的重要内容之一。

3. 其他渠道

除了上述两个重要的传导渠道之外,量化宽松还存在其他传导渠道,包括财政政策渠道,汇率渠道和信贷渠道等。从财政政策角度来看,量化宽松政策不仅仅是一项货币政策,同时还能起到扩张财政政策的效果。央行通过公开市场大规模购买政府债券的行为将使公众持有的有息政府债券减少,降低政府在未来的利息负担。Auerbach A. J. 和 Obstfeld M. (2004)分析了可信的货币供给长期增长的财政效应,认为即使在流动性陷阱中,央行大规模购买政府债券也能抵消通货紧缩趋势。

从汇率渠道的角度来看,在开放经济条件下,一国通过实施量化宽松政策增加了该国的货币供给,那么在需求没有相应增大的情况下,市场会对该国货币产生贬值预期(Qianying Chen 等,2013)。本币贬值能够提高出口商品的竞争力,达到扩大出口,提振经济的目的。Svensson L. E. O. (2001)检验了开放经济条件下存在以及不存在零利率下限时货币政策的传导机制,并提出以设定价格水平目标路径、通货贬值和临时盯住汇率制度相结合的方法能够使经济走出流动性陷阱。

从信贷的角度看,在金融危机发生时,企业由于资产价格的下降,导致其拥有的资产缩水,资产负债表状况恶化,增加了商业银行的信贷中介成本及企业贷款难度,降低企业投资水平。此外,在金融危机期间商业银行资产负债表状况同样恶化,商业银行会出现惜贷行为。量化宽松政策通过两个传导途径来影响经济及金融状况,一是通过大量收购大规模资产,提高资产价格,降低实际利率水平,改善企业和商业银行的资产负债表。二是央行针对商业银行的大规模资产购买计划可以直接向商业银行注入大量流动性,缓解商业银行资金紧张的状况,同时通过购买商业银行的不良资产,降低商业银行风险,提高商业银行的放贷能力。

(五)量化宽松政策有效性研究

从危机后金融市场以及宏观经济走势上看,量化宽松货币政策显示出了一定的积极效果。量化宽松货币政策对于金融市场的影响几乎没有时滞,有关的实证研究更丰富一些。而由于量化宽松货币政策对总体经济的影响往往存在长度不确定的时滞,需要积累一定的数据后才会有相关的研究出现。

从量化宽松对金融的影响方面来看,总体上实证研究支持量化宽松对于金融变量的显著影响。包括 Stefania D'Amico 和 Thomas B. King(2010)在内的一系列实证研究发现,美联储第一轮大规模资产购买成功压低了中长期利率。Jonathan H. Wright(2011)的研究结果显示,尽管量化宽松对除国债收益率之外的金融变量也具有显著影响,但影响时间较短。而 Daines Martin 等(2000)发现当控制宏观和财政性因素后,资产购买对于收益率有持久的压低效应。

由于日本实行量化宽松政策已有较长一段时间,针对日本量化宽松政策的实证研究相对较多。日本银行的 Kimura T. 等(2003)考虑到货币政策制度变化和低利率条件下非线性货币需求的可能性,通过贝叶斯向量自回归模型,提取零利率约束下增加基础货币供给的效果,检验了日本央行量化宽松政策的效果,认为货币供给的增加在利率达到零约束之前对物价有正的影响,而该影响在达到零利率约束之后不存在,他们将这一结果的原因归结于零利率条件下货币需求水平的不足,并认为量化宽松政策的效果非常有限且不确定。Ugai H.(2006)通过对日本 2001—2006 年量化宽松政策实施期间的经济数据进行分析,认为量化宽松由于受资产负债表调整以及零利率限制的影响,对总需求及物价的影响有限。Nobuyuki Oda 和 Kazuo Ueda(2005)研究了零利率承诺和量化宽松政策对日本中长期利率的影响。他们将利率分解为预期和风险溢价两部分,同时提取出市场对日本银行实行零利率政策意愿的看法,并得出日本银行的零利率承诺是降低中长期利率的主要方法的结论。但是,他们的研究结果显示资产再平衡效应并不显著。

在国内研究方面,潘成夫(2009)对量化宽松货币政策的理论基础以及日本量化宽松政策的实践结果进行了细致的梳理。他认为这场全球规模的量化宽松政策将迫使中国被动地采取扩张性货币政策,同时降低了我国外汇储备的购买力,加大了海外资产的风险。杨晶晶(2013)对日本在 2001—2006 年的量化宽松政策实践效果进行了研究,认为日本量化宽松政策帮助稳定了金融体系,降低了长期利率。但由于货币乘数的下降以及银行的惜贷,基础货币的大量增加并没有使货币供给同比增加,私人部门需求依然疲弱,开放条件下政策溢出也削弱了效果;同时该政策还带来了财政困局以及储户巨额利息损失的负面作用。穆争社(2010a;2010b)对量化宽松政策的手段、特点及实施后美国的经济表现进行了分析,认为量化宽松是有效的,在一定程度上减轻了金融危机的危害,阻止了金融危机的进一步蔓延,但也带来央行独立性受损等问题。

从有关研究看,量化宽松货币政策的确能够降低长期利率,对经济复苏也的确有正面作用。然而国际金融危机后近 8 年,发达经济体的复苏仍然脆弱,全球经济走势依然不明朗,这或者说明量化宽松本身影响有限,且面临收益递减的约束,还需要其他促进经济增长的措施来补充。量化宽松的实施也伴随着一定的代价,如大规模的银行超额储备降低了银行间市场同业拆借的规模,当经济出现复苏后,央行如何减小资产负债表规模以避免高通胀存在巨大的挑战。另外,央行大规模购买政府债券事实上为政府债务规模不断上升提供了便利条件,这也意味着财政风险、金融风险与通货膨胀风险的同时存在。

三、量化宽松政策的溢出效应

量化宽松带来的美国经济复苏对其贸易伙伴的出口以及跨境借贷产生了积极作用,但也对新兴经济体产生了包括资本流动加剧、汇率升值、资产价格上升及信贷扩张等溢出效应。这些效应由于新兴经济体金融体系和汇率制度的不完善甚至有加剧的倾向。曾红艳和黄璐(2013)通过对已有文献的总结,认为美国量化宽松货币政策对世界其他国家的溢出效应主要的渠道为:进出口、汇率、通货膨胀等渠道。货币政策的溢出效应对相关的国家经济影响有正效应和负效应,而溢出效应的正负取决于相关国家的经济条件及其内在传导机制。

Rokon Bhuiyan(2008)在小国开放经济的假设基础上,通过 SVAR 模型对分析了美国利率对加拿大通胀水平的影响,认为美国的利率水平对加拿大的通胀水平影响显著。S. Neri 和 A. Nobili(2010)等研究了美国联邦基金利率的变化对欧元区经济的影响,认为通过汇率、商品价格、短期利率、贸易均衡等渠道,联邦基金利率的提高对欧元区经济有负面影响,而其中大宗商品价格起着重要作用。郑征(2013)基于 SVAR 模型研究了美国量化宽松政策对金砖四国产出水平、物价水平、货币政策、出口贸易的冲击。其研究结果表明美国量化宽松政策对金砖四国经济变量有较高的影响力,对四国货币政策产生长期的负向冲击;对四国产出水平有短期的负向冲击,但长期转变为持续增加的正向冲击;对出口贸易产生短期的正向冲击,但长期转变为趋向于零的负向冲击;对印度和俄罗斯带来了短期的输入型通货膨胀;长期将影响中国的物价水平。

对于量化宽松对新兴市场经济体的溢出效应而言,尽管关于溢出效应的实证经验还存在一定分歧,但总体上新兴经济体在量化宽松后经历了明显的资本流入(IMF,2013)。以巴西为例,João Barata R. B. Barroso 等(2016)估计了美联储量化宽松实施前后对巴西经济的影响并检验了统计显著性。研究发现美国 QE1、QE2 及扭转操作在统计上对巴西经济的通胀、消费与实体经济活动的上升有显著影响。另外实证结果还发现溢出效应最重要的传导渠道是资本流入。Saroj Bhattarai 等（2015）研究了量化宽松对 13 个新兴市场国家的溢出效应，认为美国的量化宽松对新兴市场国家的金融变量有显著的影响，导致了目标国家的货币升值，长期债券收益的降低，资本流入增加以及股票市场的繁荣，特别是对被称为"脆弱五国"的土耳其、印度、巴西、印度尼西亚以及南非等五国而言，影响更为显著。Bauer Michael D. 和 Christopher J. Neely（2014）研究了量化宽松的国际传导机制，认为信号效应和资产组合平衡效应在量化宽松的国际传导中都起到了作用，但两种效应的强弱取决于不同国家自身的经济状况。Bowman David 等（2014）考察了量化宽松对新兴市场国家主权债券收益率、汇率、股票价格的影响，认为虽然这些变量对量化宽松政策有较强的响应，但这些响应的范围并未超出此类变量对美联储利率的响应范围，故量化宽松的影响并未超出传统货币政策影响的范畴。Qianying Chen 等（2014）基于 VECM 模型分析了量化宽松对主要发达国家和新兴市场国家的影响，认为量化宽松在阻止发达国家经济的衰退中起到了显著的作用，而对新兴市场国家的影响则各不相同，分析认为量化宽松在一定程度上引起了中国、巴西等国在 2010 年和 2011年的经济过热，但在 2009 年和 2012 年则对新兴市场国家的经济复苏起到了正面作用。Tatjana Dahlhaus 和 GarimaVasishtha（2014）考察了发达国家量化宽松对新兴市场国家投资组合流动的影响，认为量化宽松的影响在统计上并不显著，但同时文章也认为对投资组合流动较小的影响导致新兴市场国家金融市场的波动。肖娱（2011）使用含有外生变量的 SVAR 模型研究了美国货币政策对亚洲经济体的溢出效应。研究表明，美国宽松的货币政策对亚洲国家产出的增长具有积极的作用，但与此同时，该政策也会给亚洲国家带来热钱流入等问题。

在量化宽松对中国的溢出效应方面，吴宏和刘威（2009）利用 SVAR 模型实证检验发现美国货币政策对我国净出口短期内具有正效应，但长期表现为负效应。肖芍芳和黄洁文（2012）基于 SVAR 模型研究认为美国的量化宽松货币政策对我国出口贸易具有显著的正向影响。余珊萍和郑征（2013）分析了美国量化宽松货币政策对中国贸易的冲击响应，得出美国量化宽松货币政策在短期会对中国进出口产生正向冲击，长期会恶化贸易收支的结论。肖曼君和陈凤霞（2015）通过对 2008 年 1 月到 2014 年 12 月间的宏观经济数据进行分析，认为美国四轮量化宽松货币政策通过汇率传导和价格传导两条路径对中国通胀水平产生一定的影响。邢庆伟等（2015）认为随着量化宽松的退出，其所带来的效应将呈反方向变动，国际市场上的流动性减弱，美国国内经济复苏，吸引国际资本部分回流，美元升值而其他货币贬值，新兴市场经济体产生新一轮动荡。

四、量化宽松政策的退出与应对

随着美国经济的好转,美联储开始启动量化宽松的退出(戴金平,2014)。2014 年 10 月 29 日美联储停止新的资产购买,这可以看作美联储正式启动量化宽松的退出过程。本节主要讨论量化宽松退出的策略及其对全球经济特别是中国经济的可能影响。

(一)量化宽松政策的退出策略

2015 年中美联储多次采用全额供应国债逆回购(RRP)、定期存款(TDF)及超额准备金利率(IOER),对市场上的流动性进行短期的收缩,测试市场对回收流动性政策的反映,为进一步的退出策略探路。

对于量化宽松货币政策的退出,其目标应包括两方面内容:一是政策利率脱离零下限区间开始正常化,二是美联储资产负债表的瘦身。对于第一个目标,需要根据经济恢复的情况,择机进行加息,使得利率回归正常区间。对于第二个目标,技术上可采取如下两种方式:其一是通过持有长期债券自然到期并不再将本金再投资于债券来实现资产负债表自动缩减;其二是直接出售债券资产,主动缩减资产负债表。

美联储退出量化宽松的策略核心是实现有秩序的退出,避免造成金融市场动荡或者通胀风险不可控制的上升。为实现这一目标,同时需要平衡对市场预期的引导以及适度相机抉择两方面关系。通过建立退出规则和透明度,加强与市场的沟通,以大体可预期方式逆转量化宽松,另外还需要根据债券市场、信贷市场、通货膨胀和失业率的动态变化,适时适度地收缩流动性供应。

(二)量化宽松政策退出的影响和应对策略

美联储量化宽松的退出对全球经济已经开始产生影响,特别是在 2015 年底美联储在近 7 年来的首次加息便对全球经济产生了巨大影响,导致了第二天阿根廷汇率跳水,同时美元也强势上涨,引发国际资本大量流向美国。与量化宽松的影响渠道相似,量化宽松的退出主要通过利率,汇率,国际大宗商品价格等渠道对他国经济产生影响,并且市场预期在其中起到了重要作用。以此次加息为例,美联储加息幅度较小,却是市场据以判断美联储后续政策的风向标,对市场预期产生了很大的影响,从而在市场上有明显的反应。

量化宽松的退出在历史上的实践并不多，仅有日本此前曾有过完整的退出过程，但考虑到当时日本的资产负债规模较小，其量化宽松政策的完全退出对全球经济并未造成重要影响，同时美联储的量化宽松政策退出进程缓慢，直到2015年末才启动加息，对于量化宽松退出效应的研究较少。谭小芬(2010)通过对美国量化宽松政策实质和效果的分析，对量化宽松政策的退出时机和退出路径进行了研究，同时指出了政策退出过程中可能存在的风险，以及对我国经济可能产生的冲击和影响。谭小芬等(2013)对美国退出量化宽松对国内的影响进行了研究，认为一旦美国启动量化宽松的退出操作，将会出现美国债券收益率上升、美元升值、短期国际资本回流美国、新兴市场资产价格和大宗商品价格回落等，中国需要对此做出前瞻性的政策调整和应对，以避免内部监管加强和外部环境紧缩相互叠加引发国内宏观经济过度波动。张成祥(2015)认为美国退出量化宽松对中国所产生的影响有利有弊，其对经济增长的拉动会为我国经济结构改革提供较好的环境，但是也会加速金融领域风险的暴露和资产泡沫的破灭。蓝虹和穆争社(2015)认为美联储量化宽松的退出将造成美国的利率升高并导致美元升值，从而引发严重的政策溢出效应，造成国际资本流动冲击，影响全球金融稳定。王申等(2015)通过SVAR模型分析表明，美联储退出量化宽松会从汇率渠道加剧我国的通货紧缩，主要表现在量化宽松引发美元持续升值，从而引发我国资本外流，导致流动性紧缩。

总体而言，量化宽松政策开始退出标志着美国经济已经开始恢复内生性增长，从长期来看对于全球经济而言是一个利好，美国经济的复苏将会带来更加良好的国际贸易环境，带动世界经济的恢复和发展。但从短期来看，量化宽松退出带来的冲击不可小觑，主要的冲击包括美国利率走高，全球流动性流向美国，对当前流动性缺乏的经济体带来通缩压力；资本流动的加速将加剧国际金融体系的波动，影响新兴经济体的经济发展；大宗商品价格下降，对大宗商品出口国的经济有负面影响，同时大宗商品价格的下降将给包括美国在内的全球经济带来通货紧缩的压力，对量化宽松带来的经济复苏造成不利影响等。

考虑到我国经济与全球经济，特别是与美国经济之间的密切联系，我国需要对量化宽松退出带来的冲击做好应对策略。对美联储退出量化后我国的应对策略在上述所提参考文献中已有给出，不再单列参考文献。对所提的应对策略进行梳理，主要有以下几条：

首先是保持汇率稳定，稳步推进人民币国际化。加快推进人民币国际化进程，提高人民币国际化的程度，是应对国际金融冲击的根本途径，也是应对美联储量化宽松政策的有效手段。同时人民币国际化程度的提高对于国际金融体系的稳定有促进作用。美国退出量化宽松将导致短期资本回流,中国可以利用这个机会,有条件地向新兴经济体提供帮助,在国家间实行货币互换,推出以人民币计价的各种金融产品和信用,提升人民币的使用范围和规模,扩大接受程度。同时,我国也可以将人民币在我国主导的一些国际性的组织当中进行推广,例如上海合作组织、金砖银行以及亚投行等,提升我国在国际货币体系中的主导力和话语权。

其次,需要警惕可能出现的通货紧缩风险,确保经济平稳增长。通过深化当前的经济体制改革,释放经济活力,通过转变经济增长方式,调整社会产业结构,提高社会生产力,提高我国经济内生增长的动力和稳定性。着力培育和发展新兴产业,加强科技研发投入,通过产业升级的方式提高经济效率。扩大内需,增强民众的消费能力,减少对对外贸易的依赖程度。

再次,需要加强对跨境资本流动的监控。美联储量化宽松政策的退出必然带来跨境资本流动的变化。通过对跨境资本的动向和规模进行监控,适时采取对应的货币政策,防止市场出现流动性短缺,满足市场流动性需求。

最后,抓紧推进汇率制度改革,适度增加汇率的波动弹性,提高人民币汇率形成机制的市场化程度,通过盯住一揽子货币来降低对美元汇率的联动性。在保证人民币汇率基本稳定的前提下,减缓并消除市场对人民币汇率大幅波动的预期,有效利用汇率机制,减轻量化宽松退出对我国金融体系的负面冲击。

五、结　论

本文主要在传统货币政策的基础上,对量化宽松政策的理论基础、传导机制及有效性等方面的研究进行梳理,并在此基础上着重总结了量化宽松实施和退出所带来的溢出效应及对中国的影响等方面的相关工作。从以上的文献综述中不难看出,自量化宽松政策实施以来,由于量化宽松政策在全球范围内所造成的巨大影响,对量化宽松政策的研究已经成为一个热点。总的来看,量化宽松政策的实施在对抗金融危机方面有重要的作用,促使美国经济走出衰退,同时量化宽松的实施也增加了经济体系的内在风险,同时美国量化宽松政策实施和退出操作给全球经济带来了巨大的波动,对其他国家特别是新兴市场国家带来了较大的影响。从目前来看,美联储退出量化宽松是一个复杂且耗时的过程,将成为后续一段时间内的焦点。而量化宽松在退出的过程中充满不确定性,需要根据经济表现和全球经济状况适时调整。对于我国来说,需要在整个过程中保持密切关注,做好预判及应对预案,防止量化宽松退出过程对我国经济造成过大的冲击带来的不利影响。

参考文献

[1]戴金平.美国量化宽松货币政策的退出与当前国际金融形势[J].中国高校社会科学,2014(6):133-141+156.

[2]蓝虹,穆争社.量化宽松货币政策的全景式回顾、评价和思考[J].2015(7):51-65.

[3]穆争社 a.量化宽松货币政策的特征及运行效果分析[J].中央财经大学学报,2010(10):25-31.

[4]穆争社 b.量化宽松货币政策的实施及其效果分析[J].中南财经政法大学学报,2010(4):3-7+43.

[5]潘成夫.量化宽松货币政策的理论、实践与影响[J].国际金融研究,2009(8):4-9.

[6]谭小芬.美联储量化宽松货币政策的退出及其对中国的影响[J].国际金融研究,2010(2):26-37.

[7]谭小芬,熊爱宗,陈思翀.美国量化宽松的退出机制、溢出效应与中国的对策[J].国际经济评论,2013(5):98-108+7.

[8]王申,陶士贵,童中文.美国退出量化宽松政策会加剧我国通货紧缩吗?——基于 SVAR 模型的实证研究[J].管理现代化,2015,35(6):13-15.

[9]吴宏,刘威.美国货币政策的国际传递效应及其影响的实证研究[J].数量经济技术经济研究,2009,26(6):42-52.

[10]肖娱.美国货币政策冲击的国际传导研究——针对亚洲经济体的实证分析[J].国际金融研究,2011(9):18-29.

[11]肖芍芳,黄洁文.美国量化宽松货币政策对中国经济的冲击效应研究[J].广东商学院学报,2012,27(6):12-19.

[12]陈凤霞.美国四轮量化宽松货币政策对我国通胀水平的影响研究——基于中国 2008—2014 年月度数据的实证分析[D].长沙:湖南大学,2015.

[13]邢庆伟,卜凡玫,岳绍冬,李燕超.美联储退出量化宽松的影响及我国的应对措施[J].金融发展研究,2014(5):25-30.

[14]余珊萍,郑征.美国量化宽松货币政策对我国经济的溢出效应研究

[J].东南大学学报,2013,15(5):55-60+135.

[15]杨晶晶.量化宽松货币政策的效果如何——基于日本的经验[J].金融经济学研究,2013,28(4):72-82.

[16]张成祥.美国退出量化宽松政策对中国经济的影响[J].现代管理科学,2015(4):51-53.

[17]曾红艳、黄璐.美元本位下的思考——量化宽松政策对中国经济溢出效应实证分析[J].生产力研究,2013(11):33-37.

[18]郑征.美国量化宽松政策国际传导机制及其冲击效应——基于金砖四国的数据分析[J].科技与经济,2013,26(4):91-95.

[19] Arvind K,Annette V J. The effects of quantitative easing on interest rates:Channels and implications for policy[J]. Brookings Papers on Economic Activity,2011(2):215-287.

[20] Auerbach A J,Obstfeld M. The case for open-market purchases in a liquidity trap[J]. American Economic Review,2004,95(1):110-137.

[21] Bauer M D,Christopher J N. International channels of the Fed's conventional monetary policy[J]. Journal of International Money and Finance,2014,44:24-46.

[22] Bowman D,Londono J M,Horacio S. U. S. Unconventional monetary policy and transmission to emerging market economies [J]. International Finance Discussion Papers,2014.

[23] Ben S B. The crisis and the policy response[J]. London School of Economics,2009.

[24] Fisher I. Appreciation and interest[M]. Blackwell Publishing Ltd,1896,11:1-110.

[25] David M. Monetary policy and financial dislocation[R]. Royal Economic Society lecture.

[26] Daines M,Michael J,Matthew T. QE and the gilt market:An disaggregated analysis[J]. Economic Journal,2000,122,348-384.

[27] Gauti B E,Michael W. Optimal monetary and fiscal policy in a liquidity trap[R]. National Bureau of Economic Research,2010.

[28] Gauti B E,Michael W. The zero interest-rate bound and optimal monetary policy[J]. Brookings Panel on Economic Activity,2003(1):139-211.

[29] Gertler M,Peter K. A model of unconventional monetary policy[J]. Journal of Monetary Economics,2011(58):17-34.

[30] Hancock D,Wayne P. Did the federal reserve's MBS purchase program lower mortgage rates? [J]. Journal of Monetary Economics,2011(58):498-514.

[31] M F. Unconventional monetary policies: Recent experiences and prospects[R]. International Monetary Fund,2013.

[32] Joseph E G. Global imbalances and foreign asset expansion by developing-economy [R]. Peterson Institute for International Economics,2012.

[33] Johannes C S,John B T. Estimated impact of the Fed's mortgage-backed securities purchase program [R]. National Bureau of Economic Research,2011.

[34] Jonathan H W. What does monetary policy do to long term interest rates at the lower zero bound? [R]. National Bureau of Economic Research,2011.

[35] João Barata R B B,et al. Quantitative easing and related capital flows into brazil:Measuring its effects and transmission channels through a rigorous counterfactual evaluation[J]. Journal of International Money and Finance,2016(67):102-122.

[36] Kimura T,Kobayashi H,Muranaga J,et al. The effect of the increase in the monetary base of japan's economy at zero interest rates: An empirical analysis[J]. Bank for International Settlements,2003(19):276-312.

[37] Michael J,David M,Andrew S,et al. Quantitative easing and unconventional monetary policy:An introduction[J]. The Economic Journal,2012,122:271-288.

[38] Marc P G,Michael W. Optimal inflation targeting rules: Inflation targeting[R]. National Bureau of Economic Research,2005.

[39] Nobuyuki O,Kazuo U. The effects of the bank of Japan's zero interest rate commitment and quantitative monetary easing on the yield curve: A macro-finance approach[R]. Bank of Japan,2005.

[40] Nobuhiro K,John M. Liquidity,business cycles and monetary policy

[R]. National Bureau of Economic Research,2012.

[41] Paul K. Thinking about the liquidity trap [J]. Journal of the Japanese and International Economies,2000(14):221-237.

[42] Chen Q,et al. International spillovers of central bank balance sheet [R]. Bank for International Settlements,2013.

[43] Chen Q,Andrew F,et al. Financial crisis,unconventional monetary policy and international spillovers[R]. Hong Kong Institute for Monetary Research,2013.

[44] Rokon B. Monetary transmission mechanism in a small open economy: A bayesian structural VAR approach[R]. Queen's Economics Department,2008.

[45] Svensson L E O. The zero bound in an open economy: A foolproof way of escaping from a liquidity trap[J]. Bank of Japan,2001(19):277-312.

[46] Stefania D. Thomas B. King,flow and stock effects of large-scale treasury purchases[R]. Finance and Economics Discussion Series,2010.

[47] Saroj B,Arpita C, Woong Y P. Effects of US quantitative easing on emerging market economies[J]. The University of New South Wales,2015.

[48] Neri S,Nobili A. The transmission of US monetary policy to the euro area[J]. International Finance,2010(1):55-78.

[49] Tobias A, Hyun S S. Financial intermediaries and monetary economics[J]. Handbook of Monetary Economics,2010(3): 601-650.

[50] Tatjana D, Garima V. The impact of U. S. monetary policy normalization on capital flows to emerging market economies[J]. Bank of Canada,2014.

[51] Ugai H. Effects of the quantitative easing policy: A survey of empirical analyses[R]. Bank of Japan,2006.

[52] Vasco C,Michael W. Conventional and unconventional monetary policy[R]. Federal Reserve Bank of New York,2009.

[53] Vasco C,Michael W. The central-bank balance sheet as an instrument of monetary policy[J]. Journal of Monetary Economics,2010(58): 54-79.

[54] Vasco C, Michael W. The central-bank balance sheet as an instrument of policy[J]. Journal of Monetary Economics,2011(58):54-79.

货币国际化、金融结构与币值稳定[①]

摘　要　本文以 1980—2016 年间世界经济的主要国际货币为研究对象，从对内币值和对外币值稳定两个层面探究了货币国际化对币值稳定的影响及其机制。研究结果表明：货币国际化对于币值稳定的影响存在阈值效应，但对于对内币值稳定与对外币值稳定的影响却存在差异；在货币国际化的过程中，银行业规模越大的国家，其币值波动也越大；相对于银行主导型金融系统，市场主导型金融系统能更好地缓和货币国际化所带来的外部冲击，从而缓和币值波动。进一步的实证研究表明，市场主导型金融系统之所以能缓和币值波动，是因为资本市场高流动性，而不是更大的规模。此外，基于上述研究结论，我们为人民币国际化提供了若干政策建议。

关键词　货币国际化；币值稳定；金融结构

引　言

为什么要关注货币国际化对于币值稳定的影响？2008 年全球金融危机之后，中国政府加快了人民币国际化的步伐并取得了重大进展。2016 年，人民币被正式纳入特别提款权货币（SDR）篮子，人民币国际化的进程不断加快。尽管一国的货币国际化会为我们带来诸多利益：例如，获得铸币税收入，增强政府赤字融资能力，降低进出口企业的汇率风险，增强国际货币的发行国在世界经济和政治中的影响力等（沙文兵，2015）。但与此同时，货币国际化也会给本国带

---

①　本文作者金雪军、陈哲，最初发表在《国际金融研究》2019 年第 2 期。

来诸多挑战：货币国际化会减弱央行货币政策的有效性（Maziad 等，2011），增加本国金融体系的不稳定性（Ahmed 等，2011），进而影响本国币值稳定。币值不稳定不仅仅与我国当前的货币政策的主要目标相悖，更会对宏观经济产生负面的影响（Obstfeld 和 Rogoff，1998；戴金平，等，2017）。那么，货币国际化会对币值稳定会产生什么样的影响呢？如何在推进货币国际化的同时，保持本币币值的稳定？

鉴于此，本文试图探究货币国际化对币值稳定影响的理论与实证依据。相较于已有的研究成果，本文的研究贡献主要体现在三个方面：首先，本文首次探究并证实了货币国际化对币值稳定影响的非线性效应；其次，从对内与对外币值稳定两个层面探讨货币国际化对币值稳定的影响；最后，以金融结构为切入点，首次在不同的金融体系下，探究货币国际化对币值稳定的影响差异。本文的研究结果为人民币国际化进程中的货币政策选择提供参考依据，同时对于稳步推进人民币国际化、并维持币值稳定和金融稳定具有重要的借鉴与启示意义。

一、文献综述

所谓货币国际化，指的是一国货币突破国别界限，在境外流通，成为国际上普遍认可的计价、结算及储备货币的过程（Ahmed，2011）。而币值稳定，则包含两层含义：一是对内币值稳定，即物价稳定；二是对外币值稳定，即汇率稳定（刘煜辉，2009）。

货币国际化将对币值稳定产生怎样的影响？相关研究主要从币值的两个层面展开：一是探究货币国际化对物价稳定的影响。货币国际化必然会引发资本的跨国流动，进而导致本币供给的变动，进而引起一般价格水平的变动（Ito，2012；沙文兵，2015）。此外，货币国际化之后，由于外国对本币的需求的不稳定性，使得国内货币政策的调控难度增加，货币政策的执行效力受限（Maziad 等，2011；王晓燕，2013；宿玉海 等，2017），进而影响物价稳定。尽管如此，Papaioannou 和 Portes（2008）分析了美元国际化后美国货币政策的效果，发现现有数据并不支持货币国际化使货币政策的执行变得更困难。何金旗和张瑞（2016）利用中国的数据实证分析人民币国际化对货币政策有效性的影响。实证结果表明，人民币国际化并未明显影响国内货币政策的有效性。

二是探究货币国际化对汇率稳定的影响。货币国际化一方面会增加本币的需求,促使本币升值(Maziad 等,2011;Frankel,2012;何金旗和张瑞,2016);另一方面也会引致本币需求的大幅波动,加剧本币的汇率波动(Cohen,2012;Frankel,2012)。Triffin(1961)提出了著名的"特里芬难题"——为了满足交易与增长的需求,国际化货币的发行国需不断地增加货币供给量。当货币供应量超过市场需求,或者人们对该货币价值的信心下降时,本币可能会被大量抛售,形成货币国际化逆转风险(王晓燕,2013),汇率波动加大。尽管如此,也有学者对此持有不同的观点。通过对比欧元国际化前后的汇率波动数据,Papaioannou 和 Portes(2008)发现,在国际化之后,欧元的实际有效汇率波动反而下降了。类似的,杨涛和张萌(2017)基于 1999—2016 年美元、欧元、日元与英镑的实证分析,表明货币国际化程度的提高有利于维持汇率稳定。

在货币国际化影响币值稳定的传导机制中,金融结构扮演怎样的角色？对于金融结构,本文借鉴 Allen 和 Gale(2001)提出的"比较金融体系"理论,将金融体系划分为"银行主导型"和"市场主导型",并以此为基础分析这两种金融体系结构在货币国际化过程中的不同角色。

对于市场主导型金融体系,随着本国货币国际程度的不断加深,资本账户的开放程度不断加深,资本流动的波动性变大,甚至出现资本的突然涌入和骤停(Edwards,2007)。而一个足够发达的金融市场可以在货币国际化进程中缓和资本流动,显著降低币值波动的风险。反之,若一国金融市场的广度和深度不够,其金融系统可能成为系统不稳定的主要来源,加剧币值波动(Ahmed 等,2011)。

对于银行主导型金融体系,货币国际化可以提升本币债市的流动性(Cohen,2012),银行能以较低的成本在国际市场上获得融资。若银行资本充足性管理恰当,负债增多可以提高自身收益,有利于银行自身稳定,进而稳定币值;若银行资本充足性管理不当,则银行资产负债表恶化,稳定性下降,进而加剧币值波动。此外,货币国际化会给银行带来外国客户(Frankel,2012),这一方面会给银行带来更多的利润,另一方面也可能加大银行的经营风险。因为相对于本国客户,银行和外国客户之间的逆向选择和道德风险会更严重。当一国的国内银行体系已经积累了较大规模的不良资产后,货币国际化带来的新的资金来源和客户,可能会进一步增加银行体系的风险,进而影响该国的币值稳定。此外,相对于市场主导型金融体系,银行主导型金融源于关系型融资的固有特性,价格信号易于被遮蔽(胡琨,2017)。在银行业缺乏有效监管的情况下,货币国际化所带来的金融风险无法及时被识别,市场出清难以完成,资源错配导致的系统性风险将不断累积,进而加剧币值波动。

在充分吸收、借鉴上述文献成果的基础上,本文试图从两个方面对现有研究进行拓展。一是前述研究忽略了货币国际化对于币值稳定影响可能存在的非线性效应。Cohen(2012)认为,当前国际货币市场存在着"货币金字塔",国际化程度不同的货币,其带来的收益与成本也存在一定的差别。故本文认为,货币国际化对币值稳定的影响也是非线性的。二是现有研究仅仅从定性的角度探究金融结构在货币国际化中所扮演的角色,而未从定量的角度加以实证。本文以 1980—2016 年间的世界主要国际货币为研究对象,以金融结构为切入点,试图分析与探讨以下几个问题:货币国际化是否会加剧币值波动,这样的影响是否是线性的? 对于金融体系结构不同的国家,货币国际化对币值稳定的影响是否相同?

二、研究模型与变量说明

(一)研究模型

1. 货币国际化与币值稳定

为了探究货币国际化对于币值稳定的影响,构建模型 1 和模型 2:

$$\mathrm{Vol}_{it} = \beta X_{it} + \alpha \mathrm{Inter}_{it} + \delta_i + \tau_t + \varepsilon_{it} \tag{1}$$

$$\mathrm{Vol}_{it} = \beta X_{it} + \gamma_1 \mathrm{Inter}_{it} + \gamma_2 \mathrm{Inter}_{it}^2 + \varepsilon_{it} \tag{2}$$

其中,下标 i 代表国家,下标 t 代表年份;国家 VOL_{it} 为币值稳定性指标,Inter_{it} 为货币国际化变量,X_{it} 为模型的控制变量,ε_i 为国家固定效应,τ_t 为时间固定效应,ε_{it} 为随机扰动项。此外,为了进一步探讨货币国际化对币值稳定可能存在的阈值效应,在模型(1)的基础上,引入货币国际化指标的二次项 Inter_{it}^2。

2. 货币国际化、金融结构与币值稳定

为了进一步探究货币国际化对币值稳定的影响机制,模型(1)的基础上引入货币国际化变量与银行业发展变量和金融系统结构变量的交叉项,构建模型(3)和(4):

$$\mathrm{Vol}_{it} = \beta X_{it} + \alpha \mathrm{Inter}_{it} \times \mathrm{Bank}_{it} + \delta_i + \tau_t + \varepsilon_{it} \tag{3}$$

$$\mathrm{Vol}_{it} = \beta X_{it} + \gamma \mathrm{Inter}_{it} \times \mathrm{FinS}_{it} + \delta_i + \tau_t + \varepsilon_{it} \tag{4}$$

其中,Bank_{it} 为银行业发展水平,其余变量含义同上。

（二）变量说明

1. 币值稳定变量

币值稳定包括对内币值稳定和对外币值稳定两个方面。对内币值稳定是指国内物价的稳定，以居民消费价格指数波动 Vol_{it}^{CPI} 来表示；对外币值的稳定是指汇率的稳定，以实际有效汇率指数波动 Vol_{it}^{REER} 来表示。对于波动的估计，现有文献采用标准差、滚动平均、GARCH 方法和非参数估计方法等等。比起标准差和移动平均等方法，使用 GARCH 方法估计指数的不确定性能获得更多的过去信息（李丽玲和王曦，2016），且能更好地反映数据的聚类现象（王雪等，2016；李丽玲和王曦，2016）。故本文采用 GARCH 方法估计居民消费价格指数波动和实际有效汇率指数波动。

2. 货币国际化变量与金融结构变量

与以往文献一样，本文在回归中以货币的外汇储备份额 $Inter_{it}^{RES}$ 代表货币的国际化程度（李稻葵和刘霖林，2008），并在稳健性检验中以货币的国际债券份额 $Inter_{it}^{DEBT}$ 代表货币的国际化程度（Lim，2006）[①]。此外，考虑到货币国际化指标的内生性问题，在实证分析中使用滞后一期货币国际化指标作为解释变量，并在稳健性检验的两阶段最小二乘估计 TSLS 中以货币国际化指标的二阶滞后项为工具变量。

对于金融结构变量，参照 Levine（2002）以及张璟和刘晓辉（2015），选择结构—活动指标 STRUCTURE-ACTIVITY 和结构—规模指标 STRUCTURE-SIZE 代表金融结构[②]。根据 Levine（2002）的定义，对于结构—活动指标 $FinS_{it}^{VT}$，以股票交易价值除以私人部门贷款表示；对于结构—规模指标 $FinS_{it}^{SIZE}$，以股票市场市值除以私人部门贷款表示。两个指标数值越大代表金融结构越趋于市场主导型金融体系。基于定义可知，结构—活动指标关注股市流动性，而结构—规模指标关注于股市规模。对于金融结构的内生问题，在回

---

① 以往文献往往从 Kenen（1983）的货币三大职能出发，以国际储备份额代表货币的储藏功能，以国际债券储备代表货币的记账单位功能，以外汇交易份额代表货币的支付手段功能（Kenen，2003；李稻葵和刘霖林，2008）。但是对于外汇交易储备，BIS 每隔 3 年才会提供一次数据，数据缺失较大，样本较小，影响回归的可靠性和一致性，故本文在回归中并未使用货币的外汇交易份额代表货币国际化程度。

② 需要说明的是，除了结构—活动指标和结构—规模指标，Levine（2002）还选择了结构—效率指标，但在世界银行全球金融发展数据库中该指标数据缺失较多，故本文仅选择使用结构—活动指标和结构—规模指标。

归中使用滞后一期的金融结构指标作为解释变量。此外,在稳健性检验中,借鉴 La Porta 等(2008)、张璟和刘晓辉(2015),以法源 Legal S_i 作为金融结构的工具变量,将英国法源归入普通法法源,将德国法源和法国法源归入大陆法法源,然后以普通法法源作为参照,以大陆法法源作为工具变量(张璟和刘辉,2015)。

表 1　相关变量定义

变量名	定义
VOL^{CPI}	对内币值稳定—物价波动(居民消费物价指数波动——GARCH)
VOL^{REER}	对外币值稳定—汇率波动(实际有效汇率指数波动——GARCH)
$INTER^{RES}$	货币国际化程度(国际外汇储备中的币种构成)
$INTER^{DEBT}$	货币国际化程度(国际债券中的币种构成)
$FinS^{VT}$	金融结构—活动指标(股票交易价值/私人部门贷款)
$FinS^{SIZE}$	金融结构—规模指标(股票市场价值/私人部门贷款)
KA_OPEN	资本账户开放程度
T_OPEN	贸易开放度(进出口贸易总额/GDP)
REGIME	RR 汇率制度分类(固定汇率制度为 1,中间为 2,浮动为 3)
M2G	货币政策(M2 的增长率)
DINT	实际利率变化(当年货币市场利率减去上一年货币市场利率)
GOVE	政府支出(一般政府财政支出/GDP)
BANK	银行业发展(私人部门贷款/GDP)
RESERVE	外汇储备(外汇储备总额/GDP)
TOT	贸易条件冲击(过去 5 年贸易条件指数的滚动标准差)

3. 控制变量

借鉴 Ganguly 和 Breuer(2010)、Ilzetzki 等(2017)等文献,本文的主要控制变量为:资本账户开放指标 KA_OPEN,详见 Chinn 和 Ito(2008);贸易开放度指标 T_OPEN,以进出口总额除以 GDP 表示;汇率制度指标 REGIME,采用 RR 汇率制度分类(Ilzetzki 等,2017),并按 Martin(2016)的方法把 RR 分类法汇总为三类:固定汇率制度为 1,中间为 2,浮动为 3;货币政策指标 M2G,以 M2增长率表示;政府支出 GOVE,以一般政府财政支出除以 GDP 表示;银行业发展指标 BANK,以私人部门贷款除以 GDP 表示①;外汇储备 RESERVE,以外汇储备总额除以 GDP 表示;贸易条件冲击 TOT,以过去 5 年贸易条件指数的滚动标准差表示②;短期利率变动 DINT,以当年货币市场利率减去前一年货币市场利率的差值表示。

(三)数据来源及描述性统计

本文的研究样本为瑞士法郎(1980—2016 年)、德国马克(1980—1998 年)、欧元(1999—2016 年)、法国法郎(1980—1998 年)、英镑(1980—2016 年)、日元(1980—2016 年)、荷兰盾(1980—1998 年)和美元(1980—2016 年)。此外,对于个别国家个别年份存在数据缺失的情况,均以线性插值法估算该年数据。各变量的数据来源和描述性统计结果如表 2 所示。

表 2 变量的描述性统计

变量名	均值	最大值	最小值	标准差	数据来源
VOL^{CPI}	0.0000	0.0002	0.0000	0.0000	基于 IMF 的物价消费指数计算而得
VOL^{REER}	0.0009	0.0044	0.0001	0.0008	基于 IMF 的实际有效汇率指数计算而得
$INTER^{RES}$	0.1635	0.7151	0.0008	0.2410	IMF COFER
$INTER^{DEBT}$	0.1488	0.6265	0.0043	0.1580	BIS IDS
$FinS^{VT}$	1.0600	3.1328	0.0772	0.6969	WBANK Global Financial Development
$FinS^{SIZE}$	1.0092	5.1628	0.0172	1.2407	WBANK Global Financial Development
KA_OPEN	0.9510	1.0000	0.1648	0.1593	Chinn 和 Ito(2008)③
T_OPEN	0.4769	1.3250	0.1601	0.2921	IMF International Financial Statistics
REGIME	2.4867	3.0000	1.0000	0.6729	Ilzetzki,E.,et al.(2010,2017)
M2G	0.0579	0.2551	−0.2863	0.0628	IMF International Financial Statistics
DINT	−0.0033	0.0481	−0.0415	0.0153	IMF International Financial Statistics
GOVE	0.1610	0.2320	0.0983	0.0373	IMF International Financial Statistics
BANK	1.1043	1.9568	0.4424	0.4426	IMF International Financial Statistics
RESERVE	0.1141	0.8980	0.0122	0.1576	IMF International Financial Statistics
TOT	0.0442	0.1834	0.0067	0.0333	IMF International Financial Statistics

---

① 考虑到银行业发展指标可能存在的内生性问题,在回归中使用滞后一期的银行业发展指标为解释变量,并在稳健性检验的两阶段最小二乘估计中,以滞后两期的银行业发展指标为工具变量。

② 由于样本区间从 1980 年开始,多个国家前期数据缺失严重,故与 Stephanie et al(2013)相同,我们以出口额/进口额代替贸易条件指数。

③ http://web.pdx.edu/~ito/Chinn-Ito_website.htm;

三、实证检验及结果

在对模型进行估计前,首先需要对模型的具体形式进行判定。本文利用 Hausman Test 和 Redundant Fixed Effects 检验对固定效应和随机效应以及固定效应和个体混合效应进行分别判定。考虑到货币国际化、银行业发展和金融系统结构等变量的内生性问题,在稳健性检验中,以其二阶滞后项作为货币国际化变量和银行业发展变量工具变量,以各国的法源作为金融结构的工具变量,并采取两阶段最小二乘估计 TSLS 对模型进行估计。

(一)货币国际化对币值稳定影响的阈值效应

表 3 是货币国际化对币值稳定影响的阈值效应的实证检验结果,其中回归 (1)~(2)的被解释变量是对内币值稳定指标,即物价指数波动 VOL^{CPI},回归 (3)~(4)的被解释变量是对外币值稳定指标,即汇率波动 VOL^{REER}。由表 3 可以发现,绝大多数解释变量的系数都是显著的,且表 3 中的 F 检验结果,其相伴概率皆远小于 0.01,从而保证了估计方程在整体上的显著性。

通过表 3 的回归(1)发现,货币国际化 $Inter^{RES}$ 的系数显著为负,货币国际化 1 个标准差的变动会提升物价波动 VOL^{CPI} 0.000042(0.000174×0.2410),这意味着货币国际化会加剧物价指数波动。进一步地,在表 3 的回归(2)中,引入货币国际化的二次项($Inter^{RES}$)²,探讨货币国际化对内币值稳定影响的阈值效应。在引入货币国际化的二次项以后,货币国际化 $Inter^{RES}$ 的系数仍然显著为正,但其二次项($Inter^{RES}$)² 的系数却显著为负,这意味着货币国际化对于物价波动的影响是倒 U 型的。即在货币国际化的初期,货币国际化会加剧物价波动,但随着货币国际化水平的不断提高,货币国际化反而能够平抑物价指数波动。究其原因,在货币国际化初期,资本账户开放程度不足,外国居民对本币的需求不稳定,不仅仅会减弱央行的货币政策的独立性(Maziad 等,2011),还会影响货币政策的执行效果(宿玉海等,2017),削弱央行对物价指数的控制能力,进而加剧物价指数波动。然而,随着货币国际化程度的不断加深,必然伴随着资本账户的不断开放,央行货币政策的独立性不断增强。随着时间的推移,央行会越来越适应货币国际化对本国货币政策带来的不利影响,进而提升货币政策的执行效果,缓和物价指数波动。

表 3 货币国际化对币值稳定影响的阈值效应

	对内币值稳定(VOL^{CPI})		对外币值稳定(VOL^{REER})	
	(1)	(2)	(3)	(4)
Inter^{RES}	0.000174	0.000505	−0.000553	−0.002824
	(2.5)**	(5.49)***	(−3)***	(−3.32)***
(Inter^{RES})^2		−0.000371		0.003349
		(−4.32)***		(2.86)***
KA_OPEN	−0.000014	−0.000020	0.000749	0.000893
	(−3.49)***	(−4.43)***	(6.2)***	(5.96)***
T_OPEN	−0.000002	0.000017	−0.000638	−0.000818
	(−0.36)	(3.18)***	(−6.04)***	(−7.65)***
REGIME	0.000001	0.000002	0.000240	0.000204
	(1.59)	(2.4)**	(4.24)***	(3.79)***
M2G	0.000018	0.000011	0.000292	0.000267
	(1.7)*	(1.13)	(1.81)*	(1.73)*
TOT	0.000138	0.000118	0.003260	0.004217
	(4.11)***	(4.03)***	(6.29)***	(7.04)***
GOVE	−0.000027	0.000020	0.001262	0.000972
	(−0.44)	(0.31)	(1.83)*	(1.39)
BANK	−0.000019	−0.000024	0.000267	0.000275
	(−7.56)***	(−8.33)***	(2.69)***	(2.65)***
RESERVE	0.000008	0.000004	0.000402	0.000373
	(2.37)**	(1.81)*	(2.01)**	(1.88)*
DINT	0.000061	0.000033	0.000861	0.001168
	(1.68)*	(1.01)	(0.76)	(0.95)
C	0.000020	−0.000007	−0.000845	−0.000717
	(1.04)	(−0.37)	(−3.21)***	(−2.77)***
模型选择	固定效应	固定效应	混合效应	混合效应
R^2	0.453943	0.518655	0.510074	0.479293

续表

	对内币值稳定（VOL^{CPI}）		对外币值稳定（VOL^{REER}）	
	（1）	（2）	（3）	（4）
Adjusted R-squared	0.400012	0.467830	0.483302	0.447821
F-statistic	8.417032	10.20469	19.05258	15.22951
Prob(F-statistic)	0.000000	0.000000	0.000000	0.000000

注：括号内为标准差；*、** 和 *** 分别表示在 10%、5% 和 1% 的水平下显著。下同。

此外，基于前文的研究模型（2），计算可得货币国际化对于物价指数波动的边际影响为 $\gamma_1 + 2\gamma_2 \text{Inter}^{RES}$。利用表 3 中回归（2）的估计结果，计算可得，仅当货币国际化程度超过 0.6807 时，其对物价指数波动的边际影响将为负，即 $0.000505 + 2 \times (-0.000371) \times \text{Inter}^{RES} < 0$。这表明，在当前的国际货币中，仅仅美元能够达到或者接近达到这样的国际化程度。该结论与 Papaioannou 和 Portes（2008）的研究结果相一致。通过对比分析美元国际化前后的货币政策的效果，Papaioannou 和 Portes（2008）发现，现有数据并不能支持美元国际化会使得美国货币政策执行效果变差的结论。

与之不同的是，通过表 3 的回归（3）和回归（4）发现，货币国际化对汇率波动的影响是正 U 型，即在货币国际化的初期，货币国际化能平抑汇率波动，但随着货币国际化程度的不断提高，货币国际化反而会加剧汇率波动。在货币国际化的前期，本币的国际化会降低本国政府的融资成本（Maziad 等，2010），缓解本国政府的融资约束限制（Cohen，2012），能更从容地应用财政政策和货币政策稳定经济，进而稳定汇率。然而，随着货币国际化程度的不断提高，政府可能遭遇"特里芬难题"，让政府在国际市场上的融资能力受限，甚至面临货币国际化逆转风险（王晓燕，2013），使得政府对本币汇率的控制能力受限（Frankel，2012），加剧汇率波动。

（二）金融结构与货币国际化的波动效应

为了进一步探讨金融结构在货币国际化影响币值稳定的传导机制中所扮演的角色，在表 4 中引入货币国际化和金融结构的交叉项，探讨在不同的金融结构下，货币国际化对于币值稳定的影响是否一致。在表 4 的回归（1）和（4）中，引入货币国际化与银行业发展变量的交叉项 $\text{Inter}^{RES} \times \text{BANK}$。回归（1）和（4）的结果显示，不论是对于对内币值，还是对于对外币值，货币国际化与银行业发展的交叉项 RES×BANK 的系数均显著为正。这意味着，随着货币国际化程度的不断提高,银行业规模越大的国家,其币值的波动幅度也越大。对于那些银行业规模较大的国家,银行业本身已经积累了一定的系统性风险。货币国际化的不断提升,为银行业带来了新的资本来源与客户的同时(Frankel,2012),也增加了银行业风险(王哲和郏立涛,2012),甚至使得银行业成为系统风险的来源,进而加剧币值波动。

进一步地,在表 4 的回归(2)和(5),引入了货币国际化和金融结构—活动的交叉性 $\text{Inter}^{RES} \times \text{FinS}^{VT}$。回归结果显示,货币国际化与金融结构—活动的交叉项 $\text{Inter}^{RES} \times \text{FinS}^{VT}$ 的系数为负,且在 0.01 的置信水平下显著。而金融结构—活动 FinS^{VT} 指标越大,金融结构越趋向于市场主导型金融系统。这表明,在货币国际化的过程中,相对于银行主导型金融系统,市场主导型金融系统能更好地缓和货币国际化所带来的外部冲击,进而完成市场出清(Véron 和 Wolff,2015;胡琨,2017),缓和币值波动。

尽管如此,货币国际化与金融结构—规模的交叉项 $\text{Inter}^{RES} \times \text{FinS}^{VT}$ 对币值稳定的影响却不显著[见表 4 的回归(3)和(6)]。由前文的变量的定义可知,金融结构—规模指标 FinS^{SIZE} 更强调股票市场的规模,而金融结构—活动指标 FinS^{VT} 更强调股票市场的流动性。这表明,在货币国际化过程中,市场主导型金融系统之所以能更好地缓和币值波动,是因为股票市场高流动性,而非更大的股市规模。

表 4　货币国际化、金融结构与币值稳定

	对内币值稳定(VOL^{CPI})			对外币值稳定(VOL^{REER})		
	(1)	(2)	(3)	(4)	(5)	(6)
$\text{Inter}^{RES} \times \text{BANK}$	0.000403			0.002072		
	(3.65)***			(2.17)**		
$\text{Inter}^{RES} \times \text{FinS}^{VT}$		−0.000050			−0.000187	
		(−3.88)***			(−3.12)***	
$\text{Inter}^{RES} \times \text{FinS}^{SIZE}$			0.000002			−0.000036
			(0.19)			(−1.18)
Inter^{RES}	−0.000184	0.000424	0.000130	−0.002041	0.000414	−0.000277
	(−2.28)**	(4.28)***	(1.32)	(−3.97)***	(0.91)	(−0.9)
KA_OPEN	−0.000013	−0.000018	−0.000013	−0.000051	−0.000069	−0.000060
	(−3.34)***	(−4.07)***	(−3.35)***	(−1.6)	(−2.06)**	(−2.01)**

	对内币值稳定（VOL^{CPI}）			对外币值稳定（VOL^{REER}）		
	(1)	(2)	(3)	(4)	(5)	(6)
T_OPEN	0.000019	0.000012	−0.000005	−0.000026	−0.000016	−0.000064
	(2.37)**	(1.83)*	(−0.8)	(−0.25)	(−0.14)	(−0.52)
REGIME	0.000002	0.000002	0.000002	0.000013	0.000015	0.000013
	(1.88)*	(2.34)**	(1.54)	(1.04)	(0.93)	(0.85)
M2G	0.000005	0.000016	0.000023	0.000220	0.000188	0.000221
	(0.54)	(1.6)	(1.98)**	(1.54)	(1.41)	(1.7)*
TOT	0.000125	0.000110	0.000143	0.001008	0.000727	0.000851
	(4.74)***	(3.68)***	(3.97)***	(3)***	(2.06)**	(2.72)***
GOVE	0.000002	0.000016	0.000000	0.000895	0.001185	0.001027
	(0.02)	(0.25)	(0.01)	(0.84)	(1)	(0.97)
BANK	−0.000039	−0.000022	−0.000017	−0.000049	−0.000005	0.000018
	(−7.79)***	(−8.39)***	(−5.23)***	(−0.92)	(−0.07)	(0.23)
RESERVE	0.000007	0.000005	0.000009	0.000205	0.000202	0.000206
	(3.27)***	(1.84)*	(2.63)***	(1.29)	(1.23)	(1.26)
DINT	0.000035	0.000037	0.000070	0.000545	0.000559	0.000530
	(1)	(1.22)	(1.83)*	(1.21)	(1.3)	(1.61)
模型选择	固定效应	固定效应	固定效应	固定效应	固定效应	固定效应
R^2	0.601019	0.560768	0.437365	0.873725	0.880883	0.866461
Adjusted R^2	0.558891	0.512594	0.377209	0.861528	0.868972	0.853414
F-statistic	14.26636	11.64051	7.270529	71.63442	73.95123	66.41103
Prob(F)	0.000000	0.000000	0.000000	0.000000	0.000000	0.000000

（三）稳健性检验

本文对模型进行了两个方面的稳健性检验：第一，考虑到货币国际化、银行业发展和金融系统结构等变量的内生性问题，以其二阶滞后项作为货币国际化变量和银行业发展变量工具变量，以各国的法源作为金融结构的工具变量（张璟和刘晓辉，2015），并利用两阶段的最小二乘估计 TSLS 重新估计模型。第二，改变货币国际化的衡量方式，即由国际债券中的币种构成 Inter^{DEBT} 替换国际外汇储备中的币种构成 Inter^{RES}。回归结果发现，除了金融结构—规模指标在部分回归中系数显著为负之外，其余各指数的系数未发生改变，且均至少在

5%的显著水平下显著①。

四、研究结论与政策建议

本文以1980—2016年间世界经济的主要国际货币的非平衡面板数据为研究对象,利用可行广义最小二乘估计FGLS以及两阶段最小二乘估计TSLS,从对内币值和对外币值两个层面探究了货币国际化对币值稳定的影响及其机制。

第一,货币国际化对于币值稳定的影响存在阈值效应,但对于对内币值与对外币值的影响却存在差异。在货币国际化的初期,货币国际化能平抑汇率波动,却会加剧物价指数波动;随着货币国际化水平的不断提高,货币国际化反而能够平抑物价指数波动,但会加剧汇率波动。

第二,在货币国际化的过程中,银行业规模越大的国家,其币值波动也越大。一个可能的原因是,货币国际化为本国银行业带来新的资本和业务的同时,也增加了银行业的风险,甚至使银行业成为系统风险的来源,加剧币值波动。

第三,相对于银行主导型金融系统,市场主导型金融系统能更好地缓和货币国际化所带来的外部冲击,进而完成市场出清(Véron和Wolff,2015;胡琨,2017),缓和币值波动。进一步的实证研究表明,市场主导型金融系统之所以能缓和币值波动,是因为股票市场高流动性,而不是更大的股市规模。

上述研究结论为实施人民币国际化战略提供了若干重要启示:

第一,在人民币国际化初期,要警惕通货膨胀波动加剧的风险。在货币国际化初期,货币国际化会加剧物价指数的波动。主要原因在于本币需求不稳定及央行货币政策独立性减弱会削弱货币政策的执行效果。故在人民币国际化初期,要加强货币的境外需求管理,尽力确保国内货币政策的独立性,努力避免国内货币政策效率的降低。

第二,随着人民币国际化程度不断提高,要警惕汇率动荡风险。随着货币国际化程度的不断提高,政府可能遭遇"特里芬难题",甚至面临货币国际化逆转风险,加剧汇率波动。故随着人民币国际化的不断加深,政府必须防范由"特里芬难题"所引发的人民币国际化逆转风险。

第三,随着人民币国际化进程的推进,政府要警惕银行业规模扩大所带来

---

① 限于篇幅,稳健性检验结果未列示。

的系统性风险。随着人民币国际化程度的不断提高,国内银行的境外业务占比将不断提高,应加强风险管理和内部控制,对进入国内的交易对手做好充分调查,减少信息不对称风险。

第四,"市场主导型"金融系统,特别是股票市场流动性的提高能够缓和货币国际化所带来的币值波动。故在人民币国际化的进程中,政府需要不断提高资本市场的流动性和效率,扎实推动资本市场持续稳定健康发展。

参考文献

[1] 戴金平,黎艳,刘东坡. 汇率波动对世界经济的影响[J]. 国际金融研究,2017(5):46-55.

[2] 何金旗,张瑞. 人民币国际化、汇率波动与货币政策互动关系研究[J]. 审计与经济研究,2016(3):120-129.

[3] 胡琨. 国际金融危机背景下欧洲金融结构的转型——走向银行与资本市场并重均衡的欧洲金融体系[J]. 欧洲研究,2017(4):18-36.

[4] 李稻葵,刘霖林. 人民币国际化:计量研究及政策分析[J]. 金融研究,2008(11):1-16.

[5] 李丽玲,王曦. 资本账户开放、汇率波动与经济增长:国际经验与启示[J]. 国际金融研究,2016(11):24-35.

[6] 沙文兵,刘红忠. 人民币国际化、汇率变动与汇率预期[J]. 国际金融研究,2014(8):10-18.

[7] 宿玉海,刘璐,刘春宏. 人民币国际化条件下货币政策困境[J]. 经济与管理评论,2017(4):102-111.

[8] 王晓燕. 货币国际化的综合影响分析——兼谈人民币国际化启示[J]. 西南金融,2013(4):15-18.

[9] 王雪,胡未名,杨海生. 汇率波动与我国双边出口贸易:存在第三国汇率效应吗?[J]. 金融研究,2016(7):1-16.

[10] 王哲,郗立涛. 人民币国际化背景下的商业银行经营环境及应对策略分析[J]. 财政研究,2012(12):53-55.

[11] 杨涛,张萌. 汇率波动与货币国际化——基于美元、欧元、日元与英镑的实证分析[J]. 经济问题探索,2017(6):145-153.

[12] 张璟,刘晓辉. 金融结构与固定汇率制度:来自新兴市场的假说和证据[J]. 世界经济,2015(10):3-29.

[13] Ahmed F,Wang S,Lago I M Y,Maziad S,Segal S,Farahmand P,Das U. Internationalization of emerging market currencies: A balance between risks and rewards[C]. IMF Staff Discussion Notes,2016(17): 2-26.

[14] Allen F, Gale D. Comparing financial systems[M]. Cambridge: MIT Press,2001.

[15] Chinn M D,Ito H. A new measure of financial openness[J]. Journal of Comparative Policy Analysis Research & Practice,2008(3): 309-322.

[16] Cohen B J. The benefits and costs of an international currency: Getting the calculus right[J]. Open Economies Review,2012(1): 13-31.

[17] Edwards S. Capital controls, capital flow contractions, and macroeconomic vulnerability[J]. Journal of International Money & Finance, 2007(5): 814-840.

[18] Frankel J. Internationalization of the RMB and historical precedents [J]. Journal of Economic Integration,2012(3):329-365.

[19] Ganguly S,Breuer J B. Nominal exchange rate volatility, relative price volatility,and the real exchange rate[J]. Journal of International Money and Finance,2010(5): 840-856.

[20] Ilzetzki E,Reinhart C M,Rogoff K S. The country chronologies to exchange rate arrangements into the 21st century: Will the anchor currency hold? [R]. Nber Working Papers,2017(23135): 2-134.

[21] Ito T. The internationalization of the RMB: Opportunities and pitfalls[J]. International Economic Review,2012(2): 129-132.

[22] Levine R. Bank-Based or market-based financial systems: Which is better? [J]. Journal of Financial Intermediation,2002(4): 398-428.

[23] Lim E G. The Euro's challenge to the dollar: Different views from economists and evidence from COFER and other data[R]. IMF Working Papers,2006(153).

[24] Martin F E. Exchange rate regimes and current account adjustment: An empirical investigation[J]. Journal of International Money & Finance, 2016(65): 69-93.

[25] Obstfeld M, Rogoff K. Risk and exchange rates[J]. General Information,1998: 39-50.

［26］ Papaioannou E，Portes R. Costs and benefits of running an international currency ［R］. Directorate General Economic and Financial Affairs,European Commission Economic Papers,2008(11)：1-93.

［27］ Porta R L，Lopez-De-Silanes F，Shleifer A. The economic consequences of legal origins[J]. Journal of Economic Literature,2008(2)：285-332.

［28］ Véron N,Wolff G B. Capital markets union：A vision for the Long term[J]. Journal of Financial Regulation,2016(2)：130-153.